위대한 멈춤

위대한 멈춤

삶을 바꿀 자유의 시간

박승오 · 홍승완 지음

이 책은 실로 꿰매어 제본하는 정통적인 사철 방식으로 만들어졌습니다.
사철 방식으로 제본된 책은 오랫동안 보관해도 손상되지 않습니다.

전환기, 멈추어 귀 기울이는 시기

폴란드의 옛 수도 크라코의 유대인 거리에는 랍비 제켈의 아들 아이시크가 살고 있었다. 아버지를 이어 랍비가 된 아이시크는 수년 동안 온갖 시련을 겪으면서도 신앙을 잃지 않은 경건한 사람이었다. 어느 날 그는 꿈에서 생생한 목소리를 듣는다. 그 목소리는 〈보헤미아의 수도 프라하로 가서 왕성의 다리 밑에 숨겨진 보물을 찾으라〉고 계시하고 있었다. 그는 처음에는 이상한 꿈이라 생각하고 무시했다. 그런데 같은 꿈을 두 번이나 더 꾸었다. 마침내 그는 프라하로 떠났다.

아이시크는 프라하에서 그 다리를 찾았다. 그러나 파수병들이 밤낮으로 다리를 지키고 있어서 다리 밑을 파헤치는 일은 불가능해 보였다. 그럼에도 그는 포기하지 않고 매일 다리 주변을 서성였다. 그런 그를 보고 경비대장이 다가와 이유를 물었다. 무엇을 잃어버렸는지, 아니면 누구를 기다리고 있는 것인지를. 정직한 아이시크는 자신의 꿈 이야기를 해주었다. 경비대장은 그 이야기를 듣고 나서 크게 웃었다.

「당신은 정말 바보군요. 그래 꿈 때문에 그 먼 길을 신이 닳도록 달려오셨단 말이오? 어떤 지각 있는 사람이 그 꿈을 믿겠소? 내가 꿈을 믿었다면 나야말로 바로 이 순간에 당신과 반대되는 일을 했어야 할 것이오.」

그는 아이시크를 안쓰럽게 쳐다보며 말을 이었다.

「나도 당신과 비슷한 꿈을 꿨다오. 꿈에서 어떤 목소리가 내게 폴란드의 크라코로 가서 제켈의 아들 아이시크 집에 숨겨져 있는 보물을 찾으라더군요. 그 집 난로 뒤 구석에 엄청난 보물이 묻혀 있다는 겁니다. 누가 이 꿈을 믿겠소! 설령 그 꿈이 맞다고 칩시다. 크라코에 제켈이라고 불리는 사람이 수십 명 아닙니까? 또 그 사람들 집을 다 어떻게 찾겠습니까? 제켈의 아들 아이시크라니!」

경비대장은 호탕하게 웃었다. 아이시크는 열심히 듣고 나서 그에게 감사를 표하고 자신의 집을 향해 떠났다. 집에 도착한 그는 경비대장이 말한 난로 구석을 파보았다. 보물이 거기 묻혀 있었다. 이로써 아이시크를 괴롭히던 불행도 끝이 났다. 그는 보물의 일부를 팔아 그곳에 기도소를 세웠다.[1]

삶은 우리에게 속삭인다. 「모험을 떠나라, 다른 이가 마련해 준 광장을 떠나 험난한 숲에서 너만의 길을 찾아라.」 그러나 그 길은 아이시크의 여정처럼 필연적으로 내가 출발했던 바로 그곳, 즉 나에게로 돌아오는 길이다. 모험을 위해서나 보물을 위해서가 아니라, 〈나〉를 발견하기 위해 길을 떠나는 것이다. 실제로 전 세계 신화 속 영웅들의 모험은 영웅의 내면에 본래부터 잠재해 있던 신적인 능력을 육화(肉化)하는 재발견의 여정이다. 그리고 이러한 모험은 아이시크처럼 마음속에서 울리는 깊은 〈목소리〉에 귀를 기울이는 것으로 시작된다. 보물이 내면에 있으니, 내면의 소리에 귀 기울여야 함은 자연스러운 귀결이다.

그러나 모든 이가 목소리를 듣는 것은 아니다. 이야기 속 경비대장처럼 목소리를 듣고도 애써 무시하기도 하며, 분주한 삶이 만들어 내는 잡음 때문에 깊은 음성을 놓치기도 한다. 경쟁 사회의 소음 속에서 작은 운명의 소리를 놓치지 않으려면 먼저 내달리던 삶의 속도를 줄이고 잠시 멈추어야 한다. 마음이 바쁠 때는 아무것도 들리지 않기 때문이다. 욕망을 멈추고 가만히 귀를 기울일 때, 심오한 운명의 목소리는 마음으로 침투해 들어와 깊은 흔적을 남긴다.

우리가 멈추어서 들으려 하지 않을수록, 처음에 조용히 다가오던 운명의 목소리는 점점 그 강도를 더한다. 소리쳐 부르고 어깨를 두드리고 돌을 던져도 소용 없을 때, 삶은 커다란 고난을 부과함으로써 내면을 돌아보도록 유도한다. 이때 이 고난이 의미하는 바를 곰곰이 헤아려 보는지, 아니면 단지 삶의 불운으로 치부하는지에 따라서 비범과 평범이 갈린다. 비범한 자는 그것이 삶의 메시지임을 이해하고 그 메시지가 인도하는 삶의 흐름에 자신을 내맡긴다. 영웅을 빚어내는 모험이 시작되는 순간이다.

이름만 들어도 주눅 드는 영웅적인 인물들의 평전을 읽다 보면 가끔씩 〈무슨 일이 있었던 걸까?〉 하고 고개를 갸우뚱하게 된다. 비범한 인물들 역시 한때는 평범한 젊은이였다는 사실을 재차 확인하게 되기 때문이다. 그들 역시 흔들리고 불안해하고 괴로워하는, 때로 돈과 욕망 앞에서 절절 매기도 하고 자기 자신에게 실망하기도 했던 범인(凡人)에 불과했다. 그랬던 그가 도대체 무슨 일을 겪었길래 그와 나의 삶은 이토록 다른 걸까? 나는 왜 아직도 남이 만들어 준 광장을 벗어나지 못한 채 그저 손님으로 서성이는가? 무엇이 평범했던 그를 삶의 주체가 되도록 만들었는가?

이 책은 이 단순한 질문에서 출발한다. 삶의 주변에서 서성거리다가 마침내 자기 삶의 중심에서 주인으로 우뚝 선 이들, 결국 자신의 운명을 비범하게 바꿔 낸 이들의 삶의 궤적. 거기엔 늘 우리의 두 가지 시선이 공존한다. 〈나도 저렇게 되고 싶다〉와 〈그와 나는 달라〉. 이 이중적인 시선 사이의 간극을 메우고자 하는 시도가 바로 이 책이다. 우리들 대부분은 무의식적으로 평범과 비범 사이에 존재하는 것은 단지 〈어떤 변화〉라는 것을 알고 있다. 이 책은 그 변화의 중심에 무엇이 있는지 탐사한다.

　여러 인물들을 오랫동안 연구한 끝에 근본적인 변화는 삶의 목소리, 곧 자기 운명의 목소리를 듣고 따르는 〈수용〉에서 출발한다는 결론에 이르렀다. 내가 삶을 어떻게든 이끌어 가려던 적극성에서, 삶이 나를 이끌도록 내맡기는 〈적극적 수동성〉의 상태로 전환하는 것이다. 이는 필시 주객(主客)의 전도다. 삶의 주체로 거듭나려면 역설적으로 〈나〉는 잠시 내려놓은 채 삶의 흐름에 자신을 맡겨야 한다. 구름이 걷히면 태양이 드러나고 촛불이 꺼지면 달빛이 빛나듯, 나를 흐릿하게 비울 때 더 깊은 곳의 진정한 나를 발견할 수 있다. 삶을 조종하려는 마음을 멈추고 삶이 앞장서도록 자리를 비켜 주는 것, 삶이 말하고 내가 듣는 것, 삶이 요구하고 내가 행동하는 것, 아이러니하게도 이것이 삶의 〈주체성〉을 회복하는 일이라면 그대, 믿을 수 있겠는가?

차례

3부 귀환, 다시 세상으로 돌아가는 길

삶에는 새로운 페이지가 펼쳐지는 순간이 있다

> 존재를 멈추지 않고는 어떤 생명도
> 한층 높은 차원의 존재로 승화할 수 없다.
> 아난다 쿠마라스와미

삶은 도약한다. 평범했던 한 사람은 어떤 〈결정적 순간〉을 통해 비범해진다. 지금껏 우리는 그런 순간을 전환점turning point이라고 불러 왔다. 삶의 위대한 각성이 이루어지는 순간이다. 미숙한 변호사였던 모한다스 간디Mohandas Gandhi는 남아프리카공화국 마리츠버그 역에서 1등석 기차표를 가지고 있었음에도 인종차별로 인해 기차에 오르지 못하고 모욕당한 채 쫓겨난다. 만약 간디가 그날 밤 추운 역사에서 밤을 꼬박 새우며 울분을 뼛속까지 새기지 않았다면, 지금의 〈마하트마 Mahatma(위대한 영혼)〉는 존재하지 못했을 것이다.

그러나 이 〈전환의 순간〉은 긴 인생을 압축해서 보았을 때 하나의 시점point처럼 보이는 것일 뿐, 실상은 시점이 아닌 기간period에 가깝다. 한순간의 사건은 인생을 바꾸지 못한다. 사건 자체가 아니라 그 사건 이면의 숨은 의미를 스스로 깨달아 가는 과정을 통해 서서히 도약하는 것이다. 사건은 단지 그 의미를 압축적으로 보여 주는 상징일 따름이며, 그 결정적 사건을 어떻게 해석하고 받아들이는가에 따라 각기 다른 차원의 인생이 펼쳐진다. 간디 이전에도 무수한 인도인들이 기차역에서 비슷한 차별을 당했음을 상기해 보라.

자칫 전환점이라는 개념은 진실을 왜곡할 수 있다. 진실은 어느 누구의 삶도 통렬한 한 방으로 바뀌지는 않는다는 것이다. 〈삶의 급선회〉라는 이런 환상은 매주 푼돈을 들여 로또를 사고 일확천금을 기다리는 것처럼, 사람들로 하여금 인생을 바꿔 줄 커다란 사건을 마냥 기다리게 한다. 때로 사람들은 삶이 단조로운 원인을 중대한 사건의 부재 탓으로 돌리고, 큰 사건을 가져다주지 않는 삶을 불평하기도 한다. 그러는 사이에 기회는 하나둘 지나가고, 새로운 삶이 될 수 있었던 하루하루는 복권에 허비한 푼돈처럼 사라져 간다.

삶의 객체에서 〈주체〉로 전환한 많은 인물이 보여 주는 진실은 전환점turning point이 아닌 전환기turning period에 있다. 계기는 한순간의 사건에 의해 촉발되지만 실제로 삶을 이륙시키는 것은 오랜 기간 진행되는 〈자기다운 삶을 발견하기 위한 실험〉이다. 간디는 뼛속까지 시렸던 마리츠버그 역에서의 하룻밤 이후 3년 동안 남아프리카공화국의 교포들과 토론 모임을 조직하고, 여러 종교들에 관한 서적을 탐독한다. 그리고 이 두 가지 실험이 그의 삶을 사티아그라하Satyagraha(진리파지 운동, 비폭력 저항 운동)로 이끌게 된다. 간디가 자신의 자서전 제목을 〈나의 진리 실험 이야기The Story of My Experiments with Truth〉라고 지은 것은 우연이 아니다. 전환점이라는 하나의 계기 때문이 아니라, 〈전환기〉라는 실험의 기간을 통해 삶은 깊어지는 것이다.

전환기|Turning Period의 정의

그렇다면 전환기는 구체적으로 무엇을 하는 기간인가? 직업을 바꾸는 시기를 말하는가 아니면 직업적 수련의 시기를 의미하는가? 혹은 내면적 성숙의 시기를 가리키는가? 한 인물의 전환기를 구획 짓는 구체적인 기준은 무엇인가? 일련의 질문에 답하기 위해 전환기를 아래와 같이 정의하고자 한다.

> **전환기** = **실험**과 **성찰**을 통해 **내면**의 가치관과 방향성이 달라지는 **과정**

우선 전환기는 삶을 〈실험〉하는 시기이다. 여기서 실험이란 일정한 조건을 인위적으로 설정하여 기대했던 현상을 관찰한다는 과학적 의미가 아니다. 오히려 자신의 잠재력을 찾아서 살려 내기 위해 이런저런 시도를 해보는 시험(試驗)의 의미에 가깝다. 다양한 모색을 하는 시기인 것이다. 이런 이유로 전환기는 직업적 수련기와 구별된다. 비유컨대 수련기가 한 우물을 깊이 파는 것이라면 전환기는 한 우물을 파기 전에 좋은 우물을 찾아 이곳저곳을 시추(試錐)하는 시기인 것이다.

실험과 함께 〈성찰〉이 전환기의 주요 활동이 된다. 전환기의 본질 가운데 하나는 깨달음인데, 깨달음은 안으로 자신을 곱씹는 과정을 전제한다. 성찰은 자신에게 중요한 질문을 던지고 스스로를 관찰하는 것이며, 그럼으로써 내가 알고 있던 나와 세상에 알려진 나에 가려져 있던 〈더 깊은 나〉를 재발견하는 과정이다. 실험은 밖으로의 모색을, 성찰은 안으로의 성숙에 기여한다는 점에서 상호보완적이다. 성찰 없는 실험은 맹목적이고, 실험 없는 성찰은 공허하다. 인생의 큰 변화는 실험과 성찰이 적절히 조화될 때 일어난다. 따라서 이 책에서는 이 두 가지 과정을 통칭하여 〈탐험〉이라 부를 것이다. 탐험은 탐구(내면의 성찰)와 모험(외부의 실험)을 함께 아우르는 말이다.

세 번째로 전환의 주 무대는 〈내면〉이다. 전환의 본질은 직업과 성공, 인간관계 등 외형적으로 달라지는 것이 아니다. 대부분의 전환기는 외부의 사건에 의해 촉발되지만 궁극적으로 달라지는 것은 내면의 가치관과 방향성이다. 전환기는 직업의 전환, 사회적 성취, 이민 등의 외적인 변화와 구분되어야 한다. 세계적인 컨설턴트 윌리엄 브리지스William Bridges는 변화change는 외부적·환경적인 데 비해 전환transition은 내면적·심리적인 과정이라고 설명한다. 전환은 외적인 변화를 자신의 삶 속으로 받아들이기 위해 겪어야 하는 내적인 과정이다. 내면의 깊숙한 전환을 무시한 채 외적인 변화에만 신경 쓰면 본질적인 변화는 이뤄지지 않는다.

마지막으로 전환기는 〈과정〉 중심이다. 즉, 목표나 결과를 크게 염두에 두지 않는다. 가령 회사를 그만두고 공무원이 될 것을 목표로 시험을 준비하는 등, 구체적인 목표를 가지고 시작한다면 전환기라 볼 수 없다. 오히려 전환기는 반대쪽 터널 끝의 풍광은 알지 못한 채 터널 속으로 들어가는 것처럼 불확실하고 혼란스러운 과정이다. 브리지스는 이 시기를 〈서커스의 곡예 그네를 타고 있는데, 건너편에서 그네를 보낼 준비가 전혀 되어 있지 않은 상태에서 잡고 있는 그네를 놓아야 하는〉 상황에 비유한다.

전환기는 스스로 의도하여 맞이할 수도 있고, 우연히 다가올 수도 있다. 비교종교학자라는 같은 직업을 가진 조지프 캠벨과 카렌 암스트롱의 삶을 비교해 보면 이 차이를 알 수 있다. 캠벨은 박사학위를 스스로 그만두고 오두막에 틀어박혀 책을 읽으며 전환기를 시작한 데 비해, 암스트롱은 본인의 의도와는 무관하게 타의에 의해 박사학위 취득에 실패하고 어쩔 수 없이 전환기를 맞게 되었다. 그러나 결국 둘 다 〈책〉이라는 도구를 통해 자신의 천복bliss과 천직vocation을 발견했다.

겉으로는 전환기처럼 보이지만 사실은 전환이 아닌 유사(類似) 전환도 존재한다. 앞서 언급했던 직업적 수련이나 목표 준비 또는 직업 전환 등의 의도적인 외적 변화가 이에 해당한다. 더불어 전환기는 특성상 불확실성이 커지는 만큼, 〈효율성〉이나 〈속도〉는 전환기와는 거리가 멀다. 불확실하다는 이유로 전환기를 빨리 통과하고자 하는 태도로는 결국 아무런 변화도 만들어 내지 못한다. 〈경쟁〉이나 〈성취〉의 시기도 아니다. 오히려 전환기에는 홀로 방황하며 갖은 시행착오를 겪는다. 그러나 이런 비효율의 방황들이 자신을 알아가는 과정이며 궁극적으로 자신을 키우는 최고의 투자가 된다.

옛날 현자들은 공부를 마음밭을 일구는 일에 비유하곤 했다. 기름진 땅을 일구려면 거름이 꼭 필요한데, 거름은 크게 금비(金肥)와 퇴비(堆肥)로 나눌 수 있다. 금비는 돈을 주고 사서 쓰는 화학 비료이고, 퇴비는 풀이나 낙엽, 동물의 배설물 등을 모아서 썩힌 것이다. 금비는 퇴비에 비해 효율이 훨씬 높지만 흙을 산성화시켜 땅의 기운을 떨어뜨린다. 이에 반해 퇴비는 만드는 데 손이 많이 가고 시간이 오래 걸리지만 사용할수록 흙의 질을 좋게 한다.

전환기는 퇴비를 만드는 시기다. 지금까지 뿌려 왔던 금비를 잠시 멈추고, 낙엽과 똥과 오줌 등을 손수 모아 오래 발효시켜 두엄을 만드는 과정이다. 효율이 낮고 속도 역시 느리지만 부작용이 없고 효과가 확실하며 땅을 살린다. 전환기는 경쟁, 효율, 속도, 성취에서 한 발짝 물러나는 〈멈춤의 시간〉이자 자기 자신을 성찰하고 자기가 꿈꾸는 삶을 발견하기 위한 〈탐험의 시기〉이다.

이 책에 등장하는 전환자(轉換者)들은 전환기 이전과 이후가 확연히 다르다는 공통점을 가지고 있다. 박사학위를 포기한 고학력 실업자가 5년간의 전환기를 통해 대학교수가 되고, 돈벌이에 관심이 많지만 미성숙했던 스무 살 젊은이가 전환기를 보내며 자신에게 딱 맞는 투자 원칙과 방법론을 가진 전문 투자가로 변모한다. 탄탄대로를 달리던 신경정신과 의사가 아우슈비츠 수용소에 끌려가 수용소를 실험실 삼아 독창적인 심리요법을 창안해 내고, 마흔세 살의 평범한 직장인이 3년간의 전환기 이후에 3권의 책을 쓴 1인 기업가로 거듭나는 도약이 실제로 일어나는 것이다. 어떻게 이런 일이 가능할까?

외적인 변화는 내적 도약의 결과다. 그리고 내적 도약은 삶에 대한 실험과 성찰, 곧 〈탐험〉의 결과임을 앞으로 여러 사례를 통해 살펴볼 것이다. 자기 자신을 연구 대상으로 철저히 탐구하고, 실험을 통해 잠재력을 끌어올리는 과정이 전환의 포인트다. 실험과 성찰이 축적되어 임계점을 돌파할 때 본질적인 변화가 이뤄진다. 의식은 넓고 깊게 확장되고, 내면의 가치관은 튼실하게 자리 잡으며, 실현해야 할 소명이 뚜렷해진다. 새로운 시선을 가진 새로운 존재가 되어 비로소 새로운 인생을 시작하는 것이다.

전환의 창

자연의 발전은 어느 단계에서 급격히 이루어진다. 나무의 나이는 단계마다 층을 이루는 나이테에 기록된다. 아기는 몇 달간 아주 천천히 자라다가 며칠 만에 걸음마를 하고, 옹알거리기만 하다가 어느 날 갑자기 알아들을 수 있는 문장을 말한다. 물은 형태의 변화 없이 차가워지다가 섭씨 0도가 되면 순간적으로 얼음이 된다. 반대로 100도씨에서 돌연 끓기 시작한다.

인생 역시 이렇게 뚜렷이 구분되는 단계가 있는 것이 아닐까. 괴테는 〈사람의 인생이란 10년마다 달라지는 나름대로의 운명, 희망, 요구가 있다〉고 했고, 공자는 이를 가리켜 이립(而立), 불혹(不惑), 지천명(知天命) 등으로 구분하기도 했다. 다시 말해 10년마다 삶의 화두와 방향성, 가치관 등이 확연히 달라진다는 것이다. 이러한 인생의 단계들이 공통적으로 요구하는 것은 철저한 〈전환〉이다. 때로는 기존의 삶에 반하는 변신이 요구되기도 한다. 아널드 반 제넵, 조지프 캠벨, 윌리엄 브리지스 등의 많은 학자들은 이러한 삶의 전환이 어떻게 일어나는지 심도 있게 연구했으며, 다양한 전환의 모델을 제시해 왔다. 대표적인 세 가지 변화 모델을 〈부록1〉에 자세히 소개했으니 참고하기 바란다.

이 책에서도 하나의 모델을 제시하고자 한다. 여러 전환자들을 심층적으로 조사한 결과, 뚜렷한 전환기를 갖는 인물들의 전환 과정에 일정한 패턴이 있음을 확인할 수 있었다. 사람마다 삶이 바뀌는 양상은 다양하지만, 다채로운 형태의 삶의 전환을 하나로 바라볼 수 있는 모델이 존재함을 알게 된 것이다. 〈전환의 창〉이라 이름 붙인 다음의 그림이 그 내용이다.

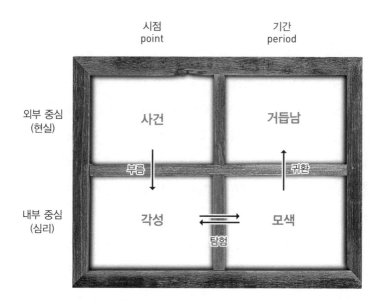

시점   기간
point   period

외부 중심
(현실)   사건   거듭남

부름   귀환

내부 중심
(심리)   각성   모색

탐험

전환의 창Window of Transition

전환의 창은 두 개의 중심축으로 나뉜다. 첫 번째는 외부(현실)와 내부(심리)로 나뉘는 축이다. 외부의 〈사건〉에 의해 촉발된 삶의 근본적인 문제는 내면에서 곱씹어 의미를 반추하는 〈각성〉의 과정을 거쳐야 한다. 만일 그 사건의 의미를 해석하고 심리적으로 수용하지 않은 채 외적인 변화에만 대처하는 경우 같은 문제가 반복된다. 중요한 문제일수록 반복될 때 더 험한 모습으로 다가오며, 급기야 삶을 덮쳐 심각한 위기를 초래하기도 한다.

또 하나의 축은 시간에 관한 것으로 시점point과 기간period의 구분이다. 사건과 각성은 출발점이지 완성은 아니다. 각성 이후에 그것을 실질적인 변화로 이끌기 위한 실험과 성찰을 지속하는 〈모색〉의 기간이 필요하다. 이 기간은 내가 깨달은 것을 경험을 통해 심화하는 시기이

20

며, 이 과정을 통해 자신의 낡은 껍질을 벗어 던지고 진정한 나로 〈거듭날〉 수 있다.

책의 목차 구성을 위해 하나의 사분면에서 다른 면으로 옮겨가는 변화에도 이름을 붙였다. 먼저 우연히 일어난 듯 보이는 사건의 이면에 담겨 있는 의미를 통찰하고, 삶이 내게 던지는 물음(소명)을 알아차리는 과정을 부름calling이라고 했다. 또한 깨달음을 바탕으로 실험, 성찰함으로써 의미를 점점 심화해 가는 과정은 〈탐구 + 모험〉 곧, 탐험exploring으로 정의했으며, 탐험의 결과를 외부의 현실에 적용하고 통합하는 과정은 조지프 캠벨의 표현을 빌려 귀환returning으로 정리했다. 이러한 전환의 단계 중 이 책의 초점은 각성 이후에 진행되는 오랜 기간의 〈탐험〉이며, 따라서 책의 구성 역시 탐험 기간 동안 전환자들이 무엇을 실험하고 성찰했는지에 큰 비중을 두었다.

탐험의 도구는 사람마다 다르다. 누군가는 책을 읽고, 또 누군가는 글을 쓴다. 일생의 스승을 만나거나 훌쩍 여행을 떠나거나 새로운 공간으로 이주하기도 하며, 종교 생활에 심취하기도 한다. 이 책에서는 이러한 전환의 〈도구〉를 아홉 가지로 구분하여 설명할 것이다.

이 책에 등장하는 인물들의 전환의 창은 〈부록2〉에 모아 두었으며, 이들이 어떻게 전환기를 보냈는지는 2부에서 자세하게 다룰 것이다. 이 인물들의 이야기 가운데 자신이 가장 끌리는 인물 몇 명을 파고들어 가볼 것을 권한다. 그 〈끌림〉을 소홀히 여겨서는 안 된다. 끌림이 부름이 되고 부름이 운명이 되어 삶 전체가 바뀌기 때문이다.

〈전환의 창〉은 그것을 통과해서 여러 인물들의 전환 양상을 살펴볼 수 있고, 또 반사되어 되비치는 모습을 통해 자신을 돌아볼 수 있다는 점에서 투명한 창문이다. 그러나 이것은 하나의 창문일 뿐 문은 아니

전환기 이전	거듭남
• 〈인도보다 쉽다〉는 말에 영국 변호사 자격 취득 • 대중 공포증으로 법정에서 변론 중 도망침. 이후 변론 대신 진정서 작성 대행 업무를 주로 함	• 대담한 프로젝트: 사티아그라하(진리파지) 운동 　- 진리를 관철하기 위한 비폭력 투쟁 시작 　- 8년간 인두세(人頭稅) 등의 차별법 반대 　- 〈사티아그라하 행진〉 등 정치적 운동, 투옥
사건	• 인도국민회의의 최고 지도자로 선출 　- 〈위대한 영혼〉으로서 인도의 정신적 등불로 추앙
• 남아공 마리츠버그 역 인종차별 • 다음 날 마차에서도 폭언과 폭행	
각성	**모색 (1893∼1895년)**
• 마리츠버그 역에서의 추운 하룻밤 　- 〈어떤 고통을 겪더라도 부당한 인종차별의 뿌리를 뽑아야 한다〉 • 남아공 교포 상인들의 갖은 수모 전해 들음 　- 인간과 종교에 대해 물음: 자신을 인종차별 사건에 말려들게 한 절대자에 대해 알고 싶어함	• 다양한 종교 서적 탐독 　- 이슬람, 기독교, 유대교, 힌두교 등의 책 탐독 　- 종교의 보편적 진리는 〈도덕〉이라는 결론 도달 　- 여러 종교인들의 모임 참석, 의견 교환 • 종교적 깨달음을 삶에서 실천, 맹세 　- 미각의 통제, 간소한 삶 실험, 순결 서약 등 • 남아공 내 인도 교포들의 모임 주도 　- 남아공의 실상 알림, 첫 대중 연설

〈표 1〉 전환의 창 예시: 모한다스 간디(부록2 521면 참조)

다. 창문은 직접 열고 그 속으로 참여할 수 없다는 점에서 〈문〉과는 구별된다. 다른 삶을 바라보는 것과 다른 삶을 직접 살아 내는 것은 별개의 문제인 것이다. 우리는 전환자들의 이야기는 그들의 이야기일 뿐임을 이해해야 한다. 결국 문을 열고 자신의 이야기를 만드는 것은 우리 각자의 몫이다.

그럼에도 불구하고 창 밖을 내다보는 경험은 필요하다. 직접 문을 열고 나가기 전에 스스로 질문하여 자신을 돌아보고, 필요한 것을 준비하고 결단할 수 있기 때문이다. 앞으로 직면할 상황과 장애물들을 간접 체험하고 이를 극복할 수 있는 용기와 방법도 얻을 수 있다. 이 책은 그대가 창문을 바라보는 데 그치지 않고 새로운 인생의 문을 열도록 영감을 점화할 것이다.

13세기에 익명의 수도사가 쓴 아서 왕의 이야기 『성배를 찾아서』에는 이런 대목이 나온다. 아서 왕과 기사들이 연회장의 원탁 주위에 모여 있었다. 아서 왕은 기사들에게 모험할 일이 생기기 전에는 음식을 먹지 못하게 했다. 그 시절에는 모험이 다반사로 일어났으므로 그들이 끼니를 오래 거르는 일은 없었다.

　기사들은 그날도 모험을 기다리고 있었고 드디어 사건이 일어났다. 모여 있는 기사들 앞에 성배가 나타난 것이다. 성배는 그 모습을 완전히 드러내지 않고 눈부시게 빛나는 천에 덮인 채로 있다가 홀연히 사라져 버렸다. 모두들 황홀한 경외감에 휩싸인 채 자리에 앉아 있었다. 마침내 아서 왕의 조카인 가웨인이 자리에서 일어나 말했다. 「여기 모인 형제들에게 제안을 하겠소. 우리가 성배를 찾아서 그 베일을 벗겨 봅시다.」 그리고 이 다음에 아주 멋진 구절이 나온다.

　　그들은 다 같이 우르르 몰려다니는 것은 명예롭지 않다고 생각했다. 그들은 각자 스스로 선택한 지점에서 모험의 숲으로 들어갔다. 그곳은 칠흑처럼 어두웠고 어떤 길도 나 있지 않았다.[2]

　성배를 찾아 각자 떠난 기사들처럼 우리 또한 각자의 지점에서 자신의 문을 열고 어둠이 짙게 깔린 숲으로 들어가야 한다. 각각의 인간 존재는 고유하다. 중요한 것은 가장 자기다운 본질을 향해 가는 길을 발견하는 것이다. 이 책의 여러 전환자들을 통해 그 과정을 확인해 보라. 동시에 그들의 이야기 일부를 내 삶에 이식해 보라. 그대 또한 의미 있는 반전을 이루어 낼 수 있을 것이다. 훗날 과거를 회상하며 〈그때 이후로 모든 게 달라졌다〉고 말하게 될 만큼 말이다.

독자들을 위해 이 책을 읽는 세 가지 방법을 안내하고자 한다.

이 책의 본론은 2부 〈탐험, 삶을 바꾸는 아홉 갈래의 길〉이며, 이것은 9가지 전환 도구와 18명의 전환자 사례를 담고 있다. 독자는 아래 세 가지 방식 중 하나를 택해 2부를 읽을 수 있다.

- 첫째, 〈순서대로〉 읽는다. 전환의 다양한 형태와 도구를 전체적으로 자세히 살펴보고 싶은 경우, 처음부터 끝까지 읽는다.
- 둘째, 9가지 전환 도구 중에서 자신에게 끌리는 〈도구〉를 골라 읽는다. 독자의 개성과 상황에 따라 적합한 도구가 각기 다를 수 있다. 평소 선호하거나 익숙한 도구, 또는 목차의 소제목을 읽고 마음에 들어오는 장부터 읽는다.
- 셋째, 궁합이 맞는 〈전환자〉부터 읽는다. 부록2의 전환자 18명의 전환의 창을 훑어보면, 해당 인물의 전환 과정을 살펴볼 수 있다. 그 가운데 가장 끌리는 전환자를 독서의 출발점으로 삼는다.

2부를 모두 읽지 않아도 책의 나머지를 읽는 데 큰 지장이 없으므로, 모든 내용을 정독하려고 무리하지 않아도 된다. 다만 2부는 발췌해서 읽더라도 전환의 큰 그림을 이해하기 위해 1부 〈부름〉과 3부 〈귀환〉은 빠짐없이 읽는 것이 좋다.

1부
부름, 삶이 내게 말을 걸어올 때

삶의 의미가 무엇인지 묻기 전에
그 질문을 받을 당사자가 바로 자신임을 먼저 깨달아야 한다.
다시 말해, 모든 사람은 삶으로부터 질문을 받고 있으며
자신의 삶으로 이에 대답해야 한다.

빅터 프랭클

전환에의 초대

삶은 우리를 부른다. 충격적인 사건을 통해 큰 소리로 부르기도 하고 사소한 우연이나 스치는 인연을 통해 속삭이듯 부르기도 한다. 부름을 알아차리는 것은 개인의 몫이다. 대개의 경우 부름을 단순한 불운이나 가벼운 우연으로 치부하고 지나쳐 버린다. 설령 그 의미를 알았다 해도 두려워 거부하기도 한다. 모든 부름의 끝에는 모험이 기다리기 때문이다.

모험의 여정이 각기 다양하듯, 부름의 방식 역시 가변적이다. 여기에서는 우리의 어깨를 두드리는 삶의 부름을 몇 가지 범주로 분류해 보고자 한다. 분류할 수 있다면 예측과 대처가 가능해지기 때문이다. 우연이라는 가면을 쓰고 다가오는 〈운명적 부름〉을 미리 감지할 수 있다면, 우리는 보다 지혜롭게 삶의 변화에 대처할 수 있을 것이다.

전환을 알리는 몇 가지 삶의 계기들

첫 번째 부름의 유형은 〈공간적·정서적 분리〉와 관련되어 있다. 친숙한 장소나 사랑하는 사람들로부터 분리되는 경우다. 예를 들어 이민을 가게 되었거나, 직장에서 해고되거나, 부모 곁을 떠나 처음으로 독립할 때, 기러기 아빠가 되었을 때, 혹은 부모님이 돌아가셨을 때 등 가까웠던 사람 혹은 환경과 멀리 떨어지게 될 때 우리는 삶의 전환을 요구받는다. 여러 부름의 유형 중 특히 분리의 경험은 처음에는 과소평가되다가 시간이 지날수록 고통이 극대화되는 경향이 있다. 이런 고통은 단순한 고통이 아니라, 커다란 전환이 시작되었음을 알려 주는 삶의 복선이다.

고대의 부족 사회 성인식에서 분리의 과정을 의식에 포함시킨 것은 우연이 아니다. 부족의 젊은이는 가족으로부터 멀리 떨어져 깊은 숲 속 또는 사막 한가운데에서 며칠을 지내게 되며, 이를 통해 어른으로서 삶의 부름에 응답하라는 메시지를 받게 된다. 신화적 모험 역시 분리를 통해 시작된다. 예수는 광야에서 40일을 보냈으며, 고대 그리스의 영웅 테세우스는 고향을 떠나 아테네를 향해 긴 여행에 나섰다.

삶이 우리를 부르는 두 번째 방식은 〈역할의 상실〉이다. 자신과 기꺼이 동일시해 온 역할이나 이름표를 잃어버리는 경우로, 과거 나의 정체성을 드러내 주는 표식이나 성취물이 사라지는 것으로 나타나기도 한다. 예컨대 정년퇴직으로 은퇴하거나 직위 해제 등으로 상실된 팀장, 임원 등의 타이틀, 자녀의 결혼으로 축소된 부모의 역할 등을 들 수 있다. 지금까지 충실하게 써왔던 가면을 벗고 민낯으로 세상을 대하는 고통은 결코 가볍지 않다. 특히 과거의 역할이 자신의 정체성과 밀접하게 연관된 경우 고통은 배가된다.

가까웠던 사람이나 환경과 멀리 떨어지게 될 때 우리는 삶의 전환을 요구받는다. 소년 테세우스는 어른으로서의 삶의 부름에 응답하라는 메시지를 받고, 아버지를 찾아 긴 모험에 나선다. 니콜라 기 브르네, 「아들 테세우스에게 아버지가 칼을 숨겨 놓은 장소를 알려 주는 아이트라」, 1768년.

더 이상 누군가에게 중요한 사람 혹은 찬사나 복종의 대상이 아니며 더 이상 인기 있는 사람이 아니라는 느낌은 공황의 원인이 될 수 있다. 인기가 식어 버린 연예인, 임기 말년의 정치가, 새로운 트렌드에 밀려 버린 예술가 등이 대표적이다. 심한 경우 자신의 정체성을 잃어버리고 부유하듯 살다 끝내 자살을 선택하기도 한다. 그러나 이러한 역할의 상실은 사실 새로운 역할을 향한 모험으로의 부름이기도 하다. 무엇보다도 자신을 옭아 매는 과거로부터의 끈을 느슨하게 풀어 줄 필요가 있다. 가면을 벗어 던지는 순간 홀가분하게 자신의 민낯을 바라볼 수 있게 되기도 한다.

세 번째 부름은 자신이 믿고 있는 사람이나 사실에 대한 〈환상이 깨지는〉 경우다. 예컨대 바람피우다 들켜 버린 연인이나 배우자, 과거 존경했던 지도자의 부패, 하찮은 존재가 되어 버린 우상, 나의 신뢰를 배신한 회사 등 깨질 수 있는 환상은 다양하다. 확고하게 믿어 온 환상이 산산이 부서지는 체험은 오랫동안 우리에게 영향을 미친다. 때로는 아무것도, 누구도 믿지 못하게 되는 불신의 상태에 이르기도 한다.

마지막은 〈방향감각을 잃어버린〉 경우다. 이것은 더 이상 추구해야 할 것이 없어진 막막함, 혹은 추구 자체가 무의미해진 데서 오는 허무감이다. 과거 자신이 노력한 것이 모두 수포로 돌아가거나, 지금껏 가치 있다고 믿어 온 것이 부질없다고 느끼는 경우가 이에 속한다. 아무리 노력해도 자신의 작품 세계가 대중에게 이해받지 못할 때 창작자는 사막 한가운데 떨어진 듯한 막막함을 느낀다. 때로는 커다란 성공 뒤에 오는 무의미함 때문에 허탈해하기도 하며, 실패의 경우보다 더 극심한 공허감을 느끼기도 한다. 무력감과 무가치함이야말로 방향 상실에서 오는 가장 큰 고통이다. 이런 사람들은 과거의 목표뿐 아니라 미래의 새로운 목표를 세울 의지조차 잃어버리고 당황해한다.

삶이 고통을 통해 우리를 부를 때, 상황을 타개하고자 더 열심히 노력하며 발버둥치는 것은 바람직하지 않다. 오히려 방황을 할 때에는 깊이 방황하는 것이 낫다. 고대 신화에서는 이러한 〈깊은 방황〉을 영웅이 커다란 뱀이나 물고기에 잡아먹혀 배 속으로 들어가는 것으로 묘사한다. 영웅은 기꺼이 괴물의 배 속으로 빨려 들어가 굽이굽이 돌며 길을 헤맨다. 전환 과정에서 이러한 고통과 혼란은 자연스러운 현상이란 것을 믿고 공포감에 사로잡히거나 거부하지 말아야 한다.

전환기의 사건이 주는 고통의 의미

〈교사의 교사〉로 불리는 미국의 교육지도자 파커 파머Parker J. Palmer
는 40대에 들어 두 번이나 우울증을 경험한다. 그는 3년 동안이나 영혼
의 수렁에 빠져 허우적거렸으며 매일 죽고 싶은 욕망과 싸워야 했다.
왜 우울한지 이유를 알 수 없다는 점이 그를 가장 우울하게 했다. 그는
두 명의 정신과 의사를 만났는데, 모두 실패였다. 그 의사들은 약물에
의존하며 환자의 내면을 무시하는 태도를 지닌 사람들이었다. 그러한
태도는 오히려 파머를 화나게 했고 사람들로부터 더욱 멀어지게 했다.

그가 우울증을 극복한 것은 의외의 깨달음에서 비롯되었다. 세 번째
로 찾은 심리상담가의 한마디 말 때문이었다. 그것은 우울증을 친구처
럼 생각해 보라는 조언이었다.

「당신은 우울증을 당신을 망가뜨리려는 적의 손아귀로 보는 것 같군
요. 그러지 말고 당신을 안전한 땅으로 내려서게 하려는 친구의 손길로
생각할 수 있겠어요?」[3]

처음엔 그 말이 말도 안 되는 소리 같았고, 심지어 모욕적으로까지
느껴졌다. 그러나 천천히 곱씹어 보니 그 말은 진실을 담고 있었다. 파
머는 신을 〈존재의 토양the ground of being〉이라고 표현한 실존주의 신
학자 폴 틸리히Paul Tillich의 말을 떠올렸다. 신은 저 하늘 위 어딘가에
있는 존재라는 많은 사람들의 생각과는 반대로, 그 말은 신에게 이르는
길이 위로 올라가는 게 아니라 아래로 내려가는 것이라고 역설하고 있

었다. 아래로, 땅으로 내려서는 것이 완전함의 방향이라는 것이다. 우울증이 신의 손길일 수도 있다는 이 통찰이 그를 우울증에서 벗어나게 했을 뿐만 아니라 그의 소명을 발견할 수 있도록 도왔다. 그는 3년간의 깊은 우울증의 경험을 통해 자신의 내부에 있는 어둠을 보았고, 신의 근원적인 사랑을 경험했다.

이처럼 자신의 소명을 발견해 나가는 도중의 〈하강 경험〉은 참 자아로 돌아오는 데 꼭 필요한 과정이다. 『신곡』에서 단테는 천국으로 향하는 문이 지옥의 가장 아래에 있으며, 지옥 바닥까지 내려가서 반대쪽으로 뚫고 나와야 비로소 천국으로 갈 수 있음을 묘사한 바 있다. 우리는 흔히 등 뒤에서 길이 닫힐 때 단지 그것을 노력 부족이나 실수에서 빚어진 결과로 치부하는 경향이 있다. 그러나 길이 닫히는 것은 길이 열리는 것만큼이나 많은 교훈이 들어 있음을 알아야 한다.

실패하는 것 역시 삶이 우리를 준비된 길로 이끌어 주는 또 하나의 방법이다. 열림은 우리의 능력을 보여 주고 닫힘은 또 다른 가능성을 보여 주기 때문이다. 그러므로 여러 개의 길이 닫히고, 아래로 아래로 내려가는 경험을 〈안전한 땅으로 내려서게 하려는 신의 손길〉이라고 생각할 수 있어야 한다. 더불어 그 고통스러운 사건이 내포하는 의미와 상징을 해석하는 것은 매우 중요한 일이다.

〈경험〉의 크기가 아닌 〈깨달음〉의 크기

전환기의 실험은 〈아주 많은 우연한 사건들〉 속에 자신을 노출시키는 것이다. 인생은 결국 크고 작은 사건들로 촘촘히 짜여 있다. 계획대로 되어 기쁜 일도 있고, 오래 준비하고 바라던 일이 무산되어 엉뚱한 곳으로 흘러가기도 한다. 결과가 어떻든 삶을 바꾸는 것은 무슨 사건이 일어났는지가 아니라 그 사건을 어떻게 바라보는가에 달려 있다.

대개 우리는 삶을 바꿔 줄 〈결정적 사건〉을 마냥 기다린다. 극심한 고통의 경험이건 격렬한 환희의 순간이건 삶을 바꾸는 극적인 체험이 따로 있다고 여기는 것이다. 그런 계기가 없었기에 우리는 전환기를 맞이하지 못했고 그 결과로 지금껏 평범한 삶을 살아온 것이라는 식이다. 그러나 잊지 말아야 할 것은 변화의 본질은 어떤 사건이든 그것을 훌륭하게 재해석해 낼 수 있는 힘에 달려 있다는 것이다. 다시 말해, 경험의 크기가 아니라 〈깨달음의 크기〉가 삶을 바꾼다.

20세기 위대한 혁명가로 손꼽히는 체 게바라Che Guevara는 원래 의사였다. 하지만 20대 초반 의학도 신분으로 떠난 라틴 아메리카 여행이 그의 삶을 완전히 바꾸어 놓았다. 체 게바라가 거창한 목적을 가지고 여행을 떠난 것은 아니었다. 그는 고국인 아르헨티나 너머의 세계에 대한 호기심과 모험의 열정에 이끌려 사촌과 함께 중고 오토바이를 타고 여행길에 올랐다. 하지만 여행을 하고 난 후에 삶의 방향성이 완전히 바뀌었다.

체 게바라가 여행을 통해 경험한 것은 무엇이었을까? 그는 우연히 칠레의 한 노동자 부부와 하룻밤을 보내면서 그곳 사람들의 현실을 체험할 수 있었다. 어느 추운 밤 그는 담요 한 장 없이 부둥켜 안고 자는 노동자 부부에게 하나뿐인 이불을 건네 주었다. 그는 당시 경험에 대해 〈그것은 내가 겪은 가장 추웠던 경험 가운데 하나였지만 내게는 낯선 이 인류에게 좀 더 가까워진 느낌을 갖게 해준 경험이었다〉고 말했다. 어찌 보면 사소한 사건이지만 그것을 훌륭하게 재해석해 낸 것이다. 여행에서 겪은 이런 소소한 경험들이 마음에 스며들어 그에게 의사도 성직자도 아닌 혁명가로서의 길을 택하게 했다. 사건 자체가 아니라 그것으로 촉발된 깨달음이 인생 전체를 바꾼 것이다.

어떤 사건이 우연인지 아니면 우연을 가장한 필연인지, 우리는 쉽게 알 수 없다. 하지만 어떤 사건이든 그 사건을 의미 있게 만드는 것은 성찰의 과정이다. 맑게 깨어 그 의미를 반추해 보지 않는다면 전환은 시작되지 않는다.

전환의 첫 단계는 과거와의 결별

사건 이면의 삶의 부름을 해석하지 못하거나 부름을 거부하는 경우와 달리, 기존의 세계를 확실하게 끝맺지 못해 앞으로 나아가지 못하는 경우도 있다. 달성하지 못한 목표, 헤어진 연인, 버리지 못하는 추억 등 미련이나 망설임에 발목을 잡혀 앞으로 한 걸음도 내딛지 못하는 것이다.

이것은 〈끝〉을 최종적인 상태와 혼동하여 더 이상 아무것도 없다는 뜻으로 간주하기 때문이다. 그러나 땅의 끝이 바다의 시작이고 바다의 끝이 땅의 시작이듯, 끝은 새로운 시작의 전제 조건이다. 무생물은 시작하고 나서 멈추어 버리지만, 자라고 성장하는 생물에게는 〈끝〉이 먼저 오고 난 다음에야 〈시작〉이 온다. 한 알의 씨앗이 먼저 죽어야만 싹이 돋아 많은 열매를 맺을 수 있는 것과 같다. 하루의 순환과 계절의 순환도 마찬가지다. 1년의 시작은 봄이 아닌 겨울이라는 말 역시 변화가 끝에서 시작함을 보여 준다.

〈끝〉은 청소의 과정이다. 새로운 것을 시작하기 전에 먼저 과거의 면지를 홀홀 털어 내야 한다. 하지만 보통 우리는 과거를 청산하는 것보다 새로운 시작을 더 가치 있게 여긴다. 예컨대 연애에 힘들어하는 젊은 이는 연인과의 관계에 있어 자신의 반복적인 나쁜 습관을 포기하는 대신 그 연인과의 관계 자체를 포기하고 헤어져 버린다. 그리고 다른 연인을 만나 같은 패턴으로 비슷한 시기에 비슷한 이유로 헤어진다. 성공을 추구하는 사람은 과거에 성공을 가로막았던 자신의 마음가짐이나 행동을 검토하고 내려놓기보다는 새로운 직장이나 일을 찾는다. 이 모든 경우의 공통점은 과거를 놓아 버릴 생각은 하지 않은 채 표층의 변화만을 시도한다는 것이다.

끝 단계에서 놓아 버려야 할 것은 삶이나 직업, 인간관계 같은 것이 아니라 집착하는 욕망과 소모적인 두려움, 고착화된 습관과 스스로를 가두는 한계 같은 내면적인 것들이다. 외적인 것들만 다루려고 하는 사람들은 인간관계에서 벗어나고, 직장을 그만두고, 다른 도시로 이주하지만 중요한 문제는 해결되지 않고 다시 반복된다. 아인슈타인이 지적했듯이 문제를 만들어 낸 의식 수준으로는 그 문제를 풀 수 없다. 과거의 자신과 확실한 끝맺음을 하지 못한 사람들은 부지불식간에 내적인 전환을 회피하는 수단으로 외부적인 변화를 교묘하게 이용하곤 한다.

과거의 삶, 어제의 나를 과감히 놓아 버리고 매듭을 지을 때, 우리는 자신이 이전과 다른 새로운 길로 들어섰음을 알게 된다. 그러므로 전환기에 가장 먼저 해야 할 것은 〈내가 무엇을 놓아 버릴 때인가?〉 하는 의문을 갖는 것이다. 이런 질문을 통해 우리는 삶의 다음 단계를 위해 필요한 신호와 단서를 얻게 된다. 어릴 때 장애로 삶에서 많은 것을 놓아야만 했던 미국의 사회복지 사업가 헬렌 켈러Helen Keller는 이것을 하나의 명징한 이미지로 묘사한다.

하나의 문이 닫히면 다른 하나의 문이 열리게 마련이다.

그러나 우리는 너무도 자주 후회 속에서,

닫혀진 문을 바라보며 아쉬워한다.

우리 앞에 또 하나의 문이 열려 있는 것도 알지 못한 채.[4]

부름에 임하는 마음가짐

어두운 밤, 한 여인이 가로등 아래서 무언가를 열심히 찾고 있었다. 지나가는 사람들이 무엇을 잃었냐고 물었다. 그녀는 소중한 의미를 가진 반지를 잃어버렸다고 했다. 이를 안쓰럽게 여긴 마을 사람들이 도와주겠다며 어디쯤 떨어뜨렸는지 다시 물었다. 그러자 여인은 가로등 불빛이 비치지 않는 어두운 풀숲을 가리키며 말했다.

「저기 어두운 곳에서 떨어뜨렸어요.」

「네? 저쪽 어두운 풀숲이라고요? 그런데 왜 여기 가로등 아래서 찾고 있어요?」

그녀가 황당한 듯 한숨을 쉬며 대답했다.

「그야 당연하죠. 저기는 어두워서 아무것도 안 보이잖아요!」

우스갯소리지만 그냥 웃고 넘기기에는 중요한 의미가 있다. 살아가면서 우리는 때로 내 삶을 빛나게 했던 중요한 무언가를 잃어버렸음을 문득 깨닫곤 한다. 그리고 이어서 또 하나의 사실, 그것이 내가 서 있는 지금 이곳에는 없다는 것 역시 알게 된다. 잃어버린 것을 찾기 위해서는 어둡고 낯선 곳으로 떠나야 한다. 그럼에도 우리들은 단지 두렵다는 이유로 밖으로 나가길 포기한 채 그대로 멈춰 선 자리에서 애타게 찾고 있지 않은가? 혹은 잃어버린 것이 아쉬워 바라만 보고 있는 건 아닌가?

불확실성은 모험의 본질이다. 모험이 필연적으로 〈두려움의 길〉이 될 수밖에 없는 이유다. 어두운 풀숲에는 막연함과 적막감, 외로움이 서려 있다. 그래서 오래도록 그 길을 쳐다보기만 할 뿐 선뜻 나서지 못한다. 안전하다는 이유로, 시야가 확보된다는 이유로 여전히 옛 영광의 불빛 아래에서 스스로를 희망 고문하며 남아 있기도 한다. 어두운 숲에서 우리는 철저히 혼자일 것이고, 완전히 공허할 것이며, 길을 잃고 때로 회복하지 못할 만큼 무너질지도 모른다는 사실을 알고 있기 때문이다. 미지의 세계가 우리를 위협할 것임은 자명하다.

본질적 변화를 모색할 때의 세 가지 두려움

이런 암중모색(暗中摸索)의 시기에 가장 힘든 것은 무엇일까? 전환자들은 이 시기에 무엇이 가장 힘들었다고 고백할까? 이 책에서 조사한 전환자들은 암흑기 동안 공통적으로 세 가지의 부정적인 감정을 경험했다.

첫 번째는 〈공허감〉이다. 모든 것이 조금만 애쓰면 잡힐 듯해도 막상 손을 뻗으면 물고기처럼 상처만 남기고 빠져나간다. 어떻게 행동해야 하는지 전혀 감이 잡히지 않고, 일단 이것저것 시도해 보지만 그게 아닌 것 같아 점점 자괴감에 빠진다. 희망을 안고 당찬 각오로 뛰쳐 나왔건만 컴컴한 숲속에는 아무런 길도 나 있지 않음을 깨닫는 것이다.

대개는 이런 공허감을 제대로 평가할 줄 모른다. 공허감을 무언가 잃어버린 〈상실의 상태〉라고 느끼며 가능한 한 빨리 다른 것으로 채울 방법을 찾는다. 그러나 사실, 공허감은 새로운 삶을 받아들이기 위해 바닥까지 비우는 과정에서 비롯되는 자연스러운 감정이다. 이를 이해하지 못할 때 우리는 결국 중간에서 변화를 멈추고 일상으로 복귀하고 만다.

두 번째는 나만 외떨어져 뒤처지고 있다는 〈고립감〉이다. 일을 그만두고 잠시 쉬어 본 사람은 평일 대낮에 버스를 타면 느껴지는 사람들의 시선을 어색해하기 마련이다. 구본형은 20년간의 직장 생활을 끝내고 1인 기업으로 독립했을 때 가장 힘들었던 경험 중 하나로 〈평일 대낮의 자유를 비정상으로 인식하는 사회에 대한 공포〉를 꼽았다. 이때 외로움을 피하려고 다른 사람들을 더 많이 더 자주 만나려는 유혹에 빠지기 쉽다. 그러나 한바탕 웃고 떠든다고 해서 고립감은 사라지지 않는다. 오히려 친구들과의 비교로 의기소침해지거나 공허한 만남의 쓴맛을 보는 경우가 많다.

필요한 것은 자신의 마음속에서 들려오는 신호를 들을 수 있는 진정한 의미의 〈고독〉이다. 사람은 고독할 때 비로소 자신과 삶을 돌아보기 때문이다. 평생 〈고독solitude〉이라는 주제를 연구해 온 임상심리학자 에스터 부흐홀츠Ester Buchholz는 이렇게 말한다.

사람들을 통해 영감을 얻고, 정보를 통해 아이디어를 구하며, 연습을 통해 실력이 향상된다. 하지만 현 상황을 파악하고 새로운 발견을 이끌어 내며 자신만의 고유한 해답을 찾아내기 위해서는 혼자만의 고요한 시간이 필요하다.[5]

마지막으로, 암흑의 시기에는 〈여러 번의 시련〉이 함께한다. 마치 연속되는 파도처럼 일어나려고 하면 넘어뜨리고 다시 정신을 차리면 등 뒤에서 또 덮치는 식이다. 물론 이것은 외형적인 사건만을 의미하지는 않으며 때로 내면적인 위기가 점차로 고조되기도 한다. 그야말로 카오스chaos의 시기인 것이다.

전 세계의 신화에서 가장 흥미롭게 다루는 부분도 바로 이 카오스의 단계다. 영웅은 거듭되는 시련을 견디며 괴로워하는 동시에 그 시련을 통해 자신의 잠재력을 발견한다. 그리고 절체절명의 위기, 즉 심연의 바닥에서 비로소 자신이 간절히 찾고 있는 보물이 자기 안에 있는 것임을 깨닫게 된다. 이것이 동서고금의 영웅 신화에서 〈시련과 심연〉이 주는 역할이다. 영웅이 될 인물은 시련과 함께하고, 시련은 그를 영웅으로 빚어낸다.

그렇다고 영웅이 두려움이 없는 사람을 의미하지는 않는다. 오히려 그들은 속으로는 두려워하면서도 어둠을 향해 떨리는 한 발짝을 내딛는 사람이다. 용기란 두려움이 없는 상태가 아니라, 두려움보다 더 가치 있는 무언가를 간절히 추구하는 의지다. 닥쳐올 공허감과 고독, 숱한 시련을 모른 척하거나 과소평가하지 않고 정면으로 똑바로 응시하고 걸어 들어가는 순간, 우리는 내면의 영웅성과 마주하게 된다.

암흑의 시기를 통과하는 자세, 버림과 비움

철학자 니체는 〈춤추는 별을 잉태하기 위해서는 내면에 카오스를 품어야 한다〉고 말한다. 암중모색의 시기는 때로 의미 없는 시간처럼 여겨지기도 하지만 오히려 이때가 자신에 관한 결정적 단서를 발견할 수 있는 가장 중요한 시기다.

이 시기를 현명하게 통과하려면 어떻게 해야 할까? 전환자들은 아이러니하게도 이때에 무언가를 하려 하지 말고 가만히 상황을 지켜보는 것이 현명한 방법일 수 있다고 조언한다. 마치 잃어버린 반지를 찾으려던 여인이 가로등 아래에서 이리저리 움직이기보다는, 어두운 숲에서 가만히 앉아서 기다리는 모습과 같다. 시간이 흐를수록 눈은 어둠에 익숙해지고 시야는 또렷해진다. 어둠이 걷히고 비로소 달빛에 빛나고 있는 무언가를 발견하게 된다. 그게 바로 우리가 잃어버린 소중한 무엇이다. 우리는 지금껏 어려움이 닥쳤을 때 〈무엇을 해야 하는지〉 알기 위해 노력해 왔지만, 침착하게 전환을 알리는 신호를 듣고 조용히 내면을 응시하는 것이 어려움을 뚫고 앞으로 나아가는 최선의 방법이 될 수 있다.

어떤 목표를 달성하기 위한 노력들은 이 단계에서는 도움이 되지 않는다. 어쩌면 목표 자체를 갖지 않는 것이 중요할지도 모른다. 오히려 인위적인 목표 설정은 가장 중요한 것을 방해하고 가리기 때문이다.

나(승오)는 2010년에 직장을 그만두었다. 지적인 갈망 때문이었다. 기업의 교육 담당자였지만 바쁜 업무 탓에 새로운 배움 없이 퍼내기만 하는 직장 생활에 염증을 느끼고 있던 터였다. 옮길 곳을 정하지 않은 채 사직서를 내고 나니 갑자기 여유 시간이 넘쳐났다. 무엇보다도 평소 좋아하는 작가들의 책을 하루 종일 깊이 파내려 가고 싶었다. 그간의 갈증 때문에 깊은 독서는 내게 가장 절실한 소망이었다. 그러나 다른 한편으로 책을 한 권 써야 한다는 목표가 있었고, 조건이 좋은 직장에 취업을 해야 한다는 의무감도 있었다. 이런 의무감은 물론 돈과 안정에 대한 불안 때문이었다.

〈하고 싶은 일〉과 〈해야 하는 일〉 사이에서 망설이던 나는 결국 두 가지를 병행하기로 결심했다. 오전 4시간은 읽고 싶었던 책을 읽고, 오후 4시간은 책을 쓰거나 이력서를 쓰면서 보내기로 한 것이다. 소망과 의무 사이의 제법 균형 잡힌 하루를 설계한 셈이었다. 처음 한 달은 무척 만족하며 지냈다. 그러나 금세 상황이 역전되었다. 두 달이 지나자 나는 책을 읽는 시간이 하루 한 시간을 채 넘지 못한다는 사실을 알게 되었다. 먹고살기 위해 해야 하는 일은 거의 항상 하고 싶은 일보다 더 긴급하고 중요하게 느껴졌던 것이다. 시간이 지날수록 〈의무〉가 〈소망〉의 시간을 조금씩 갉아먹었다. 미래에 대한 불안감에 나는 어느새 부지런히 이력서를 쓰고 면접을 보러 다니는 일에 몰두하고 있었다. 결국 8개월간의 실험은 실패로 끝났고, 나는 읽고 싶은 책을 실컷 읽지도, 그렇다고 책을 한 권 쓰지도 못한 채 흐지부지 새 직장에 들어갔다. 삶은 아무것도 달라지지 않았다.

인생은 결국 우선 순위의 문제다. 〈밥과 존재〉, 두 가지 모두 삶에서 중요하다. 그러나 어느 것도 양보할 수 없으니 둘 다 〈동등하게〉 높은 우선 순위로 둔 것은 지나치게 순진한 생각이었다. 밥은 존재보다 언제나 더 절박한 문제이기 마련이다. 존재를 발견하는 문제는 잠시 미뤄둘 수 있지만, 먹고사는 것을 보류하는 것은 결코 쉽지 않다. 성인이 되면서 늘 생계의 문제를 우선해 온 탓이다. 잠시라도 배를 곯아 본 이는 밥벌이의 무게를 누구보다 잘 알고 있다.

그럼에도 전환기는 밥보다는 존재를 우선하는 시기가 되어야 한다. 의식적으로 밥의 문제에서 거리를 두지 않으면 존재는 늘 뒷전이 된다. 성공해서 유명해지려는 마음을 잠시 멈추고, 내면의 소리에 귀 기울일 때 비로소 삶의 새로운 지평이 열린다. 〈멈춤〉으로써 새 길을 발견하고, 〈비움〉으로써 새 삶을 채워 넣을 수 있는 것이다.

나무는 외적인 성장을 멈추고 불필요한 것을 버림으로써 겨울 준비를 시작한다. 겨우내 스스로를 비워 내고 이듬해 찬란히 꽃을 피울 눈을 조용히 틔운다. 나무에게 겨울은 죽은 듯 보이는 끝인 동시에 찬란한 미래의 보이지 않는 시작인 것이다. 삶에도 〈겨울〉이 존재한다. 이 시기에 열매를 얻으려 해서는 안 된다. 계획과 의지를 내려놓은 채, 가만히 자신을 들여다봄으로써 자기 안의 비범성의 씨앗을 확인할 수 있다. 삶을 바꾸는 〈위대한 멈춤〉의 시기는 그렇게 시작된다.

사건의 〈상징적 의미〉를 해석하라

전환기의 중요한 깨달음은 대부분 갑작스러운 사건을 통해 오지만, 사소한 일들을 통해 서서히 다가오기도 한다. 계기가 어떻든 중요한 것은 그 사건이 내포하는 상징성에 대한 해석이다. 나(승완)는 전환기를 시작할 즈음인 2009년 여름 의미심장한 꿈을 꿨다. 꿈에서 나는 방에서 혼자 잠을 자고 있었다. 그런데 갑자기 인기척이 나기에 눈을 떠보니 눈앞에 도둑으로 보이는 검은 형체가 서 있었다. 열려 있던 창문으로 몰래 들어왔던 것이다. 잠시의 틈도 없이, 그는 다짜고짜 칼로 내 가슴을 찔렀다. 칼은 정확하게 심장을 관통했다. 아픔은 참을 수 없을 만큼 강렬했다. 화들짝 놀라서 잠을 깼다. 너무나 생생했기에 불안함에 한동안 몸을 떨어야 했다. 그날 이후로 나는 방범창이 튼튼한지 여러 번 점검하고, 집을 나설 때는 문단속을 꼼꼼히 했다. 다행히 현실에서 꿈과 같은 상황은 일어나지 않았다. 그렇게 꿈은 잊히는 듯했다.

뒤늦게 안 사실이지만, 이 꿈은 카를 융의 분석심리학에서 말하는 전형적인 〈그림자〉 꿈이었다. 그것은 나의 억눌려 있는 어두운 부분을 살피고 돌보라는 무의식의 메시지였던 것이다. 그런데 나는 꿈의 의미를 내면에서 일어나는 일이 아닌 현실에서 발생할 일로만 보는 오류를 범했다. 꿈이 품고 있는 심층적 의미가 아닌 표면적인 내용을 살피는 데 급급했던 것이다. 당시 꿈의 상징성을 해석할 능력이 없었기 때문에 그 의미를 온전히 파악하지 못한 것도 무리는 아니었다. 어쨌든 내가 꿈을 잘못 해석하자 그림자는 보다 직접적인 방식으로 자신을 드러내기로 작정했던 것 같다. 꿈을 꾸고 몇 달이 지나서부터 나는 극심한 내면의 위기를 겪었다.

나처럼 많은 사람들이 전환을 알리는 부름의 메시지를 대수롭지 않게 흘려 보내거나 알아채지 못한다. 의미를 깨닫지 못하면 다시금 비슷한 문제가 반복된다. 카를 융은 〈지금 해결하지 않은 문제는 나중에 더 험악한 모습으로 돌아온다〉고 지적한다.

어떤 것이 표면적인 것 이상의 의미를 지닐 때 상징이 된다. 사건의 상징적 의미를 해석하는 일은 사건의 보이지 않는 뿌리에 주목하는 것이다. 우리를 사로잡은 사건에서 한 발짝 물러나 사건의 이면에 숨어 있는 의미를 차분히 성찰할 때 우리는 비로소 전환의 중요한 힌트를 발견할 수 있다.

조력자를 찾아라

사건의 진정한 의미를 도무지 이해할 수 없는 경우가 있다. 그럴 때는 관점을 바꾸어 다른 시각에서 바라볼 필요가 있다. 문제는 습관적 사고와 고정관념에서 벗어나 새로운 관점으로 이동하는 것 자체가 어렵다는 점이다. 이때 다른 관점을 보여 주는 조력자의 도움이 유용하다.

헨리 데이비드 소로는 오래전부터 자신의 이상적인 삶을 실험하기 위해 월든 호수로의 이주를 꿈꾸고 있었다. 하지만 이런저런 이유로 이 계획은 보류되었고, 소로 또한 확신이 부족한 탓에 머뭇거렸다. 이런 소로의 마음에 불을 지핀 사람은 그의 가장 친한 친구인 윌리엄 엘러리 채닝William Ellery Channing이다. 채닝은 소로에게 다음과 같은 편지를 보냈다.

나는 이 땅에서 내가 한때 〈찔레나무〉라 이름을 붙였던 그 밭보다 당신에게 더 좋은 곳은 보지 못했소. 그러니 그곳으로 가서 손수 오두막을 짓고, 살아 있는 당신 자신에 열중하는 웅대한 과정을 시작하시오. 나는 당신을 위한 그보다 더 좋은 어떠한 대안이나 희망도 알지 못하오. 당신 자신에 열중하시오. 당신 이외의 그 어느 누구에게도, 그 밖의 다른 어떤 것에도 마음을 빼앗길 필요는 없을 것이오.[6]

소로는 채닝의 편지를 받고 결심을 굳혔다. 그는 월든 호숫가로 들어가 자신이 머물 작은 오두막 한 채를 짓기 시작했다. 채닝의 편지는 큰 깨달음을 준 것은 아니지만, 그동안 소로가 잊고 있던 길을 분명하게 인식하도록 자극을 주었다.

조력자는 사람일 수도 있고 책이나 강의 혹은 영화일 수도 있다. 유형은 다양할 수 있지만 조력자의 역할은 분명하다. 사건의 의미를 파악할 수 있는 결정적인 실마리를 주고, 부름의 메시지를 받아들일 수 있는 마음가짐을 갖게 해주는 것이다.

동시성에 주목하라

많은 사람들이 이 세상은 인과(因果)와 우연에 의해 돌아간다고 생각한다. 인과는 모든 결과에는 원인이 있다는 것이고, 우연은 인과성이 적용되지 않는 무작위적 현상을 말한다. 카를 융은 인과성과 우연성 외에 하나의 이치가 더 있다고 말한다. 바로 〈동시성synchronicity〉이다. 동시성은 내면의 사건과 일치하는 사건이 외부에서 나타나는 것을 의미한다. 간단히 말해 〈의미 있는 우연의 일치〉다. 융은 한 논문에서 동시성을 〈둘 혹은 그 이상의 의미심장한 사건들이 동시에 발생하는 현상으로, 여기에는 우연한 가능성 이상의 뭔가가 작용하고 있다〉고 설명한다.

유대계 정신과 의사였던 빅터 프랭클은 나치의 지배하에 있던 오스트리아를 벗어날 수 있는 천금 같은 기회를 얻었다. 수년 전에 신청한 미국 비자가 나온 것이다. 그러나 프랭클은 선뜻 미국으로 떠날 수 없었다. 연로한 부모님이 마음에 걸렸기 때문이다. 당시는 이미 많은 유대인이 강제수용소로 끌려가고 있던 시기였다. 프랭클은 미국으로 가서 자신의 소명인 로고테라피Logotheraphy를 연구하고 싶었지만, 미국으로 떠나면 부모님은 강제수용소로 끌려가게 될 것이 뻔했다.

어느 날 이 문제로 고심하던 그는 〈하늘의 힌트〉라도 있으면 좋겠다고 생각하며 집으로 돌아왔다. 그의 눈에 거실 탁자에 놓인 작은 대리석 조각이 들어왔다. 아버지가 집 근처 나치에 의해 파괴된 유대 예배당에서 주워 온 것으로, 거기에는 십계명 가운데 한 계명의 머리글자가 새겨져 있었다. 그 계명은 다음과 같다. 〈네 부모를 공경하라, 그리하면 네 하나님 여호와가 네게 준 땅에서 네 생명이 길리라.〉 결국 프랭클은 부모님과 함께 빈에 남기로 결심했으며, 강제수용소로 함께 끌려가게 되었다. 만약 그가 강제수용소를 체험하지 않았다면 그의 로고테라피 이론은 지금과 아주 다른 모습이 되었을 것이다.

동시성은 세 가지 요인이 맞아떨어질 때 일어난다. 〈내적인 사건〉과 〈외적인 사건〉, 그리고 이 둘 간의 〈의미 있는 연결〉이다. 프랭클의 미국행 고민은 내적 사건이고, 대리석 조각은 외적 사건이다. 이 두 사건은 인과적으로 관련이 없고, 서로 아무런 영향도 미치지 않는다. 그러나 의미 차원에서 보면 두 사건은 연결된다. 즉, 대리석의 〈네 부모를 공경하라〉는 문구와 프랭클의 고민은 서로 〈의미 있게 연결〉된 것이다.

전환기에는 평상시에 비해 동시성 현상이 자주 일어난다. 사소해 보이는 우연한 사건들의 의미를 유심히 살펴야 하는 이유다. 이 책의 전환자 중 한 명인 조지프 자보르스키가 쓴 『리더란 무엇인가』는 그 자신이 소명을 발견하고 그것을 실현해 나가는 과정을 담고 있는데, 그 과정의 본질이 동시성이다. 이 책의 원제가 〈synchronicity〉인 이유가 여기에 있다. 그는 말한다.

내가 동시성이라는 주제에 천착하게 된 것은 나를 내면의 변화 과정으로 이끌었던 일련의 사건들 때문이다. 이런 내면의 변화를 겪은 결과나는 오랜 세월 마음속에만 담아 두었던 꿈을 좇기로 마음먹었다. 삶에서 가장 힘든 결정이었지만 결정을 내린 그날 나는, 말하자면 문턱을 넘어 새로운 세계로 들어갔다. 그리고 문턱을 넘어선 순간부터 나한테는 뭐라 말하기 힘든 신기한 일들이 일어났다. 모든 상황이 마치 알아서 돌아가는 기계처럼 착착 맞아떨어졌고, 크게 힘들이지 않고도 내가 하는 일을 도와줄 뛰어난 인물들을 속속 찾아낼 수 있었다.[7]

삶에는 묘한 면이 있어서 인과성과 우연으로는 설명할 수 없는 일들이 벌어지곤 한다. 우연과 인과성이 전부가 아님을 받아들일 때 마음을 열고 새로운 관점과 깨달음을 얻을 수 있다.

인생의 커다란 전환은 부지불식간에 다가온다. 그러므로 전환의 시작을 알리는 〈사건〉이라는 부름에 민감해져야 한다. 사건의 숨은 의미를 파악할 수 있는 내면의 해석자가 우리 안에서 되살아나려면 상징과 조력자, 그리고 동시성에 주목할 필요가 있다. 사건과 의미 사이에 주파수가 맞을 때 비로소 메시지가 모습을 드러낸다. 나를 향한 본격적인 탐험이 시작되는 순간이다.

삶의 목소리를 듣는 전환 도구와 전환자들

소명vocation의 참된 의미는 〈vocation〉이라는 단어 안에 숨어 있다. 소명이라는 단어의 어원은 라틴어로 〈목소리voice〉이다. 즉 소명은 추구해야 할 목표가 아닌, 〈들어야 할 부름의 소리〉를 의미한다. 내가 살아가면서 이루고 싶은 일이 무엇인지를 말하기에 앞서, 내가 어떤 존재인지를 말해 주는 인생의 목소리에 귀 기울여야 한다.

어떻게 그 목소리를 들을 수 있는가? 많은 전환자들을 연구하면서, 그들 대부분이 두세 가지의 통로를 통해 그 목소리를 들었음을 확인할 수 있었다. 이를 종합하여 총 아홉 가지의 도구로 정리했다. 여기에는 책과 글쓰기, 여행 등 익숙한 도구부터 상징, 공간, 종교 등 다소 생경한 도구까지 실로 다양한 통로들이 있다. 이 책에서 조사한 수십 명의 전환자들은 변화의 시기에 적어도 하나 이상의 도구를 통해 삶을 본질적으로 전환했다.

일상기와 전환기의 도구는 어떻게 다른가

아홉 가지의 전환 도구는 사실 특별하거나 희귀한 것이 아니다. 그러나 〈도구〉는 언제 어떻게 사용하는가에 따라 과정은 물론이고 결과도 달라진다. 전환자들은 이러한 도구들을 일상에서 사용할 때와는 다른 방식으로 사용했다.

글쓰기를 예로 들어 보자. 일상에서 우리가 글을 쓰는 목적은 대개 자신의 생각과 견해를 표현하기 위해서다. 보고서, 논문, 블로그, SNS의 짤막한 글 등은 우리가 가진 생각을 알리기 위한 것이다. 그러나 전환자들은 전환기 동안 자신을 외부로 〈드러내기〉 위해서가 아니라 철저히 내면을 〈들여다보기〉 위해 글을 썼다. 아무도 열어 보지 않는 일기와 개인사, 습작 노트 등을 통해 스스로를 깊이 탐구했던 것이다.

독서도 마찬가지다. 일상의 독서가 주로 자신이 필요로 하는 답을 얻기 위함이라면 전환기의 독서는 답이 아닌 근본적인 질문을 발견하기 위한 것이다. 전환자들은 자신이 알고 있는 것을 확장하고 보강하는 〈창고〉로써가 아니라, 자기 내면에 고착화된 인식의 틀을 깨는 〈도끼〉로써 책을 읽었던 것이다. 속도보다는 깊이에 초점을 둔 이런 독서는 사실 효율성과는 거리가 멀다.

즉, 전환기의 도구는 목표를 효과적으로 달성하기 위한 수단이 아닌 내 마음을 열고 삶이 나를 통해 무엇을 이루려고 하는지 〈듣기 위한 통로〉로써 사용된다. 대다수의 전환자들은 아래의 아홉 가지 도구를 통해 외부 세계가 아닌 자신의 내면과 소통하는 데 초점을 맞췄다. 다음의 〈표 2〉는 전환기 연구의 중요한 결론 중 하나로, 전환기의 도구 활용이 평상시와 어떻게 다른지 요약하여 보여 준다.

	일상기	전환기
독서	필요해서 읽는 답(실용서), 속도 중심 정보와 지식의 〈창고〉	끌려서 읽는 질문(인문서), 깊이 중심 편견을 깨는 〈도끼〉
글쓰기	자신을 드러내는 보고서, SNS 등의 표현적 글쓰기 업무와 지식 중심	자신을 들여다보는 일기, 개인사 등 자기성찰적 글쓰기 자기 체험 중심
여행	〈그곳〉을 찾아가는 정해진 길을 가는 코스Course 패키지 여행, 단체 여행	〈나〉를 찾아가는 시도하고 탐사하는 퀘스트Quest 배낭 여행, 홀로 순례
취미	휴식, 오락을 추구하는 도피, 스트레스 감소 하비스트hobbist	절정 경험을 추구하는 창조적 여백(텅 빈 충만) 마니아mania
공간	일상을 유지하는 사회와 연결된 거주지(집) 타인이 만든 공간에 머무는	자기를 탐구하는 속세와 분리된 성소(작은 예배당) 스스로 찾아내고 직접 짓는
상징	길흉을 점쳐 보는 모호하고 쓸데없는 몽상 괴상한 허구적 이야기	소명과 잠재력을 알려 주는 나를 비추는 내면의 거울 해독해야 할 무의식의 메시지
종교	자신의 복을 기원하는 〈작은 나〉 신에게 비는 믿음 중심(신이 진리)	자아의 해방을 추구하는 〈큰 나〉 신의 목소리를 듣는 진리와 체험 중심(진리가 신)
스승	지식을 전달하는 설명하는 선생 무엇을 어떻게 배울까?	영감을 주는 모범을 보이는 사범 스승이라면 어떻게 했을까?
공동체	지식과 기술 공유 동호회, 동문회(관심사, 인맥) 동질감과 친목 기반	삶의 지혜와 비전 공유 공동 실험실(합동연구, 집단지성) 다양성과 토론 지향

〈표 2〉 전환의 아홉 가지 도구: 일상기와 전환기의 사용법 비교

전환기의 도구들은 모두 내면을 향해 열려 있다. 동시에 관념적이지 않고 매우 구체적인 활동을 포함하기 때문에 외부를 향해서도 열려 있다. 이로써 삶이 전하고자 하는 목소리를 듣고, 삶에서 직접 실험할 수 있는 탐험의 도구가 될 수 있는 것이다. 이 도구들은 내부와 외부를 연결하고 서로 소통하게 함으로써 내면 깊은 곳의 음성을 밖으로 표현하며, 동시에 외부의 사건들을 안으로 가져와 의미를 밝히도록 돕는다.

앞으로 이 도구들을 인물 중심으로 살펴볼 것이다. 이 책을 읽는 독자들에게 앞의 〈표 2〉를 참고하여 도구들의 일상적인 용도와 전환기의 용도가 어떻게 다른지 구별하며 읽어 나가기를 권한다. 나아가 같은 도구일지라도 각각의 전환자에 따라 어떻게 다르게 활용되는지 그 차이에 주목한다면 자신에게 가장 잘 어울리는 도구와 활용법을 스스로 터득할 수 있을 것이다.

전환자, 전환에 성공한 인물들

이 책은 모차르트 같은 신동이나 레오나르도 다빈치 같은 천재의 이야기가 아니다. 신동과 천재는 숭배의 대상일 뿐 배움의 대상은 아니다. 어려서부터 비범했던 인물들의 이야기는 우리와 너무 동떨어져 있어 감흥을 주지 못한다. 이 책은 한때는 평범했던 인물들, 하지만 특정한 시기를 거치면서 비범함으로 〈도약〉한 사람들의 이야기를 다룬다. 예컨대 35세까지 평범한 직장인이었던 화가 폴 고갱Paul Gauguin, 하버드를 나온 사회 부적응자 헨리 데이비드 소로의 이야기를 하려는 것이다. 그들의 이야기 속에는 우리가 시도해 볼 수 있는 많은 〈사소하지만 중요한〉 행동들이 담겨 있다. 그런 행동들이야말로 그들의 삶을 성공적으로 전환시킨 열쇠다.

인물을 선정함에 있어 성공이나 유명세보다는 전환기를 얼마나 충실하게 거쳤는지를 중요하게 고려했다. 사회적 성공은 출생 환경과 시대 상황 등 개인이 통제하기 어려운 요인에 의해 좌우되기도 하기 때문이다. 일례로 모차르트의 성공은 타고난 재능, 뛰어난 음악 선생이자 아들을 〈신의 선물〉로 여기고 음악가로 키우는 데 헌신한 아버지, 고전음악이 풍미했던 시대 환경 등의 요소가 상승 작용을 일으킨 결과였다. 반면 미국의 유전학자 바버라 매클린톡Barbara McClintock 같은 비범한 과학자는 그녀가 활동한 분야 자체가 대중에게 낯설고 이해하기 어려웠고, 본인 스스로도 자신을 드러내지 않은 까닭에 대중에게 크게 알려지지 않았다. 이처럼 한 인물의 유명세는 그가 가진 비범성에 반드시 비례하지는 않는다. 이 때문에 이 책에서 다루는 전환은 사회적 명성과 성공을 겨냥하지 않는다. 실제로 이 책의 전환자인 템플 그랜딘, 조지프 자보르스키, 카렌 암스트롱, 황상 등은 대중에게 많이 알려지진 않았지만 각자의 분야에서 큰 도약을 이루어 낸 인물들이다.

〈도약〉에 초점을 둔다고 해서 전환의 목적이 비범함은 아니다. 본질적인 목적은 따로 있다. 카를 융은 〈진정한 치유는 자기 자신이 되는 것이다〉라고 했다. 전환자들의 연구를 통해 발견한 전환의 귀착점은 융의 주장과 다르지 않다. 그것은 진정한 자기 자신이 되는 것이다. 늘 내 속에 있었지만 미처 깨닫지 못한 〈깊은 나〉를 깨닫고 잠재력을 온전히 실현하는 것이야말로 도약의 정수다.

전환자들은 어떤 도구를 어떻게 사용했는가

대부분의 전환자들은 하나가 아닌 두 개 이상의 도구를 활용했다. 심지어 한 사람이 전환기 동안 여섯 개의 도구를 활용한 경우도 있었다. 물론 이때 여러 도구들이 삶에 미치는 영향의 정도는 각기 달랐다. 본 연구에서는 도구의 활용도에 따라 〈주 도구〉와 〈보조 도구〉로 나누어 살폈다. 〈표 3〉은 그 개요를 정리한 것이다.

연구 초기에는 각 인물의 성향이나 가치관에 따라 선호하는 도구들의 경향성을 파악해 보고자 했다. 예컨대 내향적인 인물들은 독서나 글쓰기를, 외향적인 인물들은 여행이나 공동체를 더 선호할 것이라는 점이 연구 초기의 가설이었다. 그러나 연구를 진행함에 따라 이 가설이 적합하지 않음이 점점 확실해졌다. 인물들의 성향을 객관적으로 정확히 파악하기 어려웠을 뿐만 아니라, 비슷한 성향이라도 도구를 활용하는 방식이나 상황이 너무도 달랐기 때문이다.

따라서 특정 도구를 인물의 기질이나 상황에 따라 〈공식화〉하는 것은 무의미하다는 결론에 이르렀다. 그보다는 개별 사례를 통해 각 도구들의 활용 방법과 변이를 살펴보는 것이 더 사실적이고 구체적이라는 판단을 내렸다. 그것이 이 책에서 각 도구별로 적어도 두 명의 주요 인물을 배치한 이유다. 조지프 캠벨과 카렌 암스트롱은 모두 독서와 글쓰기를 통해 삶을 바꾸었지만 구체적인 활용법이나 접근 방식은 매우 다르고, 두 사람의 성향과 당시 처한 상황 역시 상이하다. 따라서 한 도구에 대해 서로 다른 주요 사례 두 명을 비교하고 그것을 보조 도구로 사용한 다른 인물들의 사례까지 확충함으로써 각 도구의 다양한 스펙트럼을 살펴보고자 했다. 이렇게 같은 도구의 다양한 활용을 비교해 봄으

● 주 도구   ◎ 보조 도구

	독서	글쓰기	여행	취미	공간	상징	종교	스승	공동체
조지프 캠벨	●	◎	◎						
카렌 암스트롱	●	◎					◎		
구본형		●	◎		◎				
빅터 프랭클		●							◎
조지프 자보르스키	◎	◎	●						
이윤기			●		◎				
폴 고갱				●	◎				
헤르만 헤세				●	◎	◎			
헨리 소로		◎		◎	●	◎		◎	◎
스콧 니어링				◎	●				
카를 융		◎		◎		●			◎
템플 그랜딘				◎		●		◎	
모한다스 간디	◎						●		◎
무하마드 알리							●	◎	
워런 버핏	◎							●	
황상		◎						●	
벤저민 프랭클린		◎				◎			●
퀴블러 로스						◎			●

〈표 3〉 전환자들이 활용한 전환 도구 목록

로써 그대 역시 자신의 기질과 상황에 맞는 방법을 모색할 수 있으리라 기대한다.

다시 강조하건대 앞으로 나오는 인물들의 사례를 고스란히 흉내 낼 필요는 없다. 그대는 유일한 존재이고 그대의 삶 또한 고유하다. 진정한 삶으로 통하는 길은 어두운 오솔길이다. 그곳에 그대가 잊고 있는, 내면에 숨겨져 있는 소중한 것이 있다. 조지프 캠벨은 말한다.

그대는 숲으로 들어간다. 그것도 가장 어두운 곳을 골라서. 그곳에는 아무런 길도 없다. 만약 그곳에 어떤 길이 있다면, 그것은 다른 누군가의 길이다. 그것은 그대 자신의 길이 아니다. 만약 다른 누군가의 길을 따라간다면, 그대는 자신의 잠재력을 깨닫지 못하게 될 것이다.[8]

전환자들이 걸어간 길은 분명 그대의 길이 아니다. 길은 스스로 찾아야 한다. 그러나 걱정할 필요는 없다. 앞서 걸어간 이들의 공통적인 마음가짐을 통찰함으로써, 우리도 그들처럼 용기 있게 전진할 수 있기 때문이다. 그대와 공명하는 인물의 이야기에 주목함으로써 그대 역시 막연한 불안감과 불필요한 시행착오를 줄이며 보다 지혜롭게 전환에 성공할 수 있을 것이다.

2부

탐험, 삶을 바꾸는 아홉 갈래의 길

기러기는 언제 하늘을 향해 날아가야 한다는 것을 어떻게 알까?
누가 그 계절이 왔음을 가르쳐 주는 것일까?
철새와 마찬가지로 인간도 분명히 알고 있다.
귀를 기울이기만 하면 내면의 목소리가 들린다.
분명한 목소리가 미지의 세계로 여행을 떠날 때임을 알린다.

엘리자베스 퀴블러 로스

전환 도구 1

독서

사람은 책을 만들고 책은 사람을 만든다

전환기의 독서는 답이 아닌 근본적인 질문을 발견하기 위한 것이다.
전환자들은 자신이 알고 있는 것을 확장하고 보강하는 〈창고〉로써가 아니라
자기 내면에 고착화된 인식의 틀,
즉 그 창고의 벽을 깨부수는 〈도끼〉로써 책을 읽었다.
보다 근원적인 질문을 통해 한바탕 깨지기 위해,
통렬하게 깨져 각성하고 반성하기 위해 읽은 것이다.

조지프 캠벨,
전작 독서로 현실에서 신화로 진입하다

나방이 불을 보고 달려들어 유리창에 부딪치기를 거듭하다가 아침에 친구들에게 돌아가서 말한다. 「어젯밤에 정말 굉장한 것을 보았어.」그러자 친구들이 말한다. 「그런 건 안 보는 게 좋아.」하지만 나방은 이미 그 불꽃에 사로잡힌 것이다. 나방은 다음 날 다시 그곳에 가서 안으로 들어가는 길을 발견하고 마침내 자신이 사랑하는 것과 하나가 된다. 나방은 세상을 밝히는 불꽃이 된다.

여기에 그런 불나방 같은 사내가 있다. 사내는 어렸을 적 아메리카 인디언의 신화를 접하고 그 매혹적인 〈불꽃〉에 빠져들었다. 그는 이윽고 그 불꽃에 사로잡혀 세계 여러 문화의 신화와 의식(儀式)을 연구하는 데 평생을 바쳤고 그것들을 하나의 패턴으로 집약해 냈다. 동시에 자신의 삶도 하나의 신화로 완성했다. 신화학자 조지프 캠벨Joseph Campbell의 이야기다.

그가 소년이었을 때 부모님과 함께 버펄로 빌의 「와일드 웨스트 쇼」라는 연극을 보러 극장에 갔다. 서부시대 인디언 정벌을 다룬 내용인데 친구들은 말을 타고 달리는 미국의 기병대장 편이었다. 그런데 웬일인지 소년은 인디언들에게 마음이 끌렸다. 극에서는 악당으로 묘사된 인디언이었지만 그들이 무차별적으로 살해당하는 모습이 안타까웠고, 또 한편으로는 기병대장에 당당히 맞서는 인디언들의 기상에 매료되었던 것이다. 그날부터 소년은 틈나는 대로 뉴욕의 박물관과 도서관을 다니며 인디언에 관한 책을 읽기 시작했다.

열 살이 되던 해, 소년은 이상한 사실을 발견한다. 미국 인디언 사회에서 구전으로 내려오는 신화가 영국의 〈아서 왕 전설〉과 놀라우리만큼 비슷했던 것이다. 콜럼버스가 미국을 발견하기 전까지 인디언과 영국인 간의 교류가 전혀 없었다는 점에서 두 신화가 비슷하다는 건 흥미로운 일이었다. 서로 만난 적이 없는 두 집단이 거의 같은 신화를 공유하고 있다는 것, 이는 인류가 보이지 않는 끈으로 연결되어 있음을 암시했다. 소년은 이 사실에 흥분했고 이후로 틈틈이 여러 나라의 신화들을 찾아보기 시작했다.

소년은 성장하여 청년이 되었다. 대학에서 생물학과 수학을 공부하고 중세영문학으로 컬럼비아 대학에서 석사학위를 취득했다. 스물네 살이 되던 해에 그는 장학금을 받고 유럽으로 건너가 2년간 프랑스 파리 대학과 독일 뮌헨 대학에서 공부했다. 그곳에서 피카소, 몬드리안 등 현대 예술에 심취하는 한편 독일에서 산스크리스트어를 공부하며 힌두교에 관심을 가졌으며, 오랫동안 그의 삶에 큰 영향을 미치게 될 카를 융의 책도 처음 접했다. 미국으로 돌아온 캠벨은 컬럼비아 대학에서 전공인 영문학 대신 인도 철학과 예술 쪽으로 공부를 계속하려고 했지만 대학 측은 전공이 다르다는 이유로 허락해 주지 않았다. 이미 전부터 융통성 없는 교과 과정과 학생을 배려하지 않는 고압적인 대학 시스템에 의문을 품었던 그는 그 일을 계기로 박사학위 과정을 그만둔다. 학

조지프 캠벨

위 취득에 필요한 과목을 모두 이수했음에도 학위에서 더 이상 의미를 찾을 수 없다고 판단한 것이었다.

그의 나이 스물다섯이었는데, 당시 미국 사회는 대공황의 늪에서 허우적대고 있었다. 누구도 쉽게 일자리를 구할 수 없었다. 〈고학력 백수〉인 캠벨도 예외는 아니었다. 그는 직업을 구하려 노력했으나 번번이 실패했다. 처음에는 크게 낙담했으나, 시간적으로 여유로운 생활이 이어지자 캠벨은 이 시기가 자신이 항상 갈구하던 생활을 해볼 수 있는 기회임을 깨닫고 흥분했다. 그는 늘 좋아하는 책에 파묻혀서 지내 보고 싶었던 것이다. 그래서 뉴욕 근처의 우드스탁 숲에 자리한 작고 허름한 오두막집을 구해서, 그곳에 머물면서 보고 싶은 책들을 들입다 팠다. 5년 동안 아무 직업 없이 책을 읽고 글을 쓰고, 돈이 필요할 때는 재즈 밴드에서 연주하며 근근이 생계를 유지해 나갔다. 누가 보아도 빈곤하고, 한심하고, 비전 없는 시기였다. 그러나 캠벨은 이 시기를 그의 인생에서 가장 찬란한 시기였다고 회고한다.

작은 서랍장의 맨 위 서랍 안에 1달러 지폐를 넣어 두고는, 그 돈이 거기 남아 있는 한 아직 빈털터리까지는 아니라고 자위한 적도 있었다. 정말이지 놀라웠다. 나는 아무런 책임도 지고 있지 않았다. 정말 재미있었다. 일기를 쓰고 내가 원하는 것이 무엇인지 알아내려 애써 보았다. (……) 지금 와서 생각해 보면 나는 완벽한 삶을 산 것 같다. 내가 필요로 하는 것들은 내가 필요로 하는 바로 그 순간에 맞춰 나타나 주었다. 내가 당시에 가장 필요로 했던 것은 5년 동안 아무 직업도 없이 지낼 수 있는 삶이었다.[9]

우리는 그가 완벽한 삶을 산 것 같다는 고백 앞에 〈지금 와서 생각해 보면〉이라는 단서를 붙인 것에 주목할 필요가 있다. 희극인 찰리 채플린도 〈인생은 가까이서 보면 비극이지만 멀리서 보면 희극이다〉는 말을 하지 않았던가. 실제로 그 당시 캠벨의 내면은 어땠을까? 예컨대 그는 톨스토이의 『전쟁과 평화』를 원서로 읽기 위해 러시아어를 공부하다가 1932년 1월 자신의 미래에 대해 생각하며 일기에 다음과 같은 글을 남겼다.

나는 전혀 관련이 없는 주제들을 무턱대고 연구하는 데는 천부적인 소질을 타고난 것 같다. 어디에도 정착하지 못하고 있다는 것을 뼈저리게 느낀다. (……) 내가 정말 원하는 것이 무엇인지 생각하면 길을 헤매고 있는 듯하다.[10]

또 다른 책에서도 이 시기를 회상하며 〈가끔은 나도《젠장, 차라리 누가 나보고 뭘 해야 한다고 말이라도 해줬으면 좋겠다》는 생각이 들기도 했다〉고 고백했다. 분명 그는 방황하고 있었다. 그럼에도 그는 좌절하기보다는 그가 좋아하는 것을 붙들고 늘어졌다. 좋아하는 작가의 책을 읽었고 일기를 비롯한 다수의 글을 썼으며 거의 매일 산책을 했다. 무엇보다도 마음에 드는 작가 한 사람을 골라 그가 쓴 책을 모조리 읽었다. 특히 제임스 조이스와 토마스 만, 카를 융과 오스발트 슈펭글러의 책을 좋아해서 그들의 전작(全作)을 모두 읽었다.

그의 독서는 한 작가를 타고 내려와 다시 다른 작가로 넘어가는 식으로 확장되었다. 슈펭글러는 책에서 니체를 자주 언급했다. 캠벨은 니체를 읽었다. 그러다가 니체를 읽으려면 쇼펜하우어를 먼저 읽어야 한다는 것을 알고는 쇼펜하우어도 찾아 읽었다. 그리고 쇼펜하우어를 읽으려면 칸트부터 봐야 한다는 것을 알았다. 그래서 칸트도 읽었다. 난해한 칸트에서 막히자 이번에는 괴테에서 돌파구를 찾았다. 이렇게 캠벨은 한 저자의 전작을 들입다 파고 그 저자에게 가장 중요한 영향을 미친 다른 인물의 모든 저서를 읽는 방식을 거듭했다.

거미가 거미줄을 자아내듯 캠벨은 관심 인물들을 서로 연결하며 읽어 내려가는 독서로 자신을 단련했다. 그는 학위나 취업, 책 집필 등을 위해 읽지 않았다. 독서에서 어떤 실용적인 목적을 추구하지 않았으며, 명문 학교나 명사들이 추천하는 권장도서 목록이나 베스트셀러를 기웃거리지도 않았다. 오로지 자신이 붙잡은 작가만 물고 늘어졌다. 그런 다음에는, 그 작가가 읽은 책들의 작가를 모조리 읽었다. 그리고 이 모든 것을 한데 자기 방식으로 버무리기 시작했다.

그는 전혀 다른 분야의 작가들이 본질적인 차원에서 같은 내용을 다루고 있음을 깨닫고는 무릎을 치곤 했다. 예컨대 심리학자인 카를 융의 사고 체계가 근본적으로 문학비평가인 슈펭글러의 사고 체계와 유사하다는 것을 알게 되었고, 제임스 조이스의 스타일을 구축하는 데 있어서 쇼펜하우어가 중요한 역할을 했음을 증명할 수 있었다. 그렇게 직업과 분야가 전혀 다른 작가들 간의 의미심장한 공통점은 그에게 중요한 관점으로 자리 잡았다. 그것은 삶을 바라보는 캠벨만의 시선이자 원칙이 되었다.

이렇게 읽으면 우리는 일정한 관점을 획득하게 되고, 우리가 획득하게 된 관점에 따라 세상이 열리게 됩니다. 그러나 이 작가, 저 작가로 옮겨 다니면 안 됩니다. 이렇게 하면, 누가 언제 무엇을 썼는지는 줄줄 외고 다닐 수 있어도, 진정한 의미에서의 도움은 안 됩니다.[11]

이 5년간의 독서공방(讀書空房)을 통해 그는 생물학, 신화학, 종교학, 현대 예술, 철학, 영문학 등과 같은 다양한 학문을 자신의 방식으로 축적하고 연결했다. 그는 이 시기를 통해 전 세계의 신화를 통찰하기 위한 기본적인 공부는 거의 다 했다고 고백한다. 훗날 그는 자신의 길을 찾아가려는 사람들에게 이렇게 조언했다.

정말로 좋은 시절이었다. 나는 그저 이리저리 돌아다녔고, 내가 무엇을 할 것이며 무엇을 하지 말아야 할 것인지에 대해 킁킁거리며 냄새를 맡고 다녔다. 나는 오로지 내적으로 이치에 닿는다고 느껴지는 일만을 하고 싶었다. 그러지 않고 다른 방식으로는 도무지 살 수 없으리라 생각했다. 게다가 아무것도 할 일이 없을 때에는 책을 읽는 게 최고인 거다.
그대도 방랑을 하게 되면, 당장 〈그날 하루〉 무엇을 할 것인지는 생각하되, 〈내일은 뭘 해야지〉라고 미리 생각해 둔 것에 매달리지는 말아야 한다. 그대가 아무런 책임질 일을 갖고 있지 않을 경우, 그대는 다음 두 가지를 결코 걱정해서는 안 된다. 하나는 굶는 것이고, 또 하나는 다른 사람들이 그대를 어떻게 생각하느냐 하는 것이다. 방랑하는 시간은 긍정적인 시간이다. 새로운 것도 생각하지 말고, 성취도 생각하지 말고, 하여간 그와 비슷한 것은 절대 생각하지 마라. 그냥 이런 생각만 하라. 〈내가 어디에 가야 기분이 좋을까? 내가 뭘 해야 행복할까?〉 (……) 그대에게 다가오는 것을 받아들이고, 그대의 마음에 드는 곳에 머물라. 중요한 것은 그대 스스로 〈나의〉 자리라고 생각하는 곳에 머무르는 것이다. 다른 사람들의 생각이야 그저 〈그들만의〉 생각일 뿐이니까.[12]

〈숲의 시기〉를 통해 읽고 싶었던 책을 대부분 다 읽었을 때 우연처럼 사라로렌스 대학의 문학 담당 교수가 될 수 있는 기회가 찾아왔다. 방대한 전작 독서로 자신만의 지적 체계를 구축한 그로서는 더할 나위 없는 기회였다. 일주일에 3일만 강의하면 되었기에 남은 시간 동안 자신이 하고 싶은 공부, 특히 세계 여러 신화 사이의 연결 고리를 찾아내는 데 몰두할 수 있었다. 그는 사라로렌스 대학에서 교편을 잡고 책을 출간하고 강연을 하기 시작했으며, 이런 생활은 30여 년간 지속되었다.

그는 대학에서 그동안 배운 것들을 한데 묶어서 세계 각지의 신화를 연구하는 데 바쳤다. 숲 속 오두막에서 그랬던 것처럼 여러 나라의 신화를 읽고 또 읽으며, 서로 다른 문화권의 신화들을 비교했다. 이것은 그가 숲에서 다양한 분야의 작가들의 관점을 통합한 것과 거의 같은 작업이었다. 결국 그는 여러 문화권의 다양한 신화들 사이에 공통적인 패턴과 상징이 있음을 발견했다. 동서고금의 다채로운 영웅신화를 관통하는 하나의 패턴인 〈출발-입문-귀환〉을 발견하고 이것을 체계화한 모델에 〈영웅의 여정hero's journey〉이라는 이름을 붙였다. 그의 대표작 『천의 얼굴을 가진 영웅』의 머리말에서 그는 이렇게 말한다.

이 책의 목적은 종교와 신화의 형태로 가려져 있는 진리를 밝히되, 비근한 실례를 잇대어 비교함으로써 옛 뜻이 스스로 드러나게 하는 데 있다. (……) 이렇게 모아 놓고 보면 그 유사성이 한눈에 두드러져 보이고, 여기에서 우리는 인간이 이 땅에 살면서 오랜 세월 삶의 길잡이로 삼아온, 방대하면서도 놀라우리만치 일정한 상태로 보존된, 바탕되는 진리와 만나게 된다.[13]

전 세계의 영웅신화들은 공통적으로 사람들에게 익숙한 공간과 존재를 떠나 모험으로 향하라는 메시지를 담고 있다. 외적인 모험이든 내면적인 모험이든, 모험을 통해 삶이 더욱 깊어지고 충만한 존재감을 느낀다. 그래서 캠벨은 〈영웅적인 삶은 각자만의 모험을 실행하는 것이다〉라고 강조한다. 그에 따르면 모험의 본질은 깨달음이다. 하지만 깨달음에는 시련이 따르기 마련이어서 주인공은 점점 강력한 괴물과 험난한 장애물과 직면한다.

그는 이러한 신화적 모험에서 〈블리스bliss〉를 따라가는 것이 핵심이라고 강조한다. 여기서 블리스란 온전하게 현재에 존재하는 느낌, 진정한 나 자신이 되기 위해 해야 하는 것을 하고 있을 때 느끼는 희열감, 곧 〈살아 있다〉는 느낌을 말한다. 만일 이 블리스를 따라간다면 필연적으로 갖은 시련을 경험하게 된다. 하지만 이 또한 자신의 블리스로 지혜롭게 이겨 낼 수 있으며, 마침내 새로운 삶을 펼칠 수 있게 된다.

조지프 캠벨은 여러 문화권의 다양한 신화들 사이에 공통적인 패턴이 있음을 발견했고, 그것을 〈영웅의 여정〉으로 체계화했다. 제임스 아처, 「아서 왕의 죽음」, 1860년.

블리스, 즉 희열은 우리를 초월적 신비로 인도한다. 희열은 우리 안에서 분출하는 초월적 지혜의 에너지다. 희열이 사라지면 에너지는 분출되지 않는다. 블리스를 따라가라. 그러면 당신을 위해 보이지 않는 길을 인도하는 헤르메스를 만나게 될 것이다. 당신의 길, 당신의 신호가 만들어질 것이다.[14]

캠벨 역시 영웅의 여정을 거쳐 전환에 성공했다. 블리스를 따르라는 자신의 주장을 스스로 실천했던 것이다. 독서의 희열에 푹 빠져 지냈던 숲의 시기를 통해 그는 가방 끈만 긴 날건달에서 대학 교수로 귀환했고, 독서와 신화를 자신의 블리스로 삼아 수십 년간 천착하여 연구한 결과 20세기 가장 뛰어난 신화학자 가운데 한 사람이 되었다.

영웅의 여정을 비롯해 그가 정립한 신화 이론은 영화감독, 화가, 무용가, 소설가는 물론, 심리학, 인류학, 자기계발 분야 등에 큰 영향을 끼쳤다. 조지 루카스가 감독한 영화 「스타워즈」 시리즈가 캠벨의 사상에 큰 영향을 받았음은 잘 알려진 사실이다. 『천의 얼굴을 가진 영웅』과 『신의 가면』 등 그의 저서들은 종교학과 신화학계에 신선한 파문을 일으켰고, 노년에 저널리스트 빌 모이어스와 진행한 인터뷰가 공중파 방송에서 센세이션에 가까운 인기를 얻어 대중에게 널리 알려졌다. 깊이를 겸비한 캠벨의 박학다식함은 신학, 인류학, 문학, 철학, 역사, 과학, 심리학, 종교, 예술을 자유롭게 넘나들었다. 5년간의 집중적인 독서가 없었다면 불가능한 일이었다. 캠벨은 신화를 연구하다가 자신의 신화를 창조한 현대의 영웅 중 한 명이 되었다.

카렌 암스트롱,
책을 읽으며 공감과 영성을 회복하다

영국의 종교학자 카렌 암스트롱Karen Armstrong은 특이한 이력을 지녔다. 열일곱 살의 나이에 돋보이는 영민함과 지적 능력으로 옥스퍼드 대학 입학 허가를 받았다. 그런데 옥스퍼드에 합격한 해에 그녀는 학업을 미루고 수녀가 되기 위해 로마 가톨릭 수녀원인 〈성스러운 아기 예수회Society of Holy Child Jesus〉에 들어가기로 결정한다. 자기실현을 위해 부모의 반대를 무릅쓰고 스스로 내린 결단이었다.

그러나 수녀원은 그녀가 생각했던 것과 너무 달랐다. 그녀는 심하게 보수적이었던 수녀원이 개혁되기 몇 년 전에 들어가, 고압적인 제도가 최악에 이르렀을 때 그곳을 경험하게 된다. 당시만 해도 어린 수녀는 매우 혹독한 훈련을 받았다. 이기심과 자만심을 철저하게 버림으로써 자신을 넘어서도록 고안된 극기(克己)의 훈련이었다. 수녀원의 선생들은 수행자가 별로 힘들어하지 않으면 그것을 제대로 된 수행을 하지 않는 증거로 여겨 더욱 채찍을 가하곤 했다. 암스트롱은 늘 상급자들에게 혼이 났고, 눈물이 마를 날이 없었다.

스물세 살부터 수녀원의 지원을 받아 옥스퍼드에서 영문학 공부를 시작했지만, 그 공부도 황폐한 수녀원 생활에 큰 위로가 되지는 못했다. 오히려 자유로운 문학의 세계와 신에게 복종하는 삶 사이에서 심적인 갈등이 격렬해졌다. 대학에서는 적극적으로 의문을 던지고 논리적으로 치밀하게 생각하라고 배웠지만, 수녀원에 돌아가면 그런 비판적인 사고 능력을 잠재우고 온순한 양으로 변신해 교단에 복종해야 했던 것이다. 자유로운 문학과 엄격한 종교 생활의 충돌은 그녀의 존재 전체를 혼란에 빠뜨렸다.

위대한 선지자들은 신의 현존을 체험하려면 자아를 완전히 내려놓으라고 강조했으며, 이 가르침을 따라 그녀는 엄격한 수도회의 규율과 수련을 이를 악물고 견뎠다. 하지만 그녀에게 신은 점점 멀게만 느껴졌다. 결국 그녀는 수녀의 길을 포기하고 세상으로 돌아오고 만다. 수녀원에 들어갈 때 꿈에 부풀었던 소녀는 7년이 지나 심신이 피폐해진 채로 환속(還俗)했고 그것이 파란만장한 운명의 출발이었다.

사실 그녀가 수녀원을 나온 것은 엄격한 규율이나 답답한 관행 때문만은 아니었다. 정말 중요한 이유는 따로 있었다. 수녀로서 오랫동안 그 안에서 수련했음에도 신의 부름을 받지 못했던 것이다. 최선을 다해 신을 느끼려고 했음에도 신은 결코 그녀의 삶에 다가오지 않았다. 아무런 영적 체험 없이 그저 견디는 식으로 엄혹한 수련을 계속하기에는 힘이 부쳤다. 언젠가는 하느님의 손길을 느끼게 되리라 속으로 몇 번이고 되새겼지만 그런 일은 일어나지 않았다. 암스트롱은 그것이 자신의 잘못이라고 생각했다. 자기 내부에 종교를 거부하는, 성스러운 것에 등을 돌리는 무언가가 있는 게 아닌지 스스로를 질책했다.

〈주제넘은 영혼의 야심 따위는 버리자. 보통 사람으로 살아가자〉는 마음으로 체념하듯 세상으로 돌아왔지만, 세상살이 역시 그녀에게는

카렌 암스트롱

쉬운 일이 아니었다. 환속하고 나서야 자신이 더는 수녀원 사람도, 그렇다고 바깥세상 사람도 아니라는 사실을 깨달았다. 7년은 긴 시간이었다. 그녀가 수녀원에 있는 동안 세상은 너무나 달라져 있었다. 수녀원 밖 세상을 어떻게 이해해야 좋을지 갈피를 잡지 못했고, 다른 이들에게는 평범한 일도 덤덤하게 받아들일 수가 없었다.

더욱 심각한 것은 사람들의 마음에 공감할 수가 없게 되었다는 점이었다. 수녀원에서 그녀는 어려움을 서로에게 절대로 털어놓아서는 안 된다고 배웠다. 수녀들을 혹독하게 단련하기 위해 선생들은 일상적으로 냉담하고 불친절하게 대했고, 그것은 그녀의 감정을 질긴 고무처럼 만들어 버렸다. 결국 그녀는 자기 안에 갇혀서 마음을 열지 못하고 남들에게 다가서지도 못하게 되었다. 심지어 그녀가 걱정되어 안아 주는 가족들의 손길마저 어색해하며 뿌리칠 정도로 인간 관계에서 극도로 위축되었다. 당시의 상황을 그녀는 이렇게 회고한다.

나는 삶과 죽음의 경계 구역으로 들어갔다가 소망했던 대로 환골탈태하여 나온 것이 아니라 두 세상의 안 좋은 것들만 들고 나온 게 아닌가 하는 느낌이 들었다. 통과의례를 거친 부족의 소년처럼 용맹스럽고 두려움을 모르고 남들을 지키는 데 나를 던지는 것이 아니라, 그저 목석 같은 사람이 되어 버렸다. 나는 사랑도 못하고 사랑을 받을 줄도 모르는 덜된 인간이 되어 버렸다.[15]

우선 그녀는 옥스퍼드에서 하던 문학 공부에 전념했다. 어쨌든 생활의 중심점이 필요했고, 적어도 공부에는 소질이 있었기 때문이다. 그녀는 학부를 최우등의 성적으로 졸업하고 박사학위를 얻기 위해 공부를 계속했다. 자신이 세상에 적응하지 못하고 있음을 자각할수록 문학 공부에 몰두했다. 그러나 그것이 세상으로부터의 도피임을 스스로도 잘 알고 있었다. 공부를 계속할수록 삶은 공허해졌고 그녀는 고장 난 나침반처럼 방향감각을 잃은 채 헛돌았다.

그사이 수녀원에서 시작된 신경쇠약 증세는 이제 간질 발작을 일으킬 만큼 심해지고 있었다. 그녀는 일상생활 중에 정신을 잃었다가 엉뚱한 장소에서 깨어 있는 자신을 발견하기도 했고, 발작 중에 공포스러운 환영을 보고 몸서리치다 의식을 잃곤 했다. 그럴수록 세상으로부터 문을 닫고 혼자 스스로를 다독여야 했다. 뒤늦게 용기를 내어 찾아간 정신과 의사는 프로이트의 이론에 입각해 계속해서 어린 시절의 기억을 캐내려고만 할 뿐, 치료에는 전혀 도움이 되지 않았다.

증세는 점점 심해져 급기야 자살 시도를 하기에 이르렀다. 한꺼번에 삼킨 수면제를 게워 내고 병원에서 깨어난 그녀는 자신이 왜 자살을 하려 했는지조차 기억하지 못했다. 모든 것이 절망이었다. 어떻게 살아야 할지 도무지 알 수가 없었다. 사실 그녀가 극단적인 행동을 한 것은 결국 도와 달라는 무의식적인 호소였다. 자신이 얼마나 절박한 상태에 있는가를 알리고 싶었던 것이다. 더 이상 나빠질 수 없을 정도로 그녀는 몸도 마음도 황폐해졌다.

절망의 밑바닥을 헤매던 그녀에게 다가온 한 줄기 빛은 우연히 듣게 된 한 편의 시였다. 어느 날 그녀는 대학 수업에서 T. S. 엘리엇의 연작 시 「재의 수요일Ash-Wednesday」을 듣게 된다. 영혼이 회복하는 과정을 그린 이 시는 그녀의 인생 여정을 설명해 주고 있었다. 교수의 입에서 흘러나오는 엘리엇의 시구를 들으며 오랜만에 시에 저절로 빠져들어 가는 감동을 맛보았다. 그녀의 온 존재가 시 한 편에 즉각적으로 반응하며 공명했다.

(엘리엇의) 시는 내 안에 깊숙이 박혀 있는 무언가를 건드렸다. 그런 능력은 이제 영영 잃어버린 줄로만 알았는데 아직도 있었던 것이었다. 안과 밖이 조금도 겉돌지 않고 하나로 맞물렸다. 차분하고 너무나 적확한 표현이 인상에 남는 그 시는 나의 상태를 완벽히 표현했고 두둔했고 내가 생사의 투쟁에서 맥없이 물러난 것이 아니라 인간의 근원적 조건과 세상살이의 진실과 우연히 맞닥뜨린 것이라는 사실을 보여 주었다.[16]

한 편의 시가 그녀에게 희망을 주었다. 사실 그녀가 〈시〉를 통해 해방감을 맛본 것은 의외의 사건이었다. 문학을 전공한 그녀는 그동안 누구보다 많은 시를 읽어 왔기 때문이다. 그러나 그날은 여느 때와 달랐다. 그녀는 엘리엇의 시에 자신을 완전히 비춰 볼 수 있었다. 새로운 각성의 순간이었다. 그녀는 걱정과는 달리 자신의 감정이 아직 완전히 녹슬지 않았으며, 마음이 슬슬 살아나려 한다는 것을 느꼈다. 그녀는 〈그날, 그동안 기존의 종교를 통해 깨달음을 얻지 못했고 수녀원 예배당에서도 좀처럼 맛볼 수 없었던 체험을 문학에서 할 수 있을지도 모른다는 생각을 처음으로 했다〉고 고백했다.

이후로 그녀는 이따금씩 문학 작품을 읽거나 글을 쓸 때 영적인 반응을 느꼈다. 글을 쓰다가 저절로 생각과 논거가 떠오르면서 〈새로운 생명을 얻는 듯한〉 느낌이 들 때도 있었고, 아이리스 머독의 소설에서 주인공들이 그림을 보거나 자연을 감상할 때 종종 종교적 체험과 비슷한 것을 하는 대목을 읽으면서 그녀 역시 온몸이 감전되는 듯 전율하기도 했다. 그녀는 이런 체험 역시 〈초월 경험〉이라 불릴 만한 숭고한 체험이라고 생각했다.

그렇다고 암스트롱의 인생이 갑자기 탄탄대로에 들어선 건 아니었다. 좀 좋아질 만하면 다시 미끄러지는 일이 반복되었다. 그중 큰 사건은 그녀가 유일한 희망으로 여겨 온 학자로서의 꿈을 눈앞에서 놓쳐 버린 일이었다. 주변 사람 모두가 무리 없이 통과할 거라 예상한 박사학위 논문이 그녀에게 적대적인 심사위원 한 명의 격렬한 반대로 인해 불합격된 것이었다. 부당한 처사임이 분명했지만 당시에 논문 재심사는 허용되지 않았고, 결국 그녀는 몇 년간의 노력이 수포로 돌아가는 것을 허망하게 지켜봐야 했다.

그런데 박사학위에 실패한 이후부터 이상한 일이 일어났다. 책 읽기가 즐거워진 것이다. 〈영문학을 전공하면서 읽은 수많은 문학 책들이 이렇게 재미있었던 적은 일찍이 없었다〉고 스스로 고백할 정도였다. 문학 공부를 할 때에는 소설을 읽어도 동료들에게 써먹을 만한 멋진 표현부터 고르려 들었다. 그런데 이제는 자신에게 뭔가 대단한 통찰력이 있는 것처럼 과시하려고 애쓸 필요가 없었다. 문학을 이용해서 스스로를 포장할 필요가 없어지니 책의 이야기가 마음을 깊이 건드렸다. 그녀는 아무런 목적 없이 소설이든 시든 그냥 읽었다. 책과 그녀 사이에 경계가 사라진 듯 작품 그 자체에 푹 빠져들었다.

문학에 대한 안목을 이용해서 이력을 꾸미거나 평판을 높이려는 생각을 포기하니까 마음의 빗장이 열리면서 글이 쏙쏙 들어왔다. 단어의 아름다움에 흠뻑 빠져들게 되고 작가의 혜안도 느껴졌다. 그야말로 엑스타시스ekstasis(그리스어로 〈밖에 서다〉라는 뜻), 색다른 정취에 의식이 황홀경을 느끼는 엑스터시ecstasy가 아니라, 문자 그대로 나를 넘어서는 그런 느낌을 맛보았다.[17]

그녀는 수녀원의 혹독한 수련에서 느끼지 못했던 신의 현존을 책을 통해서 체험하게 되었다. 그것은 말로 표현하기 힘든, 종교 체험에 버금가는 황홀경이었다. 이 경험은 그녀에게 종교에 대해 많이 생각하게 했다. 신앙을 잃은 자신이 종교적 황홀경을 체험할 수 있다면, 종교에서 말하는 〈초월〉 역시 특정 종교와 상관 없이 사람이라면 누구나 경험할 수 있는 것이며, 초자연 현상도 아니라는 생각이 들었던 것이다. 그녀는 환속 이후에도 의무감에 다니던 교회마저 발길을 끊고 더욱더 문학으로 빠져들었다. 활자에서 다시 희열을 맛보게 된 것은 그녀에게 말 그대로 〈은총〉이었다. 어떤 의무나 목적 의식 없이 책을 읽어 나가다 보니 오히려 마음이 풀리고 할 말이 많아지고 영감이 샘솟았다. 신기한 일이었다. 그녀는 문학을 통해 비로소 자기 자신과 다시 마주했고, 심신도 회복해 나갔다.

가끔 책상 앞에 앉아 있다가 혹은 도서관에 먼지가 쌓인 두꺼운 책을 읽다가 내가 연구하던 신학자나 신비론자의 마음이 바로 이것이었구나 싶은 초월과 외경, 경이의 순간을 잠깐씩 체험할 때가 있었다. 그럴 때는 음악회나 극장에 와 있는 것처럼 가슴이 뭉클해지면서 나 자신을 넘어서는 듯한 느낌이 들었다. 어린 수녀의 몸으로 그렇게 오래도록 기도를 하면서 맛보고 싶었던 환희를 나는 공부를 하면서 찾아냈다.[18]

이때의 독서 경험은 그녀의 삶에 심오한 영향을 미쳤다. 하나만 예를 들면 책과 그녀 사이에 경계가 사라지는 체험은 그녀의 대표작이라 할 수 있는 『신의 역사』를 저술하는 과정에서 그녀의 마음을 또 한 번 확장시켜 주었다. 그 책을 쓰기 위해 여러 책들을 읽으면서 그녀는 이전에는 그저 책 속의 인물들로만 여겨졌던 수많은 이들의 슬픔과 고통을 생생하게 느낄 수 있었다. 독서가 그녀의 질긴 고무 같던 감정을 부드럽게 살려 낸 것이다. 훗날 그녀가 인류의 가슴에 공감과 자비를 회복시키자는 목적을 가진 〈공감의 헌장Charter for Compassion〉 프로젝트를 발제하고 주도하게 되는 씨앗은 이때 잉태된 것이나 다름없다.

종교 이야기라면 머리를 절레절레 흔들던 그녀가 『신의 역사』를 쓰게 된 것은 작은 우연이었다. 어느 날 그녀에게 〈유대교와 기독교와 이슬람교의 차이가 아닌 이들을 하나로 묶는 책을 써보면 어떨까?〉라는 아이디어가 떠올랐다. 생각할수록 수녀원에서의 경험과 맞물려 그것이 자신의 소명이라는 확신이 들었다. 하지만 주변 사람들은 종교학을 전공하지도 않은 그녀가 그런 방대한 책을 쓰는 건 무리라고 만류했다. 사람들은 매주 교회에 나가는 사람이 전체 인구의 6퍼센트밖에 안 되는 영국에서 종교 서적은 팔리지 않을 거라고 했고, 차라리 그녀가 전공한 문학과 관련된 책을 쓰라고 이야기하기도 했다.

모두 현명한 조언이었다. 종교를 믿지도 않는 사람이 종교 책을 써서 인생을 피곤하게 살아갈 이유가 없었다. 그러나 그렇게 사방에서 뜯어 말렸는데도 그녀는 끝내 포기하지 않았다. 마치 운명의 힘이 작용하는 듯 묘하게도 이런저런 일들이 그녀를 신학으로 이끌었다. 그녀가 『신의 역사』를 쓰기로 결심한 때부터 그녀의 삶은 완전히 달라졌다.

나는 독학으로 신학을 공부했기 때문에 어디까지나 아마추어였지만 아마추어라고 해서 반드시 나쁜 것만은 아니었다. 아마추어는 어차피 자기가 좋아서 무언가를 하는 사람 아닌가. 나는 고독한 나날을 말없이 나의 주제에만 몰두하면서 보냈다. 매일 아침 어서 빨리 책상으로 달려 가서 책을 펼치고 펜을 쥐고 싶어서 몸살이 날 지경이었다.[19]

그녀는 다시 책에 빠져들었다. 종교에 관한 책을 읽고 또 읽었다. 십 자군 원정에 관한 책들을 오래 들여다보는 과정에서 그녀는 자기 안에 서 의미심장한 변화가 일어나는 걸 느꼈다. 서서히 타인의 아픔이 공감 되기 시작한 것이다. 몇 년 동안 이 작업을 하면서 암스트롱은 감정의 장벽이 허물어지는 것을 경험했다. 그녀는 십자군이 탄 말의 무릎까지 핏물이 차 올랐다는 학살극을 묘사한 기록을 읽었고, 유대인을 예배당 에 몰아넣고 산 채로 태워 죽인 이야기, 아녀자를 강간하고 도륙한 이 야기도 읽었다. 이 모든 이야기를 읽으며 가슴이 찢어지는 것처럼 저려 왔다. 수녀원에서 얼어붙었던 가슴이 글을 읽으면서 조금씩 녹아 내렸 다. 그녀는 정말로 오랜만에 다른 사람들의 고통을 고스란히 느낄 수 있었다.

점점 회복해 가는 공감 능력은 독서가 그녀에게 준 선물과 같았다. 그녀는 여러 종교 경전과 신학 서적을 읽으며 〈공감〉이야말로 깨달음에 이르는 가장 안전하고 확실한 길인 동시에 긍정적 변화를 일으키는 마음의 능력이라는 사실을 깨달았다. 나중에 그녀는 자서전 『마음의 진보』에서 〈나의 연구를 이끌어 간 공감의 과학은 내가 세상을 체험하는 방식을 바꾸어 놓았다〉고 고백했다.

그녀는 또한 책을 읽으며 〈침묵〉에 대해서도 배웠다. 신학을 공부하는 동안 책을 손에 들고 살았기에 이삼 일 동안 아무하고도 말 한마디 하지 않고 지내곤 했다. 사실 그녀에게 침묵은 익숙한 것이었다. 일찍이 수녀원 시절 침묵은 일상이었기 때문이다. 하지만 수녀원의 침묵과 독서할 때의 침묵은 완전히 달랐다. 수녀로 살 때 침묵의 이면에는 긴장감과 불안이 가득했다. 크고 작은 규율을 꼼꼼히 지키고 선생들에게 혼나지 않기 위해서는 늘 신경을 곤두세우고 있어야 했다. 하지만 책을 읽을 때는 그녀에게 강요하거나 명령하는 사람이 없었다. 무엇을 읽고 어떻게 공부할지 모두 그녀 마음대로 결정할 수 있었다. 침묵 속에서 책에 적힌 단어와 그녀 사이에 아무것도 끼어들지 않았다. 나중에는 거의 〈침묵을 귀로 듣는 경지〉에까지 올라갔다. 침묵에는 침묵 안에서만 모습을 드러내는 차원이 있었다. 책을 읽으며 그녀는 그 오묘하고 아름다운 울림으로 점점 빨려 들어갔다.

대화 때문에 자꾸 끊기는 일이 없어지니까 책에 적힌 단어들이 내면의 자아로 직접 말을 걸기 시작했다. 그 단어들은 단순히 머리로만 흥미로운 생각을 표현하는 것이 아니라 나의 갈망과 당혹에 곧바로 말을 걸었다. 나는 이제 옛날처럼 책에서 개념과 사실을 긁어 모아다가 다음 인터

카렌 암스트롱은 종교의 심층을 탐구하는 한편으로, 역사 속에서 일어난 종교 간 분쟁을 연구하고 있기도 하다. 프란체스코 하예즈, 「예루살렘 성전의 파괴」, 1867년.

뷰를 위한 먹이로 삼는 것이 아니라 그 안 깊숙한 곳에 고요히 머물러 있는 표현하기 어려운 깊은 의미에 귀 기울이는 요령을 배웠다.[20]

그녀는 구도(求道)라는 것이 거창한 진리나 삶의 근본을 구하기에 앞서 지금 여기서 얼마나 충실하게 사는가의 문제라는 사실을 깨달았다. 절대자나 천국에 매달릴 것이 아니라 어떻게 스스로 온전히 인간답게 살 것인가를 고민해야 하는 것이었다. 마호메트, 예수는 모두 하늘나라나 신에 집착하지 않고 〈충만한 인간성〉을 향해 온몸으로 수행했다. 그것은 또한 사람이라면 누구나 그들처럼 〈지금 여기〉에서 거룩해질 수 있음을 의미했다. 신이 자신을 선택해 주기를 무작정 기다리지 말고, 자기 내면에서 신성(神性)을 발견하고 닦아야 하는 것이었다. 종교와 신학을 공부하고 『신의 역사』를 쓰며 그녀는 〈참다운 신앙은 사람을 더욱 사람답게 만든다〉는 점을 깨달았고, 바로 이것을 세상 사람들과 나누고자 했다.

기독교와 불교를 비롯한 큰 종교가 가진 공통적 심층에 관한 카렌 암스트롱의 메시지는 대중의 마음을 사로잡았다. 『신의 역사』가 출간되고 나서 그녀의 인생은 외적으로도 도약했다. 이 책은 특히 미국과 네덜란드에서 호평을 받았고 덕분에 그녀는 세계를 돌며 강연을 하기 시작했다. 그리고 얼마 지나지 않아 세계적으로 가장 대중적인 종교 학자이자 종교 비평가로 인정받게 되었다. 한때 신의 부름을 받지 못한 것에 절망해 환속했으며 종교학 박사학위도 없는 그녀가 쓴 종교 서적이 다른 어떤 종교 저술가의 책보다 다양한 종교권에서 환영받는 이유는, 독서에서 자라난 공감력과 통찰력에 있었다. 2008년 카렌 암스트롱은 그간 종교적 자유를 위해 활동한 업적을 인정받아 루스벨트 4대 자유메달과 TED 상을 수상했고, 오늘날 종교 문제에 관한 세계적인 해설자 가운데 한 명으로 인정받고 있다.

삶을 바꾸는 책과의 만남

불교 저술가인 앨런 와츠Alan Watts가 조지프 캠벨에게 이렇게 물었다.

「당신은 어떤 종교를 믿으십니까?」

그는 아마도 신화 연구가이자 비교종교학자로서 다양한 종교를 섭렵한 캠벨의 개인적인 믿음을 묻고 싶었던 듯하다. 캠벨이 대답했다.

「저는 책에 밑줄을 친답니다.」[21]

캠벨은 모든 활동 가운데 독서에서 가장 큰 기쁨을 느꼈다. 그렇다고 책을 맹신했던 것은 아니다. 그는 책을 가장 즐거운 〈장난감〉으로 여기기도 했다. 종교와 놀이는 비슷한 면은 찾아볼 수 없고, 오히려 서로 반대되는 것처럼 보인다. 그러나 캠벨은 그렇게 생각하지 않았다. 그에게 종교와 놀이는 희열bliss과 무아지경(無我之境)에 이른다는 점에서 서로 통했다. 그는 정신을 고양시키고 충만한 삶을 살기 위해서는 자기만의 장난감을 마련해야 한다면서 자신의 장난감으로 〈읽을 때는 재미있지만 어떤 결론을 내려 주지 않는 책〉을 꼽았다.

캠벨과 같은 분야의 직업을 가진 카렌 암스트롱의 경우는 어떤가? 그녀에게 독서는 자체로서 영적인 힘을 가진 것이었다. 자신이 종교에서 그토록 고대했음에도 구하지 못한 합일과 초월, 쉽게 말해 깊은 공감과 자신을 넘어서는 체험을 독서에서 했다. 암스트롱의 독서는 엘리엇의 시를 기점으로 문학에서 시작되어 신학과 종교로 점점 확장되면서 그녀를 치유했으며 근본적으로 변화시켰다. 독서가 그녀의 내면과 외면, 안팎으로 문을 열어 준 것이다.

책은 어떻게 우리 어깨를 두드려 걸어온 삶을 되돌아보게 하고, 결국 삶을 바꾸어 내는가? 책과 독서에 숨어 있는 힘은 무엇일까? 만약 책을 통해 삶을 바꾸려면 어떤 책을 읽어야 하며, 어떻게 읽어야 할까? 이에 대해 여러 다른 전환자들의 사례를 통해 한번 살펴보기로 하자.

한 권 책과의 만남

모든 책은 고유의 빛을 품고 있다. 책 속의 빛이 얼마나 밝아질 수 있는지는 대체로 독자의 감지력에 달려 있다. 대부분의 책들은 잠시 동안 눈앞을 밝게 비추고 이내 사라지지만, 어떤 책은 태양처럼 눈부신 광휘를 발산하며 독자의 삶 전체를 비추기도 한다.

헨리 데이비드 소로는 『월든』에 이렇게 적었다. 〈얼마나 많은 사람들이 한 권의 책을 읽고 자기 인생의 새로운 기원을 마련했던가!〉 소로가 스무 살 때 읽은 랠프 왈도 에머슨Ralph Waldo Emerson의 『자연』은 그를 새로운 인생으로 이끌었다. 그리고 이 지혜의 불빛은 간디에게로 이어진다. 소로의 강연집인 『시민의 불복종』이 간디의 핵심 철학인 〈사티아그라하(비폭력 저항운동)〉를 형성하는 데 결정적인 영감을 주었던 것이다. 간디는 〈나는 소로에게서 한 분의 스승을 발견했으며, 『시민의 불복종』으로부터 내가 추진하는 운동의 이름을 땄다〉고 고백하고, 이 책을 인도인들에게 소개하기 위해 『법에 복종하지 않는 의무』라는 제목으로 직접 번역하기도 했다. 이렇듯 절묘하게 만난 한 권의 책이 사람의 인생을 통째로 바꾸며, 나아가 다른 이들까지 변화시킨다. 세계에서 가장 뛰어난 투자가 워런 버핏은 이렇게 말한다.

나는 주로 읽기를 통해 배워 왔다. (……) 당신의 인생을 가장 짧은 시간에 가장 위대하게 바꿔 줄 방법이 무엇인가? 만약 당신이 독서보다 더 좋은 방법을 알고 있다면 그 방법을 따르기 바란다. 그러나 인류가 현재까지 발견한 방법 가운데서만 찾는다면 당신은 결코 독서보다 더 좋은 방법을 찾을 수 없을 것이다.[22]

이 말은 적어도 버핏에게는 과장이 아니다. 왜냐하면 한 권의 책과 만남으로써 그 역시 인생이 완전히 달라졌기 때문이다. 그는 네브래스카 대학 3학년 때 벤저민 그레이엄이 쓴 『현명한 투자자』를 읽었다. 버핏은 몇 번이고 다시 읽을 정도로 이 책에 감동했다. 몇 개월 후에는 그 책의 저자인 그레이엄이 있는 대학원에 진학하여 그의 제자가 되었고, 수년 후에는 스승의 회사에서 함께 일했다. 이쯤 되면 책 한 권으로 인생이 달라졌다고 말할 수 있지 않을까.

훌륭한 미국인의 표상으로 불리는 벤저민 프랭클린의 독서는 아버지의 작은 서재에서 시작됐는데 여기서 읽은 두 권의 책, 코턴 매더의 『보니파키우스: 선행에 대한 소론』과 대니얼 디포의 『공동체 프로젝트에 대한 소론』은 훗날 프랭클린이 젊은 노동자들의 모임인 〈준토Junto〉를 조직하고 소방대와 도서관, 장학회 등 여러 공공 조직을 세우는 데 커다란 영감을 주었다.

〈사람이 만든 책보다, 책이 만든 사람이 더 많다〉는 말이 있다. 새로운 세계와 내 안에 숨겨져 있던 힘을 섬광처럼 보여 주는 한 권의 책과의 만남은 한 사람의 삶을 통째로 바꾼다. 이런 만남은 그저 우연으로 치부할 수 없다. 그래서 소설가 에리카 종Erica Jong은 이렇게 말했다. 〈책은 세상 속으로 외출한다. 신비롭게도 이 손에서 저 손으로 여행을 하다가 누군가 이 책이 필요한 사람에게 꼭 필요한 그때에 가 닿는다. 우주적 힘은 그러한 조우를 인도한다.〉 이런 책과의 만남은 운명이다.

질문하는 독서와 인문서

학생일 때부터 우리는 무수한 질문 속에 살았다. 그러나 시험지 속에 어지럽게 난무하던 질문의 목록들은 학교를 졸업한다고 해서 끝나지 않는다. 오히려 일을 하고 결혼을 하고 아이를 낳으면서 질문들은 더 복잡하고 역동적으로 펼쳐진다. 우리는 일상에서 실시간으로 주어지는 문제들에 적절한 해답을 제시해야 한다.

이때 우리가 요구받는 것은 답이지 〈질문〉이 아니다. 해답을 찾으려 허덕이느라 감히 새로운 질문을 발견하는 것을 엄두도 내지 못한다. 이 때문에 우리는 질문하는 법을, 특히 자기 삶에 대해 질문하는 법을 잊어버린 채 근근이 답만 찾으며 살아간다. 〈사는 대로 생각하게 된다〉는 말은 결국 주어진 질문 안에서만 생각하며 살아간다는 의미다. 그러므로 스스로 〈새로운 질문〉을 품는 것은 삶의 주체성을 회복함을 의미한다. 그것은 부모와 선생과 상사, 그리고 사회에게 넘겨주었던 나의 주권을 되찾는 것이다.

좋은 책은, 한마디로 〈깊은 질문〉을 던지는 책이다. 좋은 책은 우리 스스로 질문을 잉태할 수 있도록 도와준다. 우리가 좀처럼 받지 못했던 질문들, 예컨대 죽음과 삶, 배움, 의미, 성장, 그리고 신 등에 대한 질문의 씨앗을 마음속에 심어 주는 것이다. 그런 근원적인 질문으로 인해 삶은 새로워진다. 그동안 삶에 잡아먹힌 탓에 돌보지 못했던 중요한 가치들은 새로운 질문으로 말미암아 삶의 중심으로 솟아난다.

물론 깊은 질문이 깊은 답을 보장하지는 않는다. 하지만 깊은 질문 없이는 깊은 답도 존재하지 않는다. 질문은 관점이고, 관점은 답을 찾아가는 범위와 방향을 결정한다. 무엇보다 근원적인 질문은 자기 자신과 삶을 돌아보게 한다.

삶의 전환기에 실용서보다는 인문서를 가까이해야 하는 이유가 여기에 있다. 실용서는 질문하기보다는 답을 제시한다. 성공하기 위한 답들, 더 좋은 관계를 위한 원칙들, 더 효율적으로 생각하고 행동할 수 있는 명쾌한 방법들을 훈계조로 나열한다. 반면에 인문서는 답을 직접 일러 주지 않는다. 오히려 생각해 볼 만한 여러 맥락(관점과 가정, 인물과 사건 등의 연결 관계 등)을 제공하고 질문을 던진다. 자기계발서가 〈성공하기 위해 갖춰야 할 습관〉에 대해 답을 제시할 때 인문학은 습관에 관한 배경 설명과 함께 〈왜 사람은 자신이 만든 습관에 지배되는가?〉라고 묻는 것이다. 인문학 공부가 힘든 이유가 여기에 있다. 〈인간은 이런 존재〉라고 큰 맥락을 짚어 주긴 하지만 그것을 어떻게 활용하여 문제를 풀어야 하는지는 구체적으로 알려 주지 않는다. 답을 알려 주지 않으니 스스로 찾아야 한다.

그래서 많은 이들이 읽기 힘든 인문서보다는 간단한 처방을 담은 실

용서를 고른다. 그러나 효율성과 실용의 이면에는 〈획일성과 편협함〉
이라는 함정이 도사리고 있음을 유의해야 한다. 한 사람이 성장하기 위
한 방법이 하나로 정해져 있을까? 〈나는 누구인가?〉에 관한 정답이 과
연 존재할까? 또는 내가 누구인지 발견할 수 있는 방법이 하나일까? 행
복에 이르는 길은 어떤가? 실용서는 이러한 주제에 구체적인 답안을
제시하지만, 자칫 그 답만이 유일한 정답인 양 맹목적으로 따를 것을
강요하기도 한다.

경영 사상가인 찰스 핸디Charles Handy는 다니던 직장을 그만두고
1인 기업가로 일하기 시작했을 때 독서가 그의 삶을 바꾼 경험에 대해
이야기한다. 처음에 그는 경쟁자들, 곧 다른 경영 컨설턴트들이 쓴 책
들을 모조리 읽어 치우는 것으로부터 시작했다. 그러나 머지않아 경영
서는 좋은 개념들로 가득 차 있으나 읽기에 너무 따분하다는 결론에 이
르렀다. 그는 진취적인 사업가들에게 자신이 자주 해준 조언을 떠올렸
다. 〈남보다 더 잘하려고 하지 말고 남들과 다르게 하라〉고 늘 조언해
왔던 것이다.

그래서 그는 경쟁자들의 책을 읽는 것을 중단했다. 그 대신 자신이
흥미로워하는 역사책, 문학, 전기 등을 읽기 시작했다. 그런 책들 속에
는 다양한 사람들의 이야기와 함께 인생의 여러 문제들로 가득했다. 사
실 핸디는 옥스퍼드 대학에서 고전문학을 공부한 인문학도였고, 인간
과 인생이야말로 그가 환히 밝혀서 사람들에게 드러내고 싶은 이슈였
다. 사람들은 핸디를 경영 컨설턴트로 불렀지만 그는 스스로를 〈사회
철학자〉로 여겼다. 그는 다양한 인문서를 통해 정신을 확장했고, 경영
은 결국 인간에 관한 것이라는 통찰을 바탕으로 인문학과 경영학을 잇
는 다리가 되었다. 그는 이렇게 말한다.

나는 새로운 통찰과 새로운 아이디어를 얻으려면 자신의 전문 지식 분야에서 과감히 탈피해야 한다는 것을 알았다. 내가 회사들을 상대로 종종 지적하듯이, 진정한 혁신은 해당 산업 혹은 회사 바깥에서 온다. (……) 우리는 사물을 새롭게 보기 위해 혹은 새로운 것을 보기 위해 때때로 낯선 세계를 거닐어야 한다.[23]

좋은 인문서는 삶에 대해 질문한다. 우리가 무심코 지나치는 것들, 알고는 있지만 외면하는 것들을 날카롭게 파고든다. 누구나 그것을 알고 있고, 모든 사람이 관여하고 있지만 아무도 입 밖으로 소리 내어 이야기하지 않는 〈공공연한 비밀〉들에 대해, 예컨대 죽음과 같은 주제에 대해 거리낌 없이 물음을 던지는 것이다. 찰스 핸디뿐만 아니라 조지프 캠벨, 카렌 암스트롱, 에릭 호퍼Eric Hoffer 등 책을 통해 전환기를 보낸 사람들이 읽은 책들이 대부분 인문서라는 것은 우연이 아니다.

〈깊이〉와 〈깊이〉가 만나 넓어지는 독서

캠벨의 〈전작 독서〉는 한 저자의 전체 작품을 모두 읽고, 그 저자에게 가장 중요한 영향을 미친 인물의 모든 저서를 읽는 것을 거듭하는 과정으로 요약할 수 있다. 시작은 한 저자의 사상을 깊이 파는 것이다. 한 저자의 사상을 하나의 아이디어로서가 아니라 그 생각이 나오게 된 배경과 과정, 관점과 가정 등을 살펴보며 전체 맥락을 파악해 가는 방식이다.

한 저자에 집중한다는 점에서 편협한 독서가 될 것처럼 보이지만 오히려 그 반대다. 한 저자를 심도 있게 연구하면, 깊이 내려갈수록 범위가 넓어지는 나무의 뿌리처럼 그 사상의 큰 줄거리를 잡게 되어 이해의 폭이 확연히 넓어진다. 여기서 멈추지 않고 그 저자에게 큰 영향을 미친 또 다른 사람의 책을 모조리 읽는 과정을 거듭하다 보면, 서로 다른 분야에서 활동하는 인물들이 본질적인 차원에서 거미줄처럼 연결되어 있음을 알 수 있다. 이를 통해 익숙한 것을 참신한 관점에서 볼 수 있고, 기존에 알고 있던 것들을 새롭게 결합하여 더 높은 차원으로 끌어올릴 수 있다. 예컨대 캠벨은 심리학자인 카를 융의 모든 저서를 읽고, 융 심리학을 신화에 접목하여 차별성을 확보했다.

현대 경영학의 아버지인 피터 드러커Peter F. Drucker도 캠벨과 비슷한 방식을 취했다. 차이가 있다면 드러커는 캠벨과 달리 저자가 아닌 〈분야〉를 파고들었다는 점이다. 그는 20대 초반부터 직장 생활을 하며 특정 주제를 3년씩 공부하기 시작했다. 주제는 통계학, 중세 역사, 국제법, 법률 제도의 역사, 일본 미술 등 다양했는데, 드러커는 60년 넘게 3~4년마다 주제를 바꾸어 가며 공부를 계속했다. 그는 『프로페셔널의 조건』에서 이렇게 말했다.

공부를 하면서 차츰 나만의 공부법도 개발하게 되었는데, 나는 지금까지도 그 방법을 이용하고 있다. 나는 3년 또는 4년마다 다른 주제를 선택한다. 3년 정도 공부한다고 해서 그 분야를 완전히 터득할 수는 없겠지만, 그 분야가 어떤 것인지를 이해하는 정도로는 충분히 가능하다.[24]

이 학습법을 바탕으로 드러커는 30여 권의 책을 썼다. 그의 저술 목록에는 전문 분야인 경영학을 필두로 법학, 정치학, 경제학, 사회학, 자기계발 등 다양한 분야의 책은 물론이고, 수필과 소설, 그리고 자서전도 포함되어 있다. 캠벨과 마찬가지로 드러커는 〈이 학습법은 나에게 상당한 지식을 쌓을 수 있도록 해주었을 뿐만 아니라, 나로 하여금 새로운 주제와 새로운 시각 그리고 새로운 방법에 대해 개방적인 자세를 취할 수 있도록 해주었다〉고 말했다.

분야에 집중하는 독서를 할 때 유의할 점이 있다. 관심 분야의 폭이 지나치게 넓지 않아야 한다는 것이다. 주의가 분산되면 한 분야에 관한 심도 있는 맥락을 확보할 수 없다. 드러커가 중세 역사, 법률 제도의 역사, 일본 미술 등과 같이 관심 분야의 범위를 좁게 잡고, 몇 년 동안 한 분야에만 집중했음에 주목하자. 캠벨 또한 여러 저자의 책을 함께 읽지 않고 한 번에 한 저자만 공략했다. 인물이든 분야든 출발점은 하나를 깊이 파고 드는 것이다. 저자와 저자를 연결하고 분야와 분야를 결합하는 것은 나중 일이다. 깊이 파려면 처음부터 너무 넓게 시작해서는 곤란하다. 오히려 깊이 파내려 가다 보면 넓은 지하수와 만나듯 거대하고 근원적인 맥락을 단숨에 이해할 수 있게 된다.

빈약한 사색과 실천의 부재를 경계하라

광적인 독서량으로 유명한 에릭 호퍼는 불운한 어린 시절을 보냈다. 일곱 살에 어머니 손을 잡고 계단을 내려가다가 함께 굴러 떨어지는 바람에 어머니는 죽고, 뇌에 충격을 받은 그는 양쪽 눈을 실명했다. 암흑 속에서 8년을 보내고 그가 열다섯 살이 되었을 때, 어느 날 아침 눈을 뜨니 앞이 보인다는 것을 알게 되었다. 기적적으로 시력을 회복한 것이다. 깜짝 놀란 호퍼는 이내 정신을 추스르고 상황을 냉정하게 바라보았다. 시력의 회복이 〈일시적인 축복〉일 거라 판단했던 그는 눈이 멀어 있는 동안 그토록 하고 싶었던 일, 곧 독서와 세상 구경을 실컷 하기로 결심했다. 그는 미친듯이 책 읽기에 탐닉했으며 집을 떠나 방랑자가 되었다. 다시 암흑의 세상으로 돌아가기 전에 볼 수 있는 모든 책과 모든 세상을 보고 싶었던 것이다.

호퍼가 죽기 전까지 다시 실명하는 일은 없었지만, 그는 생의 대부분을 떠돌이가 되어 풍찬노숙(風餐露宿) 하며 책을 읽고 글을 썼다. 막노동, 사금 채취, 부두 야적장 일 등 여러 육체노동 직업을 전전하며 〈걷고, 일하며, 사색하는 생활〉을 즐겼다. 한 번도 정규교육을 받은 적이 없었던 그였지만 독서와 방랑으로 독자적인 사상을 구축해 세계적인 철학가의 반열에 올랐다. 그런 그에게 사람들은 〈길 위의 철학자〉라는 별명을 붙여 주었다

방랑하던 어느 날, 그는 화물 열차의 지붕 위에서 어떤 문제를 고민하다가 혼자서는 도저히 풀 수 없을 것 같다는 생각에 부딪친다. 그 문제를 풀려면 엄청나게 힘든 사고 과정을 거쳐야 할 것 같았다. 그때 그는 자신의 손이 저절로 배낭 속의 책으로 뻗치는 것을 보았다. 순간, 그는 그 행동이 〈힘든 생각을 회피하려는 수작〉임을 알아차렸다. 이런 식이라면 그는 진정한 학자가 될 수 없을 테고, 그것은 받아들이기 불쾌한 발견이었다. 그는 곧바로 책을 집어서 바람 속으로 던져 버렸다.

좋은 질문을 던지고 스스로 답을 찾게 한다는 점에서 책이 우리의 사고를 훈련하는 좋은 도구임은 자명하다. 그러나 자칫 우리가 책에서 〈완벽한 답〉을 찾으려 하거나, 책이 그런 답을 제공하려고 할 때 생각은 제한된 채 같은 자리를 맴돌게 된다. 이렇게 되면 책을 읽는 게 아니

라 되려 책에 읽히게 된다. 조지프 캠벨이 좋은 책으로 〈읽을 때는 재미있지만 어떤 결론을 내려 주지 않는 책〉을 꼽은 이유가 여기에 있다. 책의 기능은 결론이나 답을 주는 게 아니라 사유의 재료를 제공하고 영감을 점화시키는 것이기 때문이다.

개인용 컴퓨터를 대중화한 스티브 잡스는 기자가 〈당신에게 컴퓨터는 어떤 의미인가?〉라고 묻자 〈사고를 위한 자전거〉라고 답한 적이 있다. 잡스는 왜 자동차가 아닌 〈자전거〉라고 답한 것일까? 자동차는 많이 탈수록 다리 근육이 약해지는 반면, 자전거는 탈수록 다리 근육이 발달하여 힘이 강해진다. 즉 그에게 컴퓨터는 사고를 위임하거나 편하게 하는 수동적 도구가 아닌, 생각하는 힘을 길러 주는 적극적 사고의 도구라는 의미다. 책 역시 자동차가 아니라 자전거가 되어야 한다. 〈적극적인 사색〉의 중요성에 대해 길 위의 철학자 에릭 호퍼는 다음과 같이 이야기한다.

한평생 나는 모든 사색을 분주히 돌아다니면서 해왔습니다. 번쩍이는 모든 생각들은 일을 하던 중에 떠오른 것들입니다. 나는 따분하고 반복적인 일을 즐기곤 했지요. 파트너에게 이야기를 하면서 머리 뒤쪽에서 문장을 짜 맞추었던 거지요. 그러다가 은퇴를 하고 나서 나는 세상의 모든 시간을 내가 다 차지했어도 뭘 할 수 없다는 걸 알았습니다. 아마도 머리를 아래로, 엉덩이를 위로하는 것이 사유의 가장 좋은 자세일 겁니다. 동시에 두 방향으로 끌어당기는 것은 영혼의 스트레칭이라고 할 수 있습니다. 그 방법은 아주 생산적이지요.[25]

책 읽기든 글쓰기든 〈실천〉을 바탕으로 해야 하는 이유가 여기에 있다. 일상에서 실행되지 않은 지식은 기억에 남지도 않을뿐더러 아무런 변화도 만들어 내지 못한다. 흔히 회자되는 것처럼 가장 먼 거리는 〈머리에서 가슴까지〉가 아니다. 그보다 먼 건 〈가슴에서 발까지〉의 거리다. 알고 느끼는 것과 실천하는 것은 다른 차원의 문제이기 때문이다. 석가모니는 제자들에게 〈나의 가르침은 뗏목이다. 강을 건너고 나면 뗏목을 버려야 한다〉고 강조했다. 책 역시 하나의 뗏목이다. 강을 건너면 곧바로 버리고 길을 떠나야 한다. 이것을 잊을 때 독서는 지적 허영으로 전락하고 독서가는 〈가분수〉로 뒤뚱거리게 된다.

독서가 실천으로 뒷받침될 때 비로소 삶이 바뀐다. 많은 사람들이 간디와 빅터 프랭클, 법정 스님과 다산 정약용과 같은 인물을 존경하는 이유는 그들의 뛰어난 지식과 언변과 글 때문이 아니다. 언행일치(言行一致), 필행일치(筆行一致), 지행일치(知行一致)의 삶, 즉 그들이 지식과 말과 글을 행동으로 통합하기 위해 부단히 노력했기 때문이다.

마음의 불꽃을 점화시키는 독서법

어렸을 적 나(승오)는 책이라면 고개를 절레절레 흔드는, 그저 친구들과 땅따먹기나 전자오락을 하며 놀기 좋아하는 개구쟁이였다. 집에 60권짜리 세계문학 전집이 있었는데 두 살 터울의 형은 한 권도 빠짐없이 다 읽은 반면, 내가 읽은 것이라곤 『로빈슨 크루소』와 『15소년 표류기』 단 두 권뿐이었다. 책보다는 영화나 운동, 친구들과의 수다가 더 즐겁고 유익하다고 생각하는 편이었다. 1년 동안 책을 한 권도 읽지 않는 아들을 부모님은 늘 걱정했다.

중학생이 된 어느 날 책 읽기가 재미있다는 걸 우연히 알게 되었다. 당시에 「투캅스」라는 영화가 인기였는데 영화의 인기에 힘입어 책까지 출판되었다. 어느 날 집에 와보니 『투캅스』 책이 놓여 있었다. 영화를 재미있게 본 터라 다시 보고 싶은 마음에 집어 들었고 금세 책 속으로 빠져들어 갔다. 늦게까지 불을 켜고 책을 읽고 있던 모습을, 새벽에 화장실에 가시던 아버지께서 문틈 사이로 보셨던 모양이다. 내심 얼마나 뿌듯하셨을까?

아버지는 다음 날 시내의 큰 서점으로 나를 데려가셨다. 처음으로 아들에게 책을 선물해 주고 싶으셨던 것이다. 한 시간가량 서점에서 이책 저 책 들춰 보며 고민하던 아버지, 마침내 결정하신 듯 노란 황금빛 표지의 책을 들고 계산대로 오셨다. 중학생 아들에게 아버지가 처음으로 선물한 책은 무엇이었을까?

지그문트 프로이트Sigmund Freud의 『꿈의 해석』이었다. 지금 읽어도 난해한 그 책을, 아버지는 과연 읽고 추천하신 건지 여전히 궁금하지만 왠지 죄송스러워 아직까지 여쭤 보지 못했다. 그 책을 선물 받은 이후로 나의 책 읽기는 다시 휴면 상태에 들어갔다. 연신 하품을 하며 몇 장을 들추다가 이내 방구석에 던져 두고는 〈역시 난 책은 아냐〉라며 휘파람을 불며 오락실로 나섰던 것이다. 책 읽기가 정말 재미있다는 것을 알게 된 것은 그로부터 15년이나 지나 스물아홉 살이 되었을 때였다. 반은 농담이지만, 아버지의 한 번의 호기가 아들을 15년 동안 무명(無明)에 있게 한 셈이다.

독서를 방해하는 3대 훼방꾼

대학원생이 되어서야 책이 말 그대로 〈재미있다〉는 걸 느끼게 되었다. 무심코 읽게 된 한 권의 책 때문에 가슴이 쿵쾅거려 밤새 잠을 못 이룬 것이 계기였다. 내게는 이때 읽은 구본형의 『마흔 세 살에 다시 시작하다』가 소로가 말한 〈한 권의 책〉이었다. 누군가의 추천으로 무심코 집어든 그 책 속에서 젊은 날 내가 그토록 아파했던 이유와 내가 꿈꾸는 삶과 이상적인 가족의 모습을 엿볼 수 있었다. 무엇보다도 나를 절망하게 했던 대학 시절 실명(失明)의 원인과 처방을 알게 되었다. 가슴이 두근거렸다. 그날 밤 너무 들뜬 나머지 밤새 뒤척이다가 다시 불을 켜고는, 밑줄 친 부분을 몇 번이고 다시 읽고, 담배를 피우며 집 밖을 서성거리고, 친구들에게 엽서 몇 장을 쓰고 나서야 겨우 잠들 수 있었던 기억이 난다.

이 하룻밤의 독서 경험이 나를 책과 가까워지게 만들었다. 사랑이 갓 시작될 때마냥, 책 한 권에 내가 그렇게 전율할 수 있다는 것이 신선한 충격이었다. 독서가 재미있다는 것, 독서가 주는 지식이나 유익 때문이 아니라 책을 읽는 과정 자체가 여행을 하듯 〈살아 있음〉을 느끼게 해준다는 사실이 마음에 깊이 각인되었다. 뒤늦게야 이런 즐거움을 알게 된 것에 대한 후회감도 밀려들었다.

이런 내 경험은, 박사학위 취득 실패 후 책을 의무가 아닌 호기심과 즐거움으로 대하게 된 카렌 암스트롱의 경우와 일맥상통한다. 그녀는 의무나 목적 의식 없이 읽으니 오히려 책에 흠뻑 빠져들었고, 수녀원에서 듣지 못한 〈신의 목소리〉까지 듣게 되었다고 고백했다.

책 읽기의 정수는 몰입과 황홀이다. 책 읽기에서 〈즐거움〉이 사라지는 순간 진정한 의미의 독서는 멈춘다. 무엇이든 마찬가지지만 스스로 기쁨을 느끼지 못하면 오래 지속할 수 없고, 깊이 들어갈 수 없다. 그렇다면 어떻게 독서의 즐거움을 살릴 수 있을까? 우선 독서를 재미없게 만드는 몇 가지 〈방해 감정〉에 대해 알고 있어야 한다. 적어도 세 가지의 훼방꾼이 존재한다.

첫 번째는 〈의무감〉이다. 책을 많이 읽어야 훌륭한 사람이 된다는 학교에서 배운 교훈이 독서를 망친다. 이런 의무감에서 출발한 독서는 〈다독(多讀) 콤플렉스〉로 이어지기 쉽다. 1년에 50권을 읽는다는 목표를 매년 유지하는 사람들은 쉽고 빠르게 읽을 수 있는 책들의 유혹에서 벗어나기 힘들다. 결국 넓고 얕은 지식만을 가진 〈자랑하는 책 읽기〉에 머물고 만다.

1년에 50권을 읽는 게 중요한 게 아니라, 5권을 읽더라도 가슴을 무찔러 들어온 문장이 몇 줄인지가 중요하다. 책장에 몇 권의 책이 꽂혀 있는지보다, 가슴에 박힌 한 문장 때문에 지새운 〈잠 못 드는 밤〉이 몇 번인지가 훨씬 중요하다. 독서의 기쁨을 만끽하려면 의무감이나 목표가 아니라 강하게 끌리는 책, 지금 자신의 상황과 수준에 맞는 책을 골라야 한다. 그리고 한 문장 한 문장 꾹꾹 눌러 읽어야 한다. 한 줄의 명문장이 마음을 깊어지게 하며, 마음이 깊어질수록 삶이 충만해진다.

독서의 즐거움을 망치는 두 번째는 남들에게 뒤처질까 걱정하는 〈불안감〉이다. 동료들은 다 읽은 책을 나는 읽지 못했다는 불안감을 가진 사람일수록 베스트셀러에 매달린다. 두려움으로 책을 고르기 때문이다. 과연 베스트셀러bestseller는 최고의 책best book인가? 베스트셀러는 말 그대로 많은 사람들이 구입한 책일 뿐, 깊은 내용을 보장하지 않는다. 맥도널드 같은 세계적인 프랜차이즈들이 늘 건강하고 깊은 맛의 음식을 제공하지 않는 것과 같다. 출판사와 서점의 마케팅에 의해 만들어지는 반짝 베스트셀러도 적지 않은 것이 현실이다.

베스트셀러를 읽지 말라는 뜻이 아니다. 베스트셀러 중에도 독자에게 재미와 지혜를 주는 책들이 많다. 베스트셀러를 통해 그 시대가 지향하는 가치와 트렌드를 파악할 수도 있다. 하지만 불안감으로 출발한 독서는 꾸준할 수 없으며, 시대를 아우르는 보편적인 가치를 이해하기도 힘들다. 시대를 이해하는 것과 시대에 편승하는 것은 다르기 때문이다. 좋은 책은 오랜 시간 독자들에게 영향을 미치는 책이다. 동서고금의 고전과 오랫동안 꾸준히 읽히는 스테디셀러steady seller는 좋은 책의 보편적인 예다. 오랜 시간 사랑 받는다는 것은 그만큼 오랫동안 독자들이 그 책을 통해 변화했음을 증명한다.

몇 년 전 마이클 샌델의 『정의란 무엇인가』가 1년 넘게 베스트셀러 상위권에 있었던 적이 있다. 읽어 본 이들은 알겠지만 그 책은 깊이 있는 통찰에도 불구하고 대중이 이해하기에는 상당히 어려운 수준이다. 법조인이 아닌 사람들 가운데 책을 온전히 이해하는 사람이 과연 얼마나 될까 싶었다. 그럼에도 베스트셀러가 된 것은 적어도 세 가지를 의미했다. 우선 사회가 정의롭지 못하다는 것을 반증했고, 대중은 베스트셀러에 집착한다는 점을 시사했으며, 마지막으로 사람들이 지적 허영심에 쉽게 빠져들 수 있음을 보여 주었다.

마지막 훼방꾼인 〈허영심〉은 〈나는 이런 책도 읽을 줄 아는 사람〉임을 과시하려는 마음이다. 이런 이들은 주로 난해하고 전문적인 책들을 골라 읽는다. 그리고 자주 그런 책들을 인용하며 자신의 주장을 뒷받침한다. 다 그렇다고 볼 수는 없으나, 저명한 저자의 뒤, 전문용어의 뒤로 숨는 행위의 이면에는 낮은 자신감과 무지를 들키고 싶지 않은 마음이 숨어 있다. 알고 있는 것보다 더 세련된 용어와 어려운 개념을 사용하여 지적 수준을 부풀리고 싶은 욕구를 감추고 있는 것이다.

제대로 아는 사람은 어려운 용어 뒤에 숨지 않는다. 심입천출(深入淺出), 깊이 들어가서 얕게 나올 줄 아는 사람이 진짜 전문가다. 배울 때는 깊이 들어가되, 설명할 때는 누구나 이해할 수 있게 표현할 줄 아는 것이야말로 깊이 이해한 사람의 특징이다. 품격 있는 고수는 〈갑질〉을 하지 않는다. 상대를 자신에게 맞추지 않고 상대의 눈높이에 맞춘다.

〈의무감, 불안감, 허영심〉이라는 세 가지 방해꾼에 좌우되는 독서는 당장은 효과가 있거나 화려할지 모르지만 실속은 없고 오래갈 수 없다. 더욱 심각한 폐해는 이 훼방꾼들이 우리 무의식에 〈책은 본래 재미 없는 것〉이라는 인식을 새긴다는 점이다. 그것은 부지불식간에 삶에 강력하게 작용하여 머지않아 손쉬운 다른 오락거리를 만들거나, 바쁜 일을 핑계로 책에서 손을 놓게 한다. 〈책 읽을 시간이 없다〉는 사람 가운데 하루 몇십 분씩 스마트폰을 들여다보고 텔레비전 앞에서 꼼짝 않는 이들이 얼마나 많은가. 책에 대한 부정적인 인식이 쌓이면 스트레스에 대한 반동으로 책에서 더 멀어지고, 책에서 멀어질수록 스트레스가 더 가중되는 악순환이 생길 수도 있다.

한바탕 깨지기 위해 읽는다

〈IT 강국〉 대한민국의 아침은 손바닥만 한 화면에서 시작된다. 아침 출근 시간 지하철, 주위를 둘러보면 모두들 비좁은 틈 사이로 스마트폰을 뚫어지게 보고 있다. OECD 국가 가운데 독서율 최하위, 몇 년째 지겹게 붙는 이 불명예는 스마트폰 보급률 세계 1위라는 사실과 대조를 이룬다. 대한민국 성인 가운데 10명 중 4명은 1년에 책을 한 권도 읽지 않는 반면에 스마트폰 사용 시간은 매일 평균 2시간을 채운다.

물론 스마트폰을 통해 책 못지 않은 지식과 정보를 얻는다고 반박할 수도 있다. 실제로 정보 검색의 속도와 편리성 측면에서 책은 스마트폰의 적수가 되지 못한다. 그리고 정확히 그 이유 때문에 우리는 독서의 〈즐거움〉을 점점 잊어버리고 있다. 그러나 책은 정보를 얻기 위해서만 읽는 게 아니다. 독서는 꽁꽁 얼어붙은 나의 편견과 감수성을 깨는 〈도끼〉다. 우리는 책을 통해 스스로 몰랐던 내면의 선입견을 부수고, 마음을 열어 자신과 타인에 대한 이해를 확장할 수 있다.

반면 스마트폰은 자신과 다른 생각은 차단하는 경향이 있다. 인터넷 정보 검색은 주로 자신의 선입견을 깨부수는 것이 아니라, 오히려 공고히 한다. 대부분 자신의 주장을 뒷받침하기 위해 검색을 활용하기 때문이다. 자신과 반대되는 생각을 제대로 살펴보기 위해 검색하는 경우는 드물다. SNS 역시 수평적인 소통 공간을 표방하지만, 실제로는 〈끼리끼리 모이는 공간〉으로 변질되고 있다. SNS의 친구는 대개 나의 관심사를 나눌 수 있는, 나와 유사한 사람들like-minded people과 연결된다. 내가 싫어하는 사람이나 이슈는 클릭 한 번으로 차단하면 그만이기 때문이다. 그래서 점점 듣고 싶은 말만 듣고, 나와 다른 생각은 완전히 반대편으로 인식하게 된다. 최근 온라인상에서의 토론이 합의와 절충에 도달하기보다는 특정 이슈를 놓고 분열과 양극화로 치닫는 까닭이 여기에 있다. 모두들 자신이 보고 싶은 정보만 긁어 모은 채 상대의 말에 귀를 막고 있는 것이다.

책도 마찬가지다. 많은 이들이 자신의 고착된 관념을 깨기 위해서가 아니라 오히려 강화하기 위해 책을 읽는다. 자신에게 필요하고 유리한 정보 위주로 취사 선택하기 위해, 미리 결론을 내려 놓고 그에 부합하는 자료를 찾아내어 주장을 뒷받침하려고 안간힘이다. 그러면서 반대되는 자료와 생각은 무시하고 사장하면서 스스로 뿌듯해한다. 부끄러운 모습이다.

좋은 책을 깊이 읽은 사람이라면 나와 반대되는 생각 또한 무시하지 않는다. 그만큼 책 속에서 자신의 무수한 편견들을 만나서 깨져 보았기 때문이다. 책을 깊이 읽는다는 것은 자기 안의 편협함과 치졸함을 발견하고 반성하며 새로운 시각을 받아들이는 것에 다름 아니다. 우리가 가진 사고방식을 더욱 공고히 하고 고착화하는 책은 좋은 책이라고 보기 어렵다. 기존의 사고를 깨뜨려 새로운 차원으로 나아가게 하는 책이 좋은 책이다. 박웅현이 『책은 도끼다』에서 인용한 프란츠 카프카의 말은 새겨 둘 만하다.

우리가 읽는 책이 우리 머리를 주먹으로 한 대 쳐서 우리를 잠에서 깨우지 않는다면, 도대체 왜 우리가 그 책을 읽는 거지? 책이란 무릇, 우리 안에 있는 꽁꽁 얼어 버린 바다를 깨뜨려 버리는 도끼가 아니면 안 되는 거야.[26]

한바탕 〈깨지기 위해〉 읽는다. 편견을 깨뜨리고 오래된 인식틀을 부수기 위해 읽는다. 통렬하게 깨져 각성하고 반성하기 위해 읽는다. 이것이 책을 대하는 좋은 자세다. 채우려면 먼저 비워야 하듯이, 깨져야 깨달을 수 있다. 내가 지금 바른 독서를 하고 있는지 알고 싶다면 최근 몇 달간 읽은 책을 통해 내 생각이 깨졌는지 같은 수준을 맴돌고 있는지를 살펴보면 된다. 건강한 독서는 자주 깨지는 독서다.

깐깐하게 고르고 신중하게 구매한다

사람들이 책을 읽지 않은 가장 주된 이유는 〈시간이 없다〉는 것이다. 그러면 주말에 3시간 정도의 여유 시간이 주어지면 그들은 책을 읽을까? 아니다. 아마도 영화를 보거나 친구들을 만날 것이다. 결국 독서는 시간의 문제가 아닌 〈우선 순위〉의 문제다. 그렇다고 오랫동안 유지해

온 생활의 우선 순위를 바꾸기는 더욱 어렵다.

만약 책 읽을 시간이 진짜로 부족해 목표한 양을 채우기 어렵다면 〈질〉로 승부해야 한다. 벤저민 프랭클린은 〈많이 읽어라. 그러나 많은 책을 읽지는 말라〉고 조언한다. 많은 책을 읽는 다독(多讀)보다, 좋은 책을 철저히 읽고 또 다시 읽는 정독(精讀)과 재독(再讀)이 중요함을 강조한 것이다.

독서의 질은 결국 책을 선택하는 안목과 직결된다. 마치 스마트폰을 고르듯 신중하고 깐깐하게 책을 골라야 한다. 대리점에 가서 〈무슨 스마트폰이 제일 잘나가요?〉라고 묻고 그 자리에서 바로 결정하는 이는 드물다. 꼼꼼한 사람이라면 여러 기기 가운데서 무엇이 내가 주로 사용하는 목적에 맞는지 살피고, 전문가의 리뷰를 보고, 주변 사람들의 사용기를 충분히 들은 후에 결정한다. 2년가량 쓰다가 교체할 스마트폰은 그렇게 고르면서, 왜 평생 내 무의식에 남아 깊은 영향을 미칠 책은 고민 없이 쉽게 결정해 버리는가?

많은 이들이 책을 고를 때 가장 많이 참고하는 것은 베스트셀러 목록인데, 앞서 말했듯 베스트셀러는 많이 팔린 책일 뿐이다. 베스트셀러보다는 스테디셀러를 택해야 실패 확률이 낮다. 스캇 펙M. Scott Peck의 『아직도 가야할 길』은 출간된 지 25년이 지나서야 베스트셀러가 되었고 지금도 꾸준히 사랑 받고 있다. 시간만큼 확실한 검증 수단도 없다. 대부분의 인터넷 서점은 스테디셀러를 분야별로 모아 두지 않는다. 반면 오프라인 서점은 〈경제·경영 스테디〉, 〈소설 스테디〉 등 분야별로 코너가 따로 있다. 그래서 책은 오프라인 서점에 가서 직접 읽어 보고 정하는 게 좋다.

양서를 고르는 가장 확실한 원칙은 이것이다. 〈두 번 읽을 가치가 없는 책은 한 번 읽을 가치도 없다.〉 그런데 대충 살펴봐서는 여러 번 읽을 가치가 있는 책인지 알아보기 어렵다. 인터넷 서점은 책을 직접 자유롭게 읽어 볼 수 없다는 점에서 치명적이다. 미리 보기 기능으로 책의 일부를 볼 수 있지만 이것만으로는 부족하다. 인터넷 서점의 책 리뷰나 평점, 서평 역시 소위 댓글 알바들의 활동으로 신뢰하기 어려운 경우가 많다. 책은 직접 뒤적이고 킁킁거리며 냄새를 맡아 보고 고르는 게 확실하다.

책을 고를 때는 적어도 세 가지를 본다. 서문과 목차, 본문 한 꼭지. 사람에 비유하자면 서문은 얼굴 혹은 전체적인 분위기이고 목차는 바디 라인이며, 본문은 인품을 드러내는 언행이다. 먼저 서문을 읽으며 책의 전체적인 방향을 가늠한다. 목차를 살펴보면 저자의 전반적인 사고 체계와 책의 주제가 얼마나 짜임새 있게 구성되었는지 알 수 있다. 마지막으로 목차에서 마음에 드는 소제목의 글 한 꼭지를 읽어 본다. 이렇게 신중하게 살피다 보면 마음 한 구석에 〈이 책 참 괜찮네〉라는 생각이 들 때가 있다. 그때 사야 할까? 이 질문의 답은, 과연 우리가 스마트폰을 살 때 〈괜찮은〉 정도로 구매 결정을 하는지 생각해 보면 된다. 아무리 괜찮은 내용들이 많이 보여도 가슴을 치고 들어오는 문장이 없다면 섣불리 결정해서는 안 된다. 〈괜찮네〉 수준이 아니라, 한순간 마음을 환하게 밝혀 주는 책을 골라야 한다.

많은 이들이 책의 내용보다는 제목에 끌려 선택하곤 하는데, 경험상 제목의 매력과 내용의 질이 비례하는 경우는 드물다. 오히려 제목이 자극적일수록 내용이 함량 미달이거나 진부한 경우가 더 많다. 제목을 무시할 필요도 없지만, 제목의 매력도가 내용의 질을 담보하지 않음을 잊지 말아야 한다. 내용이 따라가지 못하는 화려한 포장은 속이 부실하다는 의미이고, 대개 본질을 왜곡하고 훼손한다. 너무 확 끌리는 제목의 책일수록 일단 판단을 보류하고 꼼꼼히 살펴보는 게 현명하다.

앞서 〈정답을 찾는 독서〉보다 〈질문하는 독서〉를 강조한 바 있다. 질문하는 독서를 위해서는 나의 호기심을 강하게 자극하는 책을 골라야 한다. 지금 당장은 내게 쓸모없어 보이는 내용이라도 호기심으로 읽다 보면 세상을 다르게 볼 수 있는 관점을 갖게 된다. 지식과 정보의 습득을 지향하지 않음에도 스펀지가 물을 흡수하듯 결과적으로 더 깊은 지식을 갖게 된다는 점이 흥미롭다. 오히려 정답을 쫓는 독서는, 독자가 이미 갖고 있는 답의 수준을 벗어나지 못한 채 제자리를 맴돈다. 그러므로 최고의 책은 베스트셀러나 스테디셀러가 아니며, 인문 고전 또한 아니다. 내 호기심을 강하게 촉발하는 책이야말로 최고의 책이다.

마음에 새겨지는 독서

읽을 땐 좋은데 다 읽고 나면 기억이 하나도 안 나는 경우가 있다. 심지어 몇 달 전 읽은 책의 제목조차 가물가물하다. 이렇게 독서로 얻는 게 거의 없을 때, 그래도 책을 계속 읽어야 할까? 독서에 관심 있는 사람이라면 한 번쯤 이런 고민을 해보았을 것이다. 독서의 비효율성에도 불구하고 적어도 두 가지 이유에서 독서는 중요하다.

첫 번째는 의식에는 남아 있지 않다고 해도 무의식에 저장되어 우리의 삶에 깊은 영향을 미칠 수 있기 때문이다. 소설가 이탈로 칼비노Italo Calvino는 고전이란 〈오래된 책〉이 아니라 〈특별한 영향을 미치는 책〉이라고 말한다. 그에 따르면 고전이 특별한 영향력을 발휘하는 때는 두 경우이다. 하나는 독자를 감전시켜 잊을 수 없는 뭔가가 마음에 각인될 때, 다른 하나는 독자 모르게 무의식 안에서 자리 잡았을 때다. 후자의 경우 고전은 우리가 의식하지 못한 삶의 이면에서 몰래 작동하고 있다.

혹시 이런 경험을 한 적 없는가? 내가 직접적인 경험을 통해 얻은, 내 나름의 〈인생의 메시지〉를 종종 사람들에게 충고처럼 전하곤 했는데, 어느 날 예전에 읽은 책을 뒤적이다가 그 메시지와 꼭 같은 표현 아래에 밑줄이 죽 쳐져 있는 경험 말이다. 내가 생각해 낸 것이라고 철석같이 믿었던 그 말이 사실은 책의 문장을 고스란히 옮겨 오기만 했던 것임을 확인한 순간 잠시의 부끄러움과, 거의 동시에 독서가 가진 〈보이지 않은 힘〉을 느끼고 고개를 끄덕이게 된다. 책을 읽을 때의 〈충격〉이 우리의 영혼에 흔적을 남기고, 이것이 알게 모르게 삶에 심오한 영향을 미치고 있었던 것이다.

두 번째 이유는 우리가 독서를 통해 얻게 되는 것은 사실 지식 그 자체라기보다는 〈사고력〉에 가깝기 때문이다. 〈생각한다〉는 것은 무엇을 의미할까? 흔히 말하는 멍 때린다는 것과 생각하는 것은 어떻게 다를까? 그 차이는 다름아닌 〈질문〉에 있다. 생각에는 분명한 질문이 있다. 예컨대 〈이번 휴가에는 어디로 갈까?〉하는 것은 생각이다. 질문을 통해 의식이 촉발되기 때문이다. 반면 휴가지에 관한 생각을 이어가던 중 〈예전에 제주도 여행에서 친구랑 크게 싸웠었지……〉라며 생각이 샛길로 빠져 허우적대면, 그때 우리는 〈멍 때린다〉고 표현한다. 명확한 질문 없이 남의 생각이나 과거의 통념, 또는 그저 떠오르거나 흘러가는 의식을 따라가는 것이다. 생각은 분명한 질문을 품고 답을 탐구하는 과정을 의미한다. 즉 생각은 〈질문과 답의 결합체〉이다.

좋은 책은 저자가 중요한 질문을 던지고 그 답을 찾아가는 과정을 보여 줌으로써 독자의 사고력을 자극한다. 그러므로 책을 읽고 한 줄도 기억에 남지 않는다고 해도 책을 통해 질문하고 답을 발견하는 〈사고력〉의 과정은 자연스레 훈련하게 된다. 책을 많이 읽은 사람이 문제 해결 능력이 뛰어난 것은 이 때문이다.

물론 책이 우리의 무의식과 사고력에 영향을 준다고 할지라도, 책의 중요한 내용을 의식적으로 기억하는 노력은 중요하다. 그 내용을 발판으로 자신의 생각을 확장할 수 있기 때문이다. 기억을 위해서는 〈기록〉만 한 게 없다. 책을 필사하거나 중요한 부분을 발췌하는 것도 좋은 방법이지만, 시간이 많지 않다면 밑줄을 긋고 표시를 하는 것만으로도 충분하다. 내 책은 언제나 밑줄과 별표, 메모, 인덱스로 지저분한데, 깨끗하게 읽으면 머릿속도 깨끗해진다고 믿기 때문이다. 보통 세 가지 색깔의 인덱스를 사용하는데 푸른색은 책의 핵심 메시지, 노란색은 사례와 이야기, 빨간색은 메시지든 이야기든 책을 통틀어 가장 감동적인 부분에 붙인다. 책을 다 읽고 나면 빨간색 표시만 훑어보는 것으로 책 전체 내용과 감흥이 지속된다.

책을 읽는다는 것은 결국 〈좋은 문장〉을 얻는 것이다. 책 전체의 내용이 아니라, 좋은 문장 하나가 삶을 바꾸기 때문이다. 좋은 문장은 내 마음속에 이미 있었던 것, 그러나 콕 집어 표현하지 못했던 것을 의식의 표면 위로 환하게 드러낸다. 그때 가슴이 뛰는 이유는 암묵의 생각이 적절한 표현을 얻었기 때문이고, 한순간 환해지는 이유는 꺼져 있던 마음의 심지에 불이 댕겨졌기 때문이다. 영혼에 흔적을 남기는 문장과의 만남은 인생의 스승을 만나는 것만큼이나 삶의 축복이다. 언제 어디서든 삶의 축복에 참여할 수 있다는 것, 그것이 독서가 주는 큰 기쁨이다.

그 하룻밤,

그 책 한 권,

그 한 줄로

혁명이 가능해질지도 모른다.

— 니체[27]

전환 도구 2

글쓰기

인생이라는 한 권 책의 저자는 오직 자신

전환기 글쓰기의 본질은 자신을 밖으로 〈드러내는〉 것이 아닌,
철저하게 내면을 〈들여다보는〉 것이다.
자서전, 연대기, 일기, 필사 등 자기 삶을 자신의 언어로 솔직하게 기술하는 것이다.
내가 직접 체험한 내 이야기me-story를 간절하게 써내려 갈 때
비로소 나의 역사, 나의 세계가 만들어진다.
글 속에서 나를 들여다보고 나를 실험함으로써
서서히 〈나를 넘어선 그 무언가〉에 도달할 수 있다.

구본형,
새벽 글쓰기로 삶을 혁명하다

구본형은 40대에 접어들면서 알 수 없는 불안감에 시달렸다. 겉으로 보기에 그의 삶은 안정되어 보였다. 글로벌 기업에서 경영혁신 팀장으로 일하며 월급도 꽤 많이 받았고, 취미로 독서와 등산을 즐겼다. 하지만 그의 내면은 어둠 속에서 길을 잃은 듯했다. 언젠가부터 깊이 잠 못드는 밤이 잦아졌다. 피곤한 몸을 이끌고 출근하기가 버거워지고 업무효율도 떨어졌다. 처음에는 이 불안감의 정체가 무엇인지 알 수 없었다. 그러다 불현듯 깨닫게 되었다. 불안감의 실체, 그것은 바로 자기 자신이었다. 마흔을 지나며 조금씩 무기력해지는 자신을 보면서 그는 스스로에게 물었다.

야, 이렇게 늙어 가는구나. 늙어 가는 너는 도대체 누구인가? 이게 네가 진짜 원하던 삶인가? 지금까지 무엇을 해놓았단 말인가!

이제껏 열심히 살았다고 생각했지만 과거는 평범하고 현재는 답답했으며 미래는 막막했다. 그는 자신에 대해 모른다는 사실을 절감했다.

〈나는 누구인가? 내가 진정 원하는 삶은 무엇인가?〉 중요하고 어려운 질문, 누구도 대신 답해 줄 수 없는 질문이었다. 그는 자신이 어떤 삶을 살고 싶은지 스스로에게 설명할 수 없었다. 이 상황을 타개하기 위해 지리산으로 〈포도 단식〉을 하러 떠났다. 늘 그의 발목을 붙잡았던 생계의 상징인 〈밥〉을 끊는 행위를 통해 과거와 단절하고 싶었다.

하루 종일 포도만 조금씩 먹는 단식을 시작하고 며칠이 지났을 무렵 그는 새벽 일찍 잠에서 깼다. 배가 고파서 그런지 잠은 다시 오지 않았다. 아무 생각 없이 뒤척이다가 문득 서러움에 눈물이 흘렀다. 직장인으로 사는 동안 그토록 꿈꿨던 자유로운 하루가 시작되고 있는데 그에게는 아무런 하고 싶은 일이 없었다. 그저 답답함과 막막함에 휩싸여 과거의 인물로 누워 있을 따름이었다. 자신이 삶의 주인이 아닌 것처럼 느껴졌고, 그동안 몇 차례 인생의 갈림길에서 생계를 이유로 차선을 선택한 것도 후회스러웠다.

바로 그 순간 마음 안에서 목소리가 들렸다. 〈일어나 글을 써라. 너는 책을 써보고 싶어하지 않았느냐?〉 무언가가 소리쳤다. 그전까지 그는 제대로 글을 써본 적이 없었다. 다만 언젠가 변화에 관한 책을 한 권 쓰고 싶다는 바람을 여러 해 동안 가지고 있었으나 실천에 옮기지 못하고 있었다.

그는 일어나서 글을 쓰기 시작했다. 그리고 이날부터 매일 새벽에 일어나 글을 썼다. 처음에는 스스로를 들여다보기 위해 썼다. 자신의 기질과 장단점, 13년 넘게 해온 일에 대해 썼다. 자신이 꿈꾸는 삶을 그려 보고 실천 계획을 세웠다. 평소에 독서를 즐겼던 그였지만 그동안 읽기만 했을 뿐 따로 정리하지는 않았다. 이제 독서 방식도 달라져야 했다. 자신을 탐구하는 데 도움이 될 만한 책을 집중적으로 읽고, 통찰을 준

구본형

책들을 정리하고 자기 생각을 덧붙였다. 이렇게 구본형은 독서와 글쓰기로 새로운 인생을 모색해 나갔다.

스스로를 들여다보는 글쓰기는 어느새 책 쓰기로 옮겨갔다. 그는 글로벌 기업의 경영혁신 팀장으로 조직 변화의 현장에서 보낸 13년의 경험을 가지고 있었다. 이제 첫 책을 쓸 때가 되었다는 생각이 들었다. 새벽 시간은 자연스럽게 첫 책을 위한 투자가 되었다. 첫 책의 독자는 자기 자신이었다. 그는 변화를 꿈꾸면서도 두려워하고 있는 자신의 문제를 해결하기 위해 책을 썼다. 동시에 이 책은 그와 유사한 문제에 직면한 독자들을 위한 것이기도 했다.

매일 새벽 두 시간씩 책을 쓰는 일은 그의 삶에 엄청난 영향을 미쳤다. 직장도 업무도 변하지 않았지만 그의 정신과 하루가 달라졌다. 자신의 모든 일상을 책의 주제인 〈변화〉라는 렌즈로 들여다보았다. 분명한 키워드를 가지니 회사 일은 물론이고 책과 영화, 시와 소설, 산과 바다 등 모든 것이 전과 다르게 보였다. 만물은 변화하고, 변화는 생명의 근본적인 존재 방식임을 새삼 깨달았다. 새벽 두 시간을 확보하기 위해서는 하루 전체를 재편해야 했다. 일찍 잠자리에 들어야 했고, 불필요한 저녁 활동을 없애야 했다. 폭음과 야식도 자제해야 했다. 새벽 글쓰기는 글을 쓰는 두 시간을 넘어 균형 잡힌 하루와 심신의 조화를 가능하게 해주었다.

그는 인생을 다시 시작하고 싶었다. 첫 책 쓰기는 새로운 인생을 위한 통쾌한 시작이 되어 주었다. 글쓰기에 혼신의 힘을 쏟아부었고 글을 쓰며 살아 있음을 느꼈다.

글과 나 사이에는 어떤 울림이 있었다. 어떤 공명(共鳴) 같은 것 말이다. 그쪽에서 북을 치면 내 마음 속에서 떨림이 느껴지는 이런 일체감이 나를 휩쓸고 지나가곤 했다.[28]

글을 쓰기 시작하고 열 달쯤 지나서 첫 책『익숙한 것과의 결별』이 출간됐다. 구본형은 인쇄된 지 얼마 안 된 따끈따끈한 첫 책을 회사에서 받았다. 그는 책을 받자마자 화장실로 달려갔다. 그의 손에는 이제껏 수십 년간 읽은 남의 책이 아닌 자기 손으로 쓴 책이 들려 있었다. 마음속에서 책을 쓴 과정이 주마등처럼 흘러갔다. 그는『익숙한 것과의 결별』의 마지막에 〈나는 이 책을 쓰는 시간들을 즐겼다. 나 자신과 나눈 시간들이 ── 하루에 두세 시간들의 모임 ── 이 책을 만들어 냈다〉고 담담하게 소감을 남겼다. 그런데 막상 막막함과 불안으로부터 자신을 구해 준 새벽 시간의 결과물을 보니 가슴이 벅차 올랐다. 눈물이 쏟아졌다. 이 책은 독자를 위한 책이기에 앞서 그 자신에게 주는 메시지였다. 변하고 싶지만 변화하지 못하는, 〈미치지 못해 미칠 것 같은〉 자신의 문제를 해결하기 위한 몸부림이었던 것이다.

구본형의 첫 책 『익숙한 것과의 결별』의 초판본. 구본형은 이 책을 쓰며 삶의 위기를 극복하고 새로운 인생을 시작할 수 있었다.

첫 책은 기대 이상으로 잘 나갔다. 〈익숙한 것과의 결별〉으로 상징되는 책의 메시지와 당시 전대미문의 〈IMF 경제 위기〉로 〈변화〉가 화두로 떠오르던 시대 상황이 잘 맞아떨어졌다. 신문과 방송은 앞다투어 책을 소개했고, 첫 책과 함께 구본형은 〈변화경영 전문가〉로 세상에 데뷔할 수 있었다. 이렇게 첫 책은 새로운 인생을 위한 문을 열어 주었다. 그는 10년 후에 출간한 개정판에서 다음과 같이 말했다.

나는 이 책으로 인생을 다시 시작할 수 있었다. 책을 쓸 수 있다는 것을 알게 되었고, 몰입할 수 있다는 것을 알게 되었고, 스스로에게 선물을 줄 수 있는 사람이라는 것도 알게 되었다. 무엇보다도 내가 가지고 있는 내면의 자산을 끌어다 쓸 수 있는 사람이라는 것을 알게 되었다.[29]

이제 글쓰기는 그가 가장 좋아하는 활동이 되었다. 글을 쓰는 새벽 2시간은 무엇에도 양보할 수 없는 시간으로 자리 잡았다. 그는 〈내 하루는 22시간〉이라고 자주 강조했는데, 하루 24시간 가운데 글쓰기에 2시간을 떼어 내어 우선적으로 배정한다는 뜻이었다.

새벽은 변화가 일어나는 경계의 시간이다. 꿈에서 현실이 태어나듯이, 결심을 하면 그 결심을 이룰 수 있는 하루의 시간이 주어지는 때이니 미래가 탄생하는 축복받는 시간이다. 나는 이때 쓴다. 나는 글로 시작한다. 그러므로 내 글은 다가올 하루를 맞이하기 위한 의식ritual이다. 그때의 내 정신, 그때의 내 각오, 그때의 내 희망을 담고 있으므로, 그 기분 그 느낌으로 내 하루를 살게 된다. 그러므로 글을 써야 비로소 내 하루가 시작된다.[30]

그는 다른 사람을 변화시키려 하기 전에 자신이 먼저 변해야 한다는 점을 알고 있었다. 그는 변화경영 전문가로서 스스로에게 적용하는 엄격한 원칙을 세우고 이를 지키려고 노력했다. 첫째, 배우고 익힌 것들을 가장 먼저 자기 자신에게 적용한다. 둘째, 스스로에게 실험한 것 가운데 효과가 있는 것을 골라 상이한 조건에서 다른 사람과 조직에 활용할 수 있는지 검증한다. 셋째, 〈내가 가지고 있지도 않은 것을 나누어 주려는 잘못〉을 범하지 않는다. 세 가지 원칙을 통해 스스로 변화하고자 했고, 이 원칙을 준수한 방법론을 책으로 쓰고 프로그램으로 만들었다.

한 예로, 그는 익숙한 것들과 결별하는 상징성을 스스로에게 부여하기 위해 지리산에서 했던 포도 단식 경험을 바탕으로, 일반인이 자기개혁의 방편으로 1주일 동안 집에서 혼자 할 수 있는 포도 단식 방법을 만들었다. 이 방법을 먼저 자신이 직접 해보고, 다음으로 가족에게 적용하여 범용성을 높였다. 그리고 그의 두 번째 책 『낯선 곳에서의 아침』에 〈자가 포도 단식법〉을 〈7일간의 자기개혁〉의 일환으로 자세히 소개했다. 또한 포도 단식을 오프라인에서 진행하는 자기계발 프로그램인 〈나를 찾아 떠나는 여행: 1st Page of My Dream〉으로 만들어 일반인들이 삶을 혁명할 수 있도록 도왔다. 비슷한 과정을 거쳐 〈자기혁명의 지도Self-Revolution Steering Map〉, 〈Me-Story Project〉, 〈직장인을 위한 필살기 창조 5단계 모델〉, 〈변화경영연구소의 연구원 제도〉 등의 방법론을 완성했다.

구본형은 첫 책을 쓰며 회사로부터의 독립을 생각했다. 대략 3년 후에는 회사를 떠나 스스로를 고용하겠다고 다짐했다. 그는 회사를 그만두는 날을 상상하며 다음과 같은 구체적인 기록을 남겨 두었다.

이날부터 진정한 인생이 시작되리라. 이때 나는 다른 사람이 시키는 일이나 하는 것을 그만두리라. 내 일을 하리라. 그 일에 대한 소명감으로 나의 마음은 가득 차리라. 매일 새벽에 일어나 나만의 일에 몰입하리라. 몰입은 창의성으로 연결되고, 나는 매일 아침 일어나 불가능한 일을 믿는 법을 수련하리라. 매일 꾸는 꿈은 결국 이루어지리라. 내게 더 많은 시간을 쓰고, 내가 사랑하는 사람들과 더 많은 웃음을 나누게 되리라. 나는 스스로 창의적인 전문가가 되고, 차별성으로 유일해지리라. 그리하여 일을 통해 인류에 공헌하리라. 나는 기업이 나를 고용하지 않아도 스스로 고용할 것이니, 나는 이제 의존하지 않으리라. 나는 끝내 자유가 되리라.[31]

2000년 2월 드디어 구본형은 20년간 해온 직장 생활에 마침표를 찍었다. 지난 3년 동안 독서와 글쓰기를 두 축으로 자신을 탐구하고 관심 분야를 파고 든 결과였다. 그는 배운 내용을 스스로에게 적용해 보고 업무에 활용했다. 책 속의 이론을 현장에서 교정하고 방법을 업그레이드했다. 이 과정을 자기 생각을 덧붙여 글로 정리했다. 글이 쌓이고 쌓여서 넘칠 정도가 되면 사람들이 관심을 가질 만한 형태로 다듬어 한 권의 책으로 세상에 내놓았다. 회사를 나올 때『익숙한 것과의 결별』,『낯선 곳에서의 아침』,『월드 클래스를 향하여』를 출간한 상태였다. 3권의 책은 평범한 직장인에서 변화경영 전문가라는 새 삶으로 도약하는 데 든든한 발판이 되어 주었다.

그는 마흔여섯에 회사를 나오며〈구본형 변화경영연구소〉라는 1인 기업을 열었다. 자신이 유일한 직원이고 사장이었다. 그는 변화경영의 넓은 스펙트럼 가운데 세 가지를 세상에 제공할 수 있는 특화된 전문 영역으로 삼았다. 하나는 조직경영의 품질을 진단하는 맬컴 볼드리지 Malcolm Baldrige 모델에 의거한 경영 진단, 두 번째는 조직 내에서 변화를 가속시키는 법, 세 번째는 개인의 자기혁명에 집중하기로 했다. 첫 번째와 두 번째 영역은 그가 직장에서 16년 동안 해온 일이었다. 세 번째 영역인 자기혁명은 개인의 변화를 돕는 일로 지난 3년 동안 집중적으로 연구하여 첫 책과 두 번째 책에서 다뤘다.

구본형은 첫 책을 출간하고 6년이 지날 즈음(2004년 3월) 자신의 40대 10년을 돌아본 실험적 형태의 자서전을 출간했다. 2007년 개정판이 나온 이 자서전의 제목은『마흔세 살에 다시 시작하다』이다. 마흔세 살은 그가 처음으로 새벽에 글을 쓰기 시작한 나이다. 17년간〈뼛속까지 직장인〉이었던 한 사람이 자기성찰적 글쓰기를 통해 변화경영 전문가로 진화하고, 월급쟁이에서 1인 기업가로 거듭날 수 있었다.

구본형은 중년에 찾아온 위기를 자기성찰의 계기로 삼아 글을 썼다. 글쓰기를 통해 스스로를 탐구하여 재능을 계발하고 천직을 발견했으며 자기답게 살 수 있는 〈작은 세상〉 하나를 만들어 냈다. 그는 2007년에 출간한 『익숙한 것과의 결별』의 개정판 후기에서 지난 10년을 다음과 같이 요약했다.

이 책을 쓰기 시작한 1997년 이후 나는 자유롭게 살았다. 3,600번의 하루를 보냈고, 120개의 보름달을 바라보며 술잔을 들었고, 열다섯 개의 나라를 새로 구경했다. 1,000권의 책을 읽었고 열네 권의 책을 썼다. 30명의 제자를 만나게 되었고, 100명에 가까운 〈꿈벗〉을 사귀게 되었다. 그리고 1,000번의 강연을 통해 10만 명의 사람들과 만났다. 가을 하늘을 지나는 푸른 바람처럼 세상을 살았다. 나는 행복했다. 모두 이 책을 쓴 다음에 생긴 일이었다. 이 책은 내게 영험한 마스코트나 부적 같은 것이었다. 세상과 교통하는 다리였고 나를 비추는 거울이었다.[32]

빅터 프랭클,
온몸으로 글을 쓰며 죽음을 극복하다

1944년 10월 빅터 프랭클Viktor Frankl은 유대인이라는 이유로 아우슈비츠 수용소로 강제 이송되었다. 아우슈비츠에 오기 전까지 약 2년 동안은 사정이 그나마 나은 체코 북부에 위치한 테레지엔슈타트 수용소에서 가족과 함께 지냈다. 오스트리아 빈에서 태어난 프랭클은 풍부한 임상 경험과 뛰어난 실력을 보유한 신경정신과 의사였다. 몇 년 전부터 그동안 공부하고 체험한 과정을 바탕으로 새로운 심리치료 요법인 로고테라피Logotheraphy를 창안하고, 그에 관한 내용을 한 권의 책으로 정리하고 있었다. 아우슈비츠로 끌려오기 직전까지 책 집필에 몰두하여 초고를 완성한 그는 원고를 외투 안감에 넣고 꿰매었다.

사람들이 아우슈비츠에 도착하자 나치 친위대 장교가 〈감별〉을 시작했다. 장교는 사람들이 자신의 앞에 설 때마다 무심한 표정으로 오른손 집게손가락으로 왼쪽을 가리켰다. 가끔씩, 열 번에 한 번 정도 오른쪽을 가리키는 경우도 있었다. 줄을 선 사람들 중에 이 간단한 수신호가 무엇을 의미하는지 아는 사람은 아무도 없었다. 프랭클의 차례가 되자 장교는 왼쪽을 가리켰다. 그런데 왼쪽으로 간 사람들 중에 그가 아는 사람이 거의 없었다. 반면에 오른쪽 줄에는 아는 사람이 몇 명 보였다. 그는 장교가 보지 않는 틈을 타서 오른쪽 줄로 살짝 끼어들었다.

그날 밤이 되어서야 프랭클은 이 우연한 선택이 자신의 목숨을 구했음을 알게 되었다. 장교의 손가락 방향에 따라 한 사람의 죽음과 삶이 결정되었던 것이다. 왼쪽은 〈가스실〉, 오른쪽은 〈샤워실〉을 의미했다. 물론 살아남은 삶도 노예보다 못한 것이었지만 말이다.

선별 작업이 끝나자마자 사람들은 수중에 갖고 있던 물건을 모두 내놓아야 했다. 프랭클은 외투 속에 숨겨 온 첫 책의 초고를 만지작거렸다. 이 원고는 그에게 각별했다. 사실 몇 년 전 그와 아내는 결혼한 지얼마 안 되어 너무나 슬픈 결정을 해야 했다. 당시 유대 여성이 임신하면 곧바로 강제수용소로 끌려갔기 때문에 두 사람은 결혼 후 가진 아이를 지울 수밖에 없었다. 그런 프랭클에게 첫 책의 원고는 〈정신적 자식〉과 같았다. 자기가 죽더라도 원고만은 세상에 남기고 싶었다. 그는 수감자의 소지품을 담당하는 고참 수감자에게 원고를 소지하게 해달라고 애원했다.

이건 과학 서적의 원고입니다. 무슨 말씀을 하려고 하시는지 알고 있어요. 목숨을 건진 것만도 다행으로 생각해야 한다는 말씀이지요? 그리고 그것이 내가 운명에게 기대할 수 있는 유일한 것이라는 말도요. 그렇지만 저도 어쩔 수 없습니다. 무슨 수를 써서라도 이 원고를 지켜야 하거든요. 제가 일생 동안 심혈을 기울여 연구한 것이 모두 여기에 들어 있습니다. 이해하시겠습니까?[33]

그에게 돌아온 것은 경멸과 비웃음으로 가득한 욕설이었다. 소지품을 압수당하고, 옷이 벗겨진 채로 몸에 난 털이란 털은 모조리 깎였다. 무엇보다 원고를 빼앗긴 그는 절망했다. 〈이제 나에게는 아무것도, 어느 누구도 남아 있지 않은 것처럼 보였다. 육신의 자식은 물론 정신의 자식도!〉 그에게 남은 거라곤 벌거벗겨진 육체와 안경, 벨트가 전부였고, 할 수 있는 일이라곤 가스실에서 숨을 거둔 희생자들의 낡은 옷더미에서 자신에게 맞는 옷을 구하는 것이었다. 그는 얇고 해진 외투 하나를 골라 입었다. 그런데 외투 주머니에서 종이 한 장이 손에 잡혔다. 살짝 꺼내 보니 유대교의 기도문 가운데 가장 중요한 〈셰마 이스라엘 Shema Yisrael〉이었다. 『구약성경』의 「신명기」 6장에 나오는 이 구절은 마음과 의지를 다하는 실천적인 삶의 자세를 강조하는 내용이었다. 어린 시절 프랭클의 아버지가 매일 외던 기도문이었다.

수감자가 기도문을 소지하는 일은 금지 행위였으므로 이 사람은 목숨을 걸고 기도문을 숨겨 왔을 것이다. 묘한 우연의 일치였다. 프랭클은 옷 속에 숨겨 온 소중한 원고를 잃은 대신 누군가가 옷 안에 숨겨 둔 중요한 기도문을 얻었다. 삶에 기대할 게 아무것도 없다고 체념하려는 순간, 이 기도문이 그에게 묻고 있었다. 〈이것은 글로 쓰는 일이 중요한 게 아니라 실천이 더 중요하다는 뜻이 아닐까?〉 그는 이 끔찍한 상황 속에서도 삶의 임무와 책임이 있음을 깨달았다. 프랭클은 자신의 책에서 이 기도문을 발견한 순간에 대해 다음과 같이 말했다.

이 기막힌 〈우연의 일치〉를 내가 썼던 대로 〈살고〉 내가 가르쳤던 대로 실천하라는 신의 계시로 해석하지 않을 수 없었다.[34]

아우슈비츠 수용소의 상황은 혹독했다. 대부분의 수감자들은 평소

빅터 프랭클

보다 약간이라도 더 음식을 얻거나 좀 더 나은 옷을 구하거나 몇 대라도 덜 맞기 위해 온갖 애를 썼다. 당장의 생활과 직결되는 문제였기 때문이다. 프랭클은 그런 일보다는 미래 목표를 세우고 집중하는 것이 고된 상황을 견딜 수 있는 더 큰 힘을 준다고 생각했다. 그는 〈가스실, 화장장, 살육〉의 현장에서 이 가설이 통하는지 몸소 증명하고 싶었다. 우선 자신이 창안한 로고테라피에 가혹한 강제수용소 경험을 결합하여 로고테라피의 완성도를 높이자는 목표를 세웠다. 특히 자신의 수용소 체험과 다른 수감자들을 관찰한 내용을 바탕으로 〈강제수용소의 심리학〉을 연구해서 수용소에서 해방된 후에 세상 사람들과 나누고 싶었다. 또한 아우슈비츠에서 압수당한 첫 책의 원고도 다시 쓰자고 스스로를 다잡았다.

먼저 그는 강제수용소에서 자신의 심리가 어떻게 변화되어 가는지 관찰했다. 최악이라 할 만한 현실에 자신이 어떤 과정을 거쳐 적응해 나가는지 살펴봤다. 동시에 정신과 의사로서 다른 수감자들의 심리 변화와 나치에 협력하는 유대인 카포Kapo의 심리 상태를 유심히 관찰했다. 이 과정에서 자신을 포함해 거의 대부분의 수감자들의 심리가 〈수용소에 들어온 직후〉, 〈수용소의 일과에 적응했을 무렵〉, 〈석방되어 자유를 얻은 후〉 이렇게 크게 3단계를 거치며 변화한다는 사실을 발견했다. 이와 함께 프랭클은 생존 확률이 5퍼센트도 채 안 되는 수용소에서 어떤 사람들이 더 잘 살아남는지도 연구했다. 그에 따르면 자신이 살아야 할 이유를 자각한 사람, 즉 〈삶의 의미〉를 믿고 있는 사람이 그렇지 않은 이들보다 더 잘 살아남았다. 요컨대 〈나에게는 꼭 해야 할 일이 남아 있다〉는 목적 의식이 강할수록 무자비한 시련을 잘 견뎌 냈다.

프랭클은 관찰자로만 머물지 않았다. 관찰자의 태도만으로는 〈죽음의 수용소〉에서 살아남을 수 없었다. 그동안 그는 신경정신과 의사로서 많은 사람들을 상담하고 환자들을 진료했다. 이제 오랫동안 공부하고 또 환자들에게 처방했던 로고테라피의 원리와 방법들을 스스로에게 실험하고 동료 수감자들에게 적용했다.

우선, 강제수용소에서 피할 수 없는 곤경을 견디기 위해 일종의 심상 훈련image training을 활용했다. 이를테면 상상 속에서 고향 빈으로 돌아가 〈강제수용소의 심리학〉을 강연하는 자신을 그려 보고, 그리운 아내가 마치 곁에 있는 듯 그녀와 마음속으로 대화를 나누었다. 훗날 이 방법은 〈로고드라마Logodrama〉라는 방법론으로 체계화되었다.

수용소 생활에 어느 정도 적응하고 나서는 개인과 집단을 대상으로 정신요법을 이용한 치료를 시도했다. 가령 로고테라피를 활용하여 자살을 기도하는 수감자나 낙담한 동료를 도왔다. 수용소에서 자살은 흔한 일이었다. 나치가 자살 시도하는 수감자를 구하면 안 된다는 규칙을 정해 두었음에도 프랭클은 정신병원에서 자살 미수자 병동을 책

아우슈비츠 수용소 정문. 빅터 프랭클은 이 수용소에서 이제까지 신경정신과 의사로서 자신이 체험하고 배운 내용을 스스로에게 실험하고 동료 수감자들에게 적용했다.

임겼던 경험을 바탕으로 동료 수감자들의 자살을 막기 위해 노력했다. 자살을 생각하는 사람에게 〈내가 살아야 할 이유〉, 즉 그 사람만이 할 수 있는 일이나 될 수 있는 존재를 자각하도록 하는 방식으로 다시 살아갈 힘을 일깨웠다. 이런 접근법은 효과가 있었다. 자살 시도자가 내세우는 가장 빈번한 사유가 〈이제 삶으로부터 기대할 것이 없다〉는 점이었기 때문이다. 프랭클은 이런 경험들에서 깨달은 점과 인상적인 사례를 자신의 첫 책에 활용하기 위해 어렵게 구한 종이에 속기 형태로 기록했다.

물론 강제수용소에서 수감자는 필기 도구를 소지할 수 없기 때문에 글을 쓰는 게 쉬운 일은 아니었다. 처음에 프랭클은 우연히 손에 넣은 기도문의 여백에 메모 형태로 초고를 다시 쓰기 시작했다. 그리고 마흔 살 생일에 한 동료가 몽당연필과 나치 친위대가 사용하는 서식 용지 몇 장을 생일 선물로 주었다. 그는 용지 뒷면에 속기로 책에 사용할 표제어를 적고, 좋은 사례와 아이디어를 기록했다.

이처럼 프랭클에게 죽음의 수용소에서 견딜 수 있는 가장 큰 힘을 준 것은 글쓰기였다. 글쓰기는 그의 목숨을 적어도 세 번은 구해 주었다. 첫 번째로 아우슈비츠에서 빼앗긴 원고를 다시 쓰겠다는 목표는 강제 수용소에 만연한 죽음의 상황을 버틸 수 있는 힘을 주었다. 죽음의 고비에 직면할 때마다 그는 로고테라피에 관한 책을 다시 쓰고, 수용소에서 보고 겪은 것을 보충해서 세상 사람들과 나눠야 한다는 소명을 되새겼다. 세상을 떠나기 2년 반 전에 출간한 회상록 『책에 쓰지 않은 이야기』에서 프랭클은 다음과 같이 말했다.

개인적으로 내가 살아남을 수 있었던 것은 무엇보다 잃어버린 초고를 다시 써야겠다는 의지 때문이었다.[35]

두 번째로 책 집필은 그가 병에 걸려 사경을 헤맬 때 구원의 손길이 되었다. 한번은 그가 아우슈비츠를 거쳐 마지막으로 머문 튀르크하임 수용소에 발진티푸스가 퍼져 많은 수감자가 감염된 적이 있었다. 수감자들에게 약이나 치료가 제공되지 않았기 때문에 몸이 약한 사람들부터 죽어 나가기 시작했다. 프랭클도 전염병을 피할 수 없었는데 그를 살려 준 것은 약이나 의사가 아니었다. 발진티푸스에 걸린 사람들은 고열과 오한으로 정신이 오락가락하다가 잠이 들어 죽는 경우가 많았다. 이 때문에 프랭클은 독혈증(毒血症)을 이겨 내기 위해 일부러 밤에 잠을 자지 않았다. 어떻게 몸이 아픈 상태에서 잠들지 않고 버틸 수 있었을까?

몇 시간 동안 나는 마음속으로 글을 썼다. 아우슈비츠 소독실에서 잃어버린 원고를 다시 되살리는 작업을 시작한 것이다. 나는 작은 종이 조각에 요점이 되는 단어들을 속기(速記)로 적었다.[36]

프랭클이 발진티푸스에 걸린 때는 그가 수용소에서 풀려나기 두 달이 채 안 남은 시점이었다. 글쓰기가 결정적인 위기에서 그의 목숨을 구한 것이다.

1945년 4월 27일, 프랭클은 미군에 의해 튀르크하임 수용소에서 해방되었다. 자유의 몸이 될 당시 그를 진단한 의료 보고서에 따르면 〈수감 번호 《119.106》의 몸무게는 37.5킬로그램이다. 부정맥 증상이 있고 심장 근육이 손상되었을 가능성이 높으며, 굶주림으로 인한 부종이 보이고, 손가락 세 개에 동상이 걸린 상태〉였다. 그는 튀르크하임 근처 병원에서 두 달가량 머무르며 치료를 받고, 뮌헨에서 잠시 지내며 로고테라피 책을 계속 썼다. 뮌헨에서의 마지막 날 그는 슬픈 소식을 들었다. 테레지엔슈타트 수용소에서 헤어졌던 어머니가 그로부터 불과 나흘 뒤 아들이 머물렀던 아우슈비츠의 가스실에서 목숨을 잃었다는 사실이었다. 프랭클은 세상을 떠난 어머니를 마음에 품고 오스트리아 빈으로 돌아왔다.

고향으로 돌아왔지만 더욱 안타까운 소식이 그를 기다리고 있었다. 그토록 그리워하던 아내 틸리가 세상을 떠난 것이다. 틸리는 전쟁이 끝나기 불과 몇 달 전에 베르겐-벨젠 수용소에서 숨졌다. 당시 그녀의 나이는 스물다섯이었다. 그리고 얼마 안 있어 형과 형수도 아우슈비츠 수용소 산하의 탄광에서 사망했다는 사실을 알게 되었다. 아버지는 이미 수년 전에 테레지엔슈타트에서 굶주림과 폐렴에 시달리다가 그의 품에서 숨을 거뒀다. 이로써 프랭클은 여동생을 제외한 모든 가족을 수용소에서 잃었다. 그는 절망했다. 다시 한 번 극심한 고통과 허무감이 그를 덮쳤다. 프랭클이 수용소에서 버틸 수 있었던 원동력은 두 가지였다. 어머니와 아내를 다시 만나겠다는 희망과 로고테라피에 관한 책을 쓰겠다는 목표. 그런데 살아야 할 이유의 절반이 사라져 버렸다.

〈이런 상황에서 내가 살 이유가 있는 걸까?〉 프랭클은 우울증에 빠졌다. 친구들은 그가 자살할지 모른다고 염려했다. 실제로 그는 자살을 생각하고 있었다. 절체절명의 순간 다시 한 번 책 쓰기가 그의 목숨을 구해 주었다. 프랭클에게는 〈죽기 전에 해야 할 일〉이 아직 남아 있었던 것이다. 수용소에서 빼앗긴 초고, 『의료 사제』라는 제목까지 붙여 둔 책을 완성하는 일이었다.

그는 이 책을 다 쓸 때까지는 스스로 목숨을 끊지 않기로 결심했다. 일단 자살을 〈보류〉했지만 책이 나오고 난 다음에는 이 세상에서 살고 싶지 않다는 게 솔직한 심정이었다. 훗날 그는 책 쓰기는 당시 〈내가 뭔가 의미를 두고 할 수 있는 유일한 일이었다. 나는 그 일에 미친듯이 몰두했다〉고 회고했다. 마침내 강제수용소의 심리학에 관한 내용을 책 말미에 넣은 프랭클의 첫 책 『의료 사제』의 최종 원고가 완성되었다. 그는 원고를 출판사에 넘기며 이제껏 한 번도 맛보지 못한 희열을 느꼈다.

나에게 가장 보람 있었던 순간은 완성된 원고를 나의 첫 출판사에 전해 주던 순간이었던 듯하다.[37]

『의료 사제』를 완성하고 난 직후에도 그는 자살하지 않았다. 앞으로 더 살아야 할 이유를 발견했기 때문이다. 프랭클은 계속해서 글을 썼다. 1946년 한 해에만 3권의 책을 출간했다. 첫 책 『의료 사제』에 이어 강제수용소 체험을 생생하게 담은 『어느 심리학자의 수용소 체험』, 그리고 빈 시민대학에서 한 강연을 모아서 엮은 『삶의 물음에 〈예〉라고 대답하라』까지. 『의료 사제』의 초고가 어느 정도 완성되어 있었다고는 하지만 수용소에서 나온 후 그의 상태를 감안하면 놀라운 생산력이 아닐 수 없다. 그만큼 프랭클은 글쓰기를 간절히 원했고, 또 자신의 체험을 토해 낼 수밖에 없을 정도로 절실했다.

1946년 2월 프랭클은 빈 종합병원의 신경정신과 의사로 복귀했다. 그리고 이 병원에서 50년을 함께할 동반자를 만났다. 간호사 엘레오노레 슈빈트였다. 두 사람은 이듬해 7월 결혼했고 몇 달 후 딸이 태어났다. 프랭클은 이미 얻은 〈정신적 자식〉 외에 오랫동안 고대해 온 진짜 자식과 함께 새로운 인생을 시작할 수 있었다. 이 무렵 직업적인 측면에서도 새로운 소명이 찾아 왔다. 본격적으로 로고테라피를 세상에 널리 전파하는 일이었다. 강제수용소에 가기 전까지 신경학자이자 정신과 의사로서 환자를 치료하는 데 집중했다면 수용소 경험은 그에게 심리치료의 대상을 보는 눈을 넓혀 주었다. 로고테라피가 정신 질환을 가진 환자뿐만 아니라 다양한 이유로 고통받는 이들에게 효과가 있음을 확인했기 때문이다.

나를 발견하고 미래를 창조하는 글쓰기

빅터 프랭클은 평생 동안 서른 권이 넘는 책을 썼다. 그 가운데 가장 많이 팔린 책은 『어느 심리학자의 수용소 체험*Ein Psychologe erlebt das Konzentrationslager*』이다. 이 책은 20개가 넘는 언어로 번역되었고, 전 세계적으로 1200만 부 넘게 팔렸다. 국내에도 〈죽음의 수용소에서〉라는 제목으로 출간되었다.

처음에 프랭클은 이 책을 익명으로 출간할 생각이었다. 그렇게 해야 강제수용소에서 관찰한 것들에 더해 자신의 내밀한 체험과 개인적인 이야기까지 솔직하게 이야기할 수 있을 것 같았다. 이런 그의 생각에 친구들이 반대하고 나섰다. 그들은 책의 신뢰성을 확보하기 위해 반드시 저자 이름을 밝혀야 한다고 주장했다. 책의 겉표지가 안 된다면 속표지에라도 저자 이름을 적어야 한다고 그를 설득했다. 프랭클은 고심 끝에 친구들의 의견을 받아들였다. 책의 속표지에 자기 이름을 넣은 것이다. 한동안 이 책의 겉표지에 저자 이름이 빠져 있었던 이유가 여기에 있다. 저자 이름 없이 내려 했던 책이 정작 그에게 세계적인 명성을 안겨다 주었다는 점이 아이러니하다.

삶을 구원하는 글쓰기

 프랭클은 『죽음의 수용소에서』가 세상에 큰 영향을 미친 힘을 〈피로 글을 쓰는 것은 쉽다. 그렇지만 내 피로 글을 쓰는 건 쉽지 않다〉는 말로 표현했다. 유명인이나 필력 있는 작가의 글이 아닌 일반 독자와 다를 바 없는 한 인간이 자신의 생생한 체험을 진솔하게 썼기에 더 큰 공감을 받은 게 아니냐는 뜻이다.

 이와 함께 〈피로 글쓰기〉가 내포하고 있는 또 하나 중요한 점이 있다. 바로 절실함이다. 『죽음의 수용소에서』는 프랭클이 자살을 미루고 쓸 정도로 간절히 쓰고 싶은 책이었다. 프랭클은 『의료 사제』를 완성한 직후 로고테라피나 심리학이 아닌 강제수용소에서 겪은 체험을 온전히 담은 책을 써야 한다는 열망에 휩싸였다. 그는 바로 두 번째 책 집필에 들어가 꼬박 9일 동안 강제수용소 체험을 되돌아보며 구술했고, 속기사들이 그의 말을 받아 적었다. 프랭클은 방안을 서성이며 다른 어떤 자료에 의존하지 않고 자기 안에 있는 경험을 쏟아 냈다. 가끔은 수용소에서 보낸 시간을 들여다보다가 주저앉아 펑펑 울기도 했다. 그는 책을 쓰며 자기 경험을 반추했고, 그 과정에서 그의 생명력도 점점 되살아났다. 간절한 마음과 자기 체험이 결합할 때 글은 강한 힘을 발휘한다. 글에 힘이 실리고, 글쓴이에게 치유와 정화의 장을 제공한다.

 빅터 프랭클에게 글을 쓰는 것은 세 가지의 구원을 의미했다. 먼저, 글쓰기는 삶을 포기하지 말아야 할 이유, 즉 〈삶의 의미〉이자 실현해야 할 〈소명〉이 되어 주었다. 두 번째로, 글쓰기는 〈자기 객관화〉를 가능하게 해주었다. 글을 쓰며 자기 자신과 온갖 고통으로 점철된 상황 사이에 거리를 두고 바라볼 수 있었다. 적어도 글을 쓰는 동안은 강제수용소를 심리 실험실 혹은 연구실로 삼을 수 있었다. 마지막으로 글쓰기는 〈자아 초월〉의 장을 제공했다. 프랭클에 따르면 사람은 도전적인 과제에 헌신함으로써 자신의 한계를 넘어서며, 온갖 시련으로 상처받은 자아 또한 극복할 수 있다. 행복을 좇을수록 행복에서 멀어지듯이 자아에 집착할수록 스스로를 계발할 수 없다. 프랭클은 진정한 자기실현은 자아 초월의 부수적인 결과로 이룰 수 있다고 강조한다.

카렌 암스트롱도 프랭클처럼 글쓰기를 통해 스스로를 치유하고 삶에 새로운 문을 열었다. 그녀는 박사학위를 빼앗기듯 놓치고 힘든 시기를 보내던 중에 용기를 내어 자기 삶에서 가장 고통스러웠던 수녀원에서의 경험을 책으로 쓰기에 이르렀다. 그것은 고통스러운 작업이었다. 처음에는 악에 받쳐 수녀원에서 7년 동안 쌓인 분노와 회한을 쏟아내는 데 급급했다. 특히 혹독하기만 할 뿐 영성과는 거리가 멀었던 수녀 교육을 신랄하게 비판했다.

그러나 그녀는 결국 그 원고를 처음부터 끝까지 다시 써야 했다. 그녀의 절친한 벗이 던진 질문 때문이었다. 〈그렇게 마음에 안 드는 데서 어떻게 그렇게 오래 있었어요?〉 암스트롱은 망치로 머리를 맞은 듯했고, 전과 다른 관점에서 수녀 시절을 바라보게 되었다. 그리고 그 길로 처음부터 다시 원고를 쓰기 시작했다. 그녀는 『좁은 문으로』라는 제목으로 출간된 책을 1년 동안 쓰면서, 이제껏 처절한 실패로 여겨 온 수녀원 생활을 한 걸음 떨어져서 바라보며 다른 차원에서 해석하게 되었다. 더불어 자신을 수녀의 길로 이끌었던 첫 마음이 되살아남을 느꼈다.

『좁은 문으로』의 마지막 몇 쪽을 끝냈을 때 나는 수녀원에서 보낸 시간이 내 인생에서 가장 뜻깊은 순간이었다는 사실을 깨달았다. 그 시간은 나를 영원히 바꾸어 놓았다. (……) 그 책을 쓰면서 나를 성직으로 이끌었던 성스러움에 대한 갈망을 다시 떠올렸고 그래서 다시 그것이 되살아나는 것을 느낄 수 있었다.[38]

글을 쓰고 책으로 결집하는 일은 자기를 재발견하고 치유하고 변화시킬 수 있는 방법이다. 삶의 질문을 찾고 답하는 한 가지 방편이다. 구본형의 책과 프랭클의 책, 그리고 암스트롱의 책은 자기탐구와 자기치유의 과정이자, 삶이 던진 질문에 대한 각자의 대답이다.

자신을 들여다보는 자기성찰적 글쓰기

오늘날 가장 흔한 글쓰기는 페이스북과 트위터 등과 같은 SNS와 블로그에 쓰는 것이다. 여기에 올리는 글의 내용은 다양하지만 한 가지 공통점이 있다. 자신을 드러내고 포장하고 남의 시선을 의식한다는 점이다. 전환기의 글쓰기는 이런 글쓰기와 매우 다르다. 아니, 아예 정반대에 위치한다고 봐도 무방하다. 전환기 글쓰기의 본질은 자신을 밖으로 드러내는 것이 아닌, 철저하게 내면을 〈들여다보는〉 것이다. 그러므로 〈내 이야기〉에 국한된다. 자기 삶을 자신의 언어로 솔직하게 기술하는 것이다. 이때 우리는 비로소 자신의 세계를 창조할 수 있다. 구본형은 40대 10년간의 자서전인 『마흔세 살에 다시 시작하다』를 내며 서문에 이렇게 적었다.

그의 이야기, 그녀의 이야기, 그들의 이야기밖에 없던 세상에 나의 이야기me-story가 생겨났다. 그리하여 나의 역사, 나의 문명이 존재하게 되었다. 나의 세계가 만들어진 것이다.[39]

인류의 장구한 역사 속 훌륭한 인물들의 이야기는 매우 인상적이긴 하지만 나를 근본적으로 바꾸지는 못한다. 책을 펼치며 부풀었던 마음은 책을 덮으면 사그라진다. 녹록지 않은 현실과 대면하는 순간 역사history는 〈그의 이야기he-story〉로 전락하고 만다. 내가 직접 체험한 〈내 이야기me-story〉를 간절하게 써내려 갈 때 비로소 나의 역사, 나의 세계가 만들어진다. 글 속에서 나를 들여다보고 나를 실험함으로써 서서히 〈나를 넘어선 그 무언가〉에 도달할 수 있다.

구본형은 책을 내기 위해 글을 쓰지 않았다. 그에게 글쓰기는 책 집필에 앞서 자기탐구의 수단이었고 학습의 일환이었다. 글쓰기는 숨겨져 있는 자기를 발견하고 재창조하기 위한 실험이었다. 그는 새벽을 자기탐구의 시간으로, 글쓰기를 탐구의 방편으로, 그리고 스스로를 탐구의 대상으로 삼았다. 자기변화는 다른 무엇이 아닌 자신을 대상으로 부지런히 실험하고, 학습한 것을 자기 삶에 적용하는 활동이다. 이것이 임계점을 넘으면 한 권의 책으로 완성된다.

카를 융은 아버지처럼 따랐던 지그문트 프로이트와 결별하며 전환에 들어섰다. 6년간의 전환기 동안 그는 공식적으로 단 한 권의 책도 출간하지 않았다. 하지만 융은 전환 과정을 거치며 자신의 꿈과 무의식을 들여다보고 그 내용을 풍부한 기록으로 남겼다. 〈검은 책〉과『붉은 책』이 대표적인 예다. 흥미롭게도 두 권 모두 그의 생전에 출간되지 않았다. 그 이유는 이 글이 밖으로 드러내고 싶지 않은 자신의 일면과 무의식을 담은 내밀한 기록이었기 때문이다. 융은『붉은 책』을 숨겨 두고 가장 가까운 몇몇 사람들에게만 보여 주었는데 이 책은 그가 죽고 50년이 지난 후에 공개되었다. 〈검은 책〉은 현재까지도 미출간 상태이며 융의 저작권을 관리하는 융의 자녀들에 따르면 앞으로도 출간될 가능성은 없다고 한다.

융은 『붉은 책』에 가장 험난했던 전환의 과정과 그때 자신이 체험한 것을 글과 그림으로 충실히 기록했다. 그는 붉은 가죽 표지를 가진 이 노트를 처음에는 〈새로운 책liber novus〉이라 불렀다. 이전까지 써온 〈검은 책〉과 다른 차원의 내면 탐험을 시작한다는 의미를 담았던 것 같다. 실제로 『붉은 책』을 자세히 살펴보면 융이 정신병에 걸린 게 아닌가 의심이 들 정도로 이상한 체험을 많이 했음을 알 수 있다. 이는 그가 매우 솔직하게 기록했다는 증거이기도 하다. 융의 가까운 동료 R. F. C. 헐이 『붉은 책』을 보고 〈융은 그 자신이 걸어 다니는 정신병원이자, 그 병원을 책임진 의사였다〉고 말한 것은 유명한 일화이다. 또한 『붉은 책』의 곳곳에서 융이 독자적으로 정립한 분석심리학의 주요 개념들의 초기 버전을 확인할 수 있다. 이것은 『붉은 책』과 같은 자기성찰적 기록이 융 심리학의 기반을 제공했음을 보여 준다.

조지프 자보르스키는 아내로부터 이혼 요구를 받고 방황하던 중에 친척이 보내준 휴 프레이더Hugh Prather의 『나에게 보내는 편지』를 읽게 되었다. 이 책은 원제인 『Notes To Myself』가 시사하듯이 저자가 〈일기〉라고 부른 〈노란 메모지〉에 사유의 편린과 일상에서 길어 올린 깨달음을 적은 짧은 글들을 엮은 책이다. 자보르스키는 이 책을 읽으며 자기성찰적 글쓰기의 힘을 알게 되었고, 자신도 내면을 들여다보는 글쓰기를 시작했다. 처음에 그는 프레이더처럼 메모지에 간단히 기록하고 서류철에 모아 두었다가 몇 달 후 다시 읽어 보곤 했다. 이 과정에서 자신의 감정과 생각이 어떻게 변하는지 알게 되었고, 스스로 특정 패턴을 반복하고 있다는 사실도 알아차렸다. 그는 메모지가 아닌 노트에 보다 자세히 기록하며 자신과의 대화를 계속해 나갔다. 프랭클에게 강제수용소 체험을 구술한 과정이 〈치유〉 과정이었듯이 자보르스키에게 글쓰기는 일종의 〈정화〉 과정이었다. 그는 자신의 책 『리더란 무엇인가』에서 다음과 같이 말했다.

> 일생일대 위기에 직면해 있던 내게는 바로 이런 과정이 절실히 필요했다. 지금 생각해 보면 그런 말 없는 대화 속에서 중요한 선택의 순간에 나를 이끌어 준 중요한 깨달음들을 얻었던 것 같다.[40]

자신에 대해 글을 쓰는 일은 과거의 나, 그때의 나를 정교하게 기록해 두는 것이다. 이런 기록이 축적될 때 비로소 내가 누구인지 알 수 있다. 또한 〈나에 대한 이야기〉는 과거를 넘어 미래를 향한 기록이다. 자기가 걸어 온 길을 들여다보면 자신이 원하는 삶을 그려 볼 수 있다. 우리는 과거와 현재를 기록함으로써 새로운 미래를 얻을 수 있다.

특정 장르를 넘나드는 다채로운 글쓰기

글쓰기를 전환의 도구로 삼은 이들이 보여 주는 또 하나의 공통점은 다양한 방식의 글쓰기를 시도했다는 점이다. 어떤 의미에서 이것은 당연한 일인데 전환의 본질이 실험에 있기 때문이다. 보통 직장인은 보고서, 대학원생은 논문 식으로 역할과 상황에 따라 전형적인 글쓰기가 주를 이루는 데 비해 전환기에는 다양한 방식의 글쓰기를 시도하는 경향이 있다.

예컨대 헨리 소로는 일기를 중심으로 가벼운 형식의 에세이와 논문 수준의 체계를 갖춘 에세이, 강연 원고, 시 등 여러 형태의 글을 썼다. 조지프 자보르스키는 메모에서 일기로 진화하면서 여행과 글쓰기를 결합했으며, 여행 중에 만난 중요한 인물들과의 인터뷰를 녹취하여 기록하기도 했다. 이렇게 쌓인 글들을 바탕으로 첫 책 『리더란 무엇인가』를 썼다.

벤저민 프랭클린도 젊은 시절 전환기를 거치며 다양한 장르의 글쓰기를 시도했다. 그는 스물한 살 때 주도적으로 창설한 모임 〈준토〉에서 사업 홍보와 같은 사적 문제는 물론이고 도서관 건립과 같은 공적 이슈를 해결하는 데 글쓰기를 활용했다. 또한 자신이 발행한 신문, 그리고 1732년부터 만든 달력과 자기계발서를 결합한 『가난한 리처드의 달력』을 무대 삼아 가십 등의 가벼운 소재부터 자기계발과 과학과 정치에 이르기까지 광범위한 주제를 다루면서도 상황에 맞춰 기사와 사설, 수필과 논문, 편지 등 다양한 형태의 글을 썼다. 이런 과정을 거치며 프랭클린은 특유의 작문 스타일과 문체, 말하자면 교훈과 재치를 같이 추구하되 대화체를 즐겨 사용하는 스타일을 확립했다. 그는 자서전에서 〈글쓰기는 내 삶에 큰 도움을 주었다. 나를 성공으로 이끌어 준 원동력이라고 해도 과언이 아니다〉라고 강조했다.

카를 융도 무의식과 심층 심리학에 관해 다채로운 형태로 많은 글을 썼다. 중요한 것만 예를 들면 〈검은 책〉과 『붉은 책』처럼 자기 내면에 관한 기록부터 일기와 연설문의 결합 형태를 보여 주는 「죽은 자를 향한 일곱 가지 설법」, 「초월적 기능」과 「무의식의 구조」 등의 심리학 논문을 꼽을 수 있다. 〈검은 책〉과 『붉은 책』이 융의 내면 탐험의 구체적인 과정을 담고 있다면 심리학 논문들은 분석심리학이 어떤 과정을 거쳐 형성되었는지를 보여 준다. 그리고 「죽은 자를 향한 일곱 가지 설법」은 이 둘을 연결하는 다리 역할을 한다.

글쓰기는 자기를 형성하고 다시 만들 수 있는 방법이다. 앞서 언급한 이들은 글쓰기에서 다양한 시도를 하며 자신의 내면을 입체적으로 살펴보고자 했다. 동시에 자신에게 가장 잘 어울리는 표현 방식을 찾아내어 고유한 스타일을 확립할 수 있었다. 그들은 이런 과정을 거치며 조금씩 진화했다.

흔히 인생은 한 권의 책과 같다고 말한다. 인생이 어떤 책이든 그것은 완성되지 않은 책이다. 그렇다. 인생은 온전히 내가 한 단어 한 문장 한 페이지씩 써나가야 하는 책이다. 저자(著者)는 직접 글을 쓰는 사람이고, 작가(作家)는 주도적으로 이야기를 만들어 내는 사람이다. 우리 각자는 자기 삶의 저자이자 작가이다. 그러므로 스스로에게 물어보아야 한다. 〈내 인생이 한 권의 책이고 내가 그 책의 저자라면 무엇을 어떻게 쓸 것인가?〉

성장과 변화를 위한 글쓰기

나(승완)는 직장 생활을 하며 서른넷이 되기 전에 다섯 권의 책을 공저했다. 하지만 5년간의 전환기에는 단 한 권의 책도 출간하지 못했다. 책을 내기 위해 노력하지 않았던 건 아니다. 여러 번 시도를 했고, 그 가운데 두 번은 초고를 완성했지만 이런저런 이유로 책을 출판할 수 없었다. 예전의 나라면 어떻게든 책을 내기 위해 애썼을 것이고, 그러면 아마 한두 권은 낼 수 있었을지도 모른다. 이전에는 책을 출간하기 위해 전력을 다했는데 어쩐 일인지 전환기에는 책을 펴내는 데 큰 의미를 부여하지 않았다.

책은 나오지 않았지만 글은 1주일에 두 편씩 꾸준히 썼다. 특히 〈마음편지〉라는 콘셉트로 5년 동안 매주 한 편씩 쓰면서 글 쓰는 방식을 나름대로 실험했다. 주제와 소재, 전개하는 방식, 문체 등 글의 주요 요소 모두가 실험의 대상이었다. 이전까지는 정해진 틀에 맞춰 글을 썼고, 분야도 주로 조직경영과 자기계발에 관한 것으로 한정되어 있었다. 전환기에 쓴 260여 편의 마음편지는 인문적 관점에서 나의 일상과 생각, 그때그때의 관심사와 공부한 것을 형식에 구애받지 않고 썼다.

물론 몇 가지 원칙은 있었다. 우선, 글을 쓰면서 독서와 사유와 실천을 결합하고자 했다. 마음편지 한 꼭지는 한 권의 책을 소개하면서 나의 생각과 체험을 곁들이는 형태를 취했다. 이 방식을 통해 내 경험과 사유를 풀어내면서, 소개하는 책을 쓴 저자의 관점도 살펴볼 수 있었다. 또한 글쓰기와 함께 학습의 중요한 한 축인 독서 과정을 나름대로 정리할 수 있었다.

두 번째 원칙은 짧게 쓴다는 것이다. 분량을 200자 원고지 25쪽 이내로 제한했다. 일반적인 단행본 편집으로 3쪽을 넘지 않는 양이다. 분량 제한을 둔 이유는 한 주제에 대해 탄탄한 논리와 메시지를 담은 한 편의 글을 쓸 수 있는 훈련을 하기 위해서였다.

셋째, 초고는 마음 가는 대로 자유롭게 쓰되 적어도 세 번 이상 수정했다. 초고를 자유롭게 썼다는 건 사회적 시선이나 자기 검열 없이 마음이 흐르는 대로 썼다는 뜻이다. 초고를 쓸 때는 분량에 제한을 두지 않았다. 대체로 길게 썼다. 초고는 다듬어지지 않은 생각과 감정, 정제되지 않은 경험으로 거칠었다. 또 소개하는 책에서 기억해 두고 싶은 문장들도 가급적 많이 옮겨 적어 두었다. 초고를 수정할 때는 〈편집자의 시선〉으로 다듬었다. 무사처럼 자르고 조각가처럼 깎아 내리려고 했다. 고쳐 쓰기는 초고의 완성도를 높이는 것 이상의 의미가 있다. 모든 글은 정신 활동의 산물이라는 점에서 고쳐 쓰기는 정신을 다듬는 일이기도 하다.

넷째, 정기적으로 쓰고 정해진 시간 안에 마쳤다. 일주일에 한 편씩 마음편지를 써서 매주 화요일에 공개했다. 언제든 미룰 수 있는 게으름을 경계하기 위해서였다. 타인에게 공개한 것은 글의 완성도를 높이는 데 도움이 되었다. 금전적 보상이 있었던 일도 아니고, 강요에 의해 쓴 글도 아니었다. 온전히 나를 위해 나에 의해 쓰여진 나의 글이었다.

5년간 꾸준히 쓴 마음편지는 내게 복합적인 기능을 했다. 일종의 일기이자 서평, 책의 내용 가운데 중요한 부분을 정리하는 초서(抄書)의 기능, 마음에 드는 문장을 한 자 한 자 옮겨 적는 필사(筆寫) 노트의 역할도 했다. 또한 글쓰기와 독서를 통해 내 안의 밝은 부분과 어두워 보이지 않던 모습도 받아들일 수 있게 되었다.

언젠가 소설가 주제 사라마구Jose Saramago는 〈누구로부터 배우는가?〉라는 질문에 〈내가 쓴 소설로부터 배운다〉라고 답했다. 글을 쓰다 보면 글이 자신을 앞질러 갈 때가 있다. 내가 글을 쓴 게 아니라 무의식 혹은 〈그 무언가〉에 의해서 글이 쏟아져 나온다. 글쓴이는 그 무언가를 밝혀 내려 애쓰고 글 쓴 과정을 살펴보며 완성한 글을 숙고한다. 이런 과정이 배움이다. 그래서 저자는 자신이 쓴 글의 첫 번째 독자이다. 나는 내가 쓴 글에서 배웠고, 글을 쓰며 배우고, 앞으로 쓸 글에서 배울 것이다. 나는 글을 쓰는 손길로 닦이길 바란다.

자신의 자서전을 써보라

세계사는 세계의 역사이고 국사는 한 나라의 역사이다. 한 개인에게도 역사가 있으니 이를 개인사(個人史)라고 부른다. 역사는 기록되어야 한다. 기록하지 않으면 잊힌다. 평범한 개인의 미시사도 예외는 아니다. 본인이 남기지 않으면 유실된다. 기록이 없으면 역사도 없고 자신의 세계도 없다. 무엇이 되었든 개인의 역사는 손수 남겨야 한다. 아무도 대신해 주지 않는다. 자신의 이야기를 기록함으로써 〈나〉라는 문명이 존재함을 알릴 수 있다. 인생의 다음 장면도 그려 볼 수 있다. 과거를 통해 미래를 들여다보는 것이다.

철학자 니체는 『인간적인 너무나 인간적인』에서 〈직접적인 자기관찰도 자신을 알기에는 결코 충분하지 않다. 우리에게는 역사가 필요하다. 왜냐하면 과거란 수많은 물결 속에서 우리에게 계속 흘러 들어오기 때문이다〉라고 말했다. 사회심리학자 에리히 프롬Erich Fromm은 많은 사람이 활용할 수 있는 자기성찰 방법으로 〈자서전 쓰기〉를 추천했다. 그는 자서전 작성의 장점으로 〈자신의 자화상을 그릴 수 있게〉 해준다는 점을 꼽았다.

자신의 이야기, 개인사를 기록하는 것으로 글쓰기를 시작해 보자. 가장 보편적인 형태는 물론 자서전이다. 과거를 편안하게 짚어 보기 위해 임의로 시간대를 나누는 것이 도움이 된다. 십 대, 이십 대 식으로 10년 단위로 나누어도 좋고, 삶의 중요한 사건들을 기준으로 기술해도 좋다. 또는 연 단위로 가장 생생한 장면 하나씩을 짧게 기록하는 것도 방법이다.

자서전이 부담스럽다면 간단히 연보를 정리한 연대기 형식도 좋다. 자신의 연대기를 만들고 각각의 표제(소제목)를 만들어 붙이는 것이다. 인생의 각 단계별로 일어났던 중요한 사건과 내적 변화들을 소제목과 함께 나열하면 자기 삶의 궤적이 뚜렷해진다. 표제를 지을 때는 그 당시의 삶을 함축적으로 표현할 수 있는 단어나 문장을 사용한다. 개인의 연대기는 한 사람의 삶을 간추린 역사, 살아온 과정의 요약본이다.

글로 표현하기 어렵다면 사진과 그림으로 표현하는 것도 방법이다. 커다란 종이 한 장에 삶의 여정을 그려 보라. 지도처럼 인생을 이미지로 표현해 보는 것이다. 강물이나 나뭇가지 같은 이미지를 사용하는 것도 도움이 된다. 내 삶의 여정을 강물에 비유한다면 원류는 어디인가?

이때 나의 삶은 넓었는가 얕았는가? 폭이 좁은가 깊은가? 바다는 어디이고 지금 나는 어디쯤 와 있는가? 떠오르는 장면을 이미지와 글로 자유롭게 그려 보는 것이다.

자기 나름대로 질문을 만들고 거기에 답하는 방법 역시 삶을 돌아보는 데 도움이 된다. 예컨대 구본형은 오십 대에 접어들면서 〈연구원 제도〉를 만들어 제자들을 키우기 시작했다. 그는 연구원을 선발할 때 예외 없이 자신의 〈개인사〉를 제출하도록 했다. 개인사의 분량은 최소 20페이지, 미리 정해져 있는 질문과 항목에 대해 써야 했다. 그 질문의 리스트는 아래와 같다.

- 나의 출생과 탄생에 대한 일화는 무엇인가? (예를 들면 태몽, 어머니가 기억하는 자신의 탄생 이야기, 혹은 자신이 기억하는 가장 최초의 이야기 등)
- 그동안의 개인적 삶에서 자신의 힘으로 이룩한 가장 빛나는 성취 세 가지는 무엇인가? 왜 그것이 그토록 나에게 소중한가?
- 본인에게 책임이 있다고 여기는, 가장 가슴 아픈 장면 한 가지는 무엇인가?
- 타인에 비해 상대적으로 우수한 재능이나 기질 세 가지는 무엇인가?
- 본인이 가지고 있는 기질적 단점은 어떤 것이 있는가? 극복하기 위해 무엇을 해왔는가?
- 나는 어떤 가치관과 직업관을 가지고 있는가? 삶에서 가장 우선 순위를 두는 것은 무엇이며, 일과 관련하여 가장 중요하게 여기는 가치는 무엇인가? 왜 그런 가치관을 가지게 되었는가?
- 나는 어떤 취미와 특기를 가지고 있는가? 왜 그것에 흥미를 느끼는가?

- 사람과의 관계에서 중요하게 생각하는 것은 무엇인가? 왜 그 생각을 갖게 되었는가?
- 지금껏 사회에 가장 크게 공헌한 것은 무엇인가? 앞으로는 어떤 공헌을 하고 싶은가?
- 가장 감명 깊이 읽었던 책 한 권과 영화 한 편은 무엇인가? 왜 그것이 감동적이었는가?
- 내 인생에서 가장 중요한 스승이나 역할 모델이 되었던 한 사람은 누구인가?

자신에 대해 20페이지를 쓰는 일은 쉽지 않다. 그런데 20페이지의 개인사를 완성한 사람들은 연구원 선발 여부에 상관 없이 매우 가치 있는 과정이었다고 입을 모은다. 그들은 예외 없이 개인사를 작성하면서 이제까지의 삶을 되돌아보고 자기 자신을 보다 깊이 알게 되었으며, 새로운 시선으로 미래를 조망할 수 있었다고 말한다.

역사학자 카를 베커Carl Becker가 말했듯이 모든 사람은 각기 자신의 역사를 가지고 있으며 스스로의 역사가이다. 자신의 개인사를 작성하는 사람은 자기 삶의 역사가가 될 수 있다. 물론 개인사 작성이 스스로를 성찰하고 지금껏 살아온 삶을 정리하는 유일한 수단은 아니다. 하지만 효과가 검증된 확실한 방법이다. 특히 글쓰기를 좋아하는 사람에게는 가장 좋은 방법이라 할 수 있다.

일기, 스스로를 관찰하며 자신과 대화 나누기

헨리 소로는 스무 살 무렵 같은 동네에 살고 있던 미국을 대표하는 사상가 랠프 왈도 에머슨의 권유로 일기를 쓰기 시작했다. 소로는 세상을 떠나기 6개월 전까지 일기를 썼는데, 그가 남긴 39권의 일기를 보면 한 사람의 삶과 사유가 확장되는 궤적을 확인할 수 있다. 그의 일기는 일상적인 일과 주목할 만한 사건, 그때그때 떠오른 생각 등 다양한 내용으로 채워졌다. 소로는 타인이 쓴 전기(傳記)보다 본인이 쓴 일기를 통해 한 사람을 보다 제대로 이해할 수 있다고 생각했다. 왜냐하면 일기는 매일매일의 일상을 통해 포장하거나 미화되지 않은 있는 그대로의 한 사람의 속살을 고스란히 보여 주기 때문이다. 그는 일기를 쓰기 시작한 지 15년쯤 흐른 1852년 1월 27일자 일기에 다음과 같이 썼다.

나는 일기에 적힌 생각들을 토막 내어 에세이 형식의 책으로 묶어 내기보다는 일기 그 자체를 출간하는 편이 훨씬 더 낫지 않을까 하는 생각을 하곤 한다. 일기의 글들은 지금도 여전히 인생과 생생히 맞닿아 있다. 따라서 글을 읽는 독자들에게 부자연스럽다는 느낌은 주지 않을 것이다. 일기가 다른 글보다 덜 인공적이고 더 단순하다. 일기가 아니었다면 나의 스케치를 담을 적당한 그릇을 달리 찾을 수 없었을 것이다. 단순한 사실과 이름과 날짜가 상상 이상으로 많은 것들을 전달한다. 꽃다발에 묶인 꽃이 초원에 핀 꽃보다 아름다울 수 있을까?[41]

누군가의 일기를 볼 수 있다면 그 사람을 깊이 이해할 수 있다. 일기는 자신과의 솔직한 대화의 기록이기 때문이다. 일기를 쓰는 행위는 성찰과 탐구의 과정이다. 일기를 쓰며 하루 중에 일어난 크고 작은 일을 거울 삼아 스스로를 돌아보고 마음을 닦을 수 있다. 소소한 것에서 시작해서 심오한 것에 이르는 패턴은 사유를 심화시키는 한 방법이다. 꾸준히 하면 구체적인 현상을 보고 그 이면에 흐르는 본질 혹은 원리를 파악하는 능력을 키울 수 있다.

삶이란 하루하루의 집합이다. 그러므로 자신의 하루를 기록하는 것이야말로 자기와 삶을 이해하는 첩경이다. 오늘 하루를 반추하며 차분하게 일기를 쓰면 생각이 정리된다. 나와 내가 겪은 상황들이 객관적으로 보인다. 이런 식으로 자기와 상황을 거리를 두고 관찰하다 보면 자연스레 스스로에게 질문을 던지고 생각하며 답을 구하게 된다. 구본형은 일기를 쓰며 하루를 기록하는 과정이 스스로를 이해하는 데 엄청난 효과가 있음을 체감했다. 그는 1년치의 일기를 엮어 책으로 펴낸 『일상의 황홀』에서 다음과 같이 말했다.

기록되는 것은 오늘의 사건, 느낌, 생각, 행동 등이 될 것입니다. 오늘 하루가 점점이 모여 인생을 이루는데, 오늘의 기록은 그 점 하나에 대한 미시적 확대지요. 어떻게 기술하느냐는 당신의 개인사에 대한 역사가로서의 당신의 시각과 취향에 달려 있어요. 깨어나서 잠들 때까지 모두를 적어 두는 사실주의적 기풍을 따라도 좋고, 특징적인 것만 추려 뼈대를 이어도 좋아요. 시간의 흐름을 따라 연대기처럼 적어도 좋고, 그저 마음의 흐름을 따라도 좋아요. 어쨌든 그게 당신의 오늘이고, 그 합이 당신의 인생이니까요.[42]

일기 쓰기에 정답은 없다. 소로가 자신의 스타일대로 일기를 쓰고 구본형이 그의 방식대로 일기를 썼듯이 내가 원하는 방식으로 쓰면 된다. 스스로 정하고 마음에 드는 방식으로 써야 즐길 수 있다. 즐길 수 있어야 오래 할 수 있다.

일기를 쓸 때 가장 경계해야 할 점은 매일 하루를 완전히 기록해야 한다는 의무감이다. 선뜻 일기를 시작하지 못하는 주된 이유 역시 이런 부담감 때문인 경우가 많다. 이를 타개하는 한 가지 방법은 〈한 문단 일기 1Paragraph Diary〉이다. 〈한 문단 일기〉는 쉽고 단순하다. 부담이 없다. 여러 방식으로 쓸 수 있다. 오늘 하루를 한 문단 정도로 요약하거나 가장 인상적인 장면을 골라 쓸 수 있다. 흥미롭게도 한 문단을 쓰다 보면 종종 한 페이지를 쓰게 된다. 일종의 〈스몰 빅Small Big(큰 변화를 일으키는 작은 시도)〉 효과다. 일기장의 크기는 너무 작은 것보다 성인 남성의 펼친 손만 한 크기가 좋다. 페이퍼백 서적 크기로 보면 된다. 한 문단 일기는 아무 노트나 일기장을 사용할 수 있지만 시중에 〈1 Paragraph Diary〉라는 일기장이 나와 있다. 이 일기장의 모토는 〈하루에 한 문단 쓰기One Day, One Paragraph〉이다. 처음에는 이 일기장을 사용하는 것도 좋은 방법이다.

〈한 문단 일기〉를 쓸 때 추천하고 싶은 방식이 있다. 매일 아침, 하루를 여는 의식으로써 일기를 쓰는 것이다. 오늘 하루를 시작하는 마음을 적는 것이다. 물론 매일 밤 하루를 마무리하는 의식으로 써도 좋다. 이때는 오늘 하루의 소감을 쓰되 지나치게 반성문조로 흐르지 않도록 한다. 점심에 쓰는 것도 좋다. 점심은 오전을 돌아보고 오후를 조망할 수 있는 시점이다. 점심(點心)에 쓰는 한 문단 일기는 마음(心)에 점(點) 하나 찍는 것이다. 이 점은 물음표(질문, 호기심)여도 좋고, 느낌표(감동, 깨달음)여도 좋고, 쉼표(휴식, 비움)여도 좋다.

어떤 방법으로 쓰든 일기는 사라져 가는 것들을 기억하게 하고 잊혀가는 것들을 존재하게 한다. 일기는 사유의 과정이고, 그 내용을 담는 그릇이며, 자신과의 대화이다. 전환의 도구는 다양하지만 모든 도구를 활용함에 있어 본질은 성찰이다. 성찰의 구체적인 방법으로 일기만큼 확실한 것도 없다. 일상에서 누구나 매일 실천할 수 있기 때문이다.

초서와 필사, 명문장으로 마음을 닦는다

조선 실학의 최고봉 다산 정약용은 초서와 필사를 가장 중요한 공부법으로 삼았다. 초서와 필사는 거의 같은 활동이다. 초서는 〈책의 내용 가운데 중요하거나 필요한 부분을 뽑아서 기록하거나 그렇게 쓴 책〉을 가리키고, 필사는 책이나 글의 전부 혹은 일부분을 옮겨 적는 것을 말한다.

다산은 제자들에게 초서를 공부의 바탕을 다지는 기본으로 누누이 강조했다. 다산의 많은 제자 가운데 최고로 꼽히는 황상은 스승에게 배운 초서를 평생 동안 실천하여 일흔이 넘은 나이에도 초서에 몰두했다. 그는 서른한 살 때 스승 다산이 유배에서 풀려 강진을 떠난 후 가족의 생계를 유지하기 위해 예순 가까이 농부의 삶을 살았지만 그동안에도 초서를 게을리하지 않았다. 평생 그렇게 옮겨 쓴 글이 쌓이고 쌓여 그의 키를 넘었다. 그는 초서하고 필사한 글들을 『치원총서(巵園叢書)』로 묶었다.

황상은 예순일곱 살에 『장자(莊子)』를 필사했다. 또 다산의 권유로 사숙(私淑)한 중국 송나라 시인 육유(陸游)의 1천 수가 넘는 시를 작은 글씨로 한 편 한 편 베껴 썼다. 다 옮겨 적고 나서는 그 소감을 시 「육유시의 초서를 마치고 감회를 읊다」로 써두기도 했다. 초서와 필사는 만년까지 황상의 주요 일과였다. 1862년에는 중국 양나라의 소통(蕭統)이 엮은 시문집 『문선(文選)』을 초서하고, 76세 때인 1863년 2월에는 한 달 동안 스승 다산의 시를 집중적으로 베껴 썼다.

초서와 필사를 하는 이유는 그저 글을 발췌하거나 베끼기 위해서가 아니다. 좋은 글을 읽고 옮겨 적으며 마음을 비추어 보고 음미하는 것이다. 시인 장석주는 『이토록 멋진 문장이라면』에서 이렇게 말한다.

베껴 쓰기의 첫 번째 목적은 들뜬 마음을 가라앉히고 마음에 조촐한 기쁨을 얻고자 함이다. 마음에 되새길 만한 좋은 문장들을 무념무상으로 베껴 쓰는 가운데 마음의 정화와 영혼의 성장을 위한 계기를 발견하기 위함이다. 베껴 써라, 그러면 명문장에 깃든 빛이 당신의 내부를 밝혀줄 것이다. 그 빛은 치유와 희망의 빛이다.[43]

필사는 마음을 담은 손으로 글을 옮겨 적으며 스스로를 다듬는 것이다. 필사를 꾸준히 해온 사람들은 필사의 효과에 대해 〈감정을 다스려 주고, 생각을 열어 주고, 감각을 깨워〉 준다고 말한다. 이런 이유로 초서와 필사는 혼란스러운 전환의 시기에 마음의 중심을 잡아 주는 훈련이 될 수 있다. 그렇다면 어떤 책과 글을 옮겨 적어야 할까? 나를 깨우는 책, 마음을 밝히는 문장이다. 구체적으로 말하면 고전과 명문장이 가장 좋다. 명문장은 나를 일깨우고 반성하게 하는 문장, 새로운 관점을 열어 주는 문장이다. 이런 문장들로 빛나는 책이 고전이다. 필사하기에 좋은 글로 또 하나 추천하고 싶은 것은 〈시(詩)〉이다. 필사를 처음 시작하는 이들이라면 산문보다는 시로 시작하는 게 부담이 덜하다. 좋은 시는 뛰어난 직관과 은유, 그리고 함축미를 보여 준다. 황상은 『장자』를 비롯한 고전을 필사하고, 스승인 다산과 시의 모범으로 존경한 육유의 시를 하나하나 정성껏 베껴 적었다.

자서전, 연대기, 일기, 필사 등 어떤 방법을 택하든 가장 중요한 것은 글을 쓰는 마음가짐이다. 무엇을 쓰든 성실하게 써야 한다. 그리고 성실함은 매일 쓰는 것을 의미한다. 매일 혹은 정기적으로 되풀이하는 활동은 나란 존재를 형성하고 삶에 영향을 미친다. 구본형은 새벽에 글을 썼고, 소로는 새벽에는 책을 읽고 주로 저녁에 글을 썼다. 전환기의 카를 융은 이른 아침과 밤을 글 쓰는 시간으로 잡아 두었고, 조지프 캠벨도 전환기에 독서하는 시간 외에 별도로 하루 3~4시간을 일기와 글 쓰는 시간으로 정해 두었다. 글쓰기를 전환의 방편으로 삼았다면 거기에 시간과 노력을 쏟아야 한다. 매일매일 정성을 들여야 한다. 어떤 식으로 글을 쓰든 잊지 말아야 할 원칙이다.

전환 도구 3

여행

여행 전과 후의 나는 같지 않다

바깥으로 나서는 방랑은 여행에 관한 절반의 이야기일 뿐이다.
여행의 본질은 밖에서 시작해 안으로 깊숙이 들어가는 탐사에 있다.
전환자는 자기를 되찾기 위해,
나아가 숨겨져 있는 자신과 조우하기 위해 여행한다.
저 밖 낯선 공간에서 사람과 사물, 그리고 우연히 벌어지는 사건에
자신을 비추어 새롭게 발견하는 것이다.
전환기의 여행은 〈새로운 나〉로 나를 가득 채우는 과정이다.

조지프 자보르스키,
여행을 하며 삶의 신비에 눈뜨다

「조, 우리 이혼해요. 사랑하는 사람이 있어요.」

아내가 그에게 말했다. 평화롭던 저녁이 청천벽력 같은 아내의 한마디에 산산이 부서졌다. 아내는 휴스턴 대학에서 공부를 하던 중 누군가를 만나 사귀고 있다고 했다. 대화를 나눈 뒤에 아내가 말했다. 「오늘 밤부터 당신이 집을 나가 줬으면 해요.」 그는 망연자실했다. 분노와 혼란, 배신감 등이 뒤섞인 고통스러운 감정들이 커다란 물결처럼 밀려들었다. 절망감에 부르르 몸을 떨었다. 20년간의 결혼 생활이 허망하게 끝나는 순간이었다.

조지프 자보르스키Joseph Jaworski가 아내에게 이 말을 듣기 전까지 그의 삶은 완벽에 가까웠다. 그의 아버지는 유명한 워터게이트 사건을 맡은 스타 검사였으며, 그 역시 미국에서 크게 성공한 변호사였다. 고등학교 시절 사귄 여자친구와 결혼했고 아들도 하나 있었다. 아름다운 동네의 넓고 안락한 집, 누구나 갖고 싶어 하는 온갖 물건들, 게다가 취미인 승마를 위한 경주마 목장까지 소유하고 있었다. 자보르스키는 보통 사람들이 원하는 모든 요소들을 가지고 있었다. 그러나 아내의 갑작스런 이혼 요구는 마흔 살의 완벽했던 세계를 무너뜨렸다. 아내와 아들만이 아니라 그림 같던 삶 전체가 산산조각이 났다.

별거 기간 동안 그는 속이 뒤집힐 만큼 서럽게 통곡하곤 했다. 가족을 잃은 슬픔 때문이었지만, 한편으로는 생각 없이 무분별하게 살아 온 과거에 대한 후회 때문이기도 했다. 오랜 세월 동안 안고 살면서 억눌러 온 모든 고통을 그는 꺽꺽 울면서 방출했다. 이것은 그가 사회적으로 성공한 이후 감정을 마음껏 분출하도록 자아를 풀어 준 최초의 경험이었다. 그는 이혼이 진행되는 몇 달간 실컷 울었다.

그렇게 감정을 아낌없이 쏟아내다 보니 시간이 천천히 흐르는 것 같았다. 과거 시간들은 꿈결처럼 흐릿하고 몽롱하게 느껴졌다. 전에는 그런 식으로 하루의 순간순간을 제대로 느껴 본 적이 없었다. 그는 비로소 자신이 삶에서 무엇을 바라는지 천천히 성찰하기 시작했다. 일기를 쓰고 책을 읽으면서 처음으로 철학적이고 개인적인 문제들을 깊이 사색했다.

여행을 할 때도 변화가 생겼다. 그는 많은 곳을 다니려 하기보다는 비슷한 나이대의 사람들과 대화를 나누려고 애썼다. 중년의 자신이 느끼고 있는 삶에 대한 목마름을 다른 동년배들도 느끼는지 알고 싶었다. 실제로 어느 정도 성공했다는 중년들 대부분이 자신과 비슷한 감정을 느끼고 있었다. 물질적 욕구는 충족되었지만 그들은 진정으로 사는 것 같지가 않다고, 자유롭지도 않다고 입을 모았다. 그들 모두 뭔가 의미 있는 일을 하며 살기를 바랐지만 막연한 두려움과 세속적 욕구 때문에 현실에 발이 묶여 있다고 했다.

그 이야기를 들으며 그는 앞으로는 삶의 속박을 풀고 마음이 흘러가는 대로 살겠다고 굳게 다짐했다. 무언가에 중독적으로 집착하는 여느

조지프 자보르스키

중년의 방황과는 다른 결심이었다. 그는 모든 집착을 풀어 놓는 진정한 자유를 원했다. 결심 후 제일 처음 한 행동은 충동적인 여행이었다. 그는 자신이 한 번도 〈훌쩍〉 떠나 본 적이 없다는 사실을 깨달았다. 그래서 어느 날 불현듯 짐을 챙겨 무작정 파리로 향했다. 정해진 계획도 없고, 미리 예약도 하지 않은 채 떠난 것이다. 짐도 아주 간소했다. 평소 세부 일정까지 꼼꼼하게 계획하는 그로서는 심하게 비정상적인 일이었다. 과거에 인상 깊게 읽었던 『갈매기의 꿈』과 『사랑의 기술』 등의 책 몇 권만 챙겨 갔다. 이후 7주간 계속된 이 여행은 그의 삶을 완전히 바꿔놓았다.

프랑스를 여행하는 동안 그는 몇몇 성당의 아름다움에 매료되었다. 어느 날, 샤르트르 대성당에 들어가서 넋을 잃고 둘러보는 동안 신비로운 일이 일어났다. 갑자기 주변의 모든 것들과 자기 자신이 하나가 되는, 있는 그대로의 존재를 감싸 안는 일체감Oneness을 경험한 것이다. 원래는 한 시간쯤 성당을 둘러보려고 생각했지만 말로 표현할 수 없는 황홀함에 사로잡혀 하루를 꼬박 그곳에 머물며 경외감에 빠져 보냈다.

이상하면서도 놀라운 체험이었다. 마치 자신이 전혀 다른 에너지장 속에 들어와 있는 것 같았고, 세상 전체를 향해 완전히 열려 있는 느낌이었다. 그것은 그가 여행 중에 읽은 『갈매기의 꿈』에 묘사되어 있는 몰입상태와 비슷했다. 거기엔 〈생각의 사슬을 끊으면 육체의 사슬도 끊어진다〉고 적혀 있었다. 그는 당시를 이렇게 회상했다.

그날 오후 늦게 여전히 성당을 서성이며 나는 자유의 두 가지 개념에 대해 생각했다. 첫 번째 자유는 〈벗어나는 자유〉였다. 말하자면 환경의 억압으로부터 벗어나는 자유였다. 아버지의 그늘에서 생존 투쟁을 벌이던 15년 동안 내가 주로 느낀 것이 바로 순응하는 삶에서 벗어나고픈 욕구였다. 하지만 이즈음 또 다른 개념의 자유가 깊은 심연에서 떠오르기 시작했다. 전심전력을 다해 삶의 목표를 좇아가는 자유, 동시에 통제하거나 인위적으로 〈만들어 내지 않고〉 삶의 창조적 기운이 자신을 통과하여 움직이도록 내버려 두는 자유였다.[44]

지금 여기에 충실하되 삶이 이끄는 대로 내버려 두는 자유, 그것은 자보르스키에게 중요한 깨달음이었다. 그는 이 깨달음을 실험해 보기로 결심했다. 먼저 〈마음이 이끄는 불가능한 목표〉를 찾아 직접 시도해 보기로 했다. 그것은 멋진 실험인 동시에 여행을 즐기는 근사한 방법 같아 보였다. 마침 이탈리아에서 F1 그랑프리 대회가 한창이었다. 그는 자신이 존경하는 선수인 니키 라우다Niki Lauda를 직접 만나 보고 싶었다. 여러 지인들을 수소문해 보았지만 이미 6개월 전에 매진된 그랑프리 관람 티켓을 구하는 건 불가능했다. 그는 실망하지 않고 일단 밀라노로 가서 하룻밤을 보냈다. 다음 날 무작정 부딪혀 볼 생각이었다.

자보르스키가 처음으로 일체감을 경험한 파리의 샤르트르 대성당. 4,000개가 넘는 조각
과 120개에 달하는 스테인드글라스 창문이 화려한 빛의 하모니를 빚어낸다.

새벽에 일어나니 비가 억수같이 퍼붓고 있었다. 경기장까지 걸어서
45분을 가야 하는데 우비나 우산이 없었다. 문득 고개를 들어 보니 몸
집이 자기만 한 남자가 비옷을 입고 우산까지 들고 호텔 안내 데스크
로 걸어오고 있었다. 그는 망설이지 않고 처음 보는 그 남자에게 다가
가 사정을 설명하고 비옷과 우산을 빌려 달라고 했다. 상대편은 웃을
락 말락 하는 표정으로 그를 쳐다보더니 잠시 후 대답했다. 「그러세요.
뭐 안 될 거 있겠습니까?」

그렇게 빗속을 뚫고 어렵사리 경기장에 도착했지만 그에게는 입장권
이 없었다. 그는 안내 데스크로 다가가 방송사 스포츠 기자를 사칭해서

통행증을 호텔에 놓고 왔다고 말했다. 그의 간절한 눈빛에 직원은 여분의 출입증을 내주지 않을 수 없었다. 그날 그는 50만 명의 관중을 뚫고 니키 라우다의 페라리 옆에 서서 선수의 출발을 지켜보았다. 황홀한 경험이었다. 그곳 출발선에는 무언가 특별한 에너지가 흐르고 있었다. 샤르트르 대성당에서 한 경험과도 묘하게 비슷했다. 그는 당시에는 몰랐지만 여행을 통해 조금씩 〈동시성synchronicity〉에 눈뜨고 있었다.

다음 날에도 그것을 확인할 수 있었다. 그는 호텔에서 비옷과 우산을 빌려 준 남자를 만나 식사를 대접했다. 매니 디에츠라는 이름의 그 남자는 식사 중 놀라운 이야기를 들려주었다. 매니는 2차 세계 대전 당시 미군 전투기 조종사였는데, 이탈리아 해안에서 벌어진 공중전에서 전투기 한 대를 격추시켰다. 그는 적국의 전투기 조종사가 죽지 않기를 진심으로 바라는 마음으로 긴급히 무선을 쳐 구조를 요청했고, 구조대가 도착할 때까지 상공을 선회했다. 구조대가 비행사를 찾아내자 그는 저공비행으로 비행사를 향해 엄지를 들었다. 시간이 흘러 전쟁이 끝나고 매니가 미국으로 돌아왔을 때, 편지 한 통이 왔다. 그 이탈리아 비행사였다. 비행기 날개에 적힌 번호를 보고 매니를 찾아낸 것이다. 결국 둘은 만나게 되었는데, 이탈리아 비행사는 그에게 감사를 표하며 자신이 운영하는 가죽 제품 공장의 동업자가 되어 달라고 부탁했다. 그런 희한한 인연으로 두 사람은 좋은 동업자이자 친구로 함께 사업을 일구고 있다는 이야기였다. 매니의 이야기를 들은 이후로, 자보르스키 역시 이런 종류의 신비한 만남을 자주 체험하게 되었다. 매니의 이야기가 그로 하여금 우연한 만남에 마음을 열도록 도운 것이었다.

여행 도중 혼자 지내면서 책 읽기를 즐겼지만 가끔은 사람들과 함께

하고 싶었고, 그럴 때면 신기하게도 놀라운 인연이 어디선가 나타나곤 했다. 당시 나의 내면에는 타인의 접근을 쉽게 만드는 개방적인 측면과 어딘지 모르게 연약한 구석이 있었고, 이 때문에 과거 경험하지 못한 방식과 차원으로 사람들과 접촉할 수 있었다는 사실을 깨달은 것은 훨씬 뒤의 일이었다. 이는 믿음과 인내심을 가지고 자연스러운 삶의 흐름에 나를 맡겨 보는 실험이기도 했다. 서두르지 않고 열린 마음으로 다음 단계를 기다리고, 호기가 오면 붙잡는 그런 실험이었다.[45]

여행 마지막 주에 그는 프랑스 칸의 작은 레스토랑에서 에리히 프롬의 『사랑의 기술』을 읽다가 잠시 창문 밖으로 지나가는 행인들을 보고 있었다. 그때 행인들 중에 커다란 갈색 눈을 가진 매력적인 여성과 눈이 마주쳤다. 둘은 어색한 듯 가벼운 미소를 교환했다. 한 10분쯤 지났을까, 책을 읽다가 고개를 들어 보니 그녀가 탁자 옆에 서서 합석을 해도 되겠느냐고 물었다. 그녀는 지나친 레스토랑으로 돌아와 낯선 이에게 말을 붙인 자신의 행동에 스스로도 놀란 기색이었다.

버나데트(가명)라는 이름의 그녀는 이때껏 낯선 남자에게 다가간 적이 없었다. 하지만 이날은 왠지 그러고 싶었고 그래야만 할 것 같았다고 했다. 그 말에 두 사람은 함께 웃었고, 친구가 되어 며칠 동안 함께 여행하기로 했다. 처음에는 주로 관광을 하며 가벼운 이야기를 나누었지만 머지않아 삶에 대한 진지한 대화를 나누는 사이로 가까워졌다. 짧은 만남이었지만 그들의 만남은 여느 이성 관계와는 전적으로 다른 차원의, 서로에게 깊은 영향을 주는 관계였다. 그건 마치 그녀를 만나던 날 자보르스키가 읽고 있던 책 『사랑의 기술』이 말하던 원칙들을 실천에 옮겨 보라고 만들어 준 기회 같았다. 그 책은 우리가 사랑을 통해 세상을 가장 심층적으로 이해할 수 있다는 점을 강조하고 있었던 것이다.

버나데트는 여행이 끝나는 날 아침에 자보르스키를 찾아와 지난 며칠이 자신에게 무척 중요했으며, 그가 자신의 인생에 깊은 영향을 미쳤다고 고백했다. 그녀가 떠난 후 자보르스키는 기쁨에 겨워 눈물을 흘렸다. 그것은 너무나 감동적인 경험이었다. 누군가의 삶에 심오한 영향을 미친 것은 처음 있는 일이었기 때문이다. 그때 얻은 교훈은 그의 삶을 바꿀 만큼 강렬한 것이었다.

우리가 삶의 모든 가능성에 마음을 열고 삶의 다음 단계를 주어지는 그대로 기꺼이 받아들이려는 상태에 있을 때, 우리는 각자의 인생에 중요한 도움을 주는 훌륭한 사람들을 만나게 된다. (……) 이는 특정인과의 만남에 한정되지 않는 보편적인 영혼의 결합 같은 것이다. 마음을 연 상태에서 이런 만남이 한 번 일어나면 나중에 또 일어나게 마련이다.[46]

그에게 이러한 〈영혼의 결합〉 체험은 이후의 여행에서도 자주 일어났다. 유럽 여행을 다녀와서도 자보르스키는 변호사 일을 하면서 중간중간 짧은 여행을 자주 다녔다. 와이오밍 주의 그랜드티턴Grand Teton 산맥으로 여행을 갔을 때였다. 아침 일찍 일어나 눈 덮인 개울로 낚시를 하러 가는데 갑자기 산족제비 한 마리가 켜켜이 쌓인 눈 속에서 뛰어나왔다. 그와의 거리는 불과 3미터 정도였다. 산족제비는 검은색의 진한 눈동자로 그를 정면으로 응시하며 가만히 앉아 있었다. 그런데 한동안 눈을 들여다보고 있던 산족제비가 그의 환심이라도 사려는 듯 갑자기 일종의 쇼를 시작했다. 공중으로 뛰어오르며 크게 공중제비를 돌고 다시 그의 눈을 들여다보는 것이 아닌가. 마치 〈이거 어때?〉 하고 묻는 것 같았다.

처음에는 돌처럼 굳어 있던 그도 산족제비의 곡예가 반복되자 얼굴에 미소를 지으며 산족제비와 같은 방향으로 고개를 기울였다. 둘은 꽤 오랫동안 그렇게 서로를 바라보았다. 그 순간 그는 산족제비와 하나가 된 듯한 심오한 기분을 느꼈다. 마치 〈시간을 초월한 느낌〉 속에서 우주 만물과 하나가 된 것 같았다. 그것은 버나데트와의 만남에서 경험한 것과 같은 체험이었다. 서로 눈이 맞닿은 순간 버나데트도, 산족제비도 더 이상 타자(他者)가 아니었다. 자보르스키는 타인과 나, 나아가 자연과 내가 분리되어 있지 않음을 절절히 체험했다. 그 자신이 우주와 밀접하게 연관되어 있다는 것을 피부로 느낀 사건이었다. 당시 그는 몰랐지만 이것은 많은 신비주의자들이 〈합일의식Unity Consciousness〉이라고 부르는 자각 체험이었다.

이후에도 그의 여행은 계속되었으며, 동시에 〈나〉의 경계가 사라지는 유사한 경험도 거듭했다. 비슷한 체험이 반복되면서 그런 〈무경계〉의 상태가 의미 있는 우연의 일치, 즉 동시성을 통해 일어난다는 것을 알게 되었다. 그는 조그만 우연도 놓치지 않으려 애쓰면서 그런 흐름에 자신을 맡기기 시작했다. 어느 날 우편으로 배달된 소책자의 제목 〈리더로서의 하인〉을 보고 서번트 리더십servant leadership이라는 개념에 매료된 것도 작은 우연에 대한 적극적인 응답이었다. 그것은 리더십에 대해 그가 오랫동안 붙잡고 씨름해 온 퍼즐의 핵심 부분이었다.

그는 지금까지의 과정을 정리할 필요가 있다고 느꼈다. 그래서 콜로라도 주에 위치한 스팀보트 스프링즈로 2주간 홀로 여행을 갔고, 거기서 자신의 손으로 〈서번트 리더십〉을 육성하는 단체를 설립해야겠다고 마음먹었다. 마흔 살 성공한 인생이었지만 진짜 삶을 살아 보지 못했다는 뼈아픈 경험에서 비롯된 결심이었다. 그는 〈아메리칸 리더십 포럼 American Leadership Forum〉이라는, 자신처럼 방황하며 재능을 낭비하고 있는 사람들을 변화시키는 전국적인 공동체를 머릿속에 그렸다. 이후 몇 번의 여행을 통해 그 생각은 점차 명료하게 정리되었다.

몇 주간의 고민 끝에 그는 힘든 결단을 내렸다. 거의 20년간 함께해 온 법률 회사를 그만두고 법조계에 작별을 고하기로 한 것이다. 머릿속으로만 그리던 아메리칸 리더십 포럼을 설립하기 위해서였다. 당시 그는 구체적인 생각이나 계획이 없었다. 커리큘럼 등 교육 방법에 대해서도 문외한이었고 도와줄 사람도, 전문가 네트워크도 없었을 뿐만 아니라 전국 규모의 조직을 만들 자금이나 자원도 없었다. 그러나 희한하게도 그런 상황에서 꿈을 이루게 되리라는 강한 확신이 들었다. 그가 여행에서 체험한 동시성에 대한 믿음이 있었기 때문이었다. 이때가 1980년 7월로 아내로부터 이혼 통보를 받은 지 꼭 5년이 지난 시점이었다. 그동안 자보르스키는 여행과 독서 등을 통해 심신을 치유하고 담금질해 온 터였다. 실무에서는 아직 무방비에 가까웠지만 마음가짐은 5년 전과는 완전히 다른 차원에 올라서 있었다. 그는 당시를 회고하며 이렇게 고백한다.

회사를 떠나던 날 나는 소위 말하는 문턱을 넘어 새로운 출발선에 섰다. 그때 이후 나한테는 너무나 신기한 일들이 일어났다. 생각지도 못했던 사건들이 발생하고 나한테 핵심적인 도움을 줄 뛰어난 사람들과의 우연한 만남이 계속되었다. 말하자면 크게 노력하지 않고도 필요한 것을 얻었고 모든 상황이 딱딱 맞아떨어졌다.[47]

이런 〈의미 있는 우연〉들이 그를 완전히 새로운 삶으로 이끌었다. 그는 더 이상 삶을 통제하려 하지 않고 삶이 자신을 통과하여 흘러가도록 내버려 두었다. 이후 그는 우연히 잡지에서 읽고 무작정 찾아간 이론물리학자 데이비드 봄David Bohm을 삶의 멘토로 만나게 되고, 공항에서 눈이 마주친 한 〈신비한 느낌〉의 여성을 쫓아가 결국 결혼하게 되었으며(그녀 역시 전날 밤에 남편감을 만난다는 예지몽을 꾸었다), 자기 안의 목소리를 따라 전문가들을 찾아다니며 결국 〈아메리칸 리더십 포럼〉을 창립하게 된다. 10년 뒤에는 다국적 기업인 로열 더치 셸 그룹 Royal Dutch-Shell Group의 유명한 시나리오 기획팀의 제안을 받아 팀을 이끌게 되며, 조직학습에 관한 최고의 연구기관인 MIT의 조직학습센터에 참여하기도 했다. 현재 그는 리더와 조직들이 공동으로 새로운 미래를 감지하고 창조력을 키우도록 돕는 일을 하며 살아가고 있다.

그는 과거에 무언가에 최선을 다하는 능력, 즉 목표를 세우고 추진하는 능력만큼은 누구에게도 뒤지지 않는다고 자부했다. 그러나 인생의 정점에서 이혼을 경험하며 순식간에 추락했고, 혼란스런 암흑기를 거치고 여행과 만남을 통해 인생을 재편하면서 다른 종류의 헌신, 즉 〈소명에의 헌신〉을 깨달았다. 자신에게 다가온 소명을 믿고 커다란 전체의 일부라는 믿음 안에서 노력할 때, 누구도 상상하지 못할 온갖 종류의 우연한 사건과 만남을 경험할 수 있고, 물질적인 지원을 얻을 수 있으며 만사가 순조롭게 진행된다는 믿음이다. 지금도 그는 이 신념과 동시성의 힘을 자신의 삶으로 증명하고 있다.

이윤기,
신화의 본고장에서 신화 전문가로 거듭나다

번역가이자 소설가 이윤기는 스스로를 〈과인(過人)〉이라 부르곤 했다. 그는 자신의 서재에 〈과인재(過人齋)〉라는 이름을 붙이기도 했다. 〈세상을 스쳐 지나가는 자의 집〉이라는 뜻이다. 왜 스스로를 과인이라 불렀을까? 집착 없이 지나가는 경지를 추구했기 때문일까? 혹시 스스로를 〈떠도는 인간〉, 〈길 위에 있는 사람〉으로 여겼던 것은 아닐까? 한 가지 확실한 것은 그가 길 위에서 결정적인 깨달음을 얻은 적이 있다는 사실이다.

1999년 2월 터키 이스탄불, 이윤기는 마르마라 해와 흑해 사이의 해변에 위치한 술집에 앉아 있었다. 지인들과 터키를 여행 중이었던 그는 곧 그리스로 건너가 일주일가량 둘러볼 예정이었다. 흑해를 바라보던 그에게 문득 그리스 신화의 영웅 이아손Iason과 『아르고 원정대 이야기 Argonautica』가 떠올랐다.

고대 그리스의 도시국가 이올코스의 왕손 이아손은 아르고 원정대를 이끌고 흑해를 넘어 여러 난관을 뚫고 북방의 나라 콜키스까지 항해하여 황금빛 양털 가죽을 고국으로 가져왔다. 그 과정은 엄청난 모험이어서 이아손은 여기에 자기 목숨까지 걸어야 했다. 흑해에 들어가려면 쉼플레가데스Symplégades라고 불리는 〈박치기하는 두 개의 바위섬〉을 지나가야 했다. 두 바위섬은 배가 통과하는 순간 서로에게 달려와 박치기를 했다. 그러면 배는 여지없이 박살 났다. 이아손은 그리스인 최초로 쉼플레가데스를 통과했고 그 이후로 두 섬은 박치기를 멈췄다고 한다.

번역가 겸 소설가로 명성을 얻은 이윤기가 흑해를 앞에 두고 이 이야기를 떠올린 데는 사연이 있다. 당시 그는 오랜 시간 그리스 로마 신화에 푹 빠져서 그에 관한 책을 여러 권 쓰고 수십 권을 번역했다. 이 정도면 신화 전문가라고 부를 만했지만 그는 스스로를 신화 전문가로 여기는 게 개운치 않았다. 자신의 작업 결과에 만족할 수 없었고, 독자들의 반응도 뜨뜻미지근했기 때문이다. 그는 이아손의 모험을 되새기다가 근본적인 이유를 깨달았다.

나의 책은 현장에서의 체험을 통하여 쓰였거나 번역된 것이 아니었다. 까만 활자만 잔뜩 찍혀 있는 나의 책은 터키의 〈흐린 주점〉만큼이나 어두컴컴했다. 컬러의 시대에 흑백 신화 책만 펴낸 것이다. 그러니 될 턱이 있겠는가.[48]

꽤 오랫동안 신화를 공부하고 많은 글을 썼지만 정작 신화의 현장인 그리스 땅을 밟아 본 적은 없다는 통절한 깨달음이었다. 그가 신화에 천착한 이유는 신화 살펴보기가 인류의 보편성과 인간의 근본을 사유하는 일이라 믿었기 때문이다. 그의 표현을 빌리면 신화 공부는 〈신들 사이에다 끝없는 상상력을 풀어 놓고 한없이 느린 걸음으로 걷는 일〉이고, 〈신화를 읽는 일은 결국 사유하면서 상상하면서 걸으면서, 정의

하기 어려운 생명의 노래에 나름의 귀를 기울이는 일〉이었다. 그런데 사유와 상상은 바탕이 되는 재료와 체험 없이 그냥 이뤄지지 않는다. 신화는 아주 오래전 이야기인데다 가뜩이나 설명하기 까다로워서 그 현장을 직접 걸어 보는 경험이 필요하다. 그런데 그에게는 이 현장 경험이 없었다. 그리스 신화가 태어난 땅에서 살아 숨쉬며 직접 보고 만지고 느끼고 생각해 본 체험이 없었다. 그가 자신의 신화 책을 〈어두컴컴한 흑백 신화 책〉으로 여긴 까닭이 여기에 있다.

이스탄불의 〈흐린 주점〉에서 어두운 바다를 바라보던 그는 번개가 치듯 자신이 무엇을 해야 할지 자각했다. 신화의 현장을 탐사하는 과정이 필요했다. 그는 단단히 결심했다. 〈그래, 나도 나의 흑해를 건너자. 나의 쉼플레가데스를 지나자! 나도 나의 금양모피(金羊毛皮)를 수습해야 하지 않겠는가?〉 이아손의 목적지가 콜키스였다면 그의 목적지는 그리스였고, 이아손의 목표가 금양모피였다면 그의 목표는 신화의 본고장에서 온몸으로 신화를 만나는 체험, 그리고 신화의 현장 사진과 박물관의 유물 사진이었다.

마음은 먹었지만 걱정되는 부분이 한둘이 아니었다. 고단한 여행을 견딜 수 있는 체력과 언어 문제, 넉넉하지 않은 경제 사정까지. 당시 그는 가족들과 함께 미국 미시건 주립대학교 사회과학대 객원교수로 있으면서 가끔씩 한국을 오가는 생활을 하고 있었다. 그런 상황에서 장기간의 그리스 여행은 쉽게 내릴 수 있는 결정이 아니었다. 이번 터키·그리스 여행도 경제적으로 무리를 감수하고 온 터였다. 하지만 이미 그의 나이 쉰셋, 올해가 아니면 다시는 실천할 수 없을 것 같았다.

나는 가야 했다. 나는 나의 쉼플레가데스를 빠져나가야 했다. 나의 흑

이윤기

해를 건너야 했다.[49]

그는 이번 터키·그리스 여행을 본 여행을 위한 준비 작업으로 삼기로
했다. 그리스에서 일주일가량 보내며 그곳을 최대한 탐색했다. 날씨와
물가부터 교통편, 몇 달 동안 여행하는 데 필요한 물품과 사진 촬영에 필
요한 장비, 여행 경비까지 꼼꼼하게 살폈다. 여행을 마치고 한국으로 돌
아오자마자 준비를 시작했다. 사정이 좋지 않았기에 미루면 결심이 무
너질 것 같았기 때문이다. 철저하게 사전 답사를 했음에도 두려움이 가
시질 않았다. 생각이 많아진 탓인지 아니면 두려움 때문인지 며칠 동안
악몽을 꾸기도 했다. 두려움의 해독제는 준비에 박차를 가하는 것이었
다. 그래야 잡생각이 끼어들 여지가 사라지고 두려움도 없어질 터였다.

이아손이 모험을 떠나기 전 단단히 준비했듯이 이윤기에게도 철저한
준비가 필요했다. 이아손을 위해 뛰어난 목수 아르고스Argos가 쾌속선
아르고스 호를 만들어 준 것처럼 그가 알고 지내던 사진가가 고가의 촬
영 장비를 빌려 주고 기본적인 사진 촬영법을 가르쳐 주었다. 사진은

이번 여행에서 꼭 가져와야 할 보물이었다. 21세기에 걸맞는 〈총천연색 신화 책〉을 쓴다는 목표를 이루기 위해서 컬러 사진이 꼭 필요했다. 당시 시중에는 컬러 사진이 첨부된 신화 책이 거의 없었다.

이윤기는 한국에서 해야 하는 준비를 마치고 1999년 7월 미국으로 돌아갔다. 거기서 카메라가 손에 익도록 혼자 연습했다. 하지만 이제까지 제대로 사진을 찍어 본 적이 없었던 탓에 촬영 실력은 의욕만큼 빠르게 늘지 않았다. 이전부터 알고 지낸 출판사에서 여행 경비 가운데 일부를 지원해 주기로 했다. 덕분에 조금이나마 경비 부담을 줄일 수 있었다. 이아손에게 50명의 아르고 원정대원이 있었다면 그에게는 한 명의 동반자가 있었다. 아내가 여행을 함께하기로 한 것이다.

이윤기는 3개월 반 동안 그리스를 중심으로 유럽 4개국을 답사하기로 계획을 짰다. 꽤 긴 여행인 만큼 준비하는 데만 서너 달이 걸렸다. 가져갈 짐도 많았다. 촬영 장비만 해도 한 짐이었다. 카메라가 총 3대(전문가용, 일반인용, 〈똑딱이〉 소형 카메라), 여러 개의 렌즈와 삼각대, 슬라이드 필름 300통.

1999년 8월 드디어 그리스로 떠났다. 3개월여 동안 그리스를 시작으로 프랑스와 영국, 그리고 이탈리아 로마까지 그리스 신화의 현장은 물론이고 유수의 박물관과 미술관을 구석구석 살폈다. 여행의 주 무대는 서양 신화의 고향인 그리스였다. 그리스의 수도 아테네 근처에 숙소를 잡고 2개월 넘게 그리스 전역을 돌아다녔다. 남쪽으로는 크레타 섬과 스파르타, 코린토스 등을, 북쪽으로는 델포이와 테살로니키, 항구 도시 카발라, 고대 유적이 많은 타소스 섬에 이르기까지 신화 유적과 박물관이 있는 곳은 어디든 샅샅이 누볐다. 그리스에 이어 10월과 11월에는 프랑스와 영국, 로마를 차례로 여행했다. 세 나라를 합쳐 한달 정도 머물렀는데 그의 표적은 그리스 로마 신화 관련 유물과 예술 작품을 보유한 박물관과 미술관이었다. 가령 프랑스에서는 루브르 박물관과 오르세 미술관을 여러 번 방문했고, 영국에서는 영국 박물관을 시작으로 주요 박물관을 두루 살폈으며, 로마의 경우 1주일 정도 머물면서 고대 로마 유적지와 주요 박물관을 답사했다.

그가 떠난 여행의 겉모습은 보잘것없었다. 그의 표현대로라면 참으로 초라했다. 카메라 장비는 대부분 지인에게 빌린 것이어서 행여나 분실하거나 고장 날까 늘 긴장해야 했고, 비용을 아끼기 위해 값싼 숙소에 몸을 뉘어야 했으며, 주로 대중교통을 타고 이동해야 했다. 그는 하루 종일 카메라 세 대를 들고, 아내는 렌즈 네 개를 들고 걸어 다녀야 했다. 고단한 여행이었다. 그럼에도 그것은 〈달콤한 피로〉였다. 늘 책으로만 접하던 그리스를 비롯해 유럽 곳곳을 누비며 신화를 온몸으로 더듬으며 얻은 피로였으니 말이다.

11월 이윤기는 로마에서 그리스로 건너가 잠시 머물다가 미국으로 돌아왔다. 여행에서 돌아온 그는 그리스에서 사 온 독한 그리스 전통주 우조Ouzo를 마시고 이틀 동안 깊은 잠에 빠져들었다. 기쁨과 두려움, 간절함과 조급함, 호기심과 고단함이 뒤섞였던 〈신화 여행〉은 이렇게 일단락되었다.

그리스 신화를 찾아 떠난 3개월여간의 여행을 통해 그는 무엇을 얻었을까? 무엇보다 그동안 책으로만 읽은 신화의 발생지와 신화에 등장하는 장소를 거의 대부분 몸으로 부딪혀 답사했다. 또한 신화 관련 유물과 미술 작품을 유럽 유수의 미술관에서 자기 눈으로 확인하고 사진기에 담았다. 슬라이드 필름은 한국에서 가져간 300통으로는 부족해서 여행 중에 한국에서 추가로 300통을 더 받아 총 600통을 사용했다.

여행을 통틀어 그가 찍은 사진은 1만 5천여 장에 달했다. 이 사진들은 향후 10년 동안 신화 책을 집필하고 번역하는 데 두고두고 요긴하게 쓰였다. 그에 따르면 〈2000년부터 펴내기 시작한 그리스와 로마 신화의 책들은 이 여행의 산물〉이었다.

금양모피를 찾아 떠난 여행이 이아손에게 그랬던 것처럼 신화를 찾아 나선 여행은 이윤기에게 거듭나는 계기가 되었다. 여행은 그에게 새로운 문을 열어 주었다. 여행에서 돌아오고 얼마 안 되어 국내 한 신문사의 제안으로 「새 천년을 여는 신화 에세이」를 1년 동안 연재했다. 그리고 2000년 초 미국에서 한국으로 완전히 돌아온 직후부터 신화 책을 집중적으로 썼다. 그는 그토록 원했던 〈총천연색〉 그리스 로마 신화 책을 쓸 준비가 되어 있었다. 지금도 우리나라 출판 역사에서 〈일대 사건〉으로 평가 받는 『이윤기의 그리스 로마 신화』가 탄생하는 순간이다. 여행을 다녀와서 처음으로 집필한 신화 책에 자신의 이름을 넣은 것은 스스로를 〈그리스 로마 신화 전문가〉로 인정한 자부심의 표현이 아니었을까.

『이윤기의 그리스 로마 신화』 시리즈는 국내 저자가 쓴 최초의 대중적인 신화 입문서였다. 이미 소설가와 번역가로 유명했던 이윤기의 글솜씨와 인문학적 사유, 여기에 더해 독자의 이해를 돕는 200여 장의 컬러 도판과 사진이 합쳐져 〈신화 이미지의 백과사전〉이라는 평을 얻었다. 출판 전문가들은 글과 이미지의 결합으로 읽는 재미에 보는 재미를 더하고 독자의 상상력을 깨웠다고 극찬했다. 여행에서 직접 찍어 온 사진이 없었다면 시도조차 할 수 없는 일이었다.

2000년 6월 출간한 『이윤기의 그리스 로마 신화 1』은 국내에 그리스 로마 신화 열풍을 불러일으켰다. 100만 부 판매를 돌파한 최초의 신화 서적이자, 『이윤기의 그리스 로마 신화』 시리즈의 총 판매량은 지금까

금양모피를 찾아 떠난 여행이 이아손에게 인생의 새로운 문을 열어 준 것처럼 신화를 찾아 나선 여행은 이윤기에게 신화 전문가로 거듭나는 전환점이 되었다. 「이아손과 황금 양털」, 기원전 340~330년.

지 200만 부를 훌쩍 넘는다. 운도 따랐다. 책이 출간될 즈음 EBS에서 「이윤기의 신화 여행」이라는 프로그램을 맡아 강의를 진행했던 것이다. 의도한 일은 아니었지만 책 홍보에 있어서 더할 나위 없는 타이밍이었다. 이렇게 해서 대중들의 머릿속에 〈이윤기 = 신화 전문가〉라는 이미지가 각인되었다.

더 나아가 2000년 9월, 그는 1989년에 자신이 번역한 토마스 벌핀치 Thomas Bulfinch의 『그리스 로마 신화』를 전면적으로 다시 번역해서 세상에 내놓았다. 독자가 읽기도 하고 보기도 하는 책으로 만들기 위해서, 이 책에도 여행에서 찍어 온 사진을 중심으로 회화와 조각 및 건축 이미지 1,000장을 컬러로 넣었다. 이와 함께 도판 설명과 역주로 벌핀

치의 본문을 보완했다. 이 책의 겉표지에 나오는 이윤기 이름 옆에 번역
이 아닌 편역이 붙은 이유다. 그는 이 책에 대해 〈기왕에 펴낸 신화 번
역서와도 다르고 여느 신화집과도 다르다〉고 자부했다.

이윤기는 신화 여행에서 얻은 지식과 경험을 기반으로 여행 후 10년
동안 기존에 번역한 신화 책 4권의 개정판을 내고 8권의 신화 책을 새
로 썼다. 여러 책이 베스트셀러에 올랐고 지금도 많은 사랑을 받고 있
다. 이런 외적인 성과보다 더 빛나는 것은 내적 성취였다. 그는 이 여행
의 의미를 자신의 마지막 신화 책『이윤기의 그리스 로마 신화 5: 아르
고 원정대의 모험』에서 이렇게 밝혔다.

더 중요한 것은 내가 나의 흑해를 더 이상 두려워하지 않게 되었다는
것이다. 이아손의 아르고 호를 통과시킨 뒤부터 〈박치기〉를 그만둔 쉼
플레가데스가 그렇듯이 이제 나의 쉼플레가데스는 더 이상 나의 앞길을
가로막지 못한다. 나의 흑해를 향해 배를 띄우기 시작하고부터 두려움
과 망설임은 내게서 사라지기 시작했다는 것이다.[50]

터키의 주점에서 흑해를 바라보며 한 결심, 즉 신화의 본고장을 내
발로 탐사하겠다는 결정은 〈위대한 결의〉였다. 그 결심을 따라 신화를
찾아 떠난 3개월간의 여행은 그의 삶에서 〈위대한 시작〉이 되었다. 여
행을 통해 공간적 지평이 넓어진 만큼 정신적 지평을 넓히고, 새로운 마
음으로 신화를 보고 새롭게 생각할 수 있는 힘을 키웠다. 이아손의 모
험이 그리스인들에게 새로운 세계를 향해 도전하는 신화로 자리잡았듯
이 이윤기의 신화를 찾아 떠난 여행은 그 자신의 신화가 되었다.

호모 비아토르, 인간은 여행하며 깨닫는다

　구본형은 전환기에 두 번의 긴 여행을 떠났다. 한 번은 마흔세 살에 지리산으로 떠난 한 달간의 단식 여행이고, 또 한 번은 20년을 다닌 회사를 그만두고 홀로 떠난 한 달 반의 남도 여행이다.

　그는 〈나를 지배하는 세 가지 열정〉 가운데 하나로 세상을 따뜻한 미풍으로 떠도는 여행을 꼽았다. 그럼에도 15년 넘게 직장을 다니며 여행다운 여행을 한 번도 하지 못했다. 그리움과 답답함을 더 이상 참지 못한 그는 입사 16년차에 결단을 내렸다. 한 달간 휴가를 내고 지리산으로 들어가 단식을 한 것이다. 이것은 그의 〈내면 여행〉이었다. 단식 중에 맞은 어느 날 새벽 그는 불현듯 저술가라는 소명을 찾게 되었고, 이때부터 매일 새벽에 글을 쓰기 시작했으며, 열 달이 흘러 첫 책이 나왔다.

　첫 책이 나오고 3년 후 구본형은 회사를 떠났다. 회사를 나오고 나서 그가 처음 한 일은 여행이었다. 10년 근무에 한 달씩 총 두 달간의 휴가를 스스로에게 주었다. 그리고 홀로 남도를 마음껏 돌아다녔다. 〈별 계획 없이 발길 닿는 대로, 지명이 유혹하는 대로, 문득 머릿속의 한 기억을 찾아서, 그곳을 스쳐간 크고 작은 사람들의 자취를 느끼며〉 떠돌았다. 직장인으로 산 20년간 스스로를 지배해 온 관습을 버리고, 마음의 변방과 오지를 찾아 천천히 걸으며 새로운 나를 발견하기 위해 떠난 여행은 〈나의 길을 묻는 순례길〉이었다. 여행을 다녀온 후 그는 구본형 변화경영연구소를 설립하고 1인 기업가로 새로운 인생을 시작했다. 그는 〈이 두 번의 긴 여행이 없었다면 나는 작가가 되지 못했을 것이고, 1인 기업가로 성공하지도 못했을 것〉이라고 강조했다.

조지프 자보르스키 역시 아내와 이혼 후 사전 계획 없이 작은 배낭에 책 몇 권 넣고 혼자 여행을 떠났다. 충동적인 모험이었다. 마음이 가는 대로 방랑하며, 이 여행을 〈자연스러운 삶의 흐름에 나를 맡겨 보는 실험〉으로 여겼다. 그는 자신의 첫 책에서 이 여행을 〈그때는 몰랐지만 훗날 의미 있는 배움으로 나아가는 중요한 초기 단계〉로 회고했다.

진정한 나를 알고 싶은 사람은 떠나야 한다. 근본적인 의문을 품고 그 답을 모색하려는 자, 익숙한 곳을 떠나 낯선 길 위에 서야 한다. 익숙한 곳은 내가 머물고 있는 곳이고, 낯선 곳은 내가 모르는 곳이다. 이 모험이 내면의 길이든, 외부에 존재하든, 혹은 그 둘 다든 〈호모 비아토르 Homo Viator〉, 즉 〈여행하는 인간〉이 되어야 한다. 〈떠도는 인간[過人]〉 이윤기는 말한다.

붙박여 사는 삶의 지경을 넘어 모험과 시련의 들을 떠돌던 자, 인간이 알지 못하는 세계와 그 세계에 대한 무수한 경험을 마다하지 않았던 자들을 우리는 알고 있다. 이 경험을 통하여 이 〈떠도는 자들〉은 인간이 모르던 것을 알게 하고 존재하지 않던 것을 존재하게 했다.[51]

낯선 곳을 떠돌고 탐사해야 숨겨져 있던 나의 진면목을 찾을 수 있다.

모험과 시련의 들판을 걷는 사람, 그곳에서 빛과 어둠의 경험을 마다하지 않는 사람은 진정한 자기를 발견할 수 있다. 구본형과 자보르스키의 여행은 전환기의 여행이 무엇인지 잘 보여 준다. 그렇다면 전환기의 여행의 본질은 무엇인가? 전환기의 여행은 어떤 특징을 가지고 있는가?

〈나〉를 찾아가는 순례

바깥세상을 향해 떠나는 여행에는 목적지가 있지만 전환기 여행의 궁극적인 목적지는 밖에 있지 않다. 자기 자신이 곧 여행의 목적지다. 전환기의 여행은 자기탐구의 여정이다. 우리는 자기를 되찾기 위해, 숨겨져 있는 자기와 조우하기 위해 여행한다. 여행은 새로운 나로 나를 가득 채우는 것이다.

여행을 하다 보면 자신의 새로운 모습을 발견할 때가 있다. 왜 이런 일이 일어나는 걸까? 우선 타인의 시선에서 비교적 자유롭기 때문이다. 외부로부터 주어진 역할과 책임에서 벗어나 남들 모르게 꽁꽁 감춰 두었던 〈나〉, 자기도 모르게 꾹꾹 눌러 두었던 〈나〉를 마음껏 꺼내 볼 수 있다. 또한 여행은 〈안과 밖의 만남〉이라는 점에서 자신을 발견하기에 좋은 조건을 형성한다. 여행자는 외부의 익숙하지 않은 것들과 부딪힘으로써 낯선 것에 반응하는 내면의 새로운 〈나〉와 마주하게 된다. 새로운 환경이 새로운 나를 소환하는 것이다. 자세히 살펴보면 그 모습은 전에 없던 모습이 아니다. 때때로 빛을 발하다가도 이내 사회적 가면(역할) 뒤로 숨어 버려 알지 못했던 내 모습이었던 것이다. 그러니까 여행은 사람을 변하게 하는 것이 아니라 가라앉아 있던 나의 여러 모습을 수면 위로 떠올리는 과정인 것이다. 여행은 잃어버렸던 나를 다시 찾는 과정이다.

말하자면 이윤기의 그리스 여행은 〈신화를 찾아 떠난 여행〉인 동시에 〈신화 전문가 이윤기〉를 발굴하기 위해 떠난 통과의례였다. 구본형이 홀로 떠난 두 번의 여행도 다르지 않았다. 외형적으로 이윤기의 여행과 구본형의 여행은 매우 다르지만 여행의 본질은 같았다. 숨겨져 있던 잠재력을 찾아 나선 여행이었기 때문이다. 구본형 역시 두 번의 여행을 통해 〈작가〉라는 숨겨져 있던 얼굴(오래전부터 품어 온 〈언젠가 변화경영에 대한 좋은 책을 쓰겠다〉는 꿈)과 〈1인 기업가〉의 길을 갈 수 있는 힘을 밝힐 수 있었다.

카를 융은 1925년부터 1926년에 걸쳐 5개월 동안 아프리카를 여행했다. 융에게 프로이트와의 이별을 계기로 시작된 무의식과의 만남이 가장 중요한 내적 경험 가운데 하나라면, 아프리카 여행은 그의 인생에서 가장 중요한 외적 경험 중 하나였다.

쉰 살의 융은 아프리카를 여행하며 오랫동안 몸담고 있던 유럽을 떠나 낯선 문화와 사유에 대한 관심을 넓힐 수 있었다. 그런데 여행 중에 그는 자신이 이 여행을 갑갑한 현실의 도피처로 삼고 있음을 알게 되었다. 이런 도피성 여행은 나를 찾아 떠나는 게 아니라 나를 잊어버리게 만든다. 다시 말해, 융은 밖으로 바삐 돌아다니는 여행이 내면 탐험을 회피하기 위한 수단이 될 수 있다는 걸 자각한 것이다. 이것은 외부 세계를 둘러보는 여행을 하지 말라는 의미가 아니다. 밖을 여행하며 안도 함께 살펴야 한다는 뜻이다. 또한 바쁜 여행 일정이 오히려 스스로를 돌아볼 수 있는 여유를 갉아먹고 있는 건 아닌지 스스로 점검해야 한다는 말이기도 하다.

우리는 흔히 여행을 외부를 향해 떠나고 밖으로 돌아다니는 것이라 생각한다. 이것은 여행의 절반에 관한 이야기일 뿐이다. 나를 찾는 여행은 밖에서 시작해 안으로 깊숙이 들어가는 과정이다. 저 밖 낯선 공간에서 사람과 사물, 그리고 우연히 벌어지는 사건에 나를 비추어 보는 것이야말로 전환기 여행의 핵심이다.

나침반을 들고 뛰어드는 탐험가

보통 여행은 미리 짜인 일정표에 맞춰 가이드를 따라다니며 여러 사람과 함께하는 수가 많다. 가령 단체 여행이나 패키지 여행에 참여한 이들은 시간에 쫓겨 차로 속도 경쟁을 벌이며 유명한 곳을 도장 찍듯이 돌아다니고 사진 찍고 기념품을 구입한다. 우리가 여행을 떠나는 주된 이유는 일상의 굴레를 훌훌 털어 버리기 위함이다. 여행하면서 떠나온 일상과 모양만 다를 뿐 또 다른 울타리에 갇힌다면 그것은 전환기의 여행이라 할 수 없다.

전환기의 여행은 편안함이나 효율성과는 거리가 멀다. 모험과 탐사야말로 전환기 여행의 특징이다. 그래서 전환기의 여행자는 가이드북에 나오는 정해진 코스를 쫓아다니는 관광객이 아니라 나침반을 들고 미지의 세계로 뛰어드는 탐험가에 가깝다. 탐험가가 걷는 길은 젖과 꿀이 흐르는 낙원이 아니다. 오히려 어두운 미궁에서 헤매고 심연을 품은 강에 빠져 허우적거리는 모험에 가깝다. 이아손이 쉼플레가데스를 통과하는 절체절명의 위기를 겪었듯 전환자는 때로 큰 위기에 직면하기도 한다. 카를 융은 아프리카를 여행하며 자신이 뱀에 물려 죽을지도 모른다는 예감에 시달렸으며, 그와 함께 간 동료는 융을 안심시키기 위해 앞서 걸으며 맘바mamba라 불리는 사납고 빠르기로 유명한 독사를 열 마리 넘게 잡았다. 여행이 자신의 쉼플레가데스를 통과하는 험난한 모험이 될 것임을 직감했던 이윤기도 여행 중에 수백 명의 사상자를 낸 큰 지진이 일어나자 여행을 그만둘지 심각하게 고민하기도 했다.

한비야는 서른넷에 다니던 직장을 그만두고 7년 간 세계의 오지를 홀로 여행했다. 그녀는 1996년에 출간한 첫 책『바람의 딸 걸어서 지구 세 바퀴 반 1』에서 익숙한 삶을 뒤로 하고 오지를 여행하면서 혹독한 수업료를 치르고 한 가지 중요한 사실을 알게 되었다고 고백했다. 그것은 〈세상의 바다를 헤쳐 나가는 내 인생이라는 배의 선장은 바로 나라는 것, 누구도 대신할 수 없고 대신하게 해서도 안 된다는 것〉이다. 다시 말해 세상살이가 순탄할 때나 험난할 때나 다른 누군가가 아닌 자기 자신이 삶의 중심을 단단히 잡고 나아가야 한다는 의미다.

첫 책을 내고 20년이 지난 지금 한비야는 어떻게 달라졌을까? 그동안 그녀의 직업은 여러 번 바뀌었다. 처음 여행을 떠날 때 홍보 전문가였던 그녀는 7년간의 육로 세계 일주를 하며 오지 여행가가 되었다. 여행을 마치고 몇 권의 여행서를 쓴 그녀는 마흔둘에 긴급구호 전문가로 변신하여 세계 곳곳의 재난 현장을 누볐다. 그리고 자신의 국제구호 현장 경험에 이론과 정책을 결합해 보자고 결심하고 쉰둘에 미국 유학을 떠나 미국 터프츠 대학교 플레처 스쿨에서 인도적 지원학을 공부하고 석사학위를 받았다. 2012년부터는 1년의 절반은 대학에서 학생들을 가르치고 나머지 절반은 국제구호 전문가로 활동하고 있다. 직업이 바뀐 만큼 그녀의 생각도 변했을 것 같지만 본질적인 생각은 달라지지 않고 오히려 확신이 더 강해진 것 같다. 그녀는 2015년에 출간한『1그램의 용기』에서 그동안의 삶에서 얻은 가장 큰 깨달음으로 〈내 인생이라는 배의 선장은 바로 나〉라는 사실을 다시금 강조했다.

한비야의 말은 자기 삶의 주인은 자기 자신이라는 뜻이다. 어찌 보면 당연한 말이다. 그렇다면 그녀는 왜 당연한 것을 중요한 깨달음으로 거듭 강조한 걸까? 인생은 미지의 세계를 향한 긴 항해와 같기 때문이다. 큰 바다를 건너자면 폭풍에 휩싸이고 풍랑에 시달리고 암초도 만날 수 있다. 하지만 이것이 두려워 배를 띄우지 않으면 진정한 인생을 시작할 수 없다. 거친 물살에 시달리고 싶지 않아 자기 배의 방향키를 타인에게 넘겨 버리면 조금 편할지는 모르지만 자기 삶에서 한없이 멀어진다. 물론 자신 안에 잠들어 있는 가능성도 계발할 수 없다. 잔잔한 바다는 건실한 선장을 길러 낼 수 없고, 유능한 선장이 아니라면 인생을 마음껏 탐험할 수 없다.

전환의 목적 가운데 하나는 삶의 주체로 성장하는 것이다. 그러므로 전환기에 떠나는 여행도 편안함과는 거리가 멀다. 말하자면 전환기의 여행은 패키지 여행이 아니다. 홀로 하는 배낭 여행에 가깝다. 죽을 고비를 넘기는 오지 여행을 하라는 말이 아니다. 적어도 가이드에 의존하거나 정해진 길을 다니는 편안한 관광객이 되어서는 안 된다. 니체가 말한 〈여행하면서 오히려 관찰당하는 사람〉이 되지 말아야 한다. 전환기의 여행자는 여행의 대상이 아닌 여행의 주체로서, 능동적인 관찰자가 되어야 한다. 한 걸음 더 나아가 니체가 최고의 여행자로 꼽은, 〈관찰한 것을 모두 체험하고 동화하고 난 뒤, 집으로 돌아오자마자 그것을 여러 가지 행위와 작업 속에서 실천하고 다시 살려 나가는 사람〉이 되어야 한다.

질문을 품고 떠나는 탐색

여행은 〈농축된 인생〉이다. 한비야는 여행 1년은 평범한 인생 10년이라고 말한다. 그만큼 여행에서 겪는 체험의 밀도가 높다는 뜻이다. 전환기의 여행이야말로 삶의 중요한 질문을 온몸으로 받아 내는 농축적인 퀘스트Quest에 해당한다.

전환 중에 있던 스물여덟의 조지프 캠벨은 어머니의 차를 빌려 혼자 미국 국토 횡단 여행을 떠났다. 대략적인 방향만 있고 구체적인 목적지는 없었지만 여행을 떠난 이유는 분명했다. 인생의 목적과 구체적인 진로를 찾아내야 했다. 그는 마음이 열망하는 것과 맞아 떨어지는 일을 찾아서 거기에 스스로를 걸어 보고 싶었다.

약 1년간 계속된 캠벨의 여행은 〈방랑〉이었다. 그의 말마따나 〈모든 것이 가능성이며, 모든 것이 단서〉인 길이며, 〈그때의 방랑은 주위를 킁킁대며 냄새를 맡으며 돌아다니는 기회〉였다. 훗날 그는 정처 없이 떠도는 방랑을 하면 자신을 가두는 편견이 날아가고 사고의 감옥에서 벗어날 수 있는데, 그 와중에 〈나의 자리〉를 발견할 수 있다고 말했다.

캠벨은 이곳저곳을 여행하며 책을 읽고 일기를 쓰면서 자신이 무엇을 진정 원하는지 알아내기 위해 노력했다. 여행을 마칠 때까지 그는 천직(天職)을 확실하게 찾아내지 못했지만 중요한 실마리를 구했다. 한때 대학에서 생물학과 수학을 공부했던 캠벨은 이번 여행을 통해 과학이 자신과 맞지 않음을 확인하고, 평소 관심을 가지고 있던 인류학도 천직 후보에서 제외했다. 이밖에 몇 가지 단서도 얻었다. 이를테면 〈원시〉와 〈아메리카 인디언〉에 대한 흥미를 살려 글을 쓰는 것, 과학이 아닌 문학이 자신의 적성과 더 잘 맞는다는 점이었다.

전환기의 여행은 정해진 경로course를 따라 가는 게 아니라 중요한 질문을 품고 떠나는 탐색이다. 〈질문question〉 안에 이미 〈탐색quest〉이 들어가 있다. 질문은 탐색을 촉발하고, 탐색은 질문을 풀어내는 과정이다. 질문이 없으면 탐색할 이유가 없고, 탐색 없이는 질문을 풀 수 없다.

구본형은 지리산으로 단식 여행을 떠나며 〈나는 누구인가? 내가 진정 원하는 삶은 무엇인가?〉라는 질문을 품고 있었다. 지금껏 생계를 위해, 또 가장이라는 이유로 덮어 왔지만 이제는 가슴이 터질 듯 압박하는 질문이었다. 조지프 자보르스키도 여행을 하며 근본적인 질문을 던졌다. 〈내가 어떻게 살고 있으며, 어디로 가고 있으며, 삶에서 무엇을 바라는가?〉 매우 중요함에도 이제껏 한 번도 진지하게 생각해 본 적 없는 질문이었다. 해답은 분명 자기 안에 있을 터이지만 답을 찾기 위해서는 멀리 떠나는 여행이 필요했다. 왜일까? 자기 안에 있는 답을 어째서 멀리 떠나야 찾을 수 있는 걸까?

언젠가 카를 융이 〈밖에서 찾아 헤매던 경이로움을 우리는 스스로 지니고 다닌다. 아프리카의 모든 것, 그리고 아프리카의 경이로움이 우리 안에 다 있다〉는 영국의 작가 토머스 브라우니 경의 말을 전해 들었을 때, 그는 동의하며 이렇게 말했다.

바로 그 말이에요. 그러나 그 요점을 내 자신에게 납득시키기 위해서 아프리카라는 밖이 필요했어요.[52]

장기를 직접 둘 때는 보이지 않던 묘수가 훈수 둘 때는 잘 보이는 경우가 많다. 한 걸음 떨어져서 큰 그림을 파악하며 객관적으로 볼 수 있기 때문이다. 여행은 내가 나에게 두는 훈수와 같다. 떠나 보면 내가 머물던 자리가 안팎으로 잘 보인다. 또한 전환자는 나침반을 든 탐험가이지만 지도에 의존하지 않는다. 전환자에게는 질문이 지도 역할을 하고, 계획을 따르기보다는 자유를 추구하며 우연에 마음을 열어 둔다.

〈본연의 나〉로 돌아가는 길

자보르스키가 여행 중에 두 가지 자유를 깨달은 것은 우연이 아니다. 〈벗어나는 자유〉와 펼쳐지는 〈흐름 상태〉에 스스로를 내맡기는 자유. 그리고 여행 중에 또 하나의 자유를 깨닫게 된다. 〈본연의 내가 될 자유, 가장 고귀한 자아가 될 자유〉이다. 그는 〈이런 자유는 찾고자 하는 모든 이에게 있다. 방법은 우리의 의식 수준을 바꾸고, 스스로에 대한 사고방식을 바꾸는 것이다〉라고 말한다. 여행은 낯선 길에서 온몸으로 하는 구체적인 체험이다. 이런 체험은 정신에 영향을 미쳐 정신을 확장한다. 역으로 정신이 넓고 깊어진 만큼 여행의 무대 역시 넓어지고 체험도 깊어진다. 여행을 거듭하며 몸과 정신은 상호작용하며 심화와 상승을 거듭한다.

융은 아프리카 여행을 통해 자기 안의 〈아프리카(무의식)〉를 체험하고, 자신의 존재 이유를 확인하고자 했다. 구본형이 회사를 나와서 여행을 떠난 한 가지 이유는 20년간 써 온 직장인이라는 가면을 벗고 〈내속에 숨어 있는 자유로운 영혼을 끄집어내기〉 위함이었다. 그는 여행을 하는 내내 스스로에게 1인 기업가의 길을 갈 수 있는지 묻고 또 물었다. 결정을 번복하기 위해서가 아니라 계속 묻고 물어서 자기 안에 있는 힘을 키우기 위해서였다.

여행은 다른 공간과 다른 언어, 다른 풍습과 다른 방식으로 살아가는 사람들을 만나고 관찰하는 것이다. 그리고 그 가운데에서 자신의 삶의 방식을 세우는 것이다. 우리는 여행을 하며 사람 사는 방법이 매우 다양함을 실감할 수 있다. 동시에 어딜 가든 하루 세 끼 먹고 잠을 자고 가정을 이루고 일하는 것처럼 사람 사는 게 비슷하다는 점도 알게 된다. 요컨대 사람은 여행을 통해 특수성과 보편성을 두루 체험할 수 있으며 이 과정 중에 〈나의 고유성〉도 발견할 수 있다.

〈우리는 탐험을 중단해서는 안 된다. 모든 탐험의 목적은 우리가 시작했던 곳에 도달하는 것이며, 또 바로 그 장소를 처음으로 아는 데 있다〉는 T. S. 엘리엇의 유명한 문구는 여행에 고스란히 적용된다. 진정한 여행은 나에게로 돌아가는 과정이며, 비로소 본연의 나를 새롭게 발견하는 과정이다. 외적 공간을 방랑하며 내적 공간을 탐사하는 여로이자, 떠남과 도정(道程)과 귀환으로 이루어진 순례길인 것이다.

길 위에서 깨달음을 얻는 방법

전환기에 나(승완)는 혼자 두 번 여행을 떠났다. 첫 여행은 전환기가 막 시작된 2009년 7월이었다. 태어나서 처음으로 해보는 홀로 하는 여행은 내게 큰 도전이었다. 여행을 떠나기 전 걱정이 많았다. 외로움을 많이 타는 기질에 길을 잘 찾지 못하는 길치였기 때문이다. 나의 두려움은 배낭의 크기로 드러났다. 여름이라 옷의 부피가 작음에도 배낭은 터질 것 같았다. 그래도 못 미더워 출발 전에 여행 경로와 숙소와 교통편 등을 상세하게 계획했다.

일주일을 예상하고 떠난 여행은 4일을 꽉 채우지 못하고 중단되었다. 나흘 중 하루는 현지에 사는 지인과 함께했으니 온전히 혼자 보낸 시간은 3일에 불과했다. 본격적인 장마가 시작되었다는 게 여행을 멈춘 이유였지만 변명에 불과했다. 나는 외로웠고 불안했으며 더 걷고 싶지 않았다. 나는 최종 목적지로 잡아 두었던 보길도에는 가보지도 못하고 해남 대흥사(大興寺)에서 발길을 돌렸다. 딱 거기까지가 당시 나의 한계였다.

2015년 3월 두 번째로 홀로 여행을 떠났다. 6년 전에 중도에 포기한 여행을 마쳐야 할 것 같았다. 여행 기간도 지난번과 같은 일주일로 잡았다. 혼자 하는 여행은 여전히 낯설었다. 처음에는 2009년에 여행했던 장소들을 다시 되짚어 가보려고 했다. 그러다가 마음 끌리는 대로 유랑하기로 마음을 바꿨다. 이번에는 아무런 계획을 세우지 않았다. 다만 몇 년 전 세상을 떠난 내 〈마음속 스승〉 두 사람(법정 스님, 구본형)의 자취를 찾아가는 것으로 여행의 큰 방향을 잡아 두었다.

결과적으로 나는 8일간 즐기며 여행했다. 미리 잡아 놓은 약속이 없었다면 일주일쯤 더 여행하고 싶었다. 혼자 밥을 먹고 잠을 자는 게 힘들지 않았다. 홀로 걸을 때는 콧노래가 흘러 나왔다. 여행이 끝나 갈 무렵에는 여행을 더 할 수 없다는 아쉬움에 자책하기도 했다. 스스로 일주일 넘게 여행할 수 있으리라 생각하지 않았기에 여행 직후에 약속을 잡아 둔 것이다. 여행을 더 하지 못한 건 아쉬웠지만 집으로 돌아오는 내 마음은 충만했다. 2009년 여행 때보다 성장했다는 확신이 들었기 때문이다.

길이 선물해 준 세 가지 깨달음

나는 이번 여행을 통해 세 가지를 깨달았다.

첫째, 외로움과 고독의 차이를 알았다. 나는 외로움과 고독이 같은 감정이라고 생각했는데 아니었다. 외로움은 단절과 고립을 수반하는 감정이다. 뭔가에 의존하는 사람이 그 뭔가로부터 단절되거나 고립되었을 때 느끼는 감정이 외로움이다. 고독은 의존하지 않는 마음가짐, 홀로 있을 줄 알고 스스로 생각하고 말하고 행동할 줄 아는 태도를 말한다. 어떤 의미에서 외로움은 〈고독으로부터 도망치려고 하는 감정〉으로, 고독할 수 없고 고독을 즐길 수 없는 상태를 말한다. 고독의 부재가 외로움인 것이다. 외로움은 감정이고 고독은 존재 방식이다. 외로움의 다른 이름은 의존감이고, 고독의 다른 이름은 자존감이다.

처음으로 혼자 여행할 때 나는 외로웠다. 두 번째 여행은 달랐다. 여행 내내 외롭다기보다는 고독했다. 종교학자 폴 틸리히가 〈외로움이란 혼자 있는 고통을 표현하기 위한 말이고 고독이란 혼자 있는 즐거움을 표현하기 위한 말이다〉라고 한 이유를 이해할 수 있었다. 내가 혼자 한 첫 번째 여행을 통해 외로움을 견딜 수 있는 나를 찾아냈다면, 두 번째 여행에서는 고독을 즐길 수 있는 나를 발견했다.

둘째, 고립과 자립을 통찰했다. 내가 전환을 통해 진정 원한 것은 자립이었지만 실제로는 고립을 자초했다. 고립은 자립과 아주 다른 것이다. 고립이 단절과 회피와 같은 성격이라면 자립은 자율과 자유와 관련이 깊다. 자립은 자유와 자율의 땅에서 성장하는 것인데, 나는 고립과 자립을 혼동한 탓에 단절과 회피를 통해 자립하려고 발버둥치고 있었다. 내가 종종 불안감과 막막함에 빠져 허우적거린 이유를 알 수 있었다.

셋째, 홀로 하는 여행은 삶을 위한 좋은 훈련임을 깨달았다. 혼자 여행하면 크고 작은 모든 것을 스스로 알아보고 결정해야 한다. 혼자 결정하는 만큼 자유롭고, 또 그만큼 책임도 온전히 자기 몫이다. 다시 말해 홀로 하는 여행은 스스로 만들어 나가는 여행이다. 노예나 포로, 피해자의 마음으로는 홀로 여행할 수 없다. 주인정신과 자율성, 자립적 태도가 있어야 혼자 여행할 수 있으며, 여행은 이런 마음의 힘을 키우는 최적의 훈련이다.

여행의 목적은 여행 그 자체

얼마나 멀리, 많은 곳을 돌아다녔는지가 중요한 게 아니라 얼마나 깨어 있었는가가 중요하다. 유명한 곳을 가고, 많은 유적지를 분주히 구경하는 게 좋은 여행은 아니다. 여행은 안팎으로 옛 세계를 떠나 새로운 세계를 찾아 나아가는 것이다. 여행을 어디로 떠나느냐보다 여행을 하는 태도가 중요하다.

호메로스Homeros의 서사시 『오뒷세이아』의 주인공 오디세우스는 그리스 연합군의 장수로 트로이 전쟁에 참전해서 10년 동안 싸운다. 전쟁에서 승리를 거두지만 귀환 도중 일이 꼬이면서 오랫동안 험난한 모험을 거치고 나서야 어렵사리 고향 이타카Ithaca로 돌아온다. 지난한 귀환 여행을 통해 오디세우스는 완전히 다른 사람이 된다. 온갖 시련을 겪으면서 과거의 오만했던 모습을 버리고 겸허해진 것이다. 그는 권모술수에 능한 인물에서 지혜로운 현인으로 변모했다. 오디세우스의 모험에 영감을 받은 그리스 시인 콘스탄틴 카바피Constantine Cavafy는 「이타카」라는 시를 지었다. 그 시의 일부를 옮겨 본다.

네가 이타카로 가는 길을 나설 때,
기도하라. 그 길이 모험과 배움으로 가득한
오랜 여정이 되기를.

언제나 이타카를 마음에 두라.
네 목표는 그곳에 이르는 것이니.
그러나 서두르지 마라.

비록 네 갈 길이 오래더라도
늙어져서 그 섬에 이르는 것이 더 나으니.
길 위에서 너는 이미 풍요로워졌으니
이타카가 너를 풍요롭게 해주길 기대하지 마라.

이타카는 너에게 아름다운 여행을 선사했고
이타카가 없었다면 네 여정은 시작되지도 않았으니
이제 이타카는 너에게 줄 것이 하나도 없구나.[53]

여행은 다른 세상을 향해 떠나는 모험이고 탐사다. 동서고금의 모든 영웅신화에서 영웅이 될 만한 자질을 가진 주인공은 집을 떠나 낯선 길 위에 선다. 탐험과 같은 여행은 삶을 바꾸고 진정한 나로 거듭날 수 있는 기회를 제공한다. 여행 전의 나와 여행 후의 나는 같은 존재가 아니다. 영웅이라서 모험을 떠나는 게 아니다. 모험이 그를 영웅으로 완성한다.

여행의 목적은 여행 그 자체다. 여정이 곧 보상이다. 이 말은 〈지금 여기〉에 온전히 존재하는 것과 같다. 여행은 늘 지금 여기라는 현재 진행형을 체험하는 것이다. 이것이 여행을 시작하는 사람이 가져야 할 가장 중요한 태도다.

전환기의 여행을 위한 5가지 팁

첫째, 전환기 여행의 본질은 내면과 외면의 만남이다. 여행은 길을 걷는 것이다. 여행을 하며 〈마음의 길〉을 걷고 싶다면 〈길의 마음〉을 느낄 줄 알아야 한다. 길에서 마음을 발견하고 마음을 길에 줄 수 있어야 한다. 홀로 계속 걷다 보면 때때로 생각이 단순해지면서 마치 명상을 하는 것처럼 마음이 텅 빈다. 이때 내 안에서 발견되기를 기다리며 묻혀 있던 내면의 길 하나를 발견할 수 있다. 구불구불한 길을 마음으로 더듬어 걷는 것은 〈외면의 지리학이 내면의 지리학과 하나가 되는〉 과정이다.

둘째, 전환기의 여행은 홀로 하는 게 가장 좋다. 떠나 봐야 떠나온 곳이 더 잘 보이듯, 혼자 있을 때 자신을 더 잘 볼 수 있다. 홀로 있을 때 우리는 자연히 스스로를 돌아보게 된다. 〈실존적 고독〉에 직면하기 때문이다. 바로 그 순간, 내가 집착하고 있는 것, 이기심, 욕심 등을 객관적 시선으로 바라볼 수 있다. 전환기의 구본형과 자보르스키는 홀로 여행했다. 한비야는 세계의 오지뿐만 아니라 국내 국토 순례도 홀로 했다. 그녀는 최고로 좋은 여행으로 혼자 걷는 여행을 권하며 그 이유로 〈혼자 다니면서 부딪히는 사람들과 사건 사고를 통해 마음에 드는 나, 또는 꼴 보기 싫은 나를 만나면서 조금씩 내가 어떤 사람인지 알아가게 된다〉고 말한다.

혼자가 어렵다면 둘이 함께 떠나는 것도 좋다. 신화를 찾아 떠난 여행에서 이윤기는 아내와 함께했고, 의사 시험을 앞두고 중남미로 오토바이 여행을 떠난 체 게바라는 친구 알베르토 그라나도와 함께했다. 여행 인원이 둘을 초과하는 것은 좋지 않다. 자유로운 자기 탐색을 위해서는 사회적인 관계에서 벗어날 필요가 있다. 또한 여행 동반자는 신중하게 선택해야 한다. 여행에서는 서로의 욕망이 얽히기 때문에 자칫 싸우고 관계를 잃을 가능성이 있다. 마음이 통하고 서로 상호보완적인 장점을 가진 사람이 최고의 동행자다.

셋째, 짐은 내가 생각하는 최소한의 절반 수준으로 간소하게 꾸린다. 달팽이는 자기 몸보다 더 큰 집을 어떻게 평생 이고 다닐 수 있을까? 집안에 아무것도 없기 때문이다. 여행자의 배낭은 달팽이집과 같아야 한다. 배낭의 무게는 여행에 대한 두려움과 비례한다. 능숙한 여행자는 짐을 최대한 줄인다. 배낭의 무게가 자유와 반비례함을 알고 있기 때문이다. 비상시에 대한 대비가 물건으로 되는 게 아님에도, 초보 여행자는 여러 물건으로 불안감을 희석한다. 여행길에 오르면 걱정했던 일은 거의 일어나지 않으며 설령 일어나더라도 도와주는 이들이 생긴다는 것을 경험 많은 여행자는 알고 있다.

넷째, 걷기가 곧 성찰이고 학습이다. 같은 공간도 걸어서 둘러보느냐, 차를 이용하느냐에 따라 전혀 다르게 다가온다. 사람의 시선은 속도에 크게 영향을 받는다. 도보는 가장 느리지만 가장 온전하게 관찰할 수 있는 조건을 형성한다. 차는 빠르지만 주변을 제대로 살필 수 없다. 여행의 본질이 과정임을 감안하면 도보와 자동차는 속도의 차이만큼이나 다른 과정이다. 속도뿐만 아니라 시간 관념이 다르고, 눈으로 보고 귀로 듣는 것이 다르며, 가는 길도 다르다. 당연히 사유도 다르고 체험도 달라진다. 차를 타고 여행하면 여행 과정을 온몸으로 느낄 수 없다. 그러면 안목을 키울 수 없다. 자세히 보거나 오래 관찰할 수 없기 때문이다.

구본형은 회사를 나오며 떠난 여행 중에 남도 지방을 하루에 20킬로

미터 정도씩 걸어 다녔다. 생각하기 위해서 걷고, 쉬기 위해서 걸었다. 미래에 대한 불안과 홀로 서는 두려움을 극복하기 위해 걸었다. 스스로를 〈직업적 산책가〉로 여긴 헨리 소로는 마차를 이용하지 않고 늘 걸어서 산책했다. 가끔씩 떠난 여행도 마차나 기차가 아닌 자연을 찾아 떠나는 도보 여행을 선호했다. 구본형과 소로는 깨달음이 차 안이 아닌 길 위에서 찾아옴을 알고 있었다.

다섯째, 독서와 글쓰기는 여행의 좋은 동반자다. 여러 인물을 통해 독서와 글쓰기와 여행이 서로 잘 통한다는 사실을 확인할 수 있다. 조지프 자보르스키는 여행을 떠날 때마다 책 몇 권을 꼭 챙겨 갔는데, 흥미롭게도 한 번도 읽지 않은 책이 아닌 과거에 인상 깊게 읽은 책을 가져가서 다시 읽었다. 같은 책도 언제 어떤 마음으로 읽느냐에 따라 다르게 다가온다. 더불어 그는 여행 중에 독서와 함께 일기를 썼다. 여행을 하며 보고 겪은 일을 적고, 책과 여행에서 배운 점을 꼼꼼히 기록했다.

구본형도 여행 중에 책을 읽고 글을 썼다. 예컨대 남도를 여행할 때 배낭에 여러 권의 책을 가지고 갔다. 해남 대흥사에서 이 절과 관련이 깊은 서산대사(西山大師)에 관한 책을 읽고, 다 읽은 책은 배낭 무게를 줄이기 위해 집으로 돌려보내기도 했다. 강진 다산초당(茶山草堂)에서는 다산 정약용을 생각하며 글을 썼으며, 매일 여행 과정을 자세히 기록했다. 이 기록을 모아서 『떠남과 만남』을 펴냈다. 이 책은 그가 회사를 나오고 나서 처음으로 출간한 책이다.

나(승완)도 여행을 갈 때 책 몇 권을 챙겨 간다. 2015년 여행을 떠날 때도 책을 가져갔다. 그 여행은 내 마음속 스승인 구본형과 법정 스님의 흔적을 찾아가는 여정이었기에 두 사람의 책을 한 권씩 가져갔다. 송광사 불일암(佛日庵)과 쌍계사 탑전(塔殿) 등 스님이 머물렀던 공간에서 『무소유』를 펼쳐 몇 꼭지씩 읽었다. 스님이 오래 머문 공간에서 책을 펼치니 글자가 살아 숨 쉬었다. 책과 나 사이에 아무런 장벽 없이 책의 내용이 온몸으로 다가왔다. 여행 중에 하는 독서의 묘미는 그 사람이 머물렀던 장소에서 그의 책을 읽는 것이다. 내가 이 장면을 확실하게 기억할 수 있는 이유는, 여행 중에 일기를 썼기 때문이다. 글쓰기는 여행 체험을 기록으로 남겨 오랫동안 간직하며 언제든 꺼내 볼 수 있게 해준다.

이렇듯 독서와 글쓰기와 여행은 삼총사처럼 잘 어울린다. 독서가 〈앉아서 하는 여행〉이고 여행이 〈걸으면서 하는 독서〉라면 글쓰기는 〈손으로 하는 여행〉이다. 셋이 결합될 때 상승 효과를 얻을 수 있다.

소설가 마르셀 프루스트Marcel Proust는 〈여행의 진정한 의미는 새로운 풍광을 보는 것이 아니라 새로운 눈을 가지는 데 있다〉고 말했다. 여행에서 돌아온 자는 떠나기 전과는 다른 존재가 된다. 여정이 사람을 변화시키기 때문이다. 돌아온 자는 익숙한 세상을 다르게 보고 다르게 사유한다. 말과 행동도 달라진다. 커진 마음만큼 삶도 깊어진다. 여행과 삶은 이렇게 연결된다.

전환 도구 4

취미

몰입과 희열로 인생을 재창조하다

전환기의 취미는 하나에 푹 빠져 미치는 것이다.
일상의 취미처럼 즐거움을 수반하지만,
몰입의 정도가 훨씬 깊고 남다른 가치를 부여한다.
취미가hobbyist와 달리 마니아mania는 취미를 통해 〈절정 체험〉을 한다.
몰입이 깊어질수록 자아는 흐릿해지는 동시에 고양되는 것이다.
이들은 취미의 결과가 아닌 몰입 그 자체가 순수한 기쁨임을 이해하며,
깊은 몰입 속에서만 눈뜰 수 있는 시선이 있음을 깨닫는다.

폴 고갱,
취미를 통해 삶의 방향을 돌리다

프랑스의 후기 인상파를 대표하는 화가 폴 고갱Paul Gauguin이 35세까지 평범한 직장인이었음을 아는 이는 드물다. 그는 한때 잘나가던 증권 거래인이었다. 경제적 여유를 바탕으로 처음에는 단순히 〈부유한 자의 고상한 취미〉로 그림을 수집했으며, 뒤늦게 그림을 그리기 시작했다. 어렸을 적부터 재능을 계발한 여타의 화가들과 달리 폴 고갱이 붓을 잡은 것은 상대적으로 늦은 스물여섯 살이었다. 그가 자신의 직업을 주식 중개인이 아닌 화가artist-painter로 적기 시작한 건 서른다섯부터였다.

아버지를 일찍 여읜 고갱은 어려서부터 가난하게 살았다. 열일곱 살에 선박의 항로를 담당하는 견습 도선사가 되어 상선을 타고 라틴 아메리카와 북극 등을 돌아다녔고, 스무 살에 해군 수병으로 징집되었다. 3년간의 해군 생활 중 인도에 있을 때, 고갱은 어머니의 사망 소식을 전해 듣고 파리로 향했다. 집에 돌아온 그는 어머니도, 누이도 죽었으며 집조차도 전쟁 통에 불타 없어졌음을 알게 되었다. 무일푼의 고아가 된 것이다.

어머니 알린은 세상을 떠나기 전, 바다에 나가 있는 아들의 미래를 매우 걱정해서 자신의 친구이자 부유한 은행가인 귀스타보 아로자에게 아들의 장래를 부탁했다. 아로자는 고갱이 돌아오면 은행 직원으로 채용할 것을 약속했고, 덕분에 고갱은 주식 중개인으로 취직할 수 있었다. 무일푼에 혼자인 고갱에게 선물(先物) 중개인이라는 직업은 파리의 상류층으로 빠르게 올라갈 수 있는 사다리였다. 고갱은 섬세한 계산 능력을 요구하는 이 일에 탁월한 재능을 발휘해 회사에서 유능한 중개인으로 자리 잡았다. 많은 재산을 축적한 고갱은 파리지앵parisien의 생활에 금세 녹아 들었으며 이때 메테 소피 가트라는 여성을 만나 가정을 꾸리게 된다.

그가 처음 그림에 관심을 가진 것은 어머니의 친구 아로자의 영향이 컸다. 아로자는 고갱의 후견인으로 충고를 아끼지 않았는데, 그 과정에서 그의 미술에 대한 관심이 고갱에게 자연스레 옮겨갔다. 미술에 대해 해박한 지식을 갖춘 아로자를 통해 고갱은 스물다섯 살부터 미술에 대한 안목을 키웠으며 미술품을 수집하는 방법을 배웠다. 아마추어 화가였던 아로자의 딸 마르그리드는 고갱에게 붓과 캔버스 사용법을 가르쳐 주었고, 이로써 고갱의 미술가로서의 운명이 시작되고 있었다.

당시 고갱에게 그림은 교양 수준의 취미에 지나지 않았다. 처음에는 그림을 그리는 것보다는 모으는 데 열심이었다. 그는 아로자와 함께 갤러리를 다니며 떠오르는 작가들의 작품을 수집하면서 부르주아의 삶을 즐겼다. 마네, 모네, 피사로, 세잔, 르누아르, 시슬레 등 주로 인상주의 화가들의 작품을 수집했는데, 당시 마네를 제외하고는 인기가 별로 없었으므로 작품 값이 비싸지 않았다. 고갱이 작품을 수집하는 데 돈을 지나치게 많이 쓰자 부인 메테가 매우 못마땅해하며 장래를 걱정하기도 했다.

폴 고갱

　그는 베르탱 은행에 함께 근무하던 에밀 슈페네커와 매우 가깝게 지냈다. 그 역시 미술에 소질이 있어 파리 그림전에서 수상한 적도 있었지만, 전업 작가가 될 자신이 없어 은행에 근무하던 아마추어 화가였다. 둘은 함께 다니며 미술품을 수집하기도 하고, 인상주의 작품 전시회도 관람했다. 고갱은 슈페네커의 지도를 받아 유화를 그리기 시작했는데 때때로 그와 함께 주말이면 교외로 나가 풍경을 그리고 예술가의 성지 루브르에 가서 대가들의 작품을 모방하기도 했다.

　인상주의 화가들의 작품을 수집하다 보니 자연스럽게 그 화가들을 만나 어울리게 되었고, 그런 만남들은 고갱이 그림에 더욱 몰입하고 정진하는 계기가 되었다. 그림을 한창 배우기 시작하던 때에 고갱은 당시 거장으로 불리던 에두아르 마네Edouard Manet를 만나기도 했는데, 훗날 마네를 회상하며 이렇게 말했다.

　마네도 기억이 난다. 그 역시 남에게 부담을 주지 않는 사람이었다.

언젠가 내 작품을 보고(내가 갓 회화에 입문했을 때였다) 마음에 든다고 했다. 난 거장의 말에 몸 둘 바를 몰라서 「아마추어에 불과한 걸요」라고 대답했다. 당시 나는 주식 거래인으로 일하면서 밤과 휴일에만 그림을 공부하고 있었다. 마네가 말했다. 「당치 않은 소리. 그림을 못 그려야 아마추어지.」 그 말이 얼마나 듣기 좋았던지.[54]

그때부터 고갱은 슈페네커와 함께 매주 일요일 미술 아카데미에서 그림을 그리며 본격적으로 미술을 배우기 시작한다. 이때 훗날 스승이 되는 카미유 피사로Camille Pissarro를 만나게 된다. 고갱은 피사로 밑에서 수학하며 자신이 나가야 할 미술의 방향에 대해 지도를 받았고, 인상주의 화풍을 차츰 익히게 된다. 피사로는 고갱에게 폴 세잔, 아르망 기요맹 등의 인상주의 화가들을 소개해 주었을 뿐만 아니라, 그들의 그룹전에 함께 참여하라고 권하기까지 했다. 이들과 교류하면서부터 고갱은 고전주의 화법을 버리고 자신의 기법을 모색했으며 점점 예술의 본질적인 가치를 이해하기 시작했다.

그는 1876년 여름 휴가 동안 퐁트와즈에서 그림을 그리고 있는 피사로를 찾아가 함께 작업했다. 그해에 처음으로 〈르 살롱Le Salon〉에 풍경화를 출품하여 입상하기도 했는데, 살롱전에 당선되자 그는 한껏 고무되어 주로 여가 시간에만 그리던 그림을 본격적으로 그리기 시작한다. 가벼운 취미로 시작한 그림은 점점 그의 마음을 사로잡아 갔다. 일요일에만 하던 그림 작업은 어느새 주말 전체로 옮겨 갔고, 이윽고 평일 퇴근 이후의 시간도 점령해 버렸다. 그는 그림에 점점 미쳐 가고 있었다.

이듬해에는 푸르노 가에 있는 조각가 줄 어네스트 부일로의 집에 작업실을 마련하고 부일로에게 조각을 배우기 시작했으며, 이때 부인 메테와 아들 에밀의 흉상을 제작했다. 서른두 살이 되던 해에는 크로셀가의 작은 집을 빌려 개인 작업실을 마련하고, 퇴근 후 저녁 시간이나 휴일 내내 여기서 그림 그리기와 조소에 몰두했다. 그 결과물인 「누드 습작」 같은 작품은 평단으로부터 좋은 평가를 받았다. 그림에 미쳐 갈수록 실력은 점점 일취월장하고 있었다.

1880년은 고갱의 인생에서 일과 가정, 취미가 잘 조화된 가장 안정적인 시기였다. 주식 중개인으로서 입지도 탄탄했고 부인과의 관계도 좋았다. 그는 아내를 종종 〈덴마크의 진주〉라고 부를 만큼 사랑했고 슬하에 세 아이를 두었다. 그러나 이듬해인 1881년은 고갱이 화가로서 빛을 발하는 해인 동시에 시련의 그림자가 드리워지는 시기이기도 했다. 세계 5대 강국이었던 프랑스 제국이 무너지면서 국가가 재정적인 위기에 빠져들었고, 그해 11월에 주식이 대폭락하자 안정적이었던 고갱의 직업마저 흔들렸던 것이다. 부유했던 파리지앵의 삶은 마침표를 찍었다. 주식 시장 붕괴 두 달 만에 그는 경제적 어려움에 처하게 되었다. 이쯤 되자 그는 장래를 고민하지 않을 수 없었다. 그래도 희망은 있었다. 전시회에서 얻은 호평과, 저명한 평론가 뒤랑 뤼엘이 자신의 그림을 구입했다는 사실은 그에게 열심히 그림을 그리기만 하면 시장에서 통할 수 있으리라는 희망을 주었다.

1882년, 서른넷의 고갱은 가족과 친구들에게 알리지도 않은 채 증권회사를 그만두었다. 뒤늦게 이 사실을 안 부인 메테는 경악을 금치 못했고, 고갱의 스승이었던 피사로조차 그 결정에 깜짝 놀랐다. 예술적 재능이 있었지만 돈 많은 사람의 취미 정도로 여기며 고갱을 지도했던 피사로로서는 그가 직장까지 내팽개치며 전업으로 뛰어들 줄은 몰랐던 것이다. 그만큼 고갱은 화가로서 자신의 가능성을 확신하고 있었다. 어느 날 그는 가족과 친구들에게 〈지금부터 나는 매일 그림만 그리겠다〉고 선언하고는, 그날부터 종일 캔버스 앞을 떠나지 않았다. 고갱의 삶에서 분기점이 되는 순간이었다.

현실은 순탄치 않았다. 수많은 실업자와 폭등하는 파리의 물가가 고갱을 죄어 오기 시작했던 것이다. 게다가 막내 폴 로랑이 태어나면서 가족을 부양해야 하는 부담도 커져 그는 붓을 놓고 틈틈이 광고 벽보를 붙이는 일까지 해야 했다. 그러나 광고 회사에서 더 나은 일을 전업으로 제안해 왔을 때 고갱은 단호히 거절했다. 은행 잔고는 바닥나고 아들도 병에 걸렸지만 인상파 전시회 출품작을 그리는 데 모든 시간과 노력을 바치고 싶었던 것이다. 이후 고육지책으로 파리보다 생활비가 저렴한 루앙으로 이사했음에도 생활은 나아지지 않고 더욱 어려워졌다. 그림에 대한 열정 때문에 생계까지 위협 받자 이미 악화되어 있던 결혼 생활 또한 파국으로 치달았다. 부인 메테는 남편이 가장으로서 능력이 끝났다고 여겼으며, 아이들을 위해서라도 프랑스에 더 머무를 이유가 없다고 판단했다.

결국 고갱은 가족과 함께 처가가 있는 덴마크 코펜하겐으로 이사하고 잠시 동안 섬유회사의 영업사원으로 취직한다. 하지만 고갱은 그곳의 단조로운 생활과 처갓집 식구들의 냉소에 좀처럼 적응하지 못했다. 방황 끝에 결국 그림에 전념하기 위해 아들 클로비스만 데리고 파리로 돌아온다. 파리 생활은 여전히 가난의 연속이었으며, 엎친 데 덮친 격으로 아들은 천연두에 걸려 병상에 누웠다. 고갱은 낮에는 하루 5프랑을 받으며 거친 노동을 했고, 밤에는 아들을 간호하며 간신히 연명해 갔다. 빈곤한 날들이 계속되었다. 늦은 나이에 전업 화가의 세계로 들어선 그에게 예술가의 길은 비싼 대가를 요구하고 있었다.

스승이었던 피사로와의 관계도 점점 악화되었다. 피사로는 초기에 고갱을 자신의 화풍을 이어받을 수제자로 여겼지만, 고갱의 성향은 농촌이나 항구 풍경 등을 주로 그리는 피사로의 화풍과는 많이 달랐다. 고갱은 오히려 동료였던 폴 세잔의 작품에 끌렸다. 세잔의 그림에 어떤 공식이 있을 거라고 생각했던 고갱은 스승에게 그 〈공식〉을 세잔에게 넌지시 물어봐 달라고 청했고, 그 일로 피사로의 불만이 폭발했다. 그는 제자를 기회주의자, 모방자로 멸시하며 편지 한 장으로 결별을 선언했다.

좀처럼 나아지지 않는 형편과 고립으로 고갱은 힘겨워했다. 그 와중에도 그를 구원해 주는 것은 역시 그림이었다. 경제적인 어려움이나 건강상의 문제를 제외하고는 일찍이 선언한 대로 매일 그림을 그렸다. 친구 슈페네커에게 보낸 편지에 당시의 마음가짐이 잘 드러나 있다.

이곳에서 나는 어느 때보다도 치열하게 예술과 씨름하고 있다네. 돈 걱정, 생계 걱정도 나를 막지 못하네. (……) 나는 아직 출발점에 서 있네. 앞으로 6개월 안에는 이렇다 할 결과가 나오기 어려울 걸세. 아무튼 나는 무일푼이라네. 알거지나 다름없지. 그렇기 때문에 꿈에서 위안을 찾으려 하는지도 모르겠네. 하지만 살다 보면 형편이 좀 필 날도 오겠지.[55]

당시 고갱의 그림은 자기 고유의 그림관이나 화풍이 정립되지 않은 상태였다. 뒤늦게 그림을 시작한 그로서는 일찍 시작한 다른 유명한 화가를 모방하며 따라갈 수밖에 없었다. 그런 이유로 초기에 그의 작품은 대부분 인상파 작품들을 따라 그리는 수준을 크게 벗어나지 못했다. 그러다가 점점 떠오르는 신인상주의Neo-Impressionism에 발맞추어 새로운 실험을 하기 시작했다.

가난했던 그는 모델을 구할 수 없었고 결국 그가 자유롭게 그릴 수 있는 대상은 자기 자신이었다. 고독한 다락방에서 거울에 비친 자화상을 그리며 인상파의 영향에서 조금씩 벗어나기 시작했다. 하지만 다른 한편으로는 당시 부상하는 젊은 화가들의 새로운 회화 기법을 보며 자신의 재능을 의심하기도 했다. 그에게는 새로운 환경과 충전의 시간이 절실했다. 하루하루가 생존의 전쟁터인데다가 젊은 화가들이 무섭게 치고 올라오는 경쟁적인 파리는, 아직 그림관이 뚜렷하지 않은 고갱이 견디기 힘든 곳이었다. 마침내 그는 자신만의 화풍을 확립할 새로운 환경을 찾아 떠나기로 결심했다. 이 무렵 아내에게 보낸 편지에 고갱은 이렇게 적었다.

어쨌거나 이번 겨울에는 브르타뉴에 가서 그림을 몇 점 그려 보려고 하오. (……) 누군가 내게 오세아니아에서 농사를 지어 보라며 일자리를 마련해 주더군. 하지만 이건 내 미래를 포기하는 거나 마찬가지요. 인내와 약간의 지원만으로 좋은 날이 보장된다면 난 결코 예술을 포기하지 않을 거요.[56]

그는 1886년 화가 마을인 브르타뉴의 퐁타방으로 이사했다. 풍광이 아름답고 화가들에게 스스럼없이 포즈를 취해 주는 주민들도 많아 가난한 화가들이 모여 공동체를 형성한 곳이었다. 게다가 물가가 싼 덕분에 생활비를 줄일 수 있었다. 이곳에서 고갱은 자신의 화풍을 단순화할 수 있는지 실험했다. 고갱은 그간 습득해 왔던 인상파풍의 묘사를 버리고 특유의 장식적인 방식으로 그림을 그리며, 토기류 제작에도 관심을 가졌다. 처음에 고갱은 피사로의 조언을 따라 인상주의 기법을 시도했

폴 고갱, 「설교가 끝난 후의 환상」, 1888년.

지만, 이후 도자 예술에 심취하고 일본 미술과 접하는 등의 독특한 경험을 통해 점차 독창적인 화풍을 형성해 나갔다. 시간이 흘러 고갱은 퐁타방 화가촌의 젊은 화가들 사이에서 실력을 인정받아 중심 인물로 떠오르게 된다.

브르타뉴의 자연 환경에 매료된 고갱은 점점 오염되지 않은 순수한 원시 세계를 갈망했다. 그는 특별한 소재를 발견하고 창작에 전념하기 위해 문명 사회를 떠날 생각을 품었다. 어느 날 그는 결단을 내리고, 병약한 아들을 덴마크에 있는 아내에게 돌려보내고 〈한 사람의 야만인으로〉 원시 환경에서 살기 위해 파나마행 배에 몸을 실었다. 대자연의 강렬한 원시성을 캔버스에 담고픈 강한 충동 때문이었다.

그러나 기대도 잠시, 그가 도착한 파나마는 원시의 낙원이 아니었다.

그곳에선 인간이 벌인 가장 거대한 토목공사의 하나인 대운하 건설이 한창이었던 것이다. 실망한 그는 카리브 해의 마르티니크Martinique 섬으로 이동하여 작은 오두막을 짓고 터전을 마련했다. 브르타뉴보다 훨씬 원시적인 이 섬에서 보낸 시간은 고갱이 자기 고유의 미술 세계를 창조하는 바탕이 되었다.

고갱은 인상주의의 그림자에서 완전히 벗어나 자신의 그림들에 독창적인 깊이를 더해 갔다. 바야흐로 고갱의 원시성과 종합성이 싹을 피우는 시기였다. 마르티니크에서 그린 그림들은 이전의 그림들에 비해 색채의 명암을 표현하는 감각이 돋보였다. 그 섬에는 눈부신 태양과 원시의 자연이 있었다. 강렬한 태양빛은 그의 가슴속에 잠들어 있던 원시적 본능을 일깨웠고, 고스란히 그림으로 표출되었다. 고갱은 자연의 원시성을 활용하여 내면 세계를 상징적으로 표현하는 풍경화를 그려냈다. 그는 〈예술이란 하나의 추상 작용〉임을 확신하며 자연과 인간을 포괄적으로 주시하며 통합하고 있었다.

섬 생활이 순탄했던 것은 아니었다. 고갱은 원주민의 집에서 그들의 일상을 지켜보며 즐겁게 지냈지만, 그곳의 여름은 너무나 더웠고 거주지는 비에 젖어 점점 허물어져 갔다. 결국 설사병과 고열 때문에 매우 고통스러워하다가 이듬해 파리로 돌아왔다. 돌아온 그는 파리를 떠나기 전에 비해 확연히 다른 사람이 되어 있었다. 그림 「설교가 끝난 후의 환상」을 그린 후 그는 이렇게 고백했다.

올해 나는, 나의 모든 것, 모든 기법, 모든 스타일을 희생시켰다. 나는 내가 그릴 줄 아는 것과는 다른 그 무엇을 그리고 싶기 때문이다.[57]

오랫동안 영향을 받았던 피사로의 스타일과 기법은 이제 완전히 사라졌다. 원근법에 구애받지 않고 장식적인 구도와 평면적 색채로만 그린 고갱의 그림들은, 그가 고착화된 껍질을 깨고 자신만의 세계로 나왔음을 보여 주고 있었다. 고갱이 혼신의 힘을 다해 정립한 화풍은 훗날 〈종합주의〉라고 불렸는데, 인상주의 화가들처럼 외형과 바깥의 현상을 재현한 것이 아니라 화가의 상상과 경험을 종합하여 감추어져 있던 세계를 표현했기 때문이다. 그는 강렬한 색과 굵은 선, 형태의 단순화를 통해 자신의 원시적 감정을 그려냈다. 취미로 그림을 수집하고 스케치를 하며 대가의 작품을 흉내 내던 그가 비로소 자신만의 세계를 창조하여 대가의 반열에 올라서는 순간이었다.

대가를 따르라! 그런데 대가를 흉내 내야 할 이유가 무엇입니까? 대가가 왜 대가이겠습니까? 그들은 누구도 흉내 내지 않았기 때문에 대가인 것입니다.[58]

헤르만 헤세,
회화로 삶의 위기에 맞서다

1차 세계 대전은 유럽을 통째로 뒤흔들어 불행에 빠뜨렸다. 그리고 재능 있는 문학가로 날개를 펼치며 비상하던 헤르만 헤세Hermann Hesse에게도 커다란 불행의 화살이 되었다. 당시 헤세는 소설의 연이은 성공으로 도처에서 초대를 받으며 인기 소설가로 명성을 구가하고 있었다. 세 아이의 아버지로 풍광 좋은 집에서 창작에 열중하고, 때때로 여행을 즐기며 안정과 안락을 동시에 누리고 있었다. 하지만 1차 세계 대전의 시작과 함께 그의 멋진 인생은 전혀 예상치 못한 방향으로 추락하기 시작했다.

헤세는 자신의 조국 독일의 군국주의가 일으킨 전쟁에 동참할 수 없었다. 특히 독일의 지식인들이 전쟁을 반대하기는커녕 오히려 〈군국주의가 없었다면 독일 문화는 옛날에 자취를 감추었을 것〉이라는 내용의 성명을 발표하는 등 전쟁을 지지하고 민족주의를 부추기는 모습에 크게 실망했다. 결국 그는 전쟁과 극단적 민족주의에 반대하는 글을 써서 독일과 스위스, 오스트리아 등의 신문과 잡지에 줄기차게 게재했다. 특히 예술가와 학자들이 민족 간의 증오심을 부추기고 〈전쟁을 정신의 세계 속으로 옮겨 놓는〉 행동에 대해 신랄하게 비판했다. 헤세는 예술가의 시선은 국경을 넘어 인류를 향해야 한다고 주장했다. 그러나 이런 발언으로 인해 그는 독일에서 엄청난 곤욕을 치러야 했다. 독일 언론으로부터 조국의 배신자, 매국노라는 지탄을 받았을 뿐만 아니라 그를 향한 분노의 편지들이 쏟아지면서 각종 위협에 시달려야 했다. 심지어 그의 모든 저서가 판매 및 출판 금지 처분을 받기에 이른다.

거기에 더해 헤세는 아버지가 사망했다는 소식을 듣는다. 그는 아버지를 돌보지 않았다고 스스로를 책망하며 몹시 비통해했다. 엎친 데 덮친 격으로 부인이었던 마리아마저 정신질환을 앓게 되었고, 막내아들도 중병으로 병원에 입원한다. 한꺼번에 닥친 어려움들로 인해 헤세 역시 심각한 정신적 위기에 직면하고 결국 글쓰기를 중단하게 된다. 고통받던 헤세는 정신과 의사를 찾아가게 되는데, 이때 만난 사람이 카를 융의 제자 요제프 랑Josef B. Lang이었다. 헤세는 요제프 랑의 도움을 받아 심리치료에 전념했다. 랑은 집요하게 그를 유년시절과 청소년기로 반복해서 되돌아가게 했고, 그때 만난 기억들은 헤세에게 커다란 충격을 불러일으켰다. 랑과의 대화는 헤세가 자기 자신에 대해 진실할 수 있는 사람이 되게 해주었다.

헤세는 랑과 함께 한 치료에 자극을 받아 〈꿈 일기〉를 쓰기 시작했고, 이것은 꿈을 더욱 풍부하게 해주었다. 어느 날 꿈에서 헤세는 술에 취해 밤에 돌아다니는 한 인물을 만났다. 금발의 다부진 인상의 남자는 헤세에게 다짜고짜 덤벼들었고 둘은 뒤엉켜 싸움을 벌였다. 헤세는 결국 이 남자에게 지고 말았다. 돌아가려는 그에게 헤세가 이름을 묻자 그는 고개를 돌려 〈데미안〉이라고 답했다. 꿈에서 깬 헤세는 처음에는 이 패배를 부끄럽게 여겼지만 그의 마음속에 데미안이라는 이름은 사라지지 않고 창작의 씨앗으로 남았다.

헤세는 전쟁이 시작된 이래로 평론과 신문 기사를 제외하고는 글을 쓰지 못하고 있었다. 심리치료를 하며 일어난 내면의 변화를 문학적으로 변용하여 소설과 심리치료를 결합하고 싶었지만, 어디서부터 풀어야 할지 갈피를 잡지 못했다. 그는 무언가가 솟아날 때까지 잠자코 기다렸다. 더 이상 예전처럼 억지로 쥐어짜듯 소설을 쓰고 싶지는 않았던 것이다. 이때 데미안에 관한 꿈은 새로운 소설을 쓰는 데 결정적인 계기가 되었다. 헤세는 꿈을 꾼 지 몇 주 만에 데미안과 자신의 과거 경험을 엮어 소설 집필을 마쳤다. 종이가 부족해 베른의 관청 편지지 뒷면에 휘갈겨 글을 쓸 정도로 그는 몰입해서 썼다.

에밀 싱클레어라는 가명으로 출간된 이 책 『데미안』은 헤세가 가장 힘겨웠던 시기에 완성한 작품이었다. 이 책은 사람들의 마음을 단번에 사로잡았고, 카를 융 역시 예외가 아니었다. 융은 『데미안』을 읽고 강한 인상을 받은 나머지 헤세에게 편지를 보냈다. 융은 때마침 북아프리카 여행에서 돌아왔고, 자신의 책 『심리 유형』을 마무리 지은 상태였다. 이 책은 헤세에게도 깊은 인상을 남겼기에 융에게 연락을 받았을 때, 답신을 보내 자신과 함께 심리 분석을 해보자고 융을 설득했다. 이후 간헐적으로 중단되기는 했지만 융과의 심리 상담은 1921년 여름까지 계속되었다. 〈핏발이 서고 고통스럽다〉고 할 정도로 인내의 한계에 이르는 상황도 있었지만 그는 랑에 이어 융으로부터 많은 도움을 받았다.

요제프 랑과 카를 융 둘 다 상담 중에 헤세에게 〈당신의 아픈 마음을 치유하는 데 그림 그리기가 분명 도움이 될 것〉이라고 조언했다. 헤세는 전문적인 그림 수업을 받은 적이 없었지만 왠지 그 조언에 마음이

헤르만 헤세

끌렸다. 그는 아무런 부담 없이 마음 가는 대로 그림을 그리기 시작했다. 나이 마흔이 되는 시점이었다. 헤세는 스위스의 아름답고 평화로운 풍경을 서툰 솜씨로 그리며 문학 창작에서 느끼지 못했던 희열과 평안을 느꼈다. 그는 어느 편지에서 이렇게 말했다.

나는 지금까지 살아오면서 한 번도 해본 적이 없는 것, 즉 그림을 그리는 가운데 종종 견디기 어려운 지경에 이르는 슬픔에서 벗어날 수 있는 탈출구를 발견했다. 그것이 객관적으로 어떤 가치를 지니는가는 중요치 않다. 내게 있어 그것은 문학이 내게 주지 못했던 예술의 위안 속에 새롭게 침잠하는 것이다.[59]

헤세는 성공한 작가로서 글을 쓸 때 느꼈던 긴장과는 달리 그림을 그리면서 진정한 해방감을 느꼈다. 잘 그려야 한다는 부담감 없이 〈그림과 자연을 통해 내 마음과 대화를 나눈다〉는 소박한 느낌에 충실했기 때문이다. 그의 입을 빌리면 〈그림을 그리고 나면 글을 쓴 뒤처럼 손가락이 시꺼멓게 되지 않고 붉어지거나 푸릇해졌다.〉 헤세는 그림을 그리며 지금까지 억압되어 온 감정과 화해하는 법을 점차 터득하게 된다. 실제로 『데미안』의 주인공 싱클레어가 그림 그리기를 통해서 진정한 자신과 만나는 방법을 알아가는 장면은 헤세의 이러한 변화 과정을 잘 보여 준다.

헤세의 그림과 소설을 비교해 보는 것은 매우 흥미롭다. 둘의 분위기가 매우 다르기 때문이다. 헤세는 심각한 위기에 처한 사람이 그린 그림이라고는 상상할 수 없을 정도로 화사하고 밝은 수채화를 즐겨 그렸다. 추상적이거나 복잡한 그림은 찾아보기 어렵고 단아하고 소박한 그림이 다수를 차지하며, 인물화는 극히 드물고 거의 대부분이 풍경화다. 겨울 풍경은 적고, 밤 풍경보다 낮 풍광이 압도적으로 많은 것도 특징이다. 그가 암담한 현실을 잊고자 색의 유희에 빠져들었음을 짐작할 수 있는 대목이다. 자기 안에 남아 있는 희망과 밝음을 그림으로 극대화하여 표현했던 것이다.

그에 비해 헤세의 소설은 진지하고 무겁다. 거의 모든 소설이 생의 모순과 인간의 이중성, 소명을 실현하기 위해 역경을 뚫고 나가는 인물들의 고군분투를 중심으로 흘러간다는 점에서 어둡고 복잡하다. 또한 모두가 사람에 대한 이야기이며, 거의 모든 소설에서 주요 인물로 에밀 싱클레어와 프란츠 크로머, 나르치스와 골드문트 등과 같이 대극적인 인물들이 등장한다는 것도 주목할 만하다. 대극적 인물의 관계를 통해 헤세는 상반된 두 가치가 통합을 이루는 모습을 상징적으로 보여 준다. 예컨대 로고스logos를 상징하는 나르치스와 에로스eros를 상징하는 골드문트는 상대로부터 서로의 〈그림자〉를 확인하며 이를 보완하고 통합한다.

그런 의미에서, 헤세의 밝고 단순한 그림은 어둡고 복잡한 그의 소설과 삶을 보완하고 통합하는 무의식적인 시도였던 것으로 보인다. 소설 쓰기가 현실과의 투쟁이자 진지한 성찰의 과정이었다면 그림 그리기는 그것을 보완할 휴식이며 놀이였다. 그는 소설로 자기 안의 여러 층위의 존재를 살려 내고자 했고, 그림을 그리며 자기 내면을 여러 색깔로 표현해 보고자 했다. 그림을 그릴 때 그는 구름이었고 집이었고 나무였고 꽃이었고 호수였으며, 빨간색이었고 파란색이었고 노란색이었다.

그림의 유희가 어두운 삶에 지친 그를 구원해 주었다. 그는 회화를 통해 위안과 안식을 얻고 현실을 잊었으며, 위기를 극복해 냈다. 그는 본격적으로 그림에 몰두한 1919년에 지은 시 「색채의 마술」에서 노래했다. 〈혼돈의 얽힘 속에서 영원히 새로운 무지개가 선명히 나타난다.〉 1925년에 쓴 어느 편지에서도 〈내 생에 가장 힘든 시기에 처음으로 그림을 그리려는 시도가 나에게 위안을 주고 나를 구원하지 않았더라면 나는 이미 오래전에 저세상 사람이 되었을 것〉이라고 고백했다.

헤세는 그림을 그리기 시작한 마흔 이후부터 죽기 전까지 꾸준히 그렸다. 약 3천 점의 수채화를 남겼으며, 자신의 소설에 직접 삽화를 그려 넣기도 했다. 친구와 지인들에게 수채화가 그려진 편지와 엽서를 보내곤 했다. 출판 금지로 궁핍한 생활을 할 때는 수채화와 직접 삽화를 그려 넣은 시를 엽서에 담아 판매하기도 했다.

무엇이 그를 이토록 사로잡았던 걸까? 어쩌면 〈직업이란 언제나 불행이요, 제한이며, 체념이다〉는 헤세의 말에서 힌트를 얻을 수 있을 것 같다. 한때 그는 글 쓰는 것을 직업으로 삼은 것에 대해 〈나는 재능을 직업으로 선택하는 치명적인 오류를 범했다〉고 후회하기도 했다. 재능과 직업이 같아지면 여유는 사라지고 끊임없이 일에 몰두하게 된다. 타인의 기대에 부응하기 위해 재능을 힘겹게 단련시켜야 한다. 그러나 취미로 시작한 그림은 그런 부담감에서 완전히 자유로울 수 있었다.

글쓰기는 내게 더는 진정한 기쁨을 주지 못했다. 하지만 인간은 즐거움을 누려야 한다. (……) 그런데 보라. 나는 어느 날 완전히 새로운 즐거움을 발견했다. 이미 마흔이 된 나는 갑자기 그림을 그리기 시작했다. 나 자신을 화가로 간주한다거나 화가가 되겠다고 생각하지는 않았다. 그러나 그림은 너무나 멋진 일이었다. 사람을 즐겁고 참을성 있게 만들었다.[60]

심지어 그는 삶의 후반부에 들어서며 글보다 그림 그리기를 더 좋아했다. 심지어 소설가라는 직업을 버리고 화가로서 생계를 유지하는 것을 진지하게 고민했을 정도였다. 그는 「그림 그리기」라는 글에서 이렇게 말했다.

그림 그리기 좋은 날씨의 징조가 보이면 나는 늙어 버린 가슴에서 소년 시절 방학 때 맛보았던 희열, 뭔가를 하려는 마음가짐과 의욕의 조그만 메아리가 다시 아련히 울리는 것을 느낀다. 요컨대 그때가 나의 좋은 시절이었고, 여름이 올 때면 언제나 그런 날이 오기를 기다렸다. 나는 10여 년 전부터 화가로서 근근이 생계를 이어가며 점차 문학에서 손을 뗄 시도를 했다. (……) 문학보다 그림 그리기가 내게 더 중요하다는 것을 보이기 위해 나는 삽화가가 되어 다른 작가의 책을 심지어 두 번이나 그림으로 장식해 주기도 했다. 그러나 이 모든 작업보다 훨씬 멋진 것은 여름 날 바깥의 자연 앞에서, 햇빛과 바람 속에서 그림을 그리는 일이다.[61]

스위스 몬타뇰라의 카차 카무치. 인생에서 가장 힘든 시기, 헤르만 헤세는 이곳에 머물며 그림 그리기를 통해 치유의 시간을 가졌다.

그에게 해방감을 준 것은 그림만이 아니었다. 헤세는 마흔두 살에 스위스의 루가노 호수 근처 몬타뇰라에서 새로운 거처를 찾았다. 친구를 통해 비어 있는 집이 있다는 말에 한걸음에 달려간 헤세는 특이하게 생긴 그 집을 둘러보았다. 집은 첫눈에 마음에 들었다. 카사 카무치Casa Camuzzi라 불리는 이곳은 본래는 집이 아니라 작은 성이었다. 19세기 중엽에 지어진 이 저택은 매우 낡아서 〈고귀한 폐허〉처럼 보였다. 하지만 그것이 문제가 되지는 않았다. 헤세는 그 집을 택했다. 집값이 싸고, 주변 풍경이 좋았기 때문이다. 무엇보다도 2층의 아주 작은 발코니에 서면 발 아래로 나무들이 빽빽한 정원이 가파르게 언덕 아래쪽을 향하고 있었다.

헤세는 카사 카무치에서의 새로운 삶을 해방으로 여겼다. 여전히 상황은 불확실했고 궁핍의 연속이었지만, 기분은 마치 수년간 시달린 악몽에서 깨어난 듯했다. 전쟁을 겪으며 잃어버렸다고 생각했던 열정이 다시 뜨거워지는 것을 느꼈다.

그 공간에서 그는 계속해서 심리치료와 그림 그리기를 하면서 스스로를 돌아보았다. 오랫동안 자신이 어떤 깨달음에 일찍 도달한 사람인 양 행세해 왔음을 알았다. 너무 일찍 맛본 성공의 그늘이었다. 자신은 늘 〈순전한 선의, 고상함과 순수〉를 상상했지만 실제로는 〈진짜 삶은 없는 거세당한 천사〉가 되어 있었다. 자신의 현재 지점을 확인하자, 지금껏 고수해 온 가치와 생각들을 버리고 혼돈 속으로 자신을 던지는 용기를 낼 수 있었다. 진짜 삶에는 순수한 것, 선한 것뿐만 아니라 혼란스럽고 난폭하며 충동적인 것도 포함된다고 믿게 되었기 때문이다. 그는 온몸으로 세상의 빛과 그림자를 받아들였으며 그 모든 것을 그림이나 글로 표현하려고 애썼다. 낮에는 주로 몬타뇰라 주변의 들판과 숲 속에서 그림을 그렸고, 밤에는 카사 카무치의 저택 안에서 미친듯이 글을 썼다. 당시 그는 일기장에 〈나의 양초가 도처에서 동시에 타오르고 있다〉고 적었다.

몬타뇰라로 이주하고 몇 달 안 되어 두 편의 소설 『클라인과 바그너』와 『클링조어의 마지막 여름』이 완성되었다. 두 작품 모두 헤세 자신의 이야기였다. 그가 계속해서 싸우지 않을 수 없었던 고난을 문학적으로 표현해 낸 것이다. 특히 『클링조어의 마지막 여름』은 예술가의 내면 세계와 행동을 깊이 있게 이해하는 작품으로 주목을 받았다. 그림 그리기가 그에게 미친 직접적인 영향이었다. 정신적 위기를 이겨 내기 위해 시작한 그림과 심리치료로 인해 헤세의 내면 세계는 점차 확장되기 시작했고, 이것은 그의 소설에도 영향을 미쳤다. 일례로 이때부터 헤세의 소설은 분량이 늘어나기 시작했는데, 매우 섬세한 세부 묘사와 감정 묘사 때문이었다. 또 하나, 초기의 낭만적인 색채가 눈에 띄게 줄고 『싯타르타』와 같은 작품이 보여 주듯 본격적으로 예술과 영성과 동양의 지혜를 결합하기 시작했다.

『데미안』을 기점으로 헤세는 주로 〈진정한 나〉를 찾는 영혼의 모습을 그리는 소설들을 발표했다. 그의 작품은 잃어버린 자아, 참된 인간성을 찾아가는 여정으로 채워진다. 헤세는 내면의 길을 지향하며 현실과 대결하는 영혼의 모습을 그리려고 했으며, 특히 프로이트와 융의 심리학에서 영감을 받아 무의식의 세계를 넘나들며 인간의 신비를 밝히려고 했다. 노벨문학상을 받은 소설가 토마스 만은 헤세의 70세 생일을 축하하는 연설에서 헤세의 문학을 이렇게 평했다.

정결하면서도 대담하고, 몽환적이면서도 이지적인 헤세의 작품은 전통과 애정과 기억과 비밀로 가득하다. 에피고넨epigonen적 구석이라곤 찾아볼 수 없다. 그의 작품은 상쾌함을 새로운 정신적인 단계, 실로 혁명적인 단계로 고양시킨다.

토마스 만의 평가는 헤세 문학의 특색을 집약하고 있다. 헤세의 전환기 이전 작품은 대체로 정결하고 몽환적이고, 이후의 작품은 보다 대담하고 이지적이다. 『페터 카멘친트』, 『수레바퀴 아래서』, 『크눌프』 등의 초기 작품에서는 서정적이고 낭만적인 분위기가 두드러진다. 그러다가 『데미안』 이후부터 헤세의 작품 세계는 치열하게 자신을 들여다보는 구도자의 모습을 향한다. 『싯다르타』, 『황야의 이리』, 『나르치스와 골드문트』, 『유리알 유희』 등의 후기 작품은 치열한 자아 성찰과 냉철한 문명 비판, 그리고 선과 악, 감성과 이성으로 대변되는 이원론을 넘어서 자기실현을 강조하는 헤세 사상의 정수를 보여 준다. 그는 심리치료와 회화에 몰두하여 위기를 극복해 냈다. 심리치료가 억압된 무의식과 정면 대결하는 싸움이었다면, 그림 그리기는 자연 안에서 의식을 비우는 명상적 치유 활동이었다. 이 두 가지를 통해 헤세는 정신의 위기를 넘어 새로운 정신의 차원으로 진입할 수 있었다. 예전의 문제가 더 이상 문제가 되지 않는 실로 높은 수준의 차원이었다.

삶을 재편하고 정신을 고양하는 취미

2차 세계 대전 당시 나치는 아우슈비츠 수용소의 입구에 〈노동이 그대를 자유롭게 하리라〉라고 새겨 두었다. 그러나 그곳은 인간의 자유와 가장 거리가 먼 곳이었다. 유대인 수용자들은 아침부터 밤까지 일밖에 한 것이 없지만, 그들이 자발적으로 열심히 일했다고 믿는 사람은 아무도 없다. 이제 아우슈비츠는 사라졌지만 수많은 직장인들은 일에 묶인 채 노동의 포로가 되어 살고 있다. 대개의 직장인들은 바쁘지만 그 바쁨은 흥분이나 열정 때문이 아니다. 오늘의 분주함은 내일도 거듭될 것이다. 〈오늘 힘들어도 괜찮아. 내일도 힘들 거니까!〉 하는 자조 섞인 유머에서 직장인들의 마음을 엿볼 수 있다. 매번 굴러 떨어져 내리는 바위를 다시 밀어 올리는 시지프스의 이야기는 우리 시대 직장인들의 서글픈 신화로 굳어져 버렸다.

〈미치지 못해 미칠 것 같은〉 매너리즘을 넘어서기 위해 사람들은 취미에서 숨통을 찾는다. 동호회를 만들고 등산을 가고 악기를 다루는 활동은 종종 우리가 살아서 삶을 즐기고 있음을 확인하게 해준다. 취미는 지루한 일상에 청량한 한줄기 바람이지만 종종 취미를 즐기는 만큼

재충전되는 것이 아니라 일을 그만두고 싶다는 바람만 간절해진다. 그래서 취미 생활에 더 높은 우선 순위를 두고 열중하는 직장인들은 정작 자기 일에서는 평범한 일꾼으로 머물기도 한다. 그러나 어떤 취미를 얼마나 높은 우선 순위로 하건, 대다수의 취미는 답답한 현실을 잊기 위해서 하는 것이지, 현실을 새롭게 창조하기 위해서 하는 것이 아니다.

취미의 세 가지 수준

폴 고갱과 헤르만 헤세는 둘 다 그림이라는 취미를 통해 삶을 재창조했다는 점에서 보통의 취미와 구별된다. 무엇보다도 그들은 자신의 직업 세계를 근본적으로 바꾸어 냈다. 물론 헤세와 고갱 사이에는 무시할 수 없는 차이가 있다.

고갱은 취미를 통해 직업을 전환했다. 처음엔 주로 가벼운 취미로 그림을 수집하다가 주말을 활용해서 직접 그리기 시작했고, 나중에는 평일 퇴근 후에도 그림을 그렸고 개인 작업장까지 두었다. 직장 생활과 병행하며 취미를 즐기다가 생계가 어려워지자 본업을 버리고 그림에 전념했다. 반면 헤세는 직업을 전환하지 않고, 본래 직업을 취미와 결합해 심화하고 확장했다. 3천 점이 넘는 그의 그림은 예술적으로 뛰어나지는 않았다. 그러나 그림 그리기는 그가 정신적 위기를 극복하는 데 큰 힘이 됐으며, 이후 그의 문학 세계에 지울 수 없는 흔적을 남겼다.

두 사람이 취미를 가지게 된 계기 역시 다르다. 고갱은 외형적인 위기(재정 상황)를 타개하기 위해 붓을 들었지만, 헤세가 붓을 든 것은 내면의 위기 때문이었다. 이렇듯 다르게 시작된 이들의 취미 생활은 삶 전체를 새롭게 창조할 정도로 심층의 수준이었다는 점에서 공통점을 보인다. 어떻게 일개 취미가 삶을 통째로 바꿀 수 있었을까? 고갱과 헤세의 취미는 대다수 직장인들의 취미와 어떻게 구분되는가?

세상에는 세 가지 수준의 취미가 있다. 가장 원초적인 취미는 〈일과 일 사이의 쉼〉을 위한 취미다. 다시 일하기 위해서 몸과 정신을 회복하기 위한 활동인 것이다. 물리학자 앨버트 아인슈타인은 문제가 풀리지 않을 때 바이올린 연주로 스트레스를 풀었고, 영국의 정치가 윈스턴 처칠은 짧은 낮잠으로 에너지를 보충했음은 잘 알려져 있다. 2차 세계 대전 기간에도 매일 낮잠을 즐긴 처칠은 〈낮잠은 전쟁을 승리로 이끌고 가야 할 책임을 완수할 수 있는 유일한 방법이었다〉고 말했다. 갈지 않은 도끼로는 오랜 시간 나무를 벨 수 없다. 누구에게나 에너지 충전법이 필요한 이유다.

그 다음 단계의 취미는 〈여가를 즐기기 위한〉 활동이다. 즉 일을 떠나 삶의 다른 부분을 즐기는 시간이다. 삶을 일로 가득 채우고 여가를 내지 못하면 일터가 내가 만난 세상의 전부가 된다. 이런 생활이 계속되면 직장은 감옥이 되어 몸도 정신도 갇히게 된다. 여가 생활은 가족을 포함해 친밀한 이들과 함께 시간을 즐기고, 지친 삶에 숨을 불어넣어 주는 역할을 한다. 이런 취미는 일상의 맥락 전환, 즉 전경(前景)과 배경(背景)을 바꿔 줌으로써 자기 객관화를 가능하게 하고 〈관찰자 시점〉으로 한 발짝 떨어져 문제를 조망할 수 있게 한다.

여가를 즐길 줄 모르는 사람은 브레이크 없는 자동차와 같고, 에너지를 충전하지 않는 사람은 연료 없이 달리는 자동차에 비유할 수 있다. 둘 다 위험하다. 우리는 일해서 얻은 것으로 살아가지만 또한 쉬면서 얻은 것으로 일을 지속할 수 있다. 기름을 채우고, 낡은 부품을 손보는 것은 필수적인 과정이다.

그러나 또한 차를 잠시 멈추고 발을 땅에 붙인 채 대지와 호흡하고 자연과 하나가 되는 것 역시 삶에서 없어서는 안 되는 시간이다. 그것이 바로 가장 높은 수준의 취미에 해당한다.

최상의 취미는 〈삶을 새롭게 고양시키는〉 취미다. 이것은 일상을 한층 높은 차원으로 끌어올리는 동시에 〈살아 있음〉을 체험하도록 돕는다. 아이러니하게도 이런 취미는 저 높고 멀리 있는 목표를 겨냥하지 않고 〈지금, 여기〉에 집중한다. 지금 하고 있는 활동에 온 마음을 쏟아 혼연일체가 됨으로써 지금 이 시간을 특별하게 변모시키는 것이다. 몰입을 통해 우리는 참신한 패러다임을 수용하고 정신을 쇄신하며, 보다 높은 차원의 정신으로 건너뛸 수 있다.

헤세는 자신의 취미인 회화를 통해 세 가지 취미 수준을 자유롭게 넘나들었다. 그에게 그림 그리기는 일종의 휴식이자 저주받은 세계로부터의 해방, 그리고 삶에 깊이를 더하는 명상이었다. 무엇보다 미술은 헤세의 문학에 소재와 문체는 물론이고, 그림을 그리는 듯한 외부 풍경 묘사와 등장인물의 심리 묘사에 이르기까지 독특한 색깔을 더했다. 그의 소설에 본격적으로 예술가가 주인공으로 등장한 것도 이때부터였다. 『클링조어의 마지막 여름』과 『나르치스와 골드문트』 같은 작품이 대표적이다.

반면 헤세에게 깊은 영향을 미쳤던 심리학자 카를 융은 그림을 그리고 돌을 다루는(조각, 돌집 짓기) 활동을 취미로 삼았다. 스승이었던 프로이트와 결별하고 암울한 시기를 보낼 때 그림과 돌 놀이는 그에게 심리적으로 큰 도움을 주었다. 그는 자서전 『기억, 꿈, 사상』에서 〈인생에서 장애에 부딪힐 때마다 나는 언제나 그림을 그리거나 돌을 다루었다.

그런 일은 늘 그 다음에 이어지는 생각과 일을 위한 통과의례였다〉고 고백했다.

헨리 데이비드 소로는 산책을 자신의 〈직업〉으로 생각할 정도로 특별하게 여겼다. 산책을 나갈 때면 눈금이 새겨진 지팡이를 짚고 휴대용 망원경과 확대경, 노트와 연필을 들고 나갔으며 온갖 동식물과 광물을 연구하듯이 살폈다. 번뜩이는 영감은 대부분 걷는 중에 떠올랐고, 일기에 쓸 글감도 산책 중에 주워 담았다. 그의 일기는 산책의 소산이었고, 이 일기를 바탕으로 『월든』을 집필했다. 소로에게 산책은 안식을 주는 장이자 일상을 풍요롭게 하는 기술, 그리고 삶을 새롭게 고양시키는 중심이었다.

이렇듯 자신에게 맞는 취미는 세 가지 수준을 모두 충족시킨다. 여기서 꼭 기억할 점은 세 가지 취미 수준의 모든 장점의 바탕에 〈몰입〉이 자리 잡고 있다는 사실이다. 회복과 충전을 포함해 즐거움과 맥락 전환, 변화와 영감 모두 몰입의 나무에서 열리는 꽃과 열매다.

〈텅 빈 충만〉, 몰입이 주는 창조적 여백

긍정 심리학의 대가 미하이 칙센트미하이에 따르면 사람들은 뭔가에 몰입flow할 때 가장 행복해 한다. 그는 〈경험 추출법〉을 활용한 연구를 통해 몰입의 경험이 행복과 직결된다는 사실을 선명하게 보여 주었다. 칙센트미하이의 연구팀은 피험자들에게 메신저를 지급한 후 일주일 동안 무작위로 호출 신호를 보내고, 신호를 받은 피험자들은 그 순간에 자신이 무슨 일을 하고 있으며 몰입과 행복감을 얼마나 느끼는지 기록하여 알려 주었다. 일 년 동안 2,300여 명을 대상으로 일상에서 어떤 활동을 하는 순간에 어떤 감정을 경험하는지 그 정도를 측정했는데 아래의 〈표 4〉가 그 결과이다.

이 결과를 보면 사람들은 맛있는 것을 먹고, 섹스를 하고, 수다를 떨때 가장 행복해 한다. 그러나 여기서 한 가지 짚고 넘어가야 할 것은 이런 활동들의 지속 시간이다. 특히 식사와 섹스는 그 지속 시간이 매우 짧다. 만약 하루 종일 이런 일들만 하면서 산다면 과연 행복할까? 이런 활동들은 일시적인 쾌락을 주지만 만족감은 오랫동안 유지되지 않는다는 함정이 있다. 실제로 표 오른쪽의 〈몰입 정도〉에 나와 있듯 세 활동의 몰입 수준은 최고 수준이 아님을 확인할 수 있다. 오히려 사람들은 최고의 몰입을 취미 활동에서 얻고 있다. 취미는 식사나 섹스보다 행복감은 조금 적지만, 최고 수준의 몰입을 지속적으로 경험하게 한다는 점에서 긍정적이다.

흥미로운 점은 취미를 통한 몰입감이 일에서 받는 스트레스에 대한

	주관적 행복감	동기 수준	몰입 정도
식사	최고	최고	평균
섹스	최고	최고	고
수다 및 사교 활동	최고	최고	고
취미 및 운동	고	최고	최고
텔레비전 시청	보통	최고	하
업무 또는 공부	하	최하	고
휴식	보통	고	최하

출처: 고영건, 안창일, 『심리학적인 연금술』(시그마프레스, 2007), 169면.

〈표 4〉 각종 활동에 따른 행복감, 동기, 몰입 수준의 비교

완충 장치로 작용한다는 것이다. 취미 활동을 하고 있는 동안은 스트레스를 주는 문제 자체를 잊을 수 있다. 그럼으로써 다시 그 문제에 뛰어들 때는 완전히 새로운 시각으로 문제를 바라보게 된다. 이것은 텔레비전이나 오락에 빠지거나 술을 마시는 등 문제 상황으로부터 일시적으로 도피하는 것과는 다르다. 이런 활동들은 문제 상황에서 떠나 있다 할지라도 불안감이 계속 머릿속을 맴돌며, 유령처럼 쫓아다닌다. 반면 취미에 몰입할 때는 마치 스트레스를 유발하는 사건 자체가 전혀 일어나지 않은 것과 같은 상태가 된다. 몰입해 있을 때 생각과 걱정으로 가득 찼던 머릿속은 텅 비게 되며, 이런 〈심리적 여백〉이 문제를 한 발짝 물러나서 바라볼 수 있는 여유를 준다. 장기를 둘 때 선수보다 관전자의 눈에 효과적인 수가 잘 들어오듯, 문제도 한 걸음 떨어져 바라볼 때 잘 풀리는 경우가 많다.

취미가 우리에게 심리적 여백을 주는 까닭은 두 가지다. 먼저, 실패를 허용하기 때문이다. 악기를 다루거나 스포츠를 하는 동안 때때로 긴장은 할 수 있지만 설사 실수를 하더라도 삶에 치명적인 위협을 주지는 않는다. 게다가 취미에서는 늘 다음을 기약할 수 있다. 여기에 더해 취미는 내 마음대로 실험해 볼 수 있는 여지가 큰 활동이다. 반면 일에서는 한 번의 실수가 치명적인 결과를 초래할 수 있고, 운신의 폭이 적다.

취미가 창조적 여백을 주는 더 근본적인 이유는, 몰입하는 과정에서 〈자아〉가 사라진다는 점이다. 모든 고통의 중심에는 자아가 있다. 문제에 직면하고 스트레스를 느끼며 고통에 시달리는 대상은 바로 〈나〉이다. 〈나〉가 없으면 문제도 고통도 스트레스도 없다. 그런데 자아가 사라진 만큼 여백이 생기며, 이 여백은 그저 빈 것이 아니라 가능성으로 채워진다. 법정 스님은 이러한 상태를 〈텅 빈 충만〉으로 표현한 바 있다. 〈마음을 비우면 오묘한 일이 일어난다〉는 진공묘유(眞空妙有) 역시 같은 맥락의 표현이다. 흥미롭게도 몰입이 깊어질수록 자아는 흐릿해지는 동시에 고양된다. 사라지는 동시에 더 높이 존재하게 된다는 모순이 생겨 나는 것이다.

무언가에 강하게 몰입한 사람들이 분명하게 체험할 수 있는 이런 상태를 조지프 캠벨은 〈희열bliss〉로 표현했고, 심리학자 에이브러햄 매슬로Abraham H. Maslow는 〈절정 경험peak experience〉으로 정의했다. 매슬로는 절정 경험을 최상의 기쁨과 내적 완성감을 느끼는 순간으로 설명한다. 그는 거의 모든 사람들이 살면서 때때로 절정 경험 상태를 체험하는데, 그 경험에서만큼은 자기를 실현하는 사람이 된다고 말했다.

창조적 여백, 희열, 절정 경험, 진공묘유, 텅 빈 충만 등 표현만 다를 뿐 본질은 같다. 뭐라 부르건 고통받는 〈작은 나〉의 경계는 허물어지고 무언가 거대한 것과 하나가 되며 살아 있음을 경험하는 것이다. 고갱이 온갖 어려움을 겪고 사회의 인정을 받지 못하면서도 그림을 포기하지 못한 이유는, 그림에서 그런 희열을 오롯이 느꼈기 때문이다.

아마추어 정신, 순수한 열정과 즐기는 마음가짐

흔히 아마추어amateur는 〈돈을 벌 정도의 실력은 안 되고, 그저 취미로 가볍게 즐기는 사람〉을 지칭하는 용어로 사용된다. 과연 그럴까? 사실 아마추어는 라틴어의 아마토르amator에서 유래되었다. 이 말은 〈사랑하는 사람lover〉이라는 뜻이다. 즉 아마추어는 순수하게 그 일에 매료되어 스스로의 기쁨을 위해 일하는 사람을 의미하며, 이는 통상적 의미의 프로페셔널professional, 즉 〈물질적 대가를 위해 그 일을 하는 사람〉과 반대되는 개념이다.

즉, 아마추어의 본질은 순수한 열정과 즐기는 태도다. 아마추어는 순수하게 어떤 분야나 활동에 매료되어 돈이나 명성이 아닌 과정 자체에서 기쁨을 느낀다. 대체로 어떤 이데올로기에 집착하거나 도그마에 빠지지 않으며, 그만큼 자유롭고 창의적이다. 폴 고갱처럼 처음에는 아마추어로 시작했지만 모든 프로페셔널을 뛰어넘는 대가로 성장한 사람들이 생각보다 많은 이유가 여기에 있다.

앞서 살펴본 종교학자 카렌 암스트롱은 종교학 학위가 없었다. 비록 수녀원을 경험하긴 했지만 옥스퍼드에서는 영문학을 전공했고, 박사학위 취득에도 실패했다. 그녀는 아마추어로서 독학으로 신학과 종교를 공부했으며, 바로 그랬기에 종교에 열린 마음으로 다가갈 수 있었다. 그녀는 〈대학교에서 신학이나 비교종교학을 공부하지 않은 것이 그렇게 다행스러울 수가 없었다〉고 고백한다.

조지프 캠벨 역시 신화나 종교 관련 학위가 없다. 그 역시 영문학 석사를 취득했을 뿐이며, 아마추어이자 잡학가(雜學家)로 신화와 종교, 분석심리학 등을 스스로 공부했다. 국내 최고의 신화 해설가 이윤기도 관련 학위가 없고 심지어 고등학교도 마치지 못했다. 그는 학교를 컨베이어 벨트라고 불렀는데 자신의 삶에서 가장 잘한 선택을 〈그놈의 컨베이어 벨트에서 뛰어내린〉 것이라고 자부했다. 검정고시를 마치고 늦은 나이에 신학대학에 들어갔지만 이때도 중도 하차했다.

관련 학위가 무용하다는 말은 아니다. 다만 학위는 〈사회적 인증〉으로서 수단은 되지만 평범과 비범을 가르는 기준은 될 수 없다는 것이다. 고갱, 암스트롱, 캠벨, 이윤기는 모두 아마추어 정신을 유지할 줄 아는 프로페셔널이었다. 그들은 전문가가 되어서도 순수한 열정, 즐기는 태도, 자유로운 정신으로 대변되는 〈아마추어적 정신〉을 유지하고자 부단히 노력했다. 〈아는 사람은 좋아하는 사람을 이길 수 없고, 좋아하는 사람은 즐기는 사람을 당할 수 없다〉는 공자의 말은 이런 아마추어 정신의 힘을 잘 보여 준다.

고갱이 큰 난관에 부딪쳤을 때 낯선 곳에서 처음부터 다시 시작할 수 있었던 것은, 전업 화가가 되고 나서도 아마추어 정신을 잃지 않았기 때문이다. 캠벨이 동서고금의 신화를 관통하는 공통 원리를 정립할 수 있었던 것도 늘 아마추어 정신을 간직하고 있었기 때문이다. 이들 전환자들은 취미처럼 순수하게 그 일을 사랑한 힘으로 그 분야를 더욱 확장하고 대중화했다. 취미가 삶의 도약대가 될 수 있는 이유다.

하비스트가 아닌 마니아가 되는 법

많은 이들이 자기만의 휴식 기간을 갖고 싶어 한다. 한 달만 혹은 일 년만 푹 쉬면서 생각을 정리하고, 평소에 하고 싶었던 것들도 하고 싶 다고 토로한다. 일부는 적극적인 휴식을 위해 휴직이나 휴학을 하기도 하지만, 대부분은 잠시의 몽상을 뒤로 한 채 고개를 절레절레 흔들며 일상으로 복귀한다. 그들은 먹고살기 위해서는 어쨌든 일을 해야 한다 고 강변한다. 그런데 정말로 쉬지 않는 이유가 단지 돈 때문일까?

대부분의 사람들이 쉬지 못하는 또 하나의 이유는 휴식의 질과 관련 이 깊다. 즉, 휴식을 통해 얻는 이익이 일하며 돈을 버는 것보다 훗날의 삶에 더 가치 있다고 확신하지 못하기 때문이다. 대다수의 사람들은 쉬 는 동안 몰두할 〈진정으로 가치 있는 활동〉을 아직 발견하지 못하고 있 다. 특히 쉬는 기간이 길수록 몰입할 활동이 더욱 분명해야 하는데, 대 부분은 내가 원하는 〈그것〉을 모르기 때문에 과감히 휴식에 돌입하지 못하는 것이다.

휴식에 대한 저평가는 쉬는 방법을 정확하게 알지 못하는 이유가 크 다. 통계청이 〈2015년 사회조사〉의 일환으로 한국인의 여가 문화에 대해 조사한 결과, 주말이나 휴일의 여가 활용에서 〈텔레비전 시청 (70%)〉과 〈휴식 활동(51%)〉이 각각 1, 2위를 차지했다. 전체 응답자의 74퍼센트가 여가를 만족스럽게 보내고 있지 않다고 대답했고, 그 주된 이유는 〈경제적인 부담(58%)〉과 〈시간 부족(20%)〉 때문인 것으로 나타났다. 앞의 〈표 4〉를 보면 텔레비전 시청은 동기 수준은 최고이지만 행복감은 보통이며, 특히 몰입은 낮은 수준이다. 또 단순히 쉬는 것 또한 몰입은 최하 수준이다. 이런 관점에서 보면 응답자의 4분의 3이 자신의 여가 생활에 만족하지 못한다는 응답은 충분히 이해할 만하다.

진짜 휴식은 단순히 심리적 긴장감이 풀린 채로 가만히 있는 것을 의미하지 않는다. 휴식은 그 자체로 적극적인 활동이 되어야 한다. 심리적 이완 상태가 너무 오래 지속되는 것 또한 긴장 상태만큼이나 해롭기 때문이다. 신체 마비 환자의 몸에 욕창이 생기는 것은 육체에 적정 수준의 긴장이 없기 때문이다. 정신 역시 지나치게 느슨해지면 급격하게 무기력해지고 우울해진다.

능동적으로 활동하는 취미가 가만히 있는 것보다 더 좋은 휴식이 될 수 있는 이유는 분명하다. 우선 무언가에 몰입함으로써 행복감과 활력이 커진다. 잡념이 사라지면서 마음에 여유가 생기고 자신에게 닥친 문제를 새로운 시선으로 생각할 수 있게 된다. 더불어 몰입은 부지불식간에 집중력과 스트레스에 대한 내성을 길러 준다. 일종의 면역 요법으로 작용하게 되는 것이다. 취미가 그저 오락이나 휴식이 아닌 삶을 전환하는 도구가 되는 까닭은 이렇게 복합적인 힘을 가지고 있기 때문이다.

왠지 끌리는 일을 시작해 보라

왜인지는 알 수 없지만 나(승오)는 어렸을 적부터 요리에 관심이 많았다. 그러나 아버지는 아들이 부엌 드나드는 것을 못마땅히 여겼으니, 누구 눈치 보지 않고 요리를 할 수 있게 된 것은 자취 생활을 하면서부터였다. 그래 봤자 친구들이 라면 끓여 먹을 때 혼자서 간단한 볶음밥이나 국밥을 해 먹는 정도였지만, 요리를 하고 있으면 마음이 편해지고 가끔은 시간이 아주 천천히 흐른다고 느낄 정도로 몰입했다.

서른여덟에 두 번째 전환기를 가지면서 본격적으로 요리를 배웠다. 처음에는 3개월만 다니려던 요리 학원을, 할수록 점점 재미가 붙어서 많은 여성들 틈에서(나는 반의 유일한 남자였다) 9개월을 다녔다. 시작한 지 한 달쯤 지났을 때 나는 평생 취미를 발견했다는 걸 직감했다. 기대했던 것보다 요리가 훨씬 즐겁고 뿌듯했던 것이다. 학원의 정규 과정을 끝내고도 매일 집에서 요리를 했다. 2년차가 되자 때마침 텔레비전에서 스타 셰프들이 나오는 요리 프로그램들이 성행했다. 꼼꼼히 챙겨보며 따라해 보니 실력이 일취월장했다. 탕수육, 깐풍새우 등 중국요리나 찌개류, 각종 찜 요리 등 한식은 레시피를 보지 않고도 감으로 요리를 할 수 있을 정도로 제법 실력이 붙었다. 그사이 가사 분담에서 요리는 내 몫이 되었고, 이는 평생 지속될 것이다. 그런데 그 사실이 싫기는커녕 기쁘다.

요리를 즐기며 나는 중요한 사실을 하나 알게 되었다. 요리가 글쓰기나 강의와 일맥상통한다는 것이다. 요리를 배우면서 재능 하나를 확실하게 알게 되었는데, 그건 요리를 하기 전에 미리 머릿속에 〈순서도〉가 그려진다는 것이었다. 애쓰지 않아도 자연스럽게 해야 하는 작업들과

넣어야 하는 재료들의 순서가 차례로 떠올랐고, 그래서 다른 사람들보다 빠르게 요리하면서도 실수하거나 빠뜨리는 것이 적었다.

그리고 어느 순간부터 이 재능을 글을 쓰거나 강의를 할 때도 똑같이 쓸 수 있게 되었다. 어떤 것을 말하고 쓸지, 각각의 소재를 어떻게 배치할지 머릿속에서 휘릭 하고 정리되는 순간을 포착하게 된 것이다. 이후로 그 찰나의 순간을 붙잡아 메모를 먼저 해두고 글을 쓰거나 강의를 한다. 식재료와 양념을 순서에 맞게 조리하듯 〈지식 재료〉들을 맛깔 나게 엮는 것 또한 작가나 강연가에게 요긴한 능력이다. 덕분에 강의와 글쓰기 준비는 수월해졌고, 예전에 비해 흐름이 더 좋아졌다. 취미에서 출발한 요리가 뜻하지 않게 직업에도 영향을 준 것이다. 가볍게 시작한 취미가 어느새 삶에 깊숙이 스며들었다.

그러나 더 중요한 것은 요리를 시작한 후부터 내가 예전보다 더 깊이 몰입하고 더 자주 웃는다는 것이다. 식탁에 앉아 음식을 먹을 때도 좋지만 주방에서 요리를 하고 있을 때 그 분위기와 흐름이 마음을 편안하게 한다. 요리할 때 생각은 줄고 정신은 또렷해진다. 요리를 끝내면 식탁에 둘러 앉아 함께 삶을 나눈다. 시간이 흐르면 아이와 손주들이 함께 식탁에 앉아 입맛을 다실 것이다. 아버지는 평생 취미를 갖지 못한 것을 후회하며 내게 평생 즐길 만한 취미를 찾으라고 충고했는데, 다행히 나는 아버지의 말을 따를 수 있게 되었다.

〈부담 없는 몰입〉을 통해 제대로 된 휴식을 취하고 싶다면 그저 텔레비전을 보거나 소파에 걸터앉는 것에서 벗어나 자신에게 잘 맞는 구체적인 활동을 찾아야 한다. 이를테면 예전부터 끌렸던 일을 붙잡아 파고들어 보자. 과거에 하다 말았던 그림이나 악기 연주를 시작해도 좋고, 한 번도 해보지는 않았지만 왠지 끌리는 꽃꽂이나 요리를 배우는 것도 좋다. 늘 마음속에만 담아두었던 의미 있는 봉사 활동을 시작해도 좋다. 무엇이든 자신에게 몰입을 통한 안식과 활력, 즐거움과 영감을 줄 수 있다면 그것이 바로 최상의 취미다.

욕망이 아닌 소망에 주목하라

무엇이든 〈할 거리〉를 발견했다면 취미를 시작하기 전에 두 가지를 짚어 보라. 하나는 그 활동이 자신이 진짜 원하는 것인지, 다른 하나는 오랫동안 그 일을 즐겨 할 수 있는지에 대한 것이다. 사실 이 두 가지 질문은 같은 의미다. 어떤 계산적 이유도 없이 순수하게 그것을 좋아해야 오래 즐길 수 있기 때문이다.

독일의 철학자 마르틴 하이데거는 〈본래적 자기Selbstheit〉라는 개념을 통해 자신이 진정 원하는 것을 발견하는 방법을 소개한다. 죽음 앞에 자신이 원하는 것들을 가져가 보라는 것이다. 내가 머지않아 죽게 된다고 생각하고 원하는 바를 바라보면 진짜 원하는 것이 드러난다. 평생 동안 죽음에 대해 연구한 엘리자베스 퀴블러 로스가 죽음이 오히려 훌륭한 스승으로 삶을 밝힐 수 있다고 강조한 이유는, 죽음 앞에서 삶의 우선 순위가 명확해지기 때문이다.

하이데거는 평소에 갈망하던 것이라도 얼마 후 죽게 된다고 생각하면 의미가 없어지거나 급격히 가치가 퇴색하는 것들을 〈욕망〉이라 불렀다. 그러나 〈소망〉은 오히려 정반대다. 머지않아 죽게 된다고 생각하면 더욱 간절하게 이루고 싶어지는 것이 소망이다.

욕망은 결과 지향적이다. 성공과 실패에 민감하고, 성취할 때까지 기뺌은 유보된다. 그래서 실패하지 않기 위해 많은 이들이 가는 길을 따라간다. 최대한 빨리 이루고 싶은 마음에 쉬운 길을 찾고, 반칙과 편법의 유혹에 쉽게 흔들리기도 한다. 하지만 정작 욕망을 실현하고 나면 금세 공허해진다. 그래서 더 큰 욕망을 쫓기 시작한다. 이것이 욕망의 아이러니다.

이에 비해 소망은 과정 지향적이다. 소망을 따르는 사람은 〈지금, 여기〉에 집중한다. 소망을 실현하는 과정은 여행과 유사해서, 목적지 때문이 아니라 여정 자체에서 기쁨을 느낀다. 가는 도중에 어떤 일이 일어날지 알 수 없지만 설렘과 기쁨이 상승 작용을 일으켜 어려움을 넘을 수 있는 힘을 준다. 이런 경험을 통해 우리는 역경을 다른 시각으로 바라보게 되고, 그 속에서 깨달음을 얻을 수 있다.

여기, 욕망과 소망을 구분할 수 있는 구체적인 질문이 있다. 만일 그대가 10년 후에 죽는다면 무엇을 하며 여생을 보낼 것인가? 10년은 충분히 긴 시간이다. 마냥 쉬기만 할 수도, 그렇다고 여행만 하며 돌아다닐 수도 없다. 오히려 매일매일 그대에게 기쁨을 주는 일상적인 활동이 중요하다. 큰 결과를 얻었을 때의 성취감이 아닌, 하루하루 이루어 가는 과정에서 그대가 순수하게 희열감을 맛볼 수 있는 것은 무엇인가? 이 질문에 깊이 고민할 때 우리는 비로소 반짝 취미가 아닌 평생의 취미를 시작할 수 있다.

직업의 균형추로서의 취미

사회개혁가 스콧 니어링은 100세를 일기로 생을 마감하기 몇 해 전까지 손에서 삽을 놓지 않은 것으로 유명하다. 그는 글을 쓰고 강의를 하는 사람이었지만 오랫동안 꽤 많은 양의 육체 노동을 손수 했다. 그는 집을 짓고 연못을 파고 돌담을 쌓는 것을 즐겼는데, 특히 돌담은 십수 년간 조금씩 쌓아 올리는 과정을 거쳐 완성되었다. 그는 돌담을 쌓는 일이야 말로 가장 흥미로운 취미였다고 고백한다.

> 우리(부부)는 눈에 띄는 돌멩이는 어느 것 하나 놓치지 않고 가져다가 꼼꼼하게 살펴서 담 쌓을 돌은 여기에, 바닥에 깔 돌은 저기에, 굴뚝용 돌은 저 뒤에, 하는 식으로 분류해 쌓아 놓을 정도로 돌집 짓는 일을 철저하게 즐겼다. (……) 이렇게 집을 짓는 것이 우리에게는 테니스나 골프를 대신하는 레크리에이션이었다. 집을 짓다 보면 운동도 되고, 햇볕도 쬘 수 있고 맑은 공기도 마실 수 있었다. 이렇게 건강을 유지하는 데 꼭 필요한 요소들을 얻으면서 거기에다 아름답고 튼튼한 집까지 보너스로 생기니, 이런 게 바로 일석이조 아니겠는가?[62]

니어링뿐 아니라 많은 전환자들이 머리가 아닌 〈몸〉을 쓰는 취미를 즐겼음에 주목하자. 고갱과 헤세의 회화, 소로의 산책, 카를 융의 돌집 짓기가 모두 그렇다. 법정 스님은 직접 채마밭을 일구고 장작을 쪼개 불을 지펴 차를 달였으며, 자폐증을 극복하고 세계적인 동물학자가 된 템플 그랜딘은 방학 때마다 이모의 동물농장에서 육체 노동을 했다.

이렇듯 많은 전환자들의 취미가 육체 활동을 수반한 것은 그들의 직업이 주로 정신적 작업이라는 사실과 무관하지 않다. 머리를 많이 쓰는 직업에 대한 균형추counter weight로써 몸을 움직여 조화를 유지한 것이다. 〈건강한 육체에 건전한 정신〉이라는 말이 시사하듯 우리 정신은 육체와 균형을 맞출 때 건강하게 기능한다. 교육심리학자인 하워드 가드너Howard Gardner는 〈몸은 자신의 지성을 품고 있다〉고 주장한다. 몸의 움직임을 통해 사고의 폭 역시 넓어진다는 것이다. 모차르트가 작곡을 할 때 손과 입을 부지런히 움직이면서 곡을 쓴 것은, 몸의 움직임이 상상력을 풍부하게 함을 보여 준다.

정신과 육체의 균형뿐만 아니라 진지함과 가벼움, 이성과 감성, 밝음과 어두움, 체계와 비체계 등의 균형 역시 취미의 중요한 고려 요소가 될 수 있다. 헤세의 밝고 단순한 수채화가 어둡고 복잡한 자신의 소설에 대한 무의식적인 반동이었듯이, 취미는 우리의 삶과 직업에 대한 평형추이자 탈출구 역할을 할 수 있다. 기발한 상상과 섬세한 감성으로 채워진 동화책『이상한 나라의 앨리스』를 지은 루이스 캐럴Lewis Carrol이 옥스포드 대학의 수학과 교수였음을 아는 이는 드물다. 그는 가끔씩 옥스포드의 학장이던 리델 교수의 세 딸에게 스스로 지은 이야기를 들려주곤 했는데, 그 이야기들을 엮어『이상한 나라의 앨리스』를 펴냈다. 그는 종일 숫자와 씨름하다가도 저녁이 되면 완전히 다른 사람이 되곤 했는데, 주로 어린이들을 위해 시와 동화를 짓고 사진 촬영과 퍼즐도 즐겼다. 수학 교수로서의 이성과 논리에 대한 균형으로, 감성과 상상력을 자극하는 활동을 즐겼던 것이다.

취미가 직업을 보완하는 균형추가 된다는 사실은, 대부분의 취미가 〈놀이〉의 성격을 띠는 이유를 설명한다. 직업 세계의 온갖 규율과 〈밥벌이의 진지함〉에서 벗어나 놀이를 통해 삶을 풀어 놓음으로써 평형을 맞추는 것이다. 인류 최초의 항생제 페니실린을 발견해 노벨생리의학상을 수상한 알렉산더 플레밍Alexander Fleming은 연구실을 벗어나면 놀이와 게임에 몰두하곤 했다. 포커와 체스뿐만 아니라 골프와 탁구, 수구 등 몸을 쓰는 스포츠에도 능했다. 재미있는 것은 그가 이런 게임을 할 때 통상적인 규칙을 적용하지 않고 재미를 더하기 위해 끊임없이 엉뚱한 규칙을 만들었다는 사실이다. 그는 하나의 골프채만을 사용해 18홀을 돌기도 했고 누워서 골프를 치기도 했으며 실내에서 하는 골프를 구상하기도 했다.

놀이라는 활동은 그 자체로 족할 뿐, 거기엔 어떤 분명한 목적이나 동기가 없다. 놀이는 단순히 푹 빠져 즐기는 것이며, 승패를 따질 필요가 없고 결과를 설명할 의무도 없다. 그러나 놀이에 목적이 없다고 해서 그 놀이의 결과가 그저 즐거움만은 아니며, 훗날 좋은 목적에 어떤 형태로라도 기여할 것임은 의심할 여지가 없다.

만약 무엇을 하고 놀아야 할지 모르겠다면 어린 시절에 즐겨 했던 놀이가 무엇인지 생각해 보자. 어린 시절은 가장 순수한 형태의 열정을 가지고 있는 때다. 그러므로 그때 내가 열중했던 활동은 순수한 나의 〈소망〉일 가능성이 크다. 카를 융은 프로이트와 갈라서고 힘겨운 시기를 보내던 어느 날 우연히 어린 시절의 기억 한 조각을 떠올리게 된다. 그것은 열 살 무렵 돌멩이를 모아 작은 집과 마을을 만들며 노는 장면이었다. 융은 자서전에서 당시를 다음과 같이 회고했다.

아하, 여기에 삶이 있구나! 그 작은 아이는 여전히 여기에 있고, 내게 결여되어 있는 창조적인 삶을 누리고 있다. 그런데 나는 어떻게 거기에 도달할 수 있을 것인가? (……) 내가 그 시절과 다시 이어지기 위해서는

그곳으로 돌아가 아이의 놀이를 하면서 아이의 삶을 한 번 더 살아 보는 수밖에 없었다.[63]

그는 자신의 집 근처 호숫가에서 돌멩이로 집 짓기 놀이를 시작했다. 작은 집부터 시작해 성과 교회 등을 세우며 마을 하나를 완성해 나갔다. 하나의 의식을 행하듯 정해진 시간에 정성껏 돌을 쌓았다. 이것은 단순히 어린 시절의 놀이를 모방한 게 아니었다. 작은 돌로 마을 하나를 완성하듯이 하나하나 자신의 정신을 재창조re-creation하고, 무너진 내면 세계를 재건rebuilding하는 행위였다. 프로이트의 정신분석학의 그늘을 벗어나 자신만의 심리학을 시작하는, 요컨대 융의 거듭남rebirth의 과정이기도 했다. 그는 돌집을 쌓으면서 자기 안의 창조성을 느꼈다. 이 놀이는 융의 내면 세계가 확장됨에 따라 나중에 취리히 호수 근처 볼링겐에 성탑 형태의 호안 별장을 몇 년에 걸쳐 자기 손으로 직접 짓는 것으로 확장되었다. 융은 어린 시절 놀이를 재발견하여 취미로 삼게 된 것을 〈내 운명의 전환점이었다〉고 말했다.

전환기의 취미는 일상의 취미와 그 깊이의 정도가 다르다. 일상에서 우리는 휴식과 기분 전환을 위해 취미 활동을 한다. 전환기의 취미 역시 즐거움을 수반한다는 점은 같지만, 몰입의 정도가 훨씬 깊고 남다른 가치를 부여한다는 점에서 구별된다. 취미가hobbyist와 마니아mania의 차이다. 마니아는 〈그것에 미친 사람〉, 〈그것에 미쳐야 살 수 있는 사람〉을 의미한다.

전환기의 취미는 하나에 푹 빠져 미치는 것이다. 고갱은 주말도 모자라 평일 저녁에 그림을 그리고 전용 작업장까지 마련할 정도로 몰두했고, 헤세는 반평생 수천 장의 그림을 그린 것도 모자라, 아예 본업을 그만두고 그림만 그릴 것을 진지하게 고민했을 정도였다. 소로는 매일 4시간의 산책을 자신의 가장 중요한 일로 여겼으며, 자신이 받은 소명이 야생 자연을 탐구하고 인간의 언어로 옮겨 적는 것이라 생각했다. 이렇게 하나에 꽂혀 미친듯이 몰입하고 〈내가 바로 그것〉의 상태에 이른 사람을 우리는 마니아라고 부른다. 이들의 특징은 취미를 통해 절정 체험을 한다는 것이다. 절정감을 경험한 사람은 그 일의 결과가 아닌 과정에서의 몰입 그 자체가 순수한 기쁨임을 이해한다. 또한 무언가에 푹 빠져들어야만 비로소 오를 수 있는 경지가 있으며, 깊은 몰입 속에서만 눈뜰 수 있는 시선이 있음을 깨닫는다. 그리고 그런 〈초월적 시선〉에 눈을 뜬 마니아만이 취미를 통해 삶을 근본적으로 전환할 수 있다.

전환 도구 5

공간

성소(聖所)에서 새 삶을 시작하다

나란 존재가 무엇인지, 내가 무엇이 될 수 있는지
경험할 수 있는 공간이 있다.
나의 과거와 현재, 그리고 미래의 나에게 말을 거는 공간이다.
그런 성소(聖所)에는 기억과 관찰과 상상을 깨우는 힘이 있다.
기억력은 과거에 대한 반추이고, 관찰력은 현재에의 몰입이며
상상력은 미래를 비추는 빛이다.
전환기의 공간은 몸이 머무는 곳인 동시에
정신적 에너지가 모이고 흐르며 순환하는 장이다.

헨리 데이비드 소로,
월든에서 이상적인 삶을 실험하다

1845년 봄, 스물여덟의 헨리 데이비드 소로Henry David Thoreau는 도끼 하나를 들고 월든 호숫가 숲 속으로 들어갔다. 3개월 동안 소박한 통나무집 한 채를 짓고, 7월 4일 그 집에서 첫날 밤을 보냈다. 이날은 미국의 독립기념일이었다. 독립기념일에 이사한 것은 우연이었지만 월든 호숫가로의 이주는 의도된 것이었다. 소로는 『월든』에서 이렇게 적었다.

내가 숲 속으로 들어간 것은 인생을 의도적으로 살아 보기 위해서였으며, 인생의 본질적인 사실들만을 직면해 보려는 것이었으며, 인생이 가르치는 바를 내가 배울 수 있는지 알아보고자 했던 것이며, 그리하여 마침내 죽음을 맞이했을 때 내가 헛된 삶을 살았구나 하고 깨닫는 일이 없도록 하기 위해서였다. 나는 삶이 아닌 것은 살지 않으려고 했으니, 삶은 그처럼 소중한 것이다.[64]

소로가 월든 호숫가로 거주지를 옮긴 것은 한순간의 충동으로 이뤄진 일이 아니었다. 그는 몇 년 전부터 그곳에 살고 싶어했다. 1841년 12월 24일자 일기에 〈나는 조만간 그 호수 근처로 가서 살고 싶다. 그곳에서 나는 갈대 사이에서 속삭이는 바람 소리만 들을 것이다. 만약에 내가 나 자신을 버리고 떠날 수만 있다면 그곳에서 아주 성공적인 생활을 할 수 있을 것이다〉라고 썼다. 하지만 다음 해에 가깝게 지내던 형 존이 갑작스럽게 세상을 떠나고, 소로는 수개월 넘게 심한 우울증에 시달렸다. 이주 계획은 보류되었다. 1843년 5월에는 평소 존경해 온 랠프 왈도 에머슨의 권유로 그의 친형 집에 가정교사로 들어가 8개월 동안 지냈고, 이듬해에는 아버지가 운영하는 연필 공장에서 부친을 도왔다.

1845년 3월, 소로와 같은 동네에 살던 시인 윌리엄 엘러리 채닝은 좀처럼 삶의 방향을 못 잡고 있던 소로에게 월든 호숫가에 집필실을 겸한 오두막을 짓고 살아 보라고 편지를 보냈다. 채닝은 소로의 절친으로 그가 월든에서 살고 싶은 꿈을 가지고 있다는 걸 알고 있었다. 채닝의 편지에 자극을 받았던 걸까. 소로는 월든에 통나무집을 짓기 시작했다.

그는 왜 한창 젊은 나이에 자연 속에 파묻히고자 했던 걸까? 소로는 사람들이 살아가는 인생에는 무한한 수준이 있다고 생각했다. 죽은 듯 잠든 채로 살아가는 삶부터 늘 깨어 있는 인생에 이르기까지 인간의 삶만큼 크게 차이가 나는 것은 없었다. 이런 생각을 가진 소로에게 오래 전부터 꿈꿔 왔지만 아직 〈살아 보지 못한 인생〉이 있었다. 자연과 함께하며 최대한 자급자족하는 삶, 독서와 글쓰기로 정신적으로 풍요로운 일상, 사회적 시선에 자신을 맞추기보다는 스스로 주인이 되어 사는 인생, 물질과 소비 중심이 아닌 정신과 영성 중심의 삶. 간단히 말해 소로는 자신이 생각하는 이상적인 삶의 방식, 즉 〈소박하고 고상한 삶〉이 실제로 가능한지 직접 알아보고 싶었다.

헨리 데이비드 소로

소로의 고향은 미국 매사추세츠 주에 속한 콩코드 마을이다. 당시 콩코드는 아름다운 자연에 둘러싸여 약 2,000명의 주민이 사는 작은 마을이었다. 마을에서 남쪽으로 2킬로미터가량 떨어져 있는 월든 호수의 크기는 깊이 31미터, 면적 25만 평방미터, 둘레 2.7킬로미터다. 평생 동안 소로는 고즈넉한 콩코드 마을에서 태어난 것을 행운으로 생각했다. 그는 콩코드를 세계의 축소판으로, 월든 호수는 태평양으로 여겼다. 어릴 때부터 콩코드 주변의 숲과 강에 푹 빠져 지내며 월든 호수를 살아 있는 생명이자 친구로 대했다. 〈오, 월든이여, 진정 그대인가?〉 그에게 월든 호수는 〈변치 않는 기쁨과 행복의 샘물〉이었다. 『월든』에서 발췌한 다음과 같은 문장을 보라.

나는 오늘 밤에도 내가 지난 20여 년 동안 거의 매일같이 이 호수를 보아 오지 않은 것처럼 새로운 감동을 받았다. 아, 여기 월든 호수가 있구나![65]

소로가 통나무집으로 들어온 첫날 집은 미완성 상태였다. 그럼에도 그는 이 오두막이 아주 마음에 들었다. 자신이 직접 만들었기 때문만은 아니었다. 그에게 이 집은 〈하나의 결정체〉로 다가왔다. 그는 알게 되었다. 〈나를 가장 매혹시켜 온 우주의 어떤 지역과 역사의 어떤 시대에 더욱 접근해서 살게 되었다〉는 사실을, 또한 자신의 집이 〈항상 새롭고 더럽혀지지 않는 장소에 위치하고 있음〉을.

소로의 오두막 주변은 숲이 무성했고 호수와 가까웠다. 마을과 멀리 떨어져 있지는 않았지만 사방 1.5킬로미터 내에 아무도 살지 않았다. 오지라고 볼 수는 없지만 다른 사람들과 떨어져 자신의 생활을 영위하기에 적절할 정도로 독립된 지역이었다. 이곳에서 소로는 자기 방식대로 먹고 살며 2년 2개월 2일을 보냈다. 이 기간 동안 고정된 직업 없이 오두막 근방에 채마밭을 일구고, 산책하며 자연을 관찰하고, 책을 읽고 글을 썼다.

그에게 자연은 큰 스승이었고, 월든 호숫가는 학교였으며, 거기서 만나는 온갖 동식물 하나하나가 한 권의 책이었다. 비슷한 의미에서 소로는 캐나다 몬트리올을 방문해서 노트르담 교회를 보고서 〈콩코드에는 노트르담 교회가 필요치 않다. 우리의 숲이 훨씬 더 웅대하고 신성한 교회이기 때문이다〉라고 말했다. 그는 〈월든 호수에 사는 것보다 신과 천국에 더 가까이 갈 수는 없다〉고 한결같이 믿었다. 그에게 월든 호숫가는 성소였고, 그 호숫가 한 켠에 손수 지은 작은 오두막은 성소의 중심에 해당하는 〈작은 예배당〉이었다.

사실 마을 사람들은 혼자 은둔하는 소로를 괴짜로 바라봤다. 어떤 이들은 그를 불쌍히 여겼고 어떤 이들은 게으름뱅이로 치부했다. 하버드 대학을 졸업했음에도 안정적인 직업 없이 마음 내키는 일만 하는 철

부지, 매일 산야를 어슬렁거리는 현실 도피자로 봤다. 하지만 〈월든 시기〉를 거치며 소로는 넓어지고 깊어졌다. 『헨리 데이빗 소로우』의 저자 헨리 솔트Henry S. Salt는 〈소로의 생각이 성숙해지고 특유의 문체가 완성된 것도 이 기간 동안이었다. 월든 호수로 들어올 당시의 소로에게는 젊음의 미숙함이 상당 부분 남아 있었지만, 떠날 때에는 성인다운 확고함과 위엄을 갖춰 떠날 수 있었다〉고 평했다.

소로가 월든에서 생활한 26개월은 그리 긴 시간은 아니다. 하지만 이때의 경험이 그의 남은 인생의 방향을 결정했다. 그는 이 시기에 내적 도약을 이뤄 냈다. 월든에 처음 갔을 때 소로는 20대 후반의 나이에 가치관이 불확실하고 책은 한 권도 쓴 적이 없었으며 마을 밖으로 이름이 알려지지도 않았다. 하지만 월든을 떠날 때는 30대를 시작하며 자연과 삶에 대한 확고한 철학과 생활 방식을 몸에 심어 놓았고 첫 책의 원고를 완성했으며 〈시민 불복종〉으로 상징되는 도덕적 신조를 분명하게 갖췄다.

소로의 이런 도약은 어떻게 가능했을까? 결정적인 요인은 두 가지로 요약할 수 있다. 실험과 성찰. 소로는 월든의 자연과 자신의 오두막을 성찰의 장이자 실험실로 삼았다.

소로의 오두막에는 의자가 세 개 있었다. 그의 표현을 빌리면 〈하나는 고독을 위한 것이고 둘은 우정을 위한 것이며 셋은 사교를 위한 것이다.〉 여기서 고독은 자신과의 대화를 의미하고, 두 번째 의자는 벗과의 대화를, 세 번째 의자는 그가 방문객이라고 부른 우연히 만난 이들과의 대화를 뜻한다. 소로는 한 사람을 〈하나의 왕국〉, 즉 세상이라 생각했으므로 세 번째 의자는 세상을 위한 것이라 봐도 무방하다. 그렇다면 소로의 세 개의 의자는 〈성찰〉, 〈관계〉, 〈세상〉을 상징한다.

『월든』을 보면 그가 세 개의 의자 가운데 첫 번째 의자인 〈고독〉을 가장 중요하게 여기고 자주 사용했음을 알 수 있다. 그는 〈고독만큼 친해지기 쉬운 벗을 아직 찾아내지 못하고 있다〉고 고백했다. 홀로 지내며 고독의 의자에 앉아 성찰한 대상은 자기 자신이었다. 그는 외부 세계가 아닌 정신 세계를 탐험하기를 바랐다. 자연과 마찬가지로 자기 내면에도 대륙과 바다가 있으며 다른 사람의 마음에도 그런 대륙과 바다가 존재한다고 믿었다. 그는 〈당신 내부에 있는 보다 위도가 높은 지역을 탐험하라〉며 다음과 같이 덧붙였다.

진실로 바라건대 당신 내부에 있는 신대륙과 신세계를 발견하는 콜럼버스가 되라. 그리하여 무역을 위해서가 아니라 사상을 위한 새로운 항로를 개척하라. 각자는 하나의 왕국의 주인이며, 그에 비하면 러시아 황제의 대제국은 보잘것없는 작은 나라, 얼음에 의해 남겨진 풀 더미에 불과하다.[66]

소로에게 오두막은 일종의 선방(禪房)이었다. 이곳에서 본격적으로 마음을 주시했고, 자기성찰을 지속하여 나중에는 자신의 마음을 정밀하게 들여다볼 수 있는 경지에 이르렀다. 이는 그가 남긴 일기와 『월든』이 증명하고 있다.

또한 그는 월든에서 이상적인 삶의 가능성을 〈실험〉했다. 그의 표현을 빌리면 〈생을 깊게 살기를, 인생의 모든 골수를 빼먹기를 원했으며, 강인하고 엄격하게 살아, 삶이 아닌 것은 모두 때려 엎기를 원했다.〉 소로가 말하는 이상적인 삶을 한 문장으로 요약하면 〈자연과 조화를 이루며 간소하게 생활하고 스스로를 완성해 나가는 삶〉이다. 그는 자신이 살고 싶은 삶을 몸소 실천함으로써 실험했다. 구체적으로 무엇을 어떻게 실험했을까?

1) 직접 집 짓기. 소로는 『월든』에서 통나무집을 짓는 데 들어간 비용을 자세히 밝혔다. 그에 따르면 당시 하버드 대학의 학생이 1년 동안 방을 빌리는 데 드는 비용보다 적은 돈으로 집을 완성했는데 총 비용은 28달러 12센트였다. 물론 그가 지은 집은 가로 3미터, 세로 4.5미터, 높이 2.4미터 크기에 방 한 칸짜리였으니 보통의 가정집이 아닌 작은 오두막에 가깝다.

소로는 몇몇 지인들의 도움을 받았지만 거의 대부분 혼자 힘으로 집을 완성했다. 그가 집을 손수 지은 이유가 있다. 소로는 집 짓기를 육신이 머무는 공간을 마련하는 동시에 정신의 거처를 건축하는 일로 여겼다. 그에게 월든은 외부에서 찾아낸 마음의 고향이었으며 그곳에 짓는 집은 마음의 중심을 건축하는 것과 같았다. 다시 말해 직접 집 짓는 일은 정신을 훈련하는 것과 다를 바 없었으며, 그 공간은 성찰과 공부의 중심점이 될 터였다.

2) 생계를 위한 노동 시간 최소화. 경제적 자립과 자율적 노동은 소로가 월든 생활을 통해 실험해 보고자 했던 중요한 가치였다. 이를 위해 필요한 가구를 손수 만들고 농사를 지으며 최대한 자급자족했다. 그에 따르면 1주일 생활비는 27센트에 불과했고, 첫해에 농사로 8달러가 넘는 순이익을 냈다. 그는 이 실험에 들인 시간이 짧았음에도 불구하고 자신이 그해 콩코드에서 가장 자주적인 농부이자 성공적인 농사를 지었다고 자부했다.

그는 조직에 의해 끌려가거나 사회적 시선에 좌우되는 노동을 거부했다. 대신에 자발적이고 즐거운 노동을 추구했다. 일이란 의무나 강요가 아닌 창조적인 활동, 일 그 자체가 목적이고 기쁨이어야 했다. 그가 월든에 있는 동안 돈을 벌기 위해 일한 날은 1년에 50일을 넘지 않았다. 일주일에 하루 일하고 엿새는 자유롭게 보낸 셈이다.

3) 의식주의 간소화. 소로가 지향한 또 하나의 가치는 간소한 생활이다. 이 가치의 실현 가능성을 모색하기 위해 의식주를 단순화하는 실험을 했다. 당시 미국 사회 전반에 물질주의와 기술이 주는 편리함의 그림자가 점점 짙어지고 있었다. 옷과 음식과 집은 사회적 지위를 보여주는 기준이자 사람을 평가하는 근거가 되었다. 소로는 이런 시류를 따르지 않았다.

한번은 누군가가 좋아하는 음식이 뭐냐고 묻자 그는 〈가장 가까이 있는 것〉이라고 답했다. 음식은 건강과 생존에 필요한 정도면 족했다. 이런 생각은 옷과 주거 공간에도 그대로 적용되었다. 옷은 날씨와 체형에 맞으면 충분하고, 집은 적절한 크기에 비가 새지 않고 환기와 난방에 문제가 없으면 되었다. 그는 사치품을 철저히 배제하고, 최소한의 필수품으로 검소하게 생활했다.

4) 자기다운 삶을 위한 하루의 재편. 소로는 자신이 살고 싶은 대로 하루를 설계했다. 그의 〈하루 경영〉의 초점은 육체와 정신, 그리고 영적인 활동의 조화였다. 그는 아침 일찍 일어나자마자 세례를 받듯 경건한 마음으로 월든 호수에 몸을 담갔다. 그리고 오전 시간은 주로 고전 중심의 독서와 명상, 채마밭 가꾸기로 채워졌다. 낮에는 거의 매일 평균

메사추세츠 주 월든 호숫가에 복원해 놓은 헨리 소로의 오두막. 소로는 이곳에서 26개월
을 보내며 스스로를 성찰하고 삶을 실험했다.

4시간 산책을 했다.

저녁에는 주로 일기와 책을 썼다. 특히 일기에 너무 매달리는 건 아
닐까 스스로 걱정할 정도로 일기 쓰기에 각별한 의미를 부여했다. 그에
게 일기는 내면과 외면 생활, 이를테면 사유와 산책, 독서와 글쓰기를
결합하는 방편이었다. 일기와 함께 소로는 월든 생활 중에 첫 책『콩코
드 강과 메리맥 강에서 보낸 일주일』의 원고를 완성하고,『월든』의 초고
를 썼다.

그는 월든에서 홀로 조용히 지냈지만 예기치 않은 사건에 휘말리기
도 했다. 한번은 미국의 노예 제도와 멕시코 전쟁에 저항하기 위해 세

금 납부를 거부하여 감옥에 갇히기도 했다. 감옥에서 하룻밤을 지내고 누군가 세금을 대신 내준 다음에야 풀려날 수 있었다. 이 사건은 소로에게 개인과 국가, 자유와 권력에 대해 깊이 생각하는 계기가 되었을 뿐만 아니라 훗날 마하트마 간디와 마틴 루서 킹을 비롯해 많은 이들에게 영향을 미친 책『시민의 불복종』을 쓰는 계기가 되었다.

소로는 월든에서 자연을 탐색하고, 자연을 거울 삼아 자신을 탐구했다. 치열한 성찰과 여러 실험을 통해 스스로를 교육하고 완성해 나갔다. 꿈을 응집하면 목표가 되고 행동을 반복하면 습관이 되는 것처럼 열정과 신념도 계속 강화하면 성숙한 기질이 된다. 소로는 26개월간의 월든 생활이라는 성찰적 실험을 통해 자연과 삶에 대한 확고한 철학과 생활방식(자연과의 교감, 절제와 고독과 침묵, 자율과 자립 등)을 체득했다. 그는『월든』에서 자신이 깨달은 바를 다음과 같이 요약했다.

나는 실험에 의하여 적어도 다음과 같은 것을 배웠다. 즉 사람이 자기의 꿈의 방향으로 자신 있게 나아가며, 자기가 그리던 바의 생활을 하려고 노력한다면 그는 보통 때는 생각지도 못한 성공을 맞게 되리라는 것을 말이다. 그때 그는 과거를 뒤로 하고 눈에 보이지 않는 경계선을 넘을 것이다. 새롭고 보편적이며 보다 자유스러운 법칙이 그의 주변과 그의 내부에 확립되기 시작할 것이다. 그렇지 않으면 묵은 법칙이 확대되고 더욱 자유로운 의미에서 그에게 유리하도록 해석되어 그는 존재의 보다 높은 질서를 허가받아 살게 될 것이다. 그가 자신의 생활을 소박한 것으로 만들면 만들수록 우주의 법칙은 더욱더 명료해질 것이다. 이제 고독은 고독이 아니고 빈곤도 빈곤이 아니며 연약함도 연약함이 아닐 것이다.[67]

스콧 & 헬렌 니어링,
도시를 떠나 자급농으로 삶의 대안을 찾다

경제학자이자 사회개혁가 스콧 니어링Scott Nearing은 젊은 시절 남부러울 것 없는 인생을 살았다. 부유한 사업가 집안에서 태어나 명문대에서 박사학위를 받고 20대에 펜실베이니아 대학 워튼 스쿨의 경제학 교수가 되었다. 30대에는 이미 많은 저서를 썼으며, 버트란트 러셀 Bertrand Russell에 버금가는 강연으로 수천 명의 대중들에게 감동을 주는 명연설가이기도 했다. 경제학자로서 그는 주로 부의 분배 문제에 관심이 많았고, 소수의 부자에게 기회가 독점되는 것을 방지하기 위한 사회적 개입이 필요하다고 주장했다. 또한 사회 제도를 개선하는 일뿐만 아니라 가치관이 변화해야 사회와 경제가 발전한다고 생각했다.

그는 아동 문제에 관심을 갖고 아동의 노동 착취에 반대하는 운동을 벌이다 대학교에서 해직되었다. 그 후 톨레도 대학에서 다시 교수로 임용되었지만 미국이 1차 세계 대전에 참전하기로 결정하자 『거대한 광기 *The Great Madness*』라는 책을 출간하여 미국의 참전을 비판하며 반전주의자로 활동하다 다시 해직되었다. 지금은 상식이 된 니어링의 가치관은 맹목적인 민족주의를 앞세운 당시 미국 사회에서는 인정받기 어려웠던 것이다.

스콧 니어링의 추락은 헤르만 헤세와 많이 닮았다. 둘 다 젊은 시절부터 각광받는 지식인이었고, 자국의 전쟁 반대를 계기로 〈사회적 왕따〉를 경험했으며, 자연을 통해 치유를 받았다는 점에서 비슷하다. 그러나 니어링의 추락이 헤세보다 더 혹독했다고 볼 수 있다. 피라미드의 꼭대기에서 바닥으로 떨어지는 데 채 1년이 걸리지 않았으니, 급격하고 완전한 몰락이었다.

그는 모든 것을 잃었다. 가장 정력적인 시기에 두 번이나 교수직에서 쫓겨났으며 국가로부터 위험분자로 몰려 법무성이 그의 원고를 압수해 버렸고, 스파이 활동 혐의로 기소되기까지 했다. 차츰 강연 요청도 끊겼으며 신문에 기고하는 글조차 거절당했다. 물론 이미 출판된 책들도 판매 금지 처분을 받았다. 그는 직장만 잃은 게 아니라 가족으로부터도 외면당했다. 아내는 경제적 능력을 거의 상실한 남편을 비난하며 별거를 선언하고 두 아이를 데리고 떠나 버렸다. 국가와 직장과 가족 모두로부터 버림받은 스콧 니어링은 얼마 되지 않는 연금에 의지하며 홀로 근근이 버텨야 했다. 처절한 실패였다.

인생의 바닥에서 좌절하고 있는 그에게 새롭게 시작할 수 있는 힘을 북돋아 주는 인연이 나타났다. 당시 마흔다섯 살이던 니어링보다 스무 살이나 어린 여성 헬렌 노드Helen Knothe를 만난 것이다. 헬렌은 스콧과 비슷하게 상류층의 집안에서 태어나 풍요롭게 자랐다. 어려서부터 음악에 재능을 보여 바이올린과 피아노에 뛰어났던 그녀는 고등학교 졸업 후 음악 공부를 위해 유럽으로 유학을 떠났다. 네덜란드 암스테르담에 머무는 동안 헬렌은 우연히 신지학회(神智學會)를 이끄는 핵심

스콧 니어링과 헬렌 니어링

인물들을 알게 되었는데, 특히 인도의 젊은 영적 지도자 지두 크리슈나
무르티Jiddu Krishnamurti를 만나고 그에게 강하게 끌렸다. 크리슈나무
르티는 열네 살부터 이미 〈세계의 스승World Teacher〉이 되기 위한 준비
과정을 시작한, 전 세계가 주목하는 영적 지도자였다.

　서로에게 호감을 느낀 헬렌과 크리슈나무르티는 연인 사이로 발전
했다. 크리슈나무르티는 음악에 대한 헬렌의 열정에 감탄했고, 그녀를
동양 종교와 신지학 공부로 이끌었다. 1920년대 초반 헬렌은 그를 따
라 영성 훈련을 하러 인도로 갔으며, 그 뒤 호주로 함께 가서 그의 제자
이자 조력자로 도왔다. 그러나 그들의 특별했던 관계는 오래가지 않았
다. 몇 년의 시간이 흐르며 둘 사이는 소원해졌고, 헬렌은 이별의 아픔
을 간직한 채 홀로 미국으로 돌아와야 했다. 그토록 사랑하던 음악을
포기하고 연인에게 모든 것을 걸었던 그녀에게는 삶이 산산이 부서지
는 경험이었다. 오랫동안 사회를 떠나 영적 수행에 집중했기 때문에 세

속으로 돌아왔을 때 헬렌은, 스스로 고백했듯이 〈머리를 구름에 둔 채, 세상에서 무슨 일이 일어나고 있는지 아는 것이 전혀 없는〉 상태였다.

그녀는 어떻게 다시 인생을 시작해야 할지 고민하던 시기에 우연히 아버지 친구들의 모임에서 스콧을 만났다. 영성 수행을 통해 눈에 보이지 않는 부분을 감지하는 능력을 키운 그녀는, 이내 이 볼품없어 보이는 중년의 사내에게서 비범한 지혜를 느꼈다. 그 후 스콧은 헬렌에게 정치를 공부해 보라고 권했고, 헬렌은 그에게 영성에 대해 알려 주었다. 두 사람은 점차 연인 관계로 발전했으며, 곧이어 난방도 되지 않는 맨해튼의 허름한 아파트에서 동거를 시작했다. 이 기간은 두 사람 각자에게 삶의 일대 변곡점이 되었다. 둘은 연인이자 스승으로 서로에게 깊은 영향을 미쳤다. 스콧은 상류층에서 곱게 자란 헬렌에게 혹독한 사회 현실을 알기 위해 공장에서 노동을 해보라고 설득했다. 헬렌은 몇 달간 최저 임금을 받으며 일했고 임금 인상을 요구하다가 해고되기도 했다. 반면 스콧은 헬렌에게 영성과 명상에 대한 지도를 받으며 신지학에 푹 빠졌다.

당시 스콧과 헬렌은 서양 문명과 자본주의에 지독하게 염증을 느끼고 있었다. 그들이 보기에 그곳은 위선투성이였고, 경쟁을 지배 원리로 삼았으며, 권력에 눈 먼 인간들이 도박을 하듯 전쟁을 일삼는 곳이었다. 두 사람은 서구의 문명에서 하루 빨리 벗어나고 싶었다. 몇 가지 대안이 있었다. 하나는 다른 나라로 망명하는 것이었다. 그러나 그들이 진정 원하는 것은 도피가 아니었다. 다른 하나는 도시에 머물되 대안적인 공동체에서 살아가는 방법이었다. 그러나 여러모로 조사해 본 끝에 자신들과 잘 어울리는 공동체를 찾을 수 없다는 결론에 이르렀다. 결국 그들은 서구 문명과 마지막 남은 연결다리를 태워 버리기로 마음먹었다. 사람의 발길이 드문 벽촌의 시골로 가서 손수 집을 짓고 곡식을 가꾸는 〈자급농〉이 되기로 한 것이다.

그들은 시골에 대한 몇 가지 기대를 가지고 있었다. 무엇보다도 그들은 단순한 생활과 가치 있는 일, 그리고 조화롭게 살아갈 기회를 원했다. 먼저 지역을 정해야 했다. 그들은 사계절이 뚜렷해서 한순간도 아름다움을 잃지 않는 땅을 원했다. 계절이 순환하는 것이 건강에도 좋고 삶에도 자극제가 된다고 믿었기 때문이다. 그런 이유로 북동쪽의 뉴잉글랜드 지역이 적합하다고 판단하고 몇 달 동안 그곳의 여러 지역들을 돌아다닌 끝에 버몬트Vermont 주에 살기로 결정했다. 나무가 풍성하게 우거진 산들이 마음에 들었기 때문이다. 몇 달간 부지런히 발품을 판 끝에 버몬트 지역의 다 쓰러져 가는 황량한 농장과 시설을 헐값에 사들였다.

스콧과 헬렌은 인생의 대부분을 도시에서 살았기 때문에 이 결정을 실행에 옮기는 데 얼마간의 적응 기간이 필요했다. 처음 몇 년은 여름 손님으로서 한 철만 머무르며 정착 준비를 했다. 아직은 그곳에서 먹고 살 길을 찾을 수 없었기 때문이다. 한동안 뉴욕과 버몬트를 오가는 생활을 반복하다가 마침내 〈연습 기간〉을 마무리하고, 작은 트럭에 얼마 안 되는 짐을 싣고 이주를 했다. 당시를 회상하며 스콧은 말한다.

나는 계속 프리랜서로 교사로 활동하며 기회가 주어지는 대로 강연하고 글을 쓰기로 결정했다. 하지만 한 가지 문제가 남아 있었다. 어떻게 먹고산단 말인가? 죽어 가는 사회 질서로부터 추방당한 사람이 소박하게나마 품위를 잃지 않고 살면서, 동시에 낡은 사회 질서의 급속한 소멸과 좀 더 실현 가능한 사회 체계로 낡은 사회 질서를 대체하는 일을 돕는 것이 과연 가능할까? (……) 내가 1930년대 미국의 우익의 압력 아래서 살아가는 삶의 수단으로 택한 것은 자급농이었다.[68]

그들이 농부가 되기로 결정했을 때 이미 스콧은 나이 쉰을 앞두고 있었다. 막상 이사를 하고 보니 그들의 생각과는 많은 것이 달랐다. 8만 평의 땅이 있었지만 대부분 잡목으로 뒤덮여 있어 밭으로 쓰기에 무리였다. 주변의 미루나무를 장작으로 때려고 했으나 뒤늦게 땔감으로는 형편없는 나무라는 것을 알게 되었고, 어렵사리 일군 밭도 얼마 후 자리를 잘못 정했음이 분명해졌다. 이듬해 봄이 되자 밭 한가운데로 개울이 흘러 질척거렸던 것이다.

이런 어려움에도 불구하고 생계 문제는 예상치 못한 곳에서 쉽게 풀렸다. 우연히 이웃 농장의 주인이 세상을 떠나면서 좋은 가격에 그 농장을 인수했는데, 농장의 단풍나무에서 나는 수액이 제법 수익성이 있다는 것을 알게 된 것이었다. 단풍(메이플) 시럽과 설탕은 보관이 용이했고 언제든 손쉽게 팔 수 있었으며, 가격이 떨어지는 일도 없었다. 전혀 기대하지 않은 행운이었다. 그때까지 그들은 단풍 시럽을 생산하리라는 생각을 한 번도 해본 적이 없었던 것이다. 시럽 덕분에 그들은 버몬트에 정착하기 위한 튼튼한 경제적 기반을 갖추게 되었다. 이제 질문은 〈어떻게 먹고살 것인가?〉에서 〈어떻게 조화로운 삶을 살 것인가?〉로 바뀌었다.

자급농은 경제적으로 자립할 수 있는 토대와 함께 상당한 자유 시간과 기회를 제공했다. 단순하고 고요한 생활, 가치 있는 일, 그리고 조화로움은 스콧과 헬렌이 시골로 들어간 이유였다. 두 사람은 그 목적을 이루기 위해 십 년 계획을 세웠다. 이 계획은 한 번에 완성된 것은 아니었으며, 오랫동안 생각하고 경험하며 조금씩 고쳐 나갔다. 1930년대 중반에 그들은 그들의 삶을 지탱할 중요한 원칙들을 다음과 같이 세우고 평생 지키고자 노력했다.

- 농사로 생활의 절반 이상을 자급자족한다. 자본주의 경제의 이윤 추구에서 가능한 한 벗어난다(실제로는 생활의 80퍼센트를 자급자족했다).
- 돈을 벌지 않는다. 땅에서 수확한 어떤 것도 이윤을 위해 내다 팔지 않으며, 은행에서 돈을 빌리지 않는다.
- 한 해의 양식을 마련하고 나면 다음 수확기까지 일을 하지 않는다. 밭에서 거둔 것 중 먹고 남은 것은 이웃들에게 나누어 준다.
- 가축을 기르지 않으며, 고기를 포함한 가축의 어떤 생산물도 먹지 않는다. 생명에 외경심을 갖고 동료 생명체를 노예로 만들거나 착취하지 않는다.
- 기계에 의존하지 않으며 할 수 있는 한 몸으로 일을 한다.
- 낡은 집을 고치느라 시간을 낭비하지 않는다. 필요할 때까지는 그냥 살 것이며, 꼭 해야 할 때만 수리한다.
- 목재 사용을 최소화하고, 자연에 있는 돌과 바위로 직접 집을 짓는다.
- 하루에 한 번씩은 철학, 삶과 죽음, 명상에 관심을 갖는다.

이 원칙들이 두 사람이 세운 십 년 계획의 핵심 내용이었다. 그들은 가능하면 각 원칙들의 세부 규정을 만들고 우선 순위를 정했다. 그들은 하루를 〈생계를 위한 노동 4시간, 지적 활동을 위한 4시간, 친교를 위한 4시간〉으로 보냈다. 일을 할 때는 서두르는 법이 없었고, 겨울에 농장이 얼어붙어 농사를 지을 수 없으면 여행을 떠나거나 사회 활동에 몰두했다. 지극히 단순하고 소박한 생활이었다.

집을 짓는 것은 고되면서도 동시에 즐거운 작업이었다. 니어링 부부는 모든 집을 돌로 지었다. 땅과 자연스럽게 조화를 이루기 때문이었다. 그들이 사는 곳에는 수없이 많은 돌들이 뒹굴고 있었다. 그들은 숲을 걷거나 시골 곳곳을 다니며 손으로 나를 수 있는 크기의 적합한 돌이 보이면 어김없이 가져왔다. 돌 없이 돌아오는 날이 거의 없었다. 이런 돌들은 〈모서리돌〉, 〈일등품〉, 〈바닥돌〉, 〈굴뚝돌〉이라는 표지판 아래에 분류했다.

돌을 주우며 산책하던 어느 날 그들의 눈에 90도로 똑바로 서 있는 바위 절벽이 들어왔다. 평평한 표면의 지름은 8미터, 수직으로 똑바로 선 벽의 높이는 3미터나 되었다. 가장 〈자연〉스러운 집을 짓고 싶어했던 두 사람은 드디어 최고의 집터를 발견했다고 확신했다. 니어링 부부는 집이 그 바위 절벽과 한 몸이 되도록, 바위를 새 집의 뒷벽 삼아 집을 지었다. 살아 있는 자연을 집 안에서 누릴 수 있게 된 셈이었다. 이 큰 바위는 거실의 일부로 북풍을 막아 주고 한여름에는 시원하게 기댈 자리를 주었다. 집 주변에는 돌을 쌓아 돌담을 만들었다. 물론 이때도 서두르지 않고 여유롭게, 하나하나 느끼고 즐기며 일을 했다.

오늘 아침에는 곡괭이로 잔디를 떼어 내 그것들을 차곡차곡 쌓아 놓은 다음, 잔디 밑에 깔려 있던 진흙을 삽과 외발수레로 퍼 날랐다. 불도저로 했다면 같은 일이라도 시간이 5분의 1밖에 안 걸렸을 테고, 그 소음과 불쾌한 냄새를 견딜 수 있다면 그냥 곁에 서서 지켜보기만 하면 되었을 것이다. 그러나 오늘 아침 나는 작업하는 시간을 한순간도 놓치지 않고 즐기며 개똥지빠귀와 갈매기들의 울음소리를 들었다. (……) 사람

니어링 부부의 돌집. 버몬트 주에 정착한 부부는 기계 도움 없이 손수 돌을 옮겨 이 집을 지었다.

이 산다는 것은 결국 자신의 생각을 실현하기 위해 몸을 움직이고 구체적으로 실천한다는 데에 의미가 있는 것이지, 기계의 버튼을 누르는 데 그 의미가 있는 것은 아닐 것이다.[69]

시골집은 편리함이나 효율성과는 거리가 멀었다. 몇 년간 전기 없이 지내야 했고, 벽난로만으로 난방을 해야 했으며, 들통의 물로 씻어 내리는 변기와 부엌 펌프를 설치하는 것으로 배관 공사는 끝이었다. 샤워는 양동이에 더운 물을 받아서 했다. 그러나 그들은 크게 불편해하지 않았다. 손수 지은 집에 맞게 자신들의 습관을 스스로 바꾸었던 것이다. 집 짓는 일을 마무리하고 가구를 들여놓는 데 적용한 기준 역시 〈단순하면서도 편리한가〉였다. 모든 종류의 장식이나, 공예, 벽지, 커튼, 조각품을 없애니 본래의 아름다움이 되살아났다. 그들은 사는 환경이 단순해

지니 살아가는 방식 역시 복잡함에서 벗어나게 되었다고 고백한다.

(우리 부부는) 경쟁적이고 공업화된 사회 양식에 필연적으로 따라다
니는 네 가지 해악에서 벗어나는 데 꽤 성공한 편이었다. 그 네 가지 해
악이란 (돈과 가재도구를 비롯한) 물질에 대한 탐욕에 물든 인간들을 괴
롭히는 권력, 다른 사람보다 출세하고 싶은 충동과 관련된 조급함과 시
끄러움, 부와 권력을 차지하기 위한 투쟁에 반드시 수반되는 근심과 두
려움, 많은 사람이 좁은 지역으로 몰려드는 데서 생기는 복잡함과 혼란
을 말한다.[70]

니어링 부부의 땅은 서리에 시달리는 높은 언덕인 탓에 농사를 짓기
에는 척박했다. 그러나 그들은 선조 농부들이 백 년이 넘게 그곳에서 살
아남았음을 알고 있었기에, 조심스럽게 농사일에 한 발을 내디뎠다. 다
행히 농사에 대해 훌륭한 조언을 해주는 이웃들이 있었다. 조언을 따라
집 근처에 채소밭을 일구었고, 산등성이를 따라 계단식 밭을 만들었으
며, 직접 퇴비를 만들어 밭에 뿌렸다. 자연적인 퇴비 이외에 인공 비료
는 주지 않았으며 동물의 배설물도 거의 뿌리지 않았다. 그렇게 서리를
피할 수 있는 밭에서 석 달간 곡식을 가꾸면 일 년을 먹을 수 있었다.

그들은 가능한 한 가공하지 않은 신선한 채소와 곡식으로 생식(生
食)을 했다. 가급적이면 땅에서 거둔 것을 통조림으로 보관하지 않기로
하고, 각 계절별로 나오는 식물을 치밀한 계획하에 골고루 심었다. 덕
분에 늘 제철음식을 먹었으며 겨울에는 지하의 채소 저장소에서 꺼내
먹을 수 있었다. 그렇게 열두 달을 한 바퀴 도는 내내 다양하고 싱싱한
음식을 먹을 수 있었다.

이렇게 단순하고 소박한 생활은 인생에 많은 영향을 미쳤다. 무엇보다 삶이 충만해졌다. 그들은 어느 순간, 어느 날, 어느 달이나 살아 있음을 느꼈다. 충분한 자유 시간을 가졌으며 그 시간을 누렸다. 먹고살기 위해 노동을 할 때는 흠뻑 땀을 흘리며 열심히 일하면서도 그 과정을 즐겼다. 죽기 살기로 일하지는 않았으며 더 많이 일했다고 기뻐하지도 않았다. 노동은 그 자체로 기쁨이었다. 노동 후에는 책을 읽고, 숲속을 걷고, 음악을 연주하는 자유가 있었다.

귀농한 지 20년이 되어 두 사람의 시골 생활을 담은 책 『조화로운 삶』이 출간되었다. 그리고 얼마 안 되어 니어링 부부는 돌연 모든 것을 버리고 다른 지역으로 이사를 가기로 결심했다. 그들의 책이 유명세를 타면서 전국 각지에서 그들을 보기 위해 몰려오는 사람들에게 지쳤기 때문이었다. 처음엔 찾아온 손님들을 반겼지만 점점 더 많은 사람들이 방문하는 바람에 그들의 단순한 생활은 어느새 헝클어져 갔던 것이다. 「이래서야 도저히 일을 할 수 없지 않소!」 어느 날 스콧은 분개하며 말했다. 부부는 이제 떠날 때가 되었다고 판단했다. 둘은 버몬트를 떠나 메인Maine 주에서 다시 시작하며 그들이 꿈꾸는 삶의 실험에 또 한 번 활기를 불어넣고자 했다.

흥미롭게도 그들은 이사할 때 전에 살던 곳에서 거의 아무것도 가져오지 않았다. 꼭 필요한 것을 제외하고는 대부분 살던 집에 그대로 놓아둔 채 떠났으며, 20년 동안 손수 지은 집과 직접 가꾼 비옥한 땅도 헐값에 넘겼다. 지난 20년을 뒤로한 채 완전히 새로 시작하고자 했던 것이다. 스콧은 아버지의 결정에 실망했다는 자신의 아들에게 보내는 편지에서 이렇게 말했다.

내 인생은 너와 다르다. 너는 한 자리에 정착하기를 바란다. 나는 정착하기를 기대하지 않는다. 나는 가까운 장래에 새 일을 할 수 있길 바라며, 그 일이 끝나면 다음 일을 계속하기를 바란다. 우린 여기에 20년 간 살았다. 건물을 지었고, 농사도 잘 지었다. 우린 여기에 무한정 있을 수도 있고, 설탕 시럽 사업을 하면서 편안하게 살 수도 있다. 그러나 그 건 현상 유지이고, 후퇴를 의미한다.[71]

스콧과 헬렌이 삶을 통해 사람들에게 전하고자 했던 가장 중요한 메시지는, 자본가의 권력 때문에 인간의 자유가 크게 제한받고 있으며 굳건한 〈자립〉만이 그 속박을 끊고 자유로 가는 길이라는 점이었다. 자본이 모든 것을 집어삼키는 체제에 익숙해지면 어쩔 수 없이 비인간적이고 무자비한 기계의 톱니바퀴가 될 것이라 경고했다. 두 사람은 이런 체제의 감옥에서 벗어나 조화로운 삶을 사는 방법을 몸소 보여 주고자 했으며, 사람들이 삶 속으로 더욱더 깊숙이 들어가 진정 가치 있는 것들을 얻어 낼 수 있는 길을 찾기를 바랐다.

그들의 시골 생활은 50년 넘게 이어졌다. 스콧 니어링은 백 살을 꽉 채우고 3주가 지난 날 바다를 바라보며 눈을 감았다. 철저한 채식주의, 육체노동과 간소한 삶의 방식이 몸에 밴 그는 백 살이 되자 지상에서의 삶에 작별을 고하고 스스로 곡기를 끊었다. 그는 헬렌이 지켜보는 가운데 평소 원하던 대로 집에서 의사와 약물 없이 끝까지 의식을 유지한 채 마지막 숨을 거뒀다. 인생의 정수를 체험한 자만이 가질 수 있는 지극히 평화로운 죽음이었다. 53년간 함께한 반려자를 보내고 난 후 헬렌은 자신에게 남겨진 일을 차분하게 수행하며 스콧과 함께한 인생을 담은 책 『아름다운 삶, 사랑 그리고 마무리』를 출간했다. 그리고 스콧

이 세상을 떠나고 12년 뒤 1995년 9월 아흔한 살의 나이로 세상을 떠났다. 두 사람은 어떤 일의 가치는 결과에만 있는 것이 아니라 그 과정 중의 결단과 인내, 노력, 투쟁에 있다는 것을 삶으로써 보여 주었다.

사람이 공간을 만들고 공간은 사람을 길들인다

다산 정약용의 수제자 황상은 평생 동안 과거시험을 보지 않고 자신이 꿈꾼 삶을 개척해 나갔다. 그는 시인과 함께 유인(幽人)의 삶을 꿈꿨다. 유인은 사회가 원하는 방식이 아닌 자신의 철학과 개성대로 사는 사람이다. 유인의 삶은 세상의 요구가 아닌 자기 욕구에 충실한 삶이고, 시류를 따르는 대신 자기 마음에서 울려 퍼지는 북소리에 맞춰 살아가는 길이다. 유인은 그저 숨어 사는 사람이 아니고, 유인의 삶은 은둔하는 삶이 아니다. 유인은 유일(唯一)한 삶을 산다.

유인은 자기 마음을 닮은 작은 공간을 창조하고자 한다. 자기 마음 보듯이 그 공간을 보고, 그 공간을 손질함으로써 마음을 가꾸고자 한다. 유인은 공간과 마음이 감응하여 서로를 완성해 나가기를 꿈꾼다. 이것이 유인의 궁극적인 지향점이다. 세상과 거리 두기와 은둔은 이를 위한 방편일 따름이다.

황상에게 유인이라는 꿈을 심어 준 사람은 스승 다산이었다. 다산은 유인에 관심이 많은 제자를 위해 유인의 삶을 글로 자세히 적어서 『제황상유인첩(題黃裳幽人帖)』이라는 작은 책자로 만들어 주었다. 황상은 다산이 유배에서 풀려 고향으로 돌아가자 가족을 이끌고 전남 강진군 외곽에 위치한 대구면 백적동으로 들어간다. 그의 나이 31세 때의 일이다. 그곳에서 더디지만 꾸준히 유인의 삶을 준비했다. 아버지를 일찍 여윈 그는 가장으로서 식구들을 건사해야 했기에 30년간 농사를 지으며 틈틈이 원림(園林)을 조성했다.

황상은 1848년에 이르러 가족이 사는 집 뒤편 골짜기 언덕에 유인으로 살 수 있는 공간을 마련했다. 그 공간의 이름은 〈일속산방(一粟山房)〉, 좁쌀 한 톨만 한 작은 집이라는 뜻이다. 이 공간은 살림집이 아니라 한 칸짜리 작은 암자로 오롯이 황상을 위한 공간이다. 그에 따르면 일속산방이라는 〈작은 천하(小天下)를 새롭게 지어 놓고〉 방 안에 책과 각종 문집들을 채우고 한쪽 벽에는 세계지도를 붙여 놓았다. 〈좁쌀 한 톨〉 안에 고전과 세계라는 큰 것을 담은 것이다.

황상은 일속산방을 짓고 스승이 『제황상유인첩』에서 일러준 대로 산방 주변을 꾸미고 조경을 완성했다. 여기서 나무 심고 벌을 치고 채마밭을 가꿨다. 일속산방에서는 책 읽고 시 짓고 초서에 몰두했다. 노년에 황상과 교유했던 추사 김정희는 일속산방에 〈노학암(老學菴)〉이라는 별칭을 지어 주었다. 노학암은 〈공부를 열심히 하는 늙은 학생이 사는 암자〉라는 뜻이다.

황상만이 아니다. 앞서 본 소로와 니어링 부부 역시 자연 속에서 유인의 삶을 살았고 뒤에 소개할 헤르만 헤세와 카를 융, 이윤기, 구본형 등 많은 전환자들이 유인적 특성을 보인다. 모두가 세상이 요구하는 가치가 아닌 자기 정신으로, 세상의 속도가 아닌 자신의 리듬으로, 사회가 부여한 역할이 아닌 자기가 원하는 삶에 충실했다. 자기 길을 개척해 나갔고, 마침내 안팎으로 자기다운 세상을 만들어 냈다. 그들의 삶을 살펴보며 전환의 도구로서 공간이 가지는 특징을 고찰해 보자.

속세와 분리된 나만의 공간

이윤기는 2000년 12월 경기도 양평의 한 〈황무지〉에 허름하게 지어진 작업실을 마련했다. 절간처럼 조용하고 외진 곳에 위치한 작업실의 규모는 방 하나와 거실, 화장실이 전부였다. 처음 이곳을 방문한 이들이 〈창고〉와 〈축사〉 수준이라고 했던 걸 보면 화려한 공간은 아니었던 것 같다. 여기서 한 가지 짚어 볼 점은 그가 미국 미시건 주립대학의 객원교수로 있다가 귀국했을 때 과천에 집을 새로 짓고 가장 큰 방을 서재 겸 집필실로 삼았다는 것이다. 그러니까 작업실이 있음에도 또 작업실을 구한 것이다. 더욱이 교통이 불편하고 인적 드문 황량한 곳에 말이다.

그는 왜 넉넉지 않은 형편에 또 하나의 작업실을 마련한 걸까? 그는 한 인터뷰에서, 원치 않는 세상의 요구와 타의에 휘둘리고 싶지 않아서 스스로 〈망명〉했다고 밝히고 있다. 초대형 베스트셀러가 된 『이윤기의 그리스 로마 신화 1』은 그를 분주한 삶으로 몰아갔다. 다양한 매체의 원고 기고 요청부터 신문과 잡지 인터뷰, 방송 출연에 이르기까지 너무나 바빴다. 사정이 이렇다 보니 독서와 번역, 글쓰기라는 본질적 활동에 쏟을 시간과 심적 여유가 없었다. 외부의 간섭을 막아 줄 수 있는 방패 같은 공간이 간절했다. 그는 〈망명지에서 뼈아프게 반성하고〉, 작업실을 옮긴 것을 계기로 바깥일을 줄이고 〈호흡이 긴 글을 쓰고〉, 신화를 비롯한 관심 분야 공부에 매진하기로 결심했다.

양평에 작업실을 구한 일은 이윤기의 삶에서 하나의 분기점이 되었다. 그는 10년 동안 이 공간을 자기답게 꾸며 나갔다. 작업실에 텃밭을 마련해 농사를 짓고, 나무가 희망이라며 천여 그루의 나무를 심었다. 작업실 뒤편으로는 은행나무 숲길을 조성하겠다는 꿈같은 목표도 세웠다. 그는 노년에 쓴 산문집에서 〈나무를 가꾸면서 참 많은 것을 배운다〉면서 〈논과 밭을 숲으로 바꾼다〉는 퇴경환림(退耕還林)을 자신의 좌우명으로 삼겠다고 말했다. 시간이 흐르고 〈황무지·창고·축사〉는 〈공부방·집필실·숲〉이 되었다. 그는 작업실과 숲을 사랑했고 이 공간은 그가 만년의 삶을 펼친 주 무대였다.

이윤기뿐 아니라 많은 전환자들이 각자 자신의 〈성소(聖召)〉를 마련했다. 이러한 공간은 조지프 캠벨의 말마따나 〈작은 예배당〉과 같아서 외부 세계로부터 봉인되어 있는 공간이다. 즉, 세속의 시간과 온갖 사건으로부터 보호받을 수 있는 공간이다.

헤르만 헤세는 마흔 살의 나이에 모든 것이 한꺼번에 무너져 내리는 경험을 했다. 아버지가 돌아가시고, 막내아들은 아프고, 아내는 정신질환에 걸렸으며, 전쟁에 반대하는 글을 언론에 발표했다가 독일의 국수주의자들로부터 매국노, 변절자로 낙인 찍혔다. 머물고 있던 현실에서 답을 찾지 못한 그는 은신처를 찾아 도주했다. 1919년 봄 스위스 테신주 루가노 근처의 마을 몬타뇰라를 도피처로 삼고, 카사 카무치라고 불리는 사냥을 위해 지은 바로크풍의 낡은 성 한 켠에 보금자리를 마련했다. 일부러 마을에서 봐도 거의 숨겨진 형국에 있는 집을 구했다. 그의 입을 빌리면 〈내가 집 문을 닫고 있는 시간에는 속세의 어떤 부름도 나에게 도달할 수가 없다〉, 〈난쟁이 발코니에 앉으면, 누구도 나를 방해할 수 없다.〉 헤세에게 몬타뇰라는 압축된 하나의 세상이었고, 카사 카무치와 작은 발코니는 위기를 문학적 르네상스로 전환시키는 성소였다.

카를 융은 힘겹게 전환기를 통과하며 어린 시절 흠뻑 빠졌던 놀이를 다시 시작했다. 한동안 거의 매일 돌멩이와 이런저런 재료로 작은 마을과 집을 만들었다. 나중에 그는 자신이 성장한 것에 걸맞게 큰 돌을 갖고 놀아야겠다고 생각하고는 취리히 호수 상류에 위치한 볼링겐에 돌로 성탑을 짓기 시작했다. 그는 설계와 공사에 직접 참여해서 수도나 전기 같은 편의 시설을 의도적으로 배제했다. 난방은 벽난로에 의존하고, 화덕에 손수 불을 지펴 요리하고, 장작을 패고, 펌프로 물을 긷는 도시와 완전히 동떨어진 원시적 공간을 만들었다. 그는 성탑 곳곳에 자신의 무의식의 표상인 나이 든 현자의 모습을 그려 넣고, 돌탑 벽에는 자신이 본 환상을 새겨 넣었다. 볼링겐은 그의 아지트이자 은신처였다.

자연 속에서 자연과 교감하는 공간

헤세는 카사 카무치를 〈지금껏 살았던 집들 가운데 가장 독특하고 아름다웠다〉고 말했지만 실제로는 그렇지 않았다. 적어도 겉모습은 형편없었고 여러모로 불편했다. 벽지가 너덜거리고 곰팡이는 들끓고 온수와 난방이 들어오지 않았으며 욕실도 없었다. 혹독한 추위와 갖가지 어려움을 겪어야 했음에도 그는 이곳을 〈나의 궁전〉이라 부르며 사랑했다. 왜냐하면 많은 불편함에도 불구하고 아름다운 자연이 펼쳐져 있었기 때문이다. 높은 언덕배기 한적한 골목에 위치한 카사 카무치는 아담한 뜰과 활짝 열린 조망을 가지고 있었다. 집 바로 근방에는 나무로 가득한 숲이 있었다. 헤세는 이 집과 숲에서 심신을 회복했다. 이 오래된 성에서 그가 특별히 소중히 여긴 공간은 서재에서 이어지는 작은 발코니였는데 그 아래로 정원이 보이고 좀 더 앞으로 숲이 펼쳐졌다. 이 작은 테라스는 헤세에게 자신의 은신처와 외부 세계의 경계였다. 이곳에서 헤세는 자연, 특히 구름을 관찰하고 그림을 그리고 글을 썼다.

구본형은 1인 기업을 시작하고 2년 반이 흐른 후 서울 북한산 남쪽 산자락에 위치한 집으로 이사했다. 그가 북한산 남쪽을 거주지로 삼은 이유는 간단했다. 자연 친화적인 공간이기 때문이다. 새로 마련한 집은 광화문에서 차로 15분이면 도착할 수 있는 위치에 있으면서도 공기는 사뭇 달랐다. 북한산을 등지고 앞으로는 북악산과 인왕산을 마당으로 두고 있는 자리 덕분이었다. 산기슭에 위치해서 멀리 남산과 관악산을 조망할 수 있을 정도로 전망도 시원했다. 구본형은 이사 온 후에 자연과 아주 가까워졌다. 오래전부터 자연을 그리워해 일주일에 한 번 산에 오르곤 했는데 이제는 산속에 있는 집에 자리를 잡은 것이다. 그는 자연에 안긴 집에 살면서 인간의 마음과 공명하는 〈자연의 마음〉을 느낄 수 있었다.

헤세와 이윤기와 구본형뿐만 아니라 소로와 니어링 부부, 황상, 융 등이 자연 속에 자신의 공간을 마련한 것은 우연이 아니다. 자연 안에서 사람은 자연을 벗 삼아 자신과 대화하며 이완과 치유, 생산력과 창조성을 경험한다. 카를 융이 볼링겐에 대해 다음과 같이 말한 것은 바로 그러한 자연과의 내밀한 소통을 의미한다.

고요함이 나를 에워싸고 사람은 〈겸허하기 그지없는 자연과의 조화 속에서〉 산다. 수세기를 거슬러 올라가는 생각들, 그에 따라 먼 미래를 내다보는 생각들이 머리에 떠오른다. 여기서는 창조의 고통이 완화되며 창조성과 유희성이 거의 하나로 어울린다.[72]

가면을 벗고 〈본연의 나〉와 만나는 공간

성소는 성숙의 공간이다. 헤세는 몬타놀라에 그저 패잔병으로 도망쳐 온 게 아니었다. 그에게는 확고한 목적이 있었다. 존재의 위기를 극복하고 새로운 단계로 도약해야 했다. 외부 세계가 아닌 자기 자신을 연구하고, 세상이 준 일이 아닌 스스로의 과업을 진행하고자 했다. 그는 카사 카무치로 이사할 즈음에 쓴 『방랑』에서 〈나는 무르익고 싶은 갈망이 있다. 죽을 준비도, 다시 태어날 준비도 되어 있다〉고 적었다. 그는 자신의 성소에서 과거와 결별하고 새로운 인생을 시작했다. 삶의 위기를 극복하고 부활했다.

나의 실험은 성공을 거두었다. 처음 여름에 벌써 『클라인과 바그너』와 『클링조어의 마지막 여름』을 연달아 썼으며, 마음의 긴장을 풀고 계속해서 그해 겨울엔 『싯다르타』를 시작할 수 있었다. 따라서 나는 파멸한 것이 아니었다. 다시 한 번 힘을 모아 창작에 몰두할 수 있었다.[73]

성소는 〈가면〉을 벗고 자신과 대면하는 장이다. 가장 자연스런 나와 만나는 공간이다. 스스로에게 질문하고 그 질문에 집중하는 공간, 자기 자신을 데리고 놀며 스스로를 탐구하는 터전이다. 구본형은 자기혁명을 위한 가장 중요한 원칙으로 자신의 성소에서 매일 두세 시간 보내기를 꼽는다. 이 시간만큼은 속세와 격리된 명상의 시간으로 여기고, 실용적 용도를 벗어나 스스로를 탐구해야 한다고 강조한다. 그는 자신의 성소인 서재에서 매일 새벽 글을 쓰며 이 시간을 가졌다. 그의 말을 들어 보자.

그곳에는 일상이 없다. 나는 이때 이 책이 잘 팔릴까를 생각하지 않는다. 비평가들이나 독자의 생각도 고려하지 않는다. 잘 써지지 않는다 하더라도 나는 책상에 앉아 내가 써야 할 글들을 생각한다. 나는 나에게 충실하다. 이것이 새벽 두 시간의 성스러움이다.[74]

융은 볼링겐에 마련한 성탑을 성소로 삼았다. 그는 자서전에서 성탑은 〈내가 현재의 나, 과거의 나, 미래의 나로 다시 존재할 수 있는 자궁, 모성적 이미지의 장소였다〉고 밝혔다. 특히 그는 두 번째로 지은 탑에 자신만 들어올 수 있는 방을 마련했다. 그 공간은 〈사색하고 환상에 몰두하는 은신처〉이자 〈영적 집중의 장소〉였다.

외딴 방에 나 혼자 있다. 나는 늘 열쇠를 지니고 있다. 아무도 내 허락 없이 그 방에 들어올 수 없다. 여러 해가 지나는 동안 나는 벽에다 그림을 그렸다. 그리하여 시간으로부터 격리된 세계로, 현재에서 영원으로 나를 이끌고 간 모든 것을 묘사했다.[75]

성소에서 우리는 〈작은 나〉가 아닌 〈큰 나〉에 접속한다. 세속적 욕망과 두려움과 의무에서 해방된 나로 존재한다. 타인은 모르지만 나는 알고 있는, 내가 바라는 〈그 사람〉이 되기 위해 노력한다. 이곳에서는 〈지금 여기〉라는 빛이 내 안을 환히 비춘다. 그렇다면 전환자들은 〈지금 여기〉에서 무엇을 하는가? 진정한 나 자신이 되기 위해 해야 하는 어떤 것을 한다. 책을 읽는 이는 책에 스며들어 저자가 되고, 작가는 글로 살아 숨 쉬고, 무용가는 춤에 녹아 들고, 화가는 그림과 하나 되며, 조각가의 손에서 돌덩이에 감춰져 있던 형상이 살아난다. 무엇을 하든 거기서 〈살아 있음〉을 느낀다.

이윤기가 스스로에게 자주 던진 질문이 있다. 〈하고 있는 일, 살고 있는 삶에는 지금 내 피가 통하고 있는가? 나는 삶에서 무엇을 취하고 있는가? 가죽인가, 뼈인가, 문제는 골수이겠는데, 과연 골수인가?〉 성소는 내 피가 흐르고 가죽이 아닌 뼈와 골수를 추구하는 공간이다. 성소는 효율성이나 성공과는 상관이 없다. 성공과 효율성은 일상에서 중요할지 모르지만 성소에 있을 때만은 희열을 따르고 탁월함을 추구한다.

스스로 짓고 발견하는 즐거움

우리는 자신을 위한 성소, 즉 창조와 치유의 공간을 발견하거나 만들어 낼 수 있다. 소로는 월든 호숫가에 직접 작은 통나무집을 지었고, 니어링 부부는 매일 산책길에 주워 온 돌을 분류해서 집을 짓고 돌담을 쌓았다. 황상은 각고의 노력으로 큰 것을 품은 작은 공간(〈일속산방〉)을 만들었으며, 카를 융은 30년 넘게 볼링겐 호숫가에 돌로 성탑을 세웠다.

그들이 이렇게 손수 공간을 창조한 까닭은 그 작업이 즐거웠기 때문이다. 내 손으로 소중한 공간을 직접 짓고 고치는 것은 행복한 일이다. 특히 남성의 무의식에는 보금자리를 마련하여 안전을 확보하고자 하는 본능이 자리 잡고 있다. 이 때문에 나와 가족이 지낼 공간을 직접 만드는 행위는 우리의 〈원시적 건강함〉을 꺼내어 어루만지는 행위로도 볼 수 있다.

직접 짓는 것보다는 덜하지만 자신에게 맞는 공간을 섬세한 눈으로 살피고 고르는 것 역시 하나의 방법이다. 구본형이 북한산에 안긴 집을 구하기까지 꽤 오랜 시간이 걸렸다. 등산이 취미였던 그는 한 달에 서너 번 북한산을 15년 가까이 다녔다. 1998년 무렵부터는 마음에 드는 집을 찾기 위해 매주 토요일 북한산 등산을 마치고 평창동과 구기동 근처 복덕방을 찾아다녔다. 그는 당장 이사할 상황이 아니었고 집을 살 돈도 없었지만 언젠가 〈내 마음의 집〉을 마련하기 위해서는 공간을 보는 안목을 키워야 한다고 생각했다. 그렇게 5년 동안 여러 종류의 집을 드나들며 공간을 보는 눈을 떴다. 그리고 2002년 11월 오랫동안 꿈꾸던 것과 비슷한 집으로 이사했다. 헤세가 테신의 몬타뇰라로 이주한 것은 1919년이지만 이 지역을 처음 알게 된 것은 1907년이다. 그때부터 헤세는 수차례 테신을 방문하여 두루 돌아다녔다. 이윤기도 수개월 동안 신중하게 여러 곳을 답사한 끝에 한적하고 자연 친화적인 곳에 자신의 공간을 마련했다.

자신의 성소를 직접 만들건 발품을 팔아 발견하건 그 과정 자체가 기쁨이며 놀이다. 전환자들은 이 사실을 잘 알고 있었다. 삶을 즐기지 못하는 주된 이유는 자기 마음대로 할 수 있는 〈작은 세상〉 하나가 없기 때문이다. 나를 위한 공간을 발견하고 만드는 과정은 나의 작은 세상 하나를 창조하는 것이다. 새로운 인생을 시작하기 위해서, 자기 자신을 제대로 연구하기 위해서 그에 걸맞는 자신의 공간을 갖추는 것이다.

진정한 나로 거듭나는 공간 만들기

나(승완)는 오랫동안 책이 가득한 서가가 있는 서재를 그리워했다. 아무도 방해하지 않는 공간, 오롯이 나로 존재할 수 있는 공간에서 좋은 책을 읽으며 밑줄을 치고 마음껏 글을 쓰는 것, 오래전부터 꾸어 온 꿈이었다. 서른일곱에 결혼을 하면서 신혼집 방 하나를 서재로 삼으며 꿈은 현실이 되었다.

아내와 함께 집을 구하기 위해 지금 사는 곳을 처음 찾은 날이 떠오른다. 이 동네가 눈에 들어오는 순간 가슴이 두근거렸다. 동네 뒤편으로 적당한 높이에 나무로 가득한 산이 있었는데 고도 제한으로 건물이 높지 않아 사방에서 산이 보였다. 우리 집에서 걸어서 3분 거리에 있는 산의 이름은 반석산으로 전체 형상이 너럭바위 모양이었다. 또 산 옆으로 총 길이가 15킬로미터에 이르는 냇물이 흘렀다. 산과 강과 함께할 수 있는 자연 친화적인 공간이었다. 신도시여서 거리가 깨끗하고 동네 중앙에 공원을 겸한 광장이 있으며 작은 집들이 올망졸망 모여 있는 것도 마음에 들었다. 유일한 단점은 교통편이 안 좋다는 것이었다. 그럼에도 우리는 고민 없이 이 동네에서 살기로 결정했다.

동네도 마음에 들었지만 서재가 생겼다는 점이 가장 기뻤다. 내게 서재는 학습과 치유, 창조의 공간이다. 그만큼 소중한 공간이다. 서가는 관심 분야에 관한 책과 그동안 읽은 책 가운데 가장 좋은 책, 그리고 〈마음속 스승〉들이 쓴 책으로 채웠다. 서재 곳곳에 내게 의미 있는 물건을 두었다. 필기구와 노트, 사진과 그림, 솔방울과 돌멩이 등 모두가 내게 특별한 것이다. 여기에 존재하는 물건은 사물로 표현된 그리움이자 또 다른 나의 모습이다. 그러므로 서재는 내 〈마음의 공간〉이다. 서재와 나는 서로 감응한다. 세 평이 채 안 되는 서재는 나를 닮은 공간, 내 마음대로 할 수 있는 작은 세상이 되어 가고 있다.

서재에서 나는 자유롭게 공부하고 사유한다. 존경하는 마음속 스승을 만나고, 나 자신을 탐구하고, 뭔가를 만들어 낸다. 공부하다가 지칠 때는 창문으로 눈을 돌린다. 창으로 커다란 소나무가 보이고 그 너머로 반석산이 보인다. 서재는 탐험의 공간이기도 하다. 매일 서재에서 독서와 글쓰기 여행을 떠난다. 설레는 마음으로 낯선 지역과 새로운 마을을 탐방한다. 진귀한 유적지와 풍광 좋은 곳을 찾아다니는 걸 즐기지만 좁은 골목길도 놓치고 싶지 않다. 서재에서 나는 탐험가다. 하나둘 쌓이는 책과 기록은 여행의 축적이다. 이렇게 새로 방문한 마을이 늘어나고 낯선 도시가 더해지면서 서재는 점점 커지며 큰 세상이 되어 간다.

서재는 나의 성소다. 내가 가장 나다워질 수 있는 공간이다. 사치스러운 공간을 원하지 않는다. 해방과 차단의 세계를 원한다. 속세의 시간과 자극으로부터 봉인된 공간, 작은 나를 비울 수 있는 공간을 원한다. 정신적 우주를 품은 작은 공간을 꿈꾼다.

사람마다 공명하는 공간이 다르다

고등학생 때부터 기숙사 생활을 했던 나(승오)에게는 늘 망설이는 두 가지 선택이 있었다. 공부를 기숙사에서 할지 도서관에서 할지 결정하는 문제였다. 이상하게도 조용한 기숙사의 책상에서는 공부에 집중하기 어려웠다. 나는 늘 도서관의 넓은 책상에서 사람들 틈 사이에서 공부를 하곤 했다. 그래서일까. 지금까지 쓴 세 권의 책 모두 도서관의 책상에서 썼다.

두 번째 전환기를 시작하며 일상을 보낼 공간을 찾기 위해 처음부터 도서관을 기웃거린 것은 자연스러운 일이었다. 집에 빼곡한 책들과 넓은 책상의 서재가 있었음에도 나는 며칠을 발품 팔아 집 근처의 도서관 몇 군데를 돌아다녔다. 독서실 분위기의 칸막이가 있는 책상과 공간이 너무 좁아 맞은편 사람과 다리가 부딪히는 구조는 일단 배제했다. 작은 창문이라도 바람에 흔들리는 나무가 보이는 공간, 햇빛이 은은하게 비쳐 들어 약간 졸린 듯한 풍경을 자아내는 공간이 좋았다.

과천의 작은 도서관에서 내게 딱 맞는 자리 몇 곳을 찾을 수 있었다. 조금만 부지런하면 그 자리 중 하나는 언제나 내 차지다. 이곳에서 나는 고독을 즐긴다. 매일 혼자 밥을 먹고 혼자 산책하며, 저녁에 가족 품으로 돌아가기까지 한 마디도 말을 하지 않지만 콧노래를 흥얼거리며 이 시간을 즐긴다. 몇 년 후에 시골로 내려가기 위해 터를 알아보러 전국을 돌아다니는 지금도 내게 가장 중요한 기준은 집 근처에 괜찮은 도서관이 있나 하는 것이다. 혼자 일하는 한 나는 평생 독립 작업실을 가질 일은 없을 것이다. 세상의 모든 도서관이 내 〈작은 세계〉니까 말이다.

사람은 애정을 가진 것을 자신의 연장으로 보는 경향이 있다. 의인화의 시선이다. 의인화의 대상은 동물과 식물, 자연, 그리고 물건까지 모든 것이 될 수 있다. 공간도 예외는 아니다. 사람마다 공명하는 공간은 그 개성만큼 다르다. 서재는 승완의 성소이고 도서관은 승오의 성소이다. 카페를 선호하는 사람도 있고, 독립된 사무실이 더 편안한 사람도 있다. 이렇게 성소의 모습은 다양하지만 모든 성소에는 한 가지 공통점이 있다. 성소 안의 내가 성소 밖의 나보다 더 〈나답다〉는 것이다. 각자의 성소에 있을 때 사람은 가장 자기다운 방식으로 몰입한다. 그때 그 공간은 살아 있는 나의 세상이자 우주가 된다.

사람과 공간은 연결되어 있다

공간은 고정된 것이 아니다. 만물이 그렇듯 공간도 변한다. 독일의 정신치료사 카를프리트 그라프 뒤르크하임Karlfried Graf Dürckheim은 『살아가는 공간에 대한 연구』에서 〈공간은 그 안에서 사는 존재에 따라, 또 그 공간에서 진행되는 삶에 따라 다른 공간이 된다. 공간은 그 안에서 행동하는 사람과 함께 변하고, 그 순간 자아 전체를 지배하는 특정 견해와 지향에 따라 달라진다〉고 말한다. 공간과 사람은 서로를 비추고 공명한다. 사람이 공간을 만들고, 공간은 사람에게 영향을 미친다.

어떤 사람이 애정을 가지고 꾸준히 가꾼 공간은 그 주인의 내면을 보여 준다. 공간의 형태와 구조, 가구와 물건의 배치, 그리고 그 안을 채운 물건들을 보면 공간의 주인이 어떤 사람인지 짐작할 수 있다. 특히 서재와 같은 개인 공간은 고양된 정신과 일상적 삶이 함께 깃들어 있는 특별한 공간이다. 공간 전체의 구조와 서재 주변의 환경을 살피고, 그 안에 놓인 가구와 물건, 특히 책과 책상, 아끼는 소품과 문방구를 자세히 살펴보면 그가 어떤 방식의 삶을 사는지 꽤 정확하게 추정할 수 있다.

우리는 한 사람이 오래 머문 공간을 통해 그의 내면 풍경을 느낄 수 있다. 만약 공간의 주인이 세상을 떠나고, 이 공간이 그가 살아생전 머문 모습에 가깝게 보존되어 있다면 그곳은 그의 내면을 짐작해 보기에 가장 적합한 장소가 될 것이다. 사람들이 헨리 소로를 느끼기 위해 미국의 작은 마을 콩코드를 찾아가고, 다산 정약용과 교감하기 위해 그가 오랫동안 유배 생활을 한 강진의 사의재(四宜齋)와 다산초당을 방문하고, 법정 스님의 숨결을 찾아 전남 순천에 위치한 불일암을 오르는 이유가 여기에 있다. 소로와 다산과 법정의 육신은 세상을 떠났지만 그들의 정신은 거기 그곳에 살아 있다.

내가 어떤 공간에 끌리는지 유심히 관찰하라

몸에 활기를 주고 영감을 점화시키며 정신을 고양시키는 장소가 있다. 우리는 그런 공간에서 질적으로 완전히 다른 체험을 할 수 있다. 그래서 조지프 캠벨은 〈우리 모두에게는 성소가 필요하다〉고 강조했다. 간단히 말해 성소는 나란 존재가 무엇인지, 내가 무엇이 될 수 있는지를 경험할 수 있는 공간이다. 우리는 밖에서 돌아다니다 직감적으로 이런 장소를 느낄 수 있다.

물론 끌리는 공간은 사람마다 다르다. 아시시Assisi는 내(승완)가 바깥세상에서 발견한 마음의 고향이다. 아시시는 이탈리아 움브리아 지방의 작은 도시로 성 프란체스코San Francesco의 고향으로 잘 알려져 있다. 나는 2011년 8월 아시시를 처음 방문했다. 머문 시간은 짧았지만 아시시는 내게 깊은 영향을 미쳤다.

아시시는 평화로운 충격이었다. 그곳이 성 프란체스코와 성 클라라 Sancta Clara의 고향이기 때문만은 아니었다. 투명한 햇빛이 드리워진 중세 도시, 오래 세월을 입고 있는 집들과 핏줄처럼 연결된 낡은 골목길, 언덕에 위치한 마을 앞으로 펼쳐진 너른 들판, 낮과는 확연히 다른 해 질 녘의 분홍빛 햇살과 부드러운 바람을 아직도 잊을 수 없다. 커다란 성 프란체스코 성당은 나를 압도하기보다는 아늑하게 다가왔고, 성당 지하 공간에 있는 성인의 무덤에서 말로 설명할 수 없는 에너지를 느꼈다. 나는 아시시에서 수없이 감탄했다.

나는 기독교인이 아니다. 내가 원해서 아시시를 찾아간 것도 아니다. 지인들과 함께 떠난 이탈리아 여행 중에 이곳을 거치게 되었을 뿐이다. 나는 아시시에 대해 아는 것이 없었고 성 프란체스코가 어떤 인물인지도 몰랐다. 그런 내게 아시시는 공간으로 현현한 평화와 사랑으로 다가왔다. 이 조용한 마을에는 아름다운 풍광과 함께 독특한 정신적 기운이 흘렀다. 부드러움과 경쾌함과 경건함의 조화로움. 부드러움과 경쾌함은 그렇다고 해도 이 둘과 경건함은 어울리지 않는다. 그럼에도 나는 아시시에서 이 세 가지의 진기한 조화를 생생하게 느꼈다. 이상하게 들릴지 모르지만 아시시의 영혼이 나의 영혼에게 말을 거는 듯했다. 마음이 정화되는 느낌이었고, 아시시와 같은 존재가 되고 싶다는 열망이 샘솟았다. 나는 아시시에서 한 번도 느껴보지 못했던 경외감을 느꼈다. 그것은 사랑과 평화였다.

여행에서 돌아오자마자 아시시와 성 프란체스코를 파고들었다. 인터넷으로 자료를 검색하고, 성인에 관한 여러 권의 책을 읽으며 알게 되었다. 성 프란체스코는 어릴 적부터 아시시에서 태어난 것을 행운으로 여겼으며, 내가 아시시에서 느낀 기운, 예컨대 부드러움과 경쾌함과 경건함의 조화는 그가 아시시를 좋아한 이유라는 것을 말이다. 실제로 부드러움과 경쾌함과 경건함은 성 프란체스코의 인격적 특징이었고, 자신의 모든 재산을 버리고 가난하고 병든 사람들을 돌보며 청빈한 삶을 살다 간 이 성인(聖人)은 사랑과 평화 그 자체였다.

나는 아시시에서 나와 비슷한 체험을 한 사람이 많다는 사실도 알게 되었다. 소설가 니코스 카잔차키스Nikos Kazantzakis와 헤르만 헤세는 아시시를 매우 사랑해서 여러 번 방문하고 몇 달 동안 머물렀다. 그리고 두 사람 다 성 프란체스코에 관한 전기 소설을 썼다. 면역학자이자 바이러스 학자인 조너스 에드워드 솔크Jonas Edward Salk는 소아마비 백신을 개발하는 중에 휴가차 온 아시시에서 백신 개발에 필요한 결정적인 아이디어를 얻었다. 솔크는 아시시의 무언가가 자신에게 영감을 주었다고 믿었고, 이 체험이 우연이 아니라고 생각했다. 그는 아름다운 아시시의 풍경과 자신의 체험을 바탕으로 건축가 루이스 칸Louis Kahn과 함께 솔크 연구소Salk Institute를 설립했다. 아시시 버전의 과학 연구 센터라 할 수 있는 솔크 연구소는 20세기에 지어진 가장 훌륭한 건축물로 꼽히며, 현재까지 다섯 명의 노벨상 수상자를 배출하여 생명과학의 메카로 자리 잡았다.

2016년 2월 나는 다시 아시시를 찾았다. 처음에 왔을 때 갔던 곳을 하나하나 다시 방문했다. 그때는 시간이 부족해서, 또 알지 못해서 가지 못한 곳들도 두루 다녔다. 이번에도 역시 좋았다. 아시시에는 여전히 치유와 영감의 에너지가 흐르고 있었다. 다시 아시시에 가서 더 오래 머물고 싶다. 하지만 설령 가지 못하게 된다고 해도 괜찮다. 아시시는 이제 내 안에 있기 때문이다. 그곳은 이미 내 마음의 고향으로 자리 잡았기에, 헤세와 카잔차키스와 솔크가 그랬듯이 내가 머무는 공간을 아시시와 같은 공간으로 가꿔 나갈 수 있다.

성소는 종교적인 공간만을 가리키지 않는다. 자신과 가장 잘 공명하는 공간이 성소다. 성소는 〈마음의 고향〉이다. 왜냐하면 참된 나를 거듭거듭 찾을 수 있는 장소, 자기 삶을 움직이는 힘을 재발견할 수 있는 공간이기 때문이다. 내가 어떤 공간에 끌리는지 유심히 관찰해 보자. 자신의 성소를 만들거나 발견하기 위해서는 자기다운 공간의 특징과 기준을 알고 있어야 한다.

나의 성소는 어디인가

소로는 왜 이상적인 삶을 실험하기 위해 월든 호숫가 숲으로 들어갔을까? 니어링 부부는 왜 굳이 사람들이 찾지 않는 메인 주의 시골에서 새로운 인생을 시작했을까? 구본형은 왜 서울의 많고 많은 집 가운데 북한산 남쪽 산자락에 있는 집을 선택했을까? 융은 왜 볼링겐에 은신처를 마련했을까? 조너선 솔크가 소아마비 백신과는 아무런 상관이 없는 이탈리아의 작은 마을에서 백신 개발에 필요한 영감을 얻은 이유는 무엇일까? 그들은 어떻게 자신에게 잘 어울리는 공간을 발견할 수 있었을까? 요컨대 과연 어떤 공간이 성소인가? 세 가지 기준으로 자신의 성소를 가늠해 볼 수 있다.

첫째, 나란 존재의 중심을 느낄 수 있다면 그곳이 바로 성소다. 조금 다르게 표현하면 성소는 나보다 더 큰 존재, 이를테면 신성한 힘과 내가 공명하는 느낌을 준다. 캠벨에 따르면 성소는 우리에게 〈여기서는 일종의 약진이 가능하겠군. 이곳은 내가 있고 싶은 공간으로 나를 데려가 줄 수 있는 훈련을 할 수 있는 장소야〉라는 느낌을 준다. 성소는 내 안에 잠재 되어 있던 힘을 깨운다. 그래서 정신이 일상의 의식 수준보다 높게 고양되는 경험을 할 수 있다.

둘째, 자연스럽게 몰입할 수 있다면 그곳이 성소다. 다른 공간보다 성소에서 보다 안정적으로 마음을 모을 수 있다. 어떤 공간에 있을 때보다 더 강하게 집중할 수 있다. 〈몰입이 물방울처럼 떨어져 내리는〉 마음속 정점(靜點)에 다다를 수 있는 곳이 바로 성소다.

마지막 기준은 자연친화성이다. 많은 전환자들이 자연 속에 자신의 공간을 마련했음에 주목하자. 이들의 성소는 거의가 숲과 산, 강 주변에 위치하고 있다. 왜일까? 성소의 특성 중 하나는 치유와 영감인데 자연만 한 치유와 영감의 원천이 없기 때문이다. 여러 연구에 따르면 병원의 환자들은 병실 창으로 콘크리트나 인공물이 아닌 자연 풍광이 보일 때 더 빨리 회복된다. 실제로 사람은 푸른 숲속을 걸을 때 마음이 편안해지고 여유로워지며 아이디어도 잘 떠오른다. 구본형이 북한산 아래로 이사하고 나서 〈북한산 자락에 앉아 있으니 위대한 스승의 품에 안겨 있는 셈〉이라고 말한 이유가 여기에 있다. 헤세는 루가노 강과 숲에 둘러싸인 공간에서 심신을 회복하고 이곳 풍경을 그림으로 그리며 한동안 멈춰 두었던 소설 집필을 다시 시작했다.

공간은 〈마음의 소리를 담는 그릇〉이다. 나의 과거와 현재, 그리고 미래의 나에게 말을 거는 공간이 있다. 그런 공간에는 기억과 관찰과 상상을 깨우는 힘이 있다. 기억력은 과거에 대한 반추이고, 관찰력은 현재에의 몰입이며 상상력은 미래를 비추는 빛이다. 공간은 몸이 머무는 곳인 동시에 정신적 에너지가 모이고 흐르며 순환하는 장이다.

자신의 성소에 이름을 붙이자

정약용은 자신을 믿고 아낀 정조 대왕이 승하한 후 정치적 음모의 희생자가 되어 유배되었다. 해배의 기약 없이 시작된 유배는 그 후로 18년간 이어졌다. 그는 강진으로 유배 가서 처음 4년간 기거한 초라한 방에 〈사의재(四宜齋)〉라는 이름을 지었다. 사의재는 〈담백한 생각, 장중한 외모, 과묵한 말, 무거운 몸가짐〉 이렇게 네 가지를 지켜 나가겠다는 의지를 담은 당호(堂號)다. 다산은 긴 유배 생활 동안 학문에 정진하며 수백 권의 책을 쓰고 조선 실학을 집대성했으며 많은 제자들을 키워 냈다. 그는 절망적인 귀양살이를 찬란한 시절로 바꿔 놓았다. 그 모든 것의 출발점이 사의재다. 이 책의 〈스승〉 장에 등장하는 황상과 다산이 처음 만나 사제의 연을 맺은 곳도 여기다. 황상도 수십 년 동안 직접 하나하나 완성한 공간에 〈일속산방〉이라는 이름을 주었다.

법정 스님은 전남 순천 송광사 근처 조계산 자락에 손수 짓고 17년 가까이 머문 암자를 처음에는 〈불일암(佛日庵)〉이라 이름 붙이고 나중에는 〈물 흐르고 꽃 피는 곳〉이라는 뜻을 가진 〈수류화개실(水流花開室)〉이라 불렀으며, 이윤기는 자신의 양평 작업실을 〈과인재(過人齋)〉라고 명명했다. 수류화개실은 법정 스님의 삶에서 빼놓을 수 없는 중심 수행처이자 열 권이 넘는 책을 집필한 공간이고, 과인재는 이윤기가 자기 삶의 마지막 10년을 보낸 공간으로 2010년 세상을 떠난 그가 묻힌 곳이기도 하다.

나(승완)도 내 서재에 〈회심재(回心齋)〉라는 이름을 붙였다. 회심(回心)과 심재(心齋)를 결합한 이름이다. 회심은 〈보다 높은 차원의 마음을 지향하고, 의식을 근본적으로 바꾸는 것〉으로, 간단히 말해 마음으로 깨닫는 것을 의미한다. 심재는 『장자』에서 따온 것으로 마음을 비운다는 뜻이다. 『장자』에서 안회(顔回)는 심재 이전과 심재 이후에 달라진 점으로 자아의 유무를 꼽는다. 여기서 자아는 〈작은 나〉를 가리킨다. 그러므로 회심재는 작은 나를 놓아 버림으로써 〈큰 나〉가 드러나는 깨달음의 공간이다.

나는 회심재라는 이름을 소중히 여긴다. 이 이름은 내 정신의 지향점과 내가 되고 싶은 〈그 사람〉을 내포하고 있기 때문이다. 내가 무엇이고, 장차 무엇이 될 수 있는지를 느낄 수 있는 장소인 것이다.

전환기에 나는 내 안에서 새로운 인생을 시작할 수 있는 공간을 발견하고 스스로 거듭날 수 있는 힘을 키워야 했다. 이를 위해 먼저 내가 원하는 마음의 풍경을 밖에서 찾아냈다. 성 프란체스코의 고향 아시시와 법정 스님의 불일암이 그런 공간에 속한다. 두 공간은 내가 만들고 싶은 세상의 원형이다. 나는 이 원형을 참조하여 내 공간을 만들어 가고 있다. 이 글을 쓰며 깨달았다. 회심재를 만드는 것은 다른 한편으로는 나를 만드는 것이고, 이 공간 자체가 나의 새로운 인생을 함축하고 있음을. 또한 이 공간에서 하는 모든 활동의 본질은 거듭남을 위한 내적 힘을 키우는 작업임을 말이다.

우리는 자신을 위한 성소를 주도적으로 발견하고 만들 수 있다. 말 그대로 자신이 원하는 세상 하나를 만드는 것이다. 공간을 조직하는 일은 삶의 방식과 직결된다. 사람은 공간을 만들고 공간은 사람을 길들인다.

전환 도구 6

상징

인간은 상징을 닮아 간다

전환기의 상징은 존재의 본질로 이끈다.
전환자의 내면에 하나의 상징이 자리 잡으면
그의 존재는 상징을 닮아 가고 그의 삶은 상징의 길을 따라 흘러간다.
절묘한 상징은 존재의 본질을 들여다보고 잠재력을 발굴하도록 돕는다.
그러므로 진정한 나와 만나려는 사람은 자신의 상징을 발견하고,
그것을 충실히 해석하여 내면화해야 한다.

카를 융,
상처 입은 자에서 영혼의 치유자로 거듭나다

카를 융Carl Jung은 『붉은 책』에서 이렇게 말했다. 〈나 자신의 내면의 이미지를 추적하던 그 시절이 내 인생에서 가장 중요한 시기였다. 그 밖의 모든 것은 여기서 비롯된다. 모든 것을 잉태한 그 엄숙한 시작은 바로 그때였다.〉 그가 말한 〈바로 그때〉는 1913년으로, 그해에 융은 한때 존경했던 지그문트 프로이트와 결별했다. 프로이트와의 만남은 그에게 가장 중요한 만남이었던 만큼 프로이트와의 이별은 그의 삶에서 가장 충격적인 사건 가운데 하나였다.

융과 프로이트는 첫 편지를 교환한 1906년부터 7년 동안 방대한 양의 편지를 주고받았다. 그 편지들을 보면 두 사람이 서로에게 푹 빠져 있었음을 알 수 있다. 융과 프로이트는 열정적인 존경과 우정으로 시작해 서로를 지지하고 보완하는 관계로 성장했다. 융은 프로이트를 〈위대한 인물〉이자 〈아버지〉로 여겼고, 프로이트는 융을 자신의 〈후계자〉 겸 정신적 〈아들〉로 대했다. 하지만 몇 년 후부터 무의식을 비롯한 정신분석에 관한 견해 차이와 상이한 성격의 충돌로 인해 두 사람은 서로 오해하고 반목했다. 둘의 긴장이 고조되면서 서로에 대한 인식도 극적으로 변했다. 이제 융에게 프로이트는 제자를 추종자로 묶어 두려는 권위주의의 화신이 되었고, 프로이트에게 융은 자신의 신경증을 자각하지 못하는 퇴행적 인간으로 여겨졌다. 함께 솟아 올랐다가 함께 추락하는 과정 역시 두 사람 사이에 오고 간 편지에 잘 드러나 있다.

1913년 3월, 두 사람은 개인적 관계를 단절하는 편지를 주고받았다. 당시 융의 나이는 서른여덟이었고, 스스로를 독립적인 정신을 가진 유능한 정신과 의사로 자부했다. 하지만 가장 존경하는 인물이었던 프로이트와의 결별은 융에게 엄청난 충격이었다. 직업적 위상이 흔들렸고, 그의 정신은 더 많이 흔들리다가 이내 붕괴되었다. 우울증에 시달렸고, 정신분열적인 모습을 보였다. 왕성했던 삶의 의욕은 독서와 사교 활동을 하기 어려울 정도로 위축되었다. 정신분석과 관련된 모든 직책에서 물러났고, 대학에서 강의하는 일도 그만두었다. 그에게 남은 것은 가족과 소수의 동료, 그리고 혼자 운영하는 작은 병원뿐이었다.

융은 정신과 의사이자 학자로서, 그리고 한 인간으로서 자기회의에 직면했다. 겉으로 보기에 〈휴지기〉를 보내는 듯했지만 실상은 휴식과 거리가 멀었다. 오히려 이 시기에 융은 심각한 정신질환을 앓았다. 훗날 이것은 〈창조적인 병〉으로 채색되었지만 당시에는 전혀 그렇지 않았다. 융은 무의식의 심연으로 급격하게 추락했다. 스스로 하강하기로 결정했다는 점에서 이 추락은 의도적이었지만 다른 한편으로는 별다른 수가 없었기에 어쩔 수 없는 선택이기도 했다. 그는 무의식으로 내려가 환상을 보았고, 자신의 의지와 상관없이 스스로 생겨나고 변화하는 심적 존재(이미지)들을 만났다. 이것들을 거부할 수 없음을 깨닫고, 살기 위해 받아들이고 이름을 붙이고 대화를 나눴다.

카를 융

프로이트와 갈라선 이후부터 융은 일련의 의미심장한 꿈과 환상을 체험했다. 그 가운데 두 가지만 소개하면 첫 번째 환상은 1913년 10월 기차 안에서 일어났다. 큰 홍수가 북유럽의 여러 나라를 덮치는 환상이었다. 큰 물이 스위스 국경까지 밀려오자 알프스 산맥이 솟아올라 스위스가 물에 잠기는 것을 막았다. 그런데 갑자기 물이 피로 변하며 환상은 끔찍한 장면으로 돌변했다. 이 환상은 기차가 목적지에 도착할 때까지 계속되었고, 융은 당혹감에 어쩔 줄 몰라 하며 자신의 정신적 허약함을 절감해야 했다. 이와 비슷한 환상이 이듬해 6월까지 여러 번 반복되었다. 훗날 이 환상은 1차 세계 대전을 예지한 것으로 알려지지만 당시 융은 자신이 정신분열의 위험에 처한 건 아닐까 매우 두려워했다.

1913년 12월, 융은 묘한 꿈 하나를 꾼다. 꿈에서 그는 〈갈색 피부의 낯선 원시인 청년〉과 함께 게르만 신화의 영웅 지크프리트Siegfried를 죽이는 임무를 수행한다. 청년과 융은 동이 틀 무렵 숨어 있다가 총을 쏘아 영웅을 살해한다. 꿈에서 살인을 주도한 사람은 원시인 청년이지만 융은 〈그토록 위대하고 아름다운 것을 파괴했다〉는 자책감에 괴로 위한다. 동시에 〈살인 범죄〉가 들킬지 모른다는 생각에 불안해하며 도 망친다. 이때 폭우가 쏟아져 내리고 융은 비가 범행의 흔적을 지우면 들킬 일도 없다고 안도한다. 그러면서도 여전히 자책감에서는 빠져나 오지 못한다.

이 꿈에서 중요한 상징은 〈지크프리트〉라는 인물이다. 다른 상징과 마찬가지로 지크프리트라는 상징도 여러 차원에서 해석할 수 있다. 먼 저 지크프리트는 융이 믿고 의지해 온 태도나 행동 방식을 의미할 수 있다. 그렇다면 지크프리트 살해는 지금까지 고수해 온 태도나 삶의 방 식을 바꿔야 한다는 메시지로 볼 수 있다. 두 번째로 지크프리트는 특 정 인물을 상징할 수도 있다. 몇몇 융 연구가들은 지그프리트는 지그문 트 프로이트Sigmund Freud를 가리킨다고 주장한다. 프로이트는 한동 안 융의 영웅이었고 〈힘과 능률에 대한 이상〉이었다. 융 자신은 이렇게 해석하지 않고, 다만 이 꿈에 강한 감정을 느꼈지만 그 이유는 알 수 없 었다고 밝혔다. 하지만 지크프리트를 프로이트로 치환하면 여러모로 꿈이 내포하고 있는 메시지가 선명해진다. 융이 꿈에서 참기 힘든 죄책 감을 느낀 이유도 해명된다.

풍성한 무의식과의 만남은 융에게 심리학자로서 평생 작업할 수 있 는 재료를 제공했다. 그는 1957년 『붉은 책』에 덧붙인 글에서 〈그것은 그 시기에 시작되었고, 그 후에 나온 세부적인 사항들은 그것보다 결코 더 중요하지 않다. 나의 모든 인생은, 무의식에서 폭발할 듯 터져 나와 수수께끼의 강물처럼 덮치며 나를 산산조각 낼 듯 겁을 주었던 것들을 해석하는 일에 바쳐졌다. 그것은 한 사람의 인생 그 이상으로 중요한 의미를 지니는 자료들이었다〉고 고백했다. 우리는 이런 성과가 융이 오랜 시간 무의식을 신중하게 연구하며 자신이 할 수 있는 모든 걸 다했기에 가능했다는 점을 잊지 말아야 한다.

앞의 두 사례를 포함해 충격적인 환상과 꿈이 여러 차례 융을 강하게 흔들었다. 기이하게도 꿈과 환상은 같거나 유사한 모습으로 반복되어 나타났다. 의도적으로 무시하려 할수록 꿈과 환상에 더 강하게 사로잡혔다. 상황이 이렇다 보니 그는 손에 잡히는 분명한 이 세상이 현실이듯이, 환상을 〈또 하나의 현실〉로 받아들일 수밖에 없었다. 풍부한 의학 지식과 임상 경험을 가진 정신과 전문의였던 융은 무의식에서 치고 들어오는 환상의 위험성을 잘 알고 있었다. 이미 스스로도 정신병에 걸린 건 아닌지 염려했다. 하지만 그는 무의식에서 솟아오르는 이미지들이 자신을 어디로 이끌든 따라가야 한다고 생각했다. 이 지점, 즉 정신 질환과 무의식의 탐사 사이에서 망설이던 융은 〈결정적인 걸음〉을 딛기로 결심한다. 자신의 무의식을 자기가 할 수 있는 모든 수단을 동원해 탐구하기로 결정한 것이다.

그날 밤 나는 내가 죽었음을 알았다. 나의 내면은 죽음에 접어들었고 나는 외면의 죽음이 내면의 죽음보다 낫다는 것을 알았다. 그래서 나는 외면에서 죽고 내면에서는 살아 있기로 결심했다. 나는 몸을 돌려 내면의 생명이 있는 곳을 찾기 시작했다![76]

결심은 했지만 그는 여전히 자신이 제어력을 상실하여 무의식의 제물이 되지 않을까 두려웠다. 무의식은 한편으로는 긍정적인 부분과 창조력을 가지고 있지만 다른 한편으로는 부정적이고 폭력적인 측면도 존재한다. 삶의 위기에 처했을 때나 의식의 힘이 약해졌을 때 무의식의 파괴적인 힘이 주도권을 잡으면 사람은 신경증에 걸리거나 심하면 조현병(調絃病: 정신분열증)에 이를 수 있다. 특히 무의식에 휩쓸리면 현실 감각이 극도로 낮아져서 잠든 상태가 아닌 눈을 뜬 상태에서도 무의식적 환상과 실제 현실을 구분하지 못하고, 환상을 현실로 착각하며 살아간다.

이런 이유로 융에게는 무의식의 폭격으로부터 스스로를 보호할 수 있는 최소한의 방어막이 필요했다. 적어도 육신과 의식이 발을 딛고 있는 현실 세상에서 기댈 곳을 찾아야 했다. 그는 먼저 가족과 집, 그리고 몇 년 전 집의 1층에 개업한 개인 병원을 일상의 중심으로 삼았다. 융은 프로이트와 갈라서며 자의 반 타의 반으로 그동안 맡고 있던 거의 모든 사회적 역할에서 물러나고 인간관계도 끊어지다시피 했지만, 자기 병원만은 문을 닫지 않았다. 그는 자서전에서 〈가족과 직업은 내가 언제나 돌아올 수 있는 기반으로 남아 있었고, 그것은 내가 실제로 현실에서 살아가는 평범한 인간임을 증명했다〉고 말했다.

융은 두 번째 방어막으로 하루 일과를 체계적으로 운영했다. 의도적으로 일상에 질서를 부여하여 내면의 혼란과 방향 상실을 상쇄하고자 했다. 그의 하루는 대체로 규칙적으로 흘러갔다. 이른 아침 융은 서재에서 자신이 꾼 꿈을 기록하고 해석했다. 그리고 미리 정해 둔 시간에 편지를 썼다. 이전에는 하지 않던 행동이었다. 사실 융은 편지 작성을 번거로운 일로 여겼고 답장을 빨리 보내는 편도 아니었다. 그래서 프로이트로부터 답신이 늦다고 핀잔을 듣곤 했다. 그런데 그런 모습이 거짓말처럼 바뀌어 시간을 정해 두고 편지를 쓰고 직접 부쳤다. 그 이후에 오전 환자가 있으면 병원에서 진료를 했다.

무의식 탐험으로 늘 정신적 긴장에 시달리던 융은 어느 날인가부터 어린 시절에 열중했던 놀이를 다시 시작했다. 점심을 먹고 거의 매일 집 근처 호숫가에서 집 짓기 놀이를 했다. 돌을 비롯해 여러 재료로 작은 집을 짓고 마을을 만들었다. 그것은 그에게 필요한 〈창조적인 삶〉을 사는 방법이자 〈아이의 삶〉을 한 번 더 살아 보는 것이었다. 점심 시간부터 오후의 첫 환자가 오는 두 시나 세 시 전까지 호숫가 모래밭에서 집 짓기에 푹 빠졌다. 작은 집들을 짓고 성을 만들고 교회를 세우는 식으로 마을 전체를 완성해 나갔다. 오후 진료가 일찍 마무리되는 날이면 밖으로 나가 또 집을 지었다. 이 놀이는 그의 정신을 맑게 해주고 심리적 안정을 취하는 데 도움을 주었다.

집 짓기 놀이를 하며 융은 꿈과 환상을 새로운 관점에서 바라보기 시작했다. 이즈음부터 그는 검정 가죽으로 장정한 공책을 사용하기 시작했는데, 주로 저녁 때 자신을 찾아온 꿈과 환상을 자세히 기록했다. 때로는 꿈과 환상을 온전히 살려 내기 위해 〈검은 책〉에 그림을 그리기도 했다. 그는 〈검은 책〉을 쓰는 일을 자기 자신에 대한 근본적인 체험, 즉 〈자신의 영혼과 개인적으로 대면하는 실험〉으로 생각했다.

이 밖에 전환의 시기에 융이 수행한 몇 가지 활동이 있다. 때때로 도보 여행과 자전거 여행을 떠나곤 했는데 여행은 그에게 일종의 탈출구로서 정신적 긴장에 숨통을 터주는 역할을 했다. 가장 힘든 시기를 통과한 다음에 융은 주변 사람들과 함께 심리학 클럽Psychological Club을 창설했다. 그는 이 모임을 자신의 심리학을 위한 지적 실험장으로 삼았다. 1차 세계 대전 중이던 1917년 스위스에 있는 영국군 포로수용소에서 의무대 군의관으로 복무할 때는 밤에 꾼 꿈과 마음에 자주 떠오른 독특한 이미지를 자주 그렸다. 이때 그린 이미지들은 구체적인 모습은 서로 달랐지만 전반적으로 매우 유사한 형태를 띠었다. 전체적인 모습

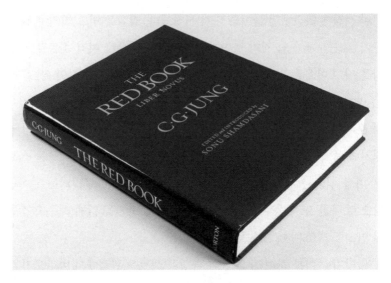

카를 융이 자신의 역동적인 무의식 탐험을 기록한 『붉은 책Red Book』. 이 책에는 융이 전환기에 그린 많은 만다라가 담겨 있다.

은 사각형 또는 원인데 특이한 무늬가 나선형을 그리며 반복적으로 중심부를 향해 수렴하거나 중심으로부터 밖으로 발산하는 패턴을 보였다. 융은 나중에야 이것이 동양에서 전체성과 완전성을 상징하는 〈만다라(曼茶羅)〉라는 이름으로 불린다는 사실을 알게 되었다.

1914년 여름, 융에게 중요한 각성의 순간이 찾아왔다. 개인적인 무의식 탐사에서 한 걸음 나아가, 정신과 의사로서 환자를 치료하기에 앞서 자신을 먼저 치료해야 함을 깨달은 것이다. 먼저 자신을 치료할 수 있어야 타인도 치료할 수 있으며, 자신의 내적 체험이야말로 독자적인 심리이론을 만드는 요건임을 자각한 것이다. 이미 〈검은 책〉을 쓰고 있었지만 이제 그것과는 다른 새로운 뭔가가 필요했다. 융은 무의식과 더 깊이 직접적으로 만나고 싶었다. 지금까지의 과정이 어쩔 수 없이 무의식에 빠져든 것이라면 이제는 적극적으로 무의식에 뛰어들 시점이라고 판단했다. 그는 능동적으로 무의식을 탐험하기로 결심한다.

융은 붉은 가죽으로 제본한 공책을 마련했다. 그는 이른바 『붉은 책』을 쓰기 시작하면서 〈검은 책〉은 더 이상 사용하지 않았으며, 검은 책을 위한 시간은 『붉은 책』을 집필하는 것으로 대체되었다. 그는 심신을 이완시키고 무의식에서 떠오르는 환상과 이미지를 최대한 의식적인 개입 없이 흘러가도록 내버려 두었다. 그러다가 내면의 세계가 어느 정도 확실해지면 그 존재들과 대화를 나누고, 이 모든 것을 『붉은 책』에 글과 그림으로 기록했다. 융은 『붉은 책』을 자기 무의식에서 만난 여러 존재들, 말하자면 〈살로메, 엘리아스, 뱀, 필레몬〉 등의 이야기로 채워 나갔다. 이들 존재는 나중에 융 심리학의 주요 개념이 되는 심리 유형 psychological types, 아니마Anima(남자 안의 무의식적 여성성), 아니무스Animus(여자 안의 무의식적 남성성), 그림자Shadow, 자기Self 등에 영감을 제공했다.

『붉은 책』은 융이 내면의 삶을 존중하고 무의식의 목소리에 귀를 기울이고자 나름대로 신중하게 고안한 방편이었다. 『붉은 책』을 통해 꿈과 환상에 등장하는 존재들과 적극적으로 소통했지만 그는 여전히 꿈과 환상이 내포하고 있는 의미를 완전히 이해하지는 못하고 있었다. 그럼에도 『붉은 책』을 쓰며 스스로 무의식을 탐험할 수 있는 힘을 키울 수 있었다. 아울러 융은 내면 탐구를 끝까지 밀고 나가 자신의 심리학을 완성할 수 있겠다는 희망도 가지게 되었다.

융의 전환기는 그가 지적했듯이 1913년부터 1919년까지였다. 이 기간 중에서도 1913년부터 1915년까지 내적인 이미지를 추구하던 시간이 그의 삶에서 가장 중요한 시기였다. 이 시기에 그는 〈검은 책〉에 이어 『붉은 책』을 쓰는 데 열중했다. 〈검은 책〉이 꿈을 자유롭고 충실하게 기록한 일기라면 『붉은 책』은 한 걸음 나아가 스스로 무의식을 탐험하며 그 안에서 만난 존재들에 관한 관찰 보고서이자 그들과 나눈 대화록이다. 이후 자신의 내면 탐험을 요약한 「죽은 자를 향한 일곱 가지 설법」을 완성하고 나서 융은 자신이 어느 정도 회복했음을 알 수 있었다. 이로써 그의 전환기는 하강기에서 상승기로 접어들었다. 이전에 비해 사람들과의 교류가 활발해지고, 이제까지의 무의식 체험과 자기분석을 바탕으로 훗날 분석심리학의 기본이 되는 중요한 논문들을 쓰기 시작했다.

융은 전환기를 거치며 공식적으로는 책을 한 권도 출간하지 못했지만 실제로는 상당히 많은 기록을 남겼다. 그 가운데 백미가 『붉은 책』이다. 융의 전환 과정을 가장 생생하게 보여 주기 때문이다. 융은 죽기 2년 전인 1959년 『붉은 책』에 추가한 발문 형태의 글에서 이 책에 기록한 〈경험들이 소중한 무엇인가를 포함하고 있다는 것을 나는 언제나 알았다. 그래서 나로서는 그 경험들을 《소중한》, 말하자면 값진 책으로 기록하고 그 경험을 상기하는 과정에 떠오른 이미지들을 그림으로 최대한 훌륭하게 그리는 외에 달리 방법이 없었다〉고 고백했다.

전환 이전에 융은 전도유망한 정신과 의사였지만 성공의 정점에서 추락했다. 그는 〈상처 입은 자〉로 전환기를 시작했고 그 상처는 점점 더 커졌지만, 치열한 자기분석 과정을 거치며 스스로 상처를 치유하는 데 성공했다. 혹독한 과정을 거치긴 했지만 바로 그 과정을 통해 〈영혼의 치유자〉로 거듭났다. 〈분석심리학〉이라는 자신의 심리학을 세우는 튼튼한 토대도 사실상 이때 마련했다.

템플 그랜딘,
상징을 발판 삼아 자폐를 뛰어넘다

1986년, 매우 독특한 책이 출간되었다. 『어느 자폐인 이야기』라는 제목의 이 책은, 이전까지 자폐인의 상세한 내면 세계가 세상에 알려진 적이 없었다는 점에서 매우 이례적이었다. 그러나 더 충격적인 점은 〈어느 자폐인〉의 삶에 대해 쓴 작가가 다름 아닌 자폐인이라는 사실이었다. 이 책은 평생을 보호 시설에서 보내게 될 거라고 진단받았던 템플 그랜딘Temple Grandin의 자서전이었다. 당시만 하더라도 자폐인은 〈내면〉이라 부를 만한 게 사실상 없고, 설령 있다 하더라도 거기에 접근할 수 없다는 게 의학계의 40년 넘은 정설이었다. 이런 점 때문에 저명한 신경과 의사 올리버 색스Oliver Sacks는 〈이 책은 존재할 수 없는 책〉이라며 극찬했다.

자폐증autism은 1943년 정신과 의사 레오 케너Leo Kanner에 의해 처음으로 학계에 보고되었다. 이때는 그랜딘이 태어나기 불과 몇 년 전이었으므로 그녀의 어머니가 딸의 장애를 뒤늦게 알아차린 것은 당연한 일이었다. 그랜딘이 생후 6개월이 되었을 무렵 어머니는 아기가 안아 주는 것을 싫어해서 품에 안으면 몸이 뻣뻣해진다는 것을 알아차렸다.

몇 달 후에도 아기는 어머니가 안으려고만 하면 마치 덫에 걸린 동물처럼 어머니를 손톱으로 할퀴었다. 그때까지만 해도 그랜딘의 어머니는 딸의 그런 거부 행동을 자라는 과정에서 나타날 수 있는 일이라 여겼다. 하지만 그랜딘은 생후 3년 6개월이 될 때까지 말을 못 했고, 종종 울화를 터뜨리며 공격적인 행동을 반복했다. 5살이 되어서야 그랜딘의 어머니는 딸의 증세가 전형적인 자폐증이라는 사실을 알게 되었다.

어머니는 그녀를 장애 학교가 아닌 일반 학교에 보냈다. 소리나 접촉에 민감하고 화를 참지 못하는 그녀는 초등학교에서 뭔가를 부수고 돌발적으로 행동하곤 했다. 그래서 늘 혼자였으며 불안정한 행동과 충동의 덩어리 같아 보였다. 그러나 다른 한편으로는 독특하고 창조적 능력을 가진 아이이기도 했는데, 학교에서 동물 쇼를 위해 동물을 데려오라고 했을 때 그녀는 스스로 동물이 되어 학교에 가서 하루 종일 짖고 앉고 누우며 개 행세를 했다.

중학교 시절은 그랜딘의 삶에서 가장 불행한 시기였다. 학생들로 가득 찬 시끄러운 복도, 친구들의 놀림, 교사들의 냉소 때문에 그녀는 번번이 폭발했고 이내 자기 내면의 세계로 도피했다. 그녀는 예민한 신경을 자극하지 않기 위해 고정된 패턴으로 행동하려고 하면서, 자극을 피하려는 위축 행동과 불안정한 충동 사이에서 오락가락하느라 이중으로 힘들어 했다. 여기에 신경 발작 증세까지 겹쳐 죽을 듯한 고통에 시달렸다. 화를 주체하지 못해 자주 친구들을 때리곤 했는데 3학년 때 결국 사고를 쳤다. 자신을 바보라고 놀리는 친구에게 책을 집어 던져 장님으로 만들 뻔한 것이다. 이 일로 그녀는 학교에서 쫓겨났다.

어머니의 노력으로 어렵사리 한 고등학교에 진학하면서 암담하던 그녀의 운명에 한 줄기 빛이 비친다. 자신을 믿고 도와주는 선생님들과

템플 그랜딘

비교적 온화한 학급 분위기 덕분에 그녀는 다소 안정되어 갔다. 그러던 어느 일요일, 그랜딘은 학교의 규칙에 따라 교회에 가서 예배에 참석했다. 목사의 설교는 지루하기 짝이 없었기에 그녀는 편안한 내면 세계로 도망쳐 있었다. 그때 갑작스레 울린 목사의 목소리에 깜짝 놀라서 위를 쳐다보았다. 「두드려라!」 이윽고 목사가 말했다. 「그러면 열릴 것이다.」

그랜딘은 뭔가 이상하다고 생각하며 자세를 바로 했다. 「내가 문이니 누구든지 나로 말미암아 들어가면 구원을 얻고……」 목사는 단상 옆으로 나와 청중을 향해 말했다. 「당신들 앞에 천국으로 들어가는 문이 있습니다. 그것을 열고 구원을 받으십시오.」 이 말이 그랜딘의 마음에 강렬하게 흔적을 남겼다.

그 후 며칠 동안 그녀는 문자 그대로 〈천국의 문〉을 찾아 바삐 돌아다녔다. 옷장 문, 목욕탕 문, 건물 정문, 마구간 문 등 온갖 문을 열어 보며 열심히 관찰했다. 그러나 어디서도 천국의 문을 발견할 수 없었고, 그녀는 실망했다. 그러던 어느 날 숙소로 가는 길에 기숙사 건물을 확장하는 공사장이 눈에 들어왔다. 일꾼들은 모두 퇴근한 저녁이었다. 먼지투성이의 공사판 한가운데에 꽤 긴 사다리가 놓여 있었다. 그녀는 뭔가에 이끌리듯 사다리를 타고 4층까지 올라갔다. 그러고는 건물 밖으로 이어져 있는 작은 플랫폼을 따라 걸어갔다. 어둠 속에서 무언가가 흐릿하게 시야에 들어왔다. 그녀는 당시 상황을 이렇게 묘사한다.

거기에 문이 있었다! 그 문은 작은 나무 문이었으며 지붕으로 통했다. 밖을 볼 수 있는 조그마한 전망대가 있어 그곳으로 들어갔다. 그 방에는 바깥의 산들을 내다볼 수 있는 세 개의 창문이 있었다. 그중 한 창문 앞에 서서 산 뒤에서 돋는 달을 바라보았다. 그 순간 어떤 위로감이 나를 감쌌다. 몇 달 만에 처음으로 현재의 평안함과 미래의 희망을 느꼈다. 사랑과 환희의 기쁨이 나를 감쌌다. 나는 그것을 찾았다! 천당으로 통하는 문, 갑자기 나의 마음에 있었던 여러 가지 생각들이 의미 있는 것처럼 보였다. 나는 정말 찾았다! 시각적 상징을! 내가 해야 할 것은 이 문을 통해 걷는 것이었다. 사다리를 내려올 때는 이미 어두운 밤이었고, 나는 이제 예전의 내가 아닌, 즉 구원받은 사람이 되어 걸어 나왔다. 나는 운명의 문을 찾았다고 느꼈다.[77]

그 후 몇 달 동안 그랜딘은 목수들이 〈까마귀 둥지〉라고 부르는 그 방을 자주 찾아갔다. 작은 방 안으로 들어가면 평소와 다르게 마음이 차분해지며 여러 생각들이 떠올랐다. 마치 그동안 보지 못했던 자기 자신을 발견하고 있는 듯 느껴졌다. 비록 문을 열지는 못했지만 이후로 그녀는 1년간 그곳을 자주 드나들었다. 방 가운데에 앉아 지붕으로 통하는 작은 나무 문을 바라보며 당시의 혼란, 사람들과의 갈등을 혼자서 차분하게 생각하고 또 생각했다. 그녀는 몇 달 전 이모의 동물 농장에 갔을 때 소들을 붙잡아 두기 위해 사용하는 〈가축 압박기〉에 들어갔던 경험을 떠올리며 생각에 잠겼다. 또한 장애를 안고 태어난 자신의 운명을 생각하기도 했다. 문득 그녀 앞에 놓여 있는 미래가 무엇이든 이 작은 나무 문을 통과하면, 그것들을 잘 헤쳐 나갈 수 있으리라는 확신이 들었다. 그렇게 그녀는 편안한 공간과 문이라는 상징을 통해 안정감을 얻고 세상으로 나아갈 용기를 키우고 있었다.

까마귀 둥지를 발견하고 1년 후, 그랜딘은 작은 전망실에 서서 창문 밖을 내다보았다. 밤하늘의 반짝이는 별들이 그녀에게 더 가까이 오라고 인사하는 듯했다. 그녀는 그 순간을 이렇게 회상한다.

나는 지금까지 어머니가 내게 말하려고 했던 것이 무엇인지를 깨달았다. 모든 사람은 각자의 문을 찾아야 하고 스스로 그 문을 열어야 한다. 아무도 그것을 해줄 수 없다. 지붕으로 통하는 그 작은 나무 문은 나의 미래와 바깥 세상을 상징했다. 나는 그 문을 통해서 걸어나가야 했다.[78]

그녀에게 그 문을 여는 것은 새로운 마음가짐으로 세상을 향해 나아간다는 것을 상징했다. 이제 나갈 시간이었다. 그녀는 입술을 꾹 깨물었다. 별이 유난히 빛나던 그날, 그녀는 처음으로 빗장을 내리고 〈천국의 문〉을 열었다. 바깥 바람이 밖으로 나오라고 속삭였다. 그것은 영혼의 부름이었다. 한참 생각한 후에 문 밖 지붕 위로 첫 발을 내디뎠다. 의미심장한 걸음이었다. 그냥 한 걸음이 아니라 새로운 삶을 향한 한 걸음이었기 때문이다. 그녀는 천천히 낡은 문을 통과하며 과거의 자신으로 돌아가지 않겠노라 다짐했다. 새 삶이 열리는 순간이었다. 그랜딘은 문턱을 넘어서는 순간 〈정신과 영혼의 깨침을 경험했다〉고 훗날 고백했다.

이 일이 있고부터 그녀는 마음이 안정되었고 공부에도 관심을 갖게 되었다. 더 이상 수업시간에 내면으로 도피하지 않았으며, 삶을 있는 그대로 받아들이려고 했다. 그녀는 열심히 공부한 끝에 성적을 올려 대학에 들어갈 수 있었다.

학업에 관심을 가질 무렵 칼록 선생님을 만난 것은 그녀에게 또 하나의 행운이었다. 그는 그랜딘을 압박하지 않았다. 느긋한 마음으로 기다릴 줄 알았고, 자폐라는 꼬리표 아래 숨겨져 있는 그녀의 가능성을 보았다. 특히 그는 자폐인 특유의 〈병적인 고착성〉을 꾸짖거나 금지하지 않았다. 오히려 그런 고착성을 창의적으로 쓸 수 있게끔 일종의 프로젝트를 구상하도록 그녀를 이끌어 주었다. 예를 들어 수업 중에 착시 현상에 대해 큰 호기심을 보이는 그랜딘에게, 선생님은 그 현상을 실제로 구현해 보도록 과제를 내주었다. 그랜딘은 며칠 밤낮을 그 문제에 매달려서 마침내 답을 풀어 내어 다른 학생들을 놀라게 했다. 칼록은 학교나 교사라는 틀 속으로 그랜딘을 끌어 넣지 않고, 자신이 직접 그녀의 세계로 들어가고자 노력했다. 훗날 그녀는 칼록 선생님을 떠올리며 〈훌륭한 선생님의 중요성은 아무리 강조해도 지나치지 않다. 좋은 선생님이란 황금보다도 더 값어치가 있다. 좋은 선생님을 발견했으면 아주 강력하게 그에게 달라붙어야 한다〉고 말했다.

그러나 칼록 선생님의 지지에도 불구하고 잦은 신경 발작은 그랜딘을 힘들게 했다. 그녀는 자신에게 안정감을 주는 방법을 찾아내는 데 집착했다. 특히 우연히 경험하게 된 가축 압박기가 머릿속을 떠나지 않

가축들의 몸을 고정하여 심리적 안정감을 주는 가축 압박기. 템플 그랜딘은 이 기계가 자신의 날카로운 신경도 이완할 수 있는지 실험하기 위해 직접 그 안으로 들어갔다.

았다. 가축 압박기는 가축에게 낙인을 찍거나 주사를 놓을 때 가축이 움직이지 못하도록 붙드는 기계다. 고등학교 시절 방학을 맞아 이모의 가축 농장에 놀러 간 그녀는 농장 일을 돕다가 우연히 가축 압박기를 보고 관심을 갖게 되었다. 독특하게 생긴 이 물건은 단박에 그랜딘을 사로잡았다. 그녀는 소가 압박기 속으로 들어가 문 밖으로 머리를 내밀고 압박기가 좌우로 조여 오는 과정을 유심히 관찰했다.

나는 압박기로 끌려 들어가는 가축들의 눈을 바라보았다. 그 눈빛은 한결같이 불안과 두려움에 떨고 있었다. 그러나 기구에 들어간 지 몇 분 후에 압박기의 양쪽 판이 가축을 누르면 불안한 눈빛이 순해졌다. 왜 그럴까? 그 부드러운 압력이 소의 자극 받은 신경을 편안하게 이완시키는 게 아닐까? 그렇다면 나 또한 부드러운 압력의 도움을 받을 수 있지 않을까?[79]

그녀는 그날 주변 사람들의 만류에도 불구하고 가축 압박기 속으로 들어가는 실험을 감행했다. 버튼을 누르고 압박기가 서서히 조여 오자 긴장했던 근육과 마음이 조금씩 풀어지기 시작했다. 그녀의 광적인 집착이 다시 고개를 드는 순간이었다. 학교로 돌아온 그녀는 오랜 시간 가축 압박기를 연구하고 자신에게 맞게끔 개조하기 시작했다. 처음 그 기계를 만들려고 할 때 교사들과 어머니는 매우 부정적이었다. 그러나 칼록 선생님은 달랐다. 〈그럼 좀 더 나은 기계를 만들어서 과학적인 실험을 한 뒤, 그 압박 기계가 정말로 안정감을 주는지, 정말 효과가 있는지 알아보고 주변 사람들에게 보여 주자〉고 했던 것이다. 그 말 덕분에 그랜딘은 처음으로 과학에 흥미를 느꼈고, 자신의 고질적인 고착성을 건설적으로 활용할 수 있었다. 오랜 시간 공들여 압박기를 자신에게 맞도록 개조하여, 결국 〈안아 주는 기계hugging machine〉를 발명하는 데 성공했다. 그녀는 그날 이후로 매일 그 기계 안으로 들어가 편안하게 안김으로써 정서적인 안정감을 회복할 수 있었다.

압박기를 개조하면서 그랜딘은 자신이 본능적으로 동물들이 느끼는 것을 고스란히 느낄 수 있음을 알게 되었다. 자폐증의 영향이었다. 그녀는 소처럼 느끼고 생각할 수 있었다. 그녀는 사람들과 함께 있을 때는 어색했지만, 소들과 함께 있을 때는 편안하고 행복했다. 동물을 자기 마음 보듯 이해할 수 있는 재능을 깨달은 그녀는 결국 전공을 바꾼다. 당시 심리학과 대학원을 다니고 있었는데 2학년 말에 동물과학과로 옮긴 것이다. 말 타는 기쁨을 비롯하여 이모의 농장에서 한 체험, 가축과 압박기에 대한 흥미까지 그녀 삶에서 중요한 장면들이 이 전공을 택하도록 자신을 이끌고 있음을 비로소 이해했다. 심리학과를 다니면서도 가축 압박기를 파는 시간제 아르바이트를 하고 종종 사육장을 방문해 온 그녀가 동물과학과로 전향한 것은 자연스러운 귀결이었다.

그녀 앞에는 언제나 새로운 문들이 등장했다. 문턱을 밟고 나오는 행위는 새로운 분야로 자신을 던지는 것을 의미했다. 까마귀 둥지의 문을 통해 대학 진학에 도전했듯이, 문을 통과하는 행동은 추상적인 결정을 현실화하도록 이끌었다.

대학교에서는 기숙사의 지붕으로 통하는 조그마한 통풍문이 새로운 상징이 되었다. 그 문을 통해 지붕으로 올라가는 일은 교칙으로 금지되어 있었지만 오히려 그래서 그녀에겐 더 의미가 있었다. 가치가 있는 일에는 위험이 따른다는 점과 함께 자신이 규칙을 어길 만큼의 용기를 가지고 있음을 확인한 것이다. 그녀는 대학을 졸업할 때까지 자신의 미래에 대한 결정을 확신하기 위해서 그 통풍문을 자주 들락거렸다.

대학원에 진학해 그녀가 만난 또 다른 문은 슈퍼마켓의 유리문이었다. 이번 것은 이전의 문들과 완전히 달랐다. 그녀의 예민한 신경은 유리문의 날카로운 소리와 갑작스러운 움직임을 감당하기 어려웠다. 그 문에 접근하려 할 때면 그녀는 소스라치게 놀랐으며, 다리가 후들거리고 식은땀이 났다. 문에서 도망치면 그 문이 따라오는 것처럼 느껴졌다. 유리문은 그녀의 두려움의 투사물이었다. 당시 그녀는 다른 사람들과의 관계를 극도로 두려워하고 있었다. 예고 없이 찾아오는 신경발작 때문이었다. 그녀를 가장 옥죄는 공포는 많은 사람들 앞에서 신경발작을 일으키면 어쩌나 하는 것이었다. 그녀는 슈퍼마켓 유리문 앞에서의 심장의 쿵쾅거림, 떨리는 몸, 구역질 등의 자신의 반응이 낯선 사람을 만날 때와 꼭 같은 증상임을 알아차렸다.

고등학교와 대학에서 해낸 것처럼 이번에도 이 문을 통과해야 했다. 그녀는 서두르지 않고 매일 조금씩 문에 접근했다. 억지로 열면 문이 부서질 것 같았다. 신중하고 천천히, 가진 힘을 몽땅 쏟아 부어 3주 만에 걸어서 유리문을 통과할 수 있었다. 문을 통과하며 그녀는 다른 사람들과 어울리는 것도 유리문을 통과하는 일과 비슷하다는 생각을 했다. 관계를 강요하거나 함부로 밀어붙였다가는 소중한 인연이 깨질 수 있었다. 그러나 천천히, 자연스럽게 다가서면 열리지 않을 문은 없었다. 그날 밤 그녀는 심리학과 파티에 갔다. 평소에는 사람이 두려워 파티 근처에는 얼씬도 않던 그녀였다. 그러나 그날은 모든 사람이 떠난 후에도 자리에 남아 파티 주최자와 대화를 나누었다. 비로소 그녀와 사람들 사이에 굳게 닫혀 있던 문도 열린 것이다.

이런 방식으로 그녀는 계속해서 다가오는 삶의 문들을 열어젖혔다. 물론 모든 문들이 쉽게 열리지는 않았다. 그랜딘은 자폐라는 장애를 이겨 내기 위해 다른 전환자들보다 더 긴 10년에 가까운 모색의 시간을 거쳐야 했다. 그럼에도 그녀는 자폐증을 극복하고 대학의 문을 열었고, 사람들과 소통의 문을 열었다. 자폐증 뒤에 잠겨 있던 〈동물처럼 느낄 수 있는〉 재능의 문을 열어 동물의 본능을 존중한 가축 시설을 설계했다. 또한 자폐인의 감정과 마음에 관한 책을 집필하여 자폐증에 관한 사람들의 인식에 새로운 문을 열었다. 더불어 그녀가 세계 곳곳의 자폐인들과 만날 수 있는 문도 열게 되었다.

그랜딘은 자폐증을 낭만적으로 포장하지 않는다. 자폐증으로 인해 사람들이 삶에서 중시하는, 예컨대 인간관계나 사회 생활, 명예 등으로부터 오랜 시간 단절되었다는 점도 가볍게 여기지 않는다. 그러나 동시에 자폐증을 부끄러워하지도 않는다. 그녀는 자폐증을 자기 존재의 한 부분으로 여기며 자폐증의 빛과 그림자를 온전히 받아들인다. 그녀는 어느 강연에서 〈손가락을 딱 튕기면 자폐인이 아닌 사람이 될 수 있다고 하더라도, 저는 그렇게 하지 않을 거예요〉라고 말했다. 자폐증은 자기 존재의 일부이며, 힘든 역경임에 분명하지만 그것을 극복하는 과정에서 진귀한 교훈과 놀라운 선물을 받았기 때문이다.

템플 그랜딘은 동물학으로 애리조나 대학에서 석사를, 일리노이 대학에서 박사학위를 받았으며, 콜로라도 주립대학의 동물학과 교수가 되었다. 미국에서 사용되는 가축 시설의 3분의 1을 도맡아 설계했을 만큼 세계적인 가축 시설 설계자로 자리매김했으며, 자폐증 분야의 세계적인 권위자이기도 하다. 그녀는 여전히 특이하고, 고독하고, 고집스럽고, 헌신적인 삶을 살고 있다. 동물을 이해하고 보다 따뜻하게 대할 수 있는 길을 찾기 위해서, 자폐증에 대한 사람들의 이해를 넓히기 위해서, 그리고 그녀 입장에서 보기에 특이한 종족(대중들)을 이해하기 위해서, 마지막으로 자폐증 밖의 세상에서 자신의 역할과 소명에 충실하기 위해서 열심히 노력하고 있다.

상징에는 존재의 본질과 삶의 방향성이 응축되어 있다

조지프 캠벨은 삶에서 〈모종의 장벽에 부딪쳤을 때는 거기에 해당하는 특정 신화 대응물을 통해서 해결해야 한다〉고 주장한다. 캠벨이 말하는 〈신화 대응물〉은 밤에 꾸는 꿈과 신화와 의례(儀禮) 같은 상징symbol이다. 신화와 꿈은 상징이 입는 옷이고, 의례는 신화와 꿈을 실제 행위로 체험하는 것으로 행위 그 자체를 넘어서는 의미, 즉 상징적 의미를 지향한다. 우리는 꿈과 신화와 의례, 즉 상징을 통해 잠재력을 발견하고 진정한 자기에 접근할 수 있다.

자폐증을 극복한 템플 그랜딘은 상징의 힘을 잘 보여 준다. 그녀가 고등학교 시절 발견한 작은 〈문〉은 상징물이었고, 〈까마귀 둥지〉는 신화적 공간이었으며, 문을 넘어 나아가는 것은 의례였다. 그녀는 처음으로 자신의 상징을 발견한 날 일기에 〈그 까마귀 둥지는 성스러운 곳이다. 까마귀 둥지의 창을 통해 바깥세상을 볼 때 나는 무엇인가 큰 힘을 얻는다〉고 적었다. 이때뿐 아니라 그랜딘은 삶에서 가치 있는 도전을 할 때마다 상징적인 문을 찾아내고 나름의 의미를 부여했다. 가령 대학 기숙사의 지붕으로 통하는 조그마한 통풍문을 바라보며 그녀는 이렇게 생각했다.

나는 그 문을 통해서 나가지 않을 수 없다는 것을 알았다. 그 문을 통해야만 졸업의 가능성을 확인할 수 있고, 마음속에 희미한 구름처럼 있는 대학원에 대한 가능성을 현실화할 수 있기 때문이었다. 실제로 그 문을 통해서 나가는 것은 나 자신을 발전시키기 위한 계약서에 서명하는 것과 같았다. 그것은 나의 추상적 결정을 현실적으로 느끼게 했다.[80]

50년 넘게 상징을 연구한 카를 융은 상징의 중요한 역할은 〈인간의 삶에 의미를 부여하는 것〉이라고 했다. 그는 캠벨과 마찬가지로 우리가 삶에서 직면하는 중요한 문제의 상징적 성격을 이해하고 해석해 낼 수 있다면 문제를 해결할 수 있다고 강조했다.

상징은 살아 있다

이윤기가 그리스 여행을 떠나게 된 계기를 기억하는가? 그는 꽤 오랫동안 그리스 로마 신화를 공부하고 책도 여러 권 펴냈음에도 자신의 작업에 만족할 수 없었다. 〈컬러 시대에 흑백 신화 책만 펴냈다〉는 자괴감에 시달렸던 그는 이 문제를 풀 수 있는 실마리를 고대 그리스 신화에 등장하는 이아손과 아르고 원정대의 모험에서 얻었다. 이아손이 흑해를 건너고 쉼플레가데스를 통과하여 황금 양털을 가지고 돌아왔듯이 자신도 〈나의 흑해〉를 건너서 〈나의 황금 양털〉을 수습하기로 결심했던 것이다. 이윤기는 그리스를 비롯해 신화가 발생한 현장 곳곳을 돌아다니며 책 속의 신화가 아닌 살아 숨쉬는 신화를 만났다. 그는 2002년 11월 『문화일보』에 기고한 글에서 〈흑해 너머에서 내가 수습해 온 나의 금양모피는 신화〉라고 단언했다.

상징과 밀접한 관련이 있는 신화가 그저 거짓말이 아닌 의미심장한 메시지를 품고 있는 것처럼 상징 또한 죽은 것이 아니다. 상징은 살아 있는 존재여서 사람에게 심리적으로 영향을 미친다. 상징과 사람은 서로 감응하기 때문에 상징을 〈감응 이미지〉라고 부르기도 한다. 강력한 상징은 사람의 내면에 중요한 무언가를 일깨우고 메시지를 전달한다. 다만 여기에는 전제 조건이 있다. 상징은 거기에 어떤 의미가 숨어 있는지 알아내려고 진지하게 노력하는 사람에게만 생명력 있는 존재로 다가온다. 상징은 자신에게 마음을 흠뻑 쏟는 사람에게만 품고 있는 비밀을 열어 준다. 그러므로 무엇이든 의미심장한 상징을 발견한 사람은 스스로에게 이렇게 물어야 한다.

〈이 상징이 의미하는 바는 무엇인가? 이 상징을 나는 어떻게 받아들이고 경험하고 있는가? 이것은 과연 무엇의 은유일까?〉

상징이란 무엇인가

상징은 기호나 부호가 아니다. 기호와 부호는 명료한 뜻을 가지고 있으며, 문자로 표현이 가능하다. 예를 들어 교통 표지판은 교차로 표시나 직진 신호처럼 각각 하나의 뜻을 가지고 있다. 그에 비해 상징은 다층적으로 해석될 수 있고, 하나 이상의 의미를 내포하고 있다. 간단히 말해 어떤 것이든 통상적으로 받아들여지는 의미 외에 다른 의미를 함축하고 있다면 그것은 상징이다.

그래서 상징은 난해하기도 하고 단순하기도 하다. 어떤 면에서는 음식과 같다. 먹어 보면 맛을 확실히 알 수 있지만 말로 설명하기는 어렵다. 특별한 맛일수록 언어로 표현하기 힘들듯이 특별한 상징도 분명하게 설명하기 어렵다. 그렇다고 해서 뭔가 특이한 것들만 상징이 될 수 있는 건 아니다. 그랜딘에게 〈문〉이 상징이었던 것처럼 일상 생활에서 흔히 볼 수 있는 대상도 상징이 될 수 있다. 그것을 상징으로 볼 수 있는 준비가 되어 있다면 말이다. 예를 들어 보자.

2004년 〈죽음학〉의 선구자이자 『인생 수업』의 공저자로 잘 알려진 엘리자베스 퀴블러 로스가 78세의 나이로 세상을 떠났다. 그녀는 평소에 꿈꿔 온 대로 꽃으로 가득하고 커다란 창문이 있는 방에서 사랑하는 이들이 지켜보는 가운데 숨을 거뒀다. 40년 넘게 죽음을 연구해 온 사람답게 그녀의 장례식은 매우 독특했다. 흑인 성가대가 성가곡을 부르고, 그녀와 가까이 지낸 다양한 종교의 성직자들이 차례로 의식을 진행하며 그녀의 새로운 여행을 축복했다. 장례식의 하이라이트는 그녀의 아들과 딸이 관 앞에서 하얀 상자를 열었을 때였다. 작은 상자 안에서 호랑나비 한 마리가 하늘로 날아올랐다. 동시에 참석자들이 미리 받은 삼각형 모양의 종이 봉투를 열자 수많은 나비들이 일제히 훨훨 날아올랐다. 나비는 퀴블러 로스를 상징하는 것으로 알려져 있다. 왜 나비일까? 여기에는 사연이 있다.

십대 후반 폴란드에서 봉사 활동을 하던 퀴블러 로스는 어느 날 마이다네크 유대인 수용소를 방문했다. 그녀는 2차 세계 대전 중에 이곳에서 죽음을 맞이했던 사람들이 수용소 벽 곳곳에 무수히 그려 놓은 나비를 보고 강렬한 인상을 받았다. 〈왜 나비일까?〉 그녀는 정확한 답을 알 수 없었지만 뭔가 중요한 이유가 있음을 직감했다. 나비 그림은 소명처럼 그녀 마음으로 날아들었다.

이 일이 있고 20여 년이 흐른 후, 그녀는 그동안의 죽음 연구를 통해 죽음을 예감한 이들이 나비 그림을 그린 이유를 깨닫는다. 퀴블러 로스에 따르면 나비 그림은 육신의 죽음이 끝이 아님을 상징한다. 영혼이 몸을 떠나 새로운 여행을 시작하는, 즉 사후 세계로 들어가는 출발점이다. 그녀의 표현을 빌리면 〈포로들은 죽음을 앞둔 환자와 마찬가지로 자신의 운명을 예감하고 있었던 것이다. 자신이 머지않아 나비가 될 것을 알고 있었다〉. 퀴블러 로스는 강제수용소에서 죽음을 눈앞에 둔 사람들이 그녀가 만난 시한부 환자들처럼 〈인간의 몸은 나비가 날아오르는 번데기처럼 영혼을 감싸고 있는 허물〉임을 이해하고, 육신의 죽음과 함께 〈나비가 고치에서 벗어나 날아오르듯 곧 몸에서 벗어날 수〉 있음을 알고 있었다고 생각했다. 상징 차원에서 나비는 〈죽음〉과 〈몸을 떠나 새로운 여행을 시작하는 영혼〉, 그리고 〈영혼의 영생〉을 의미했다. 이러한 생각은 죽음에 관한 퀴블러 로스의 핵심 사상과 일치했다.

상징은 어떤 징후나 예감을 일깨운다. 물론 당시에는 그것을 인과적으로 설명하기 어렵고, 시간이 흐른 후에야 그것이 맞았음을 확인하게 되는 경우가 많다. 가령 그랜딘은 고등학교 시절 〈그 문 앞에 섰을 때 나는 내가 해낼 수 있다는 것을 알았다. 내가 졸업할 수 있다는 것을 알았다〉고 한다. 그녀는 무사히 고등학교를 졸업하고 대학에서는 심리학을 전공하여 차석으로 졸업했다. 그녀의 어머니는 딸이 자신의 상징을 늘 상기할 수 있도록 〈그 작은 문을 통해서〉라고 새긴 금 목걸이를 선물했다.

상징은 한 사람의 본질을 함축하고 있다

상징은 우리의 무의식을 반영한다. 그래서 카를 융은 〈상징은 무의식의 언어〉임을 강조한다. 다시 말해 우리의 의식은 말이나 글을 통해 소통할 수 있지만, 우리 마음 깊은 곳의 무의식은 언어가 아닌 꿈이나 신화 등의 상징으로 자신을 표현한다. 여기서 무의식은 내가 모르고 있는 〈깊은 곳의 내 마음〉, 즉 마음의 심층부에 해당한다. 내가 저 밖에서 발견한 강력한 상징은 마음의 심층부로 침투해 들어가 삶을 변화시킨다. 그랜딘처럼 한 개인이 자신만의 독특한 상징을 갖게 될 때, 그가 본질적으로 변화할 수 있는 이유가 여기에 있다. 이때 상징은 소명과 재능과 같은 자신의 잠재력을 삶의 표면 위로 불러내는 하나의 통로가 된다.

이에 관한 예로 황상을 살펴보자. 황상의 호는 〈치원(巵園)〉, 즉 치자나무 동산이다. 그는 어릴 때부터 여러 나무 가운데 치자(梔子)나무를 특히 좋아해서 자신의 허름한 집에 딸린 작은 뜰에 치자나무 몇 그루를 심었다. 스승으로 모신 정약용과 함께 공부하느라 며칠 집을 비운 어느 날 잠을 자다가 집 마당의 치자나무가 나오는 꿈을 꾸었고, 그 내용을 「치자 꿈을 꾸고」라는 시로 짓기도 했다.

정약용은 치자나무를 좋아하는 제자를 보고 치원이라는 호를 지어 주었다. 제자가 치자와 닮았음을 간파했던 것 같다. 처음에 황상은 자신이 치자에 끌리는 이유를 몰랐지만 나중에는 분명하게 알게 되었다. 황상은 노년에 쓴 「치자행(梔子行)」이라는 시에서 이렇게 읊었다.

스승께서 내 호(號) 준 뜻 이제 처음 깨닫나니
내 거친 것 근심하여 본받도록 하신 걸세.

서리 속에 변치 않고 눈 내려도 푸르르며

재목 못 돼 깎이거나 베어지지 않는다네.

꽃 열 개면 씨도 열 개 헛된 꽃이 하나 없어

언행일치 사람 같아 이런 점이 즐겁다네.

꽃은 순백 유지하고 열매 속은 황색이니

자주 초록 간색(間色)처럼 탁한 빛은 아니라네.

말이 없는 이런 스승 알고 있거니와

옷깃 여며 어찌하여 척박한 데 심어 두랴.[81]

황상은 치자의 덕목을 한껏 추앙하고 스스로는 낮추어 말했지만, 다산은 치자를 본받으라는 의미가 아니라 치자를 거울 삼아 자신의 특별함을 깨달으라는 의미에서 제자에게 치원이란 호를 지어 준 것이다.

황상은 스승에게 호를 받은 일을 계기로, 치자나무를 〈말 없는 스승〉으로 여기고 〈천금의 빗자루〉로 삼아 스스로를 갈고 닦았다. 「치자행」에서 노래한 것처럼 실제로 치자와 황상은 닮은 부분이 많다. 그는 추위에 시들지 않고 눈 속에서도 푸른 치자나무처럼 한결같이 진중하게 살았다. 치자나무가 재목감이 아니어서 잘리지 않듯이 그 또한 양반 출신이 아니었기에 정계에 진출하지 않고 타고난 수명을 누려 83세까지 살 수 있었다. 치자의 흰 꽃과 꽃마다 맺는 결실은 그의 순수한 마음과 성실함을 닮았다. 스승 덕분에 가슴에 품게 된 절묘한 상징 하나가 존재의 본질을 들여다보고 잠재력을 발굴할 수 있는 기회를 제공했다. 황상은 중년 이후 유인의 삶을 추구하며 조성한 일속산방 주변에 치자원(梔子園)을 두어 평생 치자 같은 삶을 살고자 했다.

상징은 거울이다

그랜던과 황상의 이야기에서 볼 수 있듯이 상징은 사람의 심층적 정수를 비춰 주는 거울 역할을 하기도 한다. 그런데 같은 거울이라도 보는 사람에 따라 완전히 다른 모습을 보여 주는 것처럼 두 사람이 같은 상징을 갖더라도 거기서 얻는 의미는 서로 다르다.

인터뷰의 여왕으로 불리는 바버라 월터스Barbara Walters가 누군가와 인터뷰를 할 때마다 공통적으로 던지는 질문이 있다. 〈당신이 만약 나무라면 어떤 나무라고 생각합니까?〉 그녀는 이 질문의 답을 통해 처음 만난 인터뷰이interviewee의 개성을 파악할 수 있다고 여기는 것 같다.

구본형이 월터스의 질문을 받는다면 반길 것이다. 그는 늘 자신을 한 그루의 나무라고 생각해 왔기 때문이다. 『마흔세 살에 다시 시작하다』에서 1인 기업이라는 새로운 인생을 시작할 때 자연, 특히 〈나무로부터 위대한 교훈〉을 배웠으며, 〈나무를 통해 자연 속에서 하나의 자연이 된, 나에 대한 가장 유사한 상징성을 찾아낼 수 있었다〉고 밝혔다. 그는 평균 잡아 일 년에 한 권씩 책을 출간했는데 여기에는 상징적인 이유가 있다. 꽃과 나뭇잎, 열매가 나무의 일 년의 삶이듯이 그는 책 집필을 일 년간의 삶의 기록이자 결실로 여겼다. 그는 수시로 자신에게 나무라는 상징성을 부여하고, 나무에 비추어 스스로를 점검했다.

스스로 정정한 나무가 되어야 한다. 사람들이 그 그늘에서 쉬고 그 나무를 부러워하게 해야 한다. 그래야 그 나무의 열매를 가져다 심고 싶어 할 것이다. 스스로 좋은 나무가 되는 것은 좋은 씨앗을 만들어 내는 유일한 방법이다. (……) 세상을 향해 아주 많은 씨앗을 날려야 한다. 어떤 것은 실종되고 어떤 것은 시멘트 같은 마음속에서 죽을 것이다. 그러나 어떤 것은 결국 누군가의 마음으로 들어갈 것이다. 자연은 아주 많은 낭비를 즐긴다. 이것이 자연이 세상을 풍요롭게 하는 이유다. 따라서 1년에 적어도 한 권은 책을 써라. 이것이 열심히 일을 한 기준이다. 세상을 향해 많은 시그널을 보내야 누군가 대답하게 된다.[82]

헤르만 헤세도 나무에 특별한 의미를 부여했다. 그는 책 한 권은 족히 될 만큼 나무에 관해 많은 산문과 시를 남겼다. 헤세는 나무를 사랑하고 경외했다. 그의 입을 빌리면 나무는 늘 〈가장 감명을 주는 설교자였다. 그 어느 것도 아름답고 튼튼한 나무보다 더 성스럽고 모범이 되는 것은 없다.〉 그래서 헤세는 나무를 성소로 삼았다. 그는 나무와 이야기하고 나무의 말에 귀 기울이며 진리를 배웠다고 고백했고, 나무를 자신이 돌아가고 싶은 고향과 같은 상징으로 여겼다. 〈나무가 하는 말을 주의 깊게 듣는 사람은 더 이상 나무가 되기를 바라지 않는다. 그는 더 이상 자기 이외의 무엇이기를 원치 않는다.〉 왜냐하면 상징을 통해 자신의 본 모습을 자각했기 때문이다. 자신이 나무이고 나무가 곧 자신이기 때문이다.

상징은 한 인간의 본질을 보다 깊이 알 수 있도록 도와준다. 중요한 개인적 상징은 다른 수단으로는 포착할 수 없는 〈나〉의 심오한 모습을 밝혀 주는 동시에 그 자신의 삶이 지니고 있는 고유한 의미를 알려 준다. 이것이 개인적 상징의 가장 놀라운 면이다. 조금 다르게 말하면 상징은 나의 무의식이 내가 어떤 사람이 되길 원하는지 넌지시 알려 준다.

꿈과 신화, 그리고 의례

대개는 자각하지 못하고 있지만 우리는 일상 속에서 많은 상징들을 접하고 활용한다. 미술과 음악은 물론 문학과 철학, 종교에 이르기까지 많은 것들이 상징과 연관되어 있다. 그중에서도 가장 대표적인 예가 꿈과 신화 그리고 의례다.

꿈과 신화와 의례는 상징이라는 언어를 사용한다는 점에서 본질적으로 통한다. 평생 동안 8만 개의 꿈을 분석한 융과 오랜 시간 신화와 의례에 천착한 캠벨이 상징에 정통한 것은 우연이 아니다. 캠벨은 신화와 꿈을 견주어 〈꿈은 개인의 신화이고 신화는 집단의 꿈〉이라고 말한다. 실제로 한 집단에 뿌리 깊게 자리 잡은 신화가 그 집단의 구성원의 꿈에 등장하곤 한다. 반대로 고대에는 족장과 같은 집단의 우두머리가 꾼 〈큰 꿈〉이 그 부족의 신화나 의례로 자리 잡기도 했다.

꿈은 무의식이 보내는 일종의 신호로 볼 수 있다. 꿈을 통해 우리는 각자의 운명을 어떻게 실현해 나갈 것인지, 우리 안의 더 큰 잠재력을 어떻게 깨달을 수 있는지 실마리를 얻을 수 있다. 그러나 융이 일찍이 지적했듯이 모든 사람들이 평생 동안 수많은 무의식의 신호를 받으면서도 대부분의 사람들은 그 신호에 관심이 없다.

꿈은 현대인들에게 기억하기 어렵고 모호하고 괴상한 것이다. 그래서 헛된 생각을 몽상(夢想)이라 부르지 않는가. 꿈에 관심을 가지더라도 길흉을 점쳐 보는 수준을 벗어나지 못한다. 신화도 별반 다르지 않다. 현대인에게 신화는 허구적인 이야기 혹은 거짓말에 가깝다. 그에 비해 융과 캠벨 같은 이들은 신화가 인간의 의식과 무의식을 연결하는 다리 역할을 하므로 세심하게 귀를 기울이라고 일관되게 주장한다. 인도의 미술사가 아난다 쿠마라스와미Ananda K. Coomaraswamy는 지극한 진리는 언어로 표현할 수 없는데 신화의 언어(상징)가 거기에 가장 근접해 있다고 역설했다.

오늘날 우리가 꿈이나 신화에 비해 상징을 보다 직접적으로 체험할 수 있는 것이 의례다. 현대인은 꿈과 신화처럼 의례와도 멀어진 것은 사실이나 여전히 우리는 알게 모르게 꽤 자주 의식에 참여한다. 식사 시간에 하는 감사 기도부터 종교 예배, 명절에 지내는 제사, 돌잔치에서 하는 돌잡이, 결혼식과 장례식에 이르기까지 이 모든 것이 의례에 속한다. 이러한 의례의 본래 기능은 〈인간의 정신을 향상시키는 데 필요한 상징을 공급하는 것〉이다. 캠벨에 따르면 〈의례의 기능이란 오로지 여러분의 마음을 지금 여러분이 하는 일의 의미에 집중케 하는 것〉이다.

아메리카 인디언들이 가물었을 때 지내는 기우제(祈雨祭)에도 중요한 의미가 담겨 있다. 가뭄이 찾아오면 일상이 힘들어진다. 공동체의 문화는 활기를 잃고, 몸과 마음도 함께 시든다. 시기와 간격의 문제일 뿐 결국 비는 오게 되어 있다. 관건은 〈공동체의 일상과 사람들의 심신이 그때까지 견딜 수 있는가〉이다. 이런 상황에서 기우제는 비가 내릴 때까지 사람들이 버틸 수 있도록 해준다. 기우제와 같은 의례의 기본 기능은 사람들이 어려운 상황을 직시하고 견딜 수 있도록 힘을 주고 서로 마음을 북돋을 수 있는 장을 제공하는 것이다.

꿈과 신화와 의례는 관찰자 혹은 참가자에게 심리적으로 영향을 미치는데, 특히 내적 에너지를 활성화시킨다. 자기 자신을 긍정적으로 잡아 끄는 상징적 이미지를 집중적으로 탐구하고, 그런 의례를 따를 때 생동감과 경건함을 느낄 수 있다. 이어지는 글에서 상징과 꿈 그리고 의례를 실용적으로 활용하는 방법을 자세히 살펴보자.

상징과 함께 진화하는 방법

그리스 출신의 소설가 니코스 카잔차키스를 감동시킨 세 가지 상징이 있다. 나비가 되려는 유충과 물 밖으로 뛰어오르는 물고기, 그리고 자기 몸 안에서 비단실을 뽑아내는 누에. 카잔차키스는 이 세 가지를 자기 자신과 동일시했다. 그는 『영혼의 자서전』에서 다음과 같이 말했다.

나는 신의 세 가지 피조물인 나비가 되려는 벌레와, 본성을 초월하려고 물에서 뛰어오르며 나는 듯한 물고기와, 배 속에서 비단실을 뽑아내는 누에에게 늘 매혹되었다. 나는 항상 내 영혼이 가야 하는 길을 상징한다고 상상했던 그들과 언제나 신비로운 일치감을 느꼈다.[83]

카잔차키스는 나비가 되려고 노력하는 유충에서 〈차원이 달라지는 존재〉를 보았고, 자신이 살 수 없는 곳을 향해 목숨을 걸고 뛰어오르는 물고기를 통해 자유를 향해 〈투쟁하는 불굴의 정신〉을 느꼈으며, 뽕잎을 먹고 비단실을 만들어 내는 누에에게서 〈창조하는 영혼〉을 보았다. 그는 이런 상징을 〈성스럽고 예언적인 상징〉이라고 불렀다. 한 사람을 사로잡고, 앞으로의 삶을 운명적으로 예고하기 때문이다.

상징이 내게 알려준 것들

나(승완)에게도 카잔차키스처럼 소중한 상징들이 있다. 그중 하나가 골목길이다. 나는 낡고 좁은 골목길을 보면 가슴이 설레고, 걸을 때 희열을 느낀다. 골목길에 있을 때 묘한 향수에 빠진다. 서울 한남동의 골목길부터 크로아티아 스플리트의 고대 로마 시대에 형성된 골목길, 이탈리아의 중세 도시 아시시의 골목길에서도 똑같은 향수를 느꼈다. 하지만 이것은 근거가 될 만한 기억이나 합리적인 논리로 뒷받침되지 않기에 알 수 없는 것이었다. 나는 골목길 탐험을 즐겼지만 왜 좋아하는지는 도무지 알 수 없었다. 그러다가 전환기를 거치며 상징적 차원에서 골목길을 해석하는 과정에서 몇 가지 사실을 깨달았다.

첫째, 없는 듯하면서도 세상 구석구석 실핏줄처럼 연결되어 있는 수많은 골목길은 〈마음의 골목길〉을 의미한다. 인적 드문 오래된 골목길을 걷는 것은, 내 안에 있지만 자아의 발길은 닿지 않은 미지의 내면을 탐사하는 것과 같다. 그러니까 바깥세상의 골목길 탐험은 내가 모르는 나를 탐험하는 일과 상징적으로 연결된다. 내가 처음 가본 낯선 골목길에서 마치 그리워하던 고향에 온 듯 느끼는 향수(鄕愁)는, 내 안에 있음에도 발견하지 못한 것, 이를테면 본래의 나를 그리워하는 마음에 대응한다. 내게 이 세상에 존재하는 많은 골목길은 내 안에 있음에도 모르고 있는 거대한 마음, 즉 무의식unconsciousness과 일맥상통한다. 낯선 골목길을 거닐 때마다, 무의식과 대화를 나누며 내가 모르고 있는 내 모습을 하나하나 찾아내고 있는 것이다. 실제로 골목길을 걸으며 잊고 있던 과거의 한 장면이 펼쳐지거나 나에 관한 새로운 생각이 떠오를 때가 많다. 내가 적지 않은 시간을 들여 성격을 이해하는 도구인 MBTI를 공부하고 지난 5년 동안 분석심리학을 독학한 이유는 마음의 골목길을 제대로 탐사하기 위해서다. 내게 MBTI와 분석심리학은 마음의 골목길을 탐험하는 도구이다.

둘째, 〈내향〉의 가치를 알았다. 나는 30년 넘게 외향적인 사람으로 살았다. 활발한 기질에 사람들 사귀기를 좋아하고 바깥세상에서 일어나는 일에 관심이 많았다. 그런 나에게 내향적인 사람은 이해할 수 없는 존재였다. 솔직히 말하면 답답하고 느린 사람, 재미 없고 솔직하지 않은 사람으로 여겼다. 그런데 마음의 골목길을 탐사하기 위해서는 내면을 관찰하고 집중할 줄 아는 내향적 태도가 필수적이다. 또 MBTI를 공부하며 내향의 가치를 이해하면서 내향에 관한 내 생각이 편협하고 왜곡되어 있음을 알게 되었다.

마지막으로 골목길은 내가 가야 할 길을 상징하기도 한다. 나는 골목길에서 내 삶의 방향을 함축적으로 보여 주는 키워드를 찾아냈다. 〈소우주 인간을 탐구하는 내면 탐험가Inner Explorer〉. 좁아서 내 발로만 걸을 수 있는 길, 고독이 나를 키워 주는 길, 그 길을 무수히 깊이 들어가 보고 싶다. 그리고 몇몇 사람들의 내면으로도 들어가 보고 싶다. 그 사람 안 깊은 곳 변방과 골목길을 탐험해 보고 싶다.

상징은 가치와 의미를 담고 있다. 그러므로 스스로 자신의 상징을 발견해야 한다. 확실한 자기 상징을 가진 사람은 난관에 직면해도 무너지지 않고, 다른 이들의 평가에 쉬이 좌지우지되지 않는다. 구본형은 〈상징을 가지고 있는 사람은 가장 어려운 곳에서도 쉽게 포기하지 않는다. 정신적으로 모멸당하지 않기 때문이다〉라고 말했다. 가령 탐험가라는 상징을 품고 있는 사람은 위험한 곳을 향해 스스로 떠나고, 고난을 감수하고 불편함을 즐기기까지 한다. 그것이 탐험의 본질이기 때문이다. 어쩌면 삶이란 〈영혼의 상징〉을 발견하고 해석하고 스스로에게 적용하는 과정인지도 모른다. 나란 존재와 내 삶의 상징이 무엇인지 알아내는 일이 중요한 이유다.

나의 상징은 무엇인가

인간은 상징을 닮아 가고 삶은 상징의 길을 따라 흘러간다. 그러므로 진정한 나와 만나는 한 가지 방법은 나를 상징하는 것을 발견하는 것이고, 자기계발은 그 상징을 충실히 해석하고 최대한 살려내는 과정이다. 루마니아 출신의 종교학자 미르치아 엘리아데Mircea Eliade는 〈상징이 정신적인 삶의 본질을 이룬다〉고 말했다.

흥미롭게도 구본형과 헤세와 황상은 스스로를 함축하는 상징으로 나무를 꼽았다. 왜일까? 인간에게 나무라는 존재는 개체와 개별성을 넘어서는 보편적 의미를 담은 하나의 원형이기 때문이다. 그러나 그렇다고 해서 모든 사람의 상징이 나무일 수는 없다. 세상에는 다양한 상징물이 존재하며, 하나의 상징에도 여러 가지 해석이 가능하다. 세 사람 모두 나무를 중요한 상징으로 삼았지만 각자의 해석은 달랐음에 주목하자. 상징은 거울인 동시에 다층적이다. 중요한 것은 진정한 자신을 함축적으로 보여 주는 상징이 무엇인지 발견하고 신중하게 해석하고 의미화하는 것이다.

가령 카잔차키스의 세 가지 상징은 불가능해 보이는 비전을 향한 〈오름길 위에서 투쟁하고 창조하는〉 생명이라는 공통점을 가지고 있다. 그는 세 가지 상징을 하나씩 발견하고 해석해 낼 때마다 귀한 깨달음을 얻었다. 그의 대표작 『그리스인 조르바』와 『성자 프란체스코』 등과 같은 소설은 공통적으로 육신과 물리적 변화를 넘어 보다 높은 차원의 존재로 도약하기 위해 투쟁하고 창조하는 영혼의 이야기를 담고 있다. 또한 자전적 기록인 『영혼의 자서전』을 통해 작가 자신도 그와 같은 인생을 지향했음을 확인할 수 있다.

　카잔차키스가 보여 주듯이 상징의 발견과 해석, 상징을 살려 내는 체험은 삶의 근본적인 변화를 촉발한다. 상징을 발견하고 해석하는 일은 대체로 까다롭다. 특별한 관심과 집중적인 노력 없이는 상징을 찾아내거나 풀 수 없다. 어떤 상징이 내 안으로 들어오면 신중하게 관찰하고, 그것이 품고 있는 메시지를 이해하기 위해 연구해야 한다. 힘들긴 하지만 나름의 방식으로 상징을 존중하면 그 의미가 조금씩 드러난다.

　나의 상징은 나의 본질이다. 전환자에게 상징은 내가 누구이고 앞으로 무엇이 될 수 있는지를 함축적으로 보여 주는 그 무엇(특히 이미지)이다. 한 사람의 내면에 하나의 상징이 자리 잡으면 그것은 살아 숨쉬며 자란다. 그러면 삶이 달라진다. 삶은 상징을 닮아 간다. 그리고 상징을 따라 삶이 변하듯 변화하는 삶을 따라 상징도 진화한다. 카잔차키스의 상징이 하나가 아니듯이 구본형과 헤세 역시 나무 외에 몇 가지 상징을 더 품고 살았다. 상징의 발전과 함께 그 사람 안에 숨겨져 있던 본질이 움트며 진화한다. 비로소 상징과 삶이 서로를 향해 꽃피우는 것이다.

힘을 주는 의례 만들기

헨리 소로에게 강은 그저 큰 물줄기가 아니었다. 그는 강을 진귀한 보물을 간직하고 있는 살아 숨쉬는 존재로 봤다. 보통 사람들에게 강은 그저 흘러가는 물이었지만 소로에게 강은 관찰하고 귀 기울일수록 소중한 비밀을 들려주었다. 그는 강을 자신의 중요한 상징으로 보았다. 소로가 자신이 꿈꾸는 삶을 실험하는 장소로 월든 호수 근처를 택한 것도 우연은 아니다. 그는 1837년 11월 일기에서 강과 함께할 때 머리가 맑아지고 〈넓고 숭고하면서도 고요하고 부드러운 마음이 샘솟았다〉라고 썼고, 십여 년이 지난 1850년 날짜 미상의 일기에서도 〈우리 안의 삶은 강물과 같다〉고 고백했다.

강물이 흐르는 소리를 듣고 있으면 어떤 일에도 절망하지 않는다고 생각한 소로는 겨울이면 도끼로 얼음을 깨고 물속을 들여다보곤 했다. 스무 살에 쓴 일기에서는 〈반성을 하려면 평온한 냇가로 가서 물의 흐름에 몸을 맡기는 게 최고〉라고 밝혔는데, 실제로 월든 생활 중에 매일 새벽 월든 호수에 몸을 담갔다. 그에 따르면 〈이것은 하나의 종교적 행사였으며, 내가 행한 최선의 일 중 하나였다.〉 이 의례를 통해 강이라는 상징과, 〈날마다 자신을 완전히 새롭게 하라. 날이면 날마다 새롭게 하고, 영원히 새롭게 하라〉는 자신의 신념을 행동으로 옮겼다. 강은 소로에게 심신을 회복하고 스스로를 바로잡을 수 있는 에너지를 주었다.

이러한 개인적 의식은 지금 여기에 몰입하고 잠재력을 일깨우는 활동이다. 또한 이것은 내면을 정화하는 수련인 동시에 자신이 추구하는 꿈을 위한 주술이다. 의식은 인간이 통제할 수 없는 것을 통제할 수 있다고 믿게 만든다.

소로처럼 자신을 우주적 에너지와 접속시켜 주는 의식을 행한 인물들이 적지 않다. 한 사람만 예를 들면 첼로의 거장 파블로 카잘스Pablo Casals는 70년 넘게 똑같은 방식으로 하루를 시작했다. 그는 아침에 일어나면 피아노로 바흐의 「프렐류드와 푸가Prelude & Fugue」 중 두 곡을 연주했다. 이것은 카잘스가 〈다른 방식으로 하루를 시작한다는 것은 생각할 수도 없다〉고 말할 정도로 그의 일상에서 핵심적인 것이었다.

나(승완)에게도 거의 매일 아침에 하는 의식이 있다. 핸드드립 커피다. 먼저 커피 원두를 그라인더에 넣고 분쇄한다. 이때 속으로 말한다. 〈잡념을 갈아 버리고 오늘 하루를 시작하자.〉 신선한 커피 가루를 드리퍼에 담고 뜨거운 물을 조금 붓고 뜸을 들인다. 진한 커피 향이 퍼지며 원두가 빵처럼 부풀어 오른다. 나는 기원한다. 〈오늘 하루 향기롭고 풍성하기를.〉 주전자로 드리퍼에 천천히 나선형을 그리며 물을 붓는다. 한 글자 한 글자 글을 쓰듯이 안에서 밖으로, 한 단어 한 단어 책을 읽듯이 밖에서 안으로. 〈오늘 할 독서와 글쓰기가 서로 공명하기를.〉

이렇게 커피 한 잔을 내리는 데 대략 15분이 걸린다. 나는 느긋한 성격이 아니지만 이때만큼은 서둘지 않는다. 대충하지 않고 진지하게 임한다. 손으로 커피를 내리는 의식은 나의 일상에서 가장 중요한 활동인 독서와 글쓰기의 의미를 일깨워 준다. 드리퍼를 통해 커피가 아래로 흘러내리는 걸 바라보면 마음이 차분해진다. 커피 한 잔을 마시며 나를 깨우고 하루를 시작한다.

좋은 의식(儀式)은 잠들어 있던 의식(意識)을 깨우고, 억제되어 있던 힘을 풀어 준다. 마음이 약해지면 존재 역시 약해지고, 마음이 강해지면 존재도 강해진다. 마음에는 사람을 변화시키는 힘이 내재되어 있다.

의식은 그 힘을 살리고 키운다.

또한 좋은 의례는 두려움과 의심을 막아 준다. 기우제를 통해 가뭄의 두려움을 막을 수 있다면, 즉 비가 올 거라는 희망을 키울 수 있다면 가뭄으로 인한 어려움을 보다 씩씩하게 견딜 수 있다. 같은 이치로 오늘 글쓰기를 하는데 영감이 찾아올지 안 올지 걱정하지 않는다면 글쓰기에 한층 더 몰입할 수 있다. 의례는 마음을 〈지금 여기〉에 집중하게 만들어 준다.

소로는 『월든』에서 〈나는 의식적인 노력으로 생활을 향상시키는 그 의심할 여지없는 인간의 능력보다도 더 고무적인 사실을 알지 못한다〉고 말했다. 내게 맞는 의례는 〈의식적인 노력〉에 필요한 힘을 기르는 데 도움을 준다. 소로가 그랬던 것처럼 우리도 의례를 꾸준히 수행하여 보다 높은 수준의 깨달음에 도달할 수 있다. 자신에게 힘을 주는 개인 의식을 만들어 보자. 나에게 의미가 있고 효과가 있으면 어떤 방법이든 좋다. 긍정적이고 확고한 신념이 부여된 의식은 위안과 용기를 주고 의도를 행동으로 변화시킨다.

개인 의식을 만들 때 두 가지를 명심하자. 첫째, 의식은 본인이 만든 것이어야 한다. 누군가의 흉내 내기가 아니라 나의 것이어야 한다. 다른 사람을 위한 것이 아니고 누군가에게 보여 주기 위한 것도 아니다. 둘째, 단순해야 한다. 의식은 기도, 명상과 참선, 108배와 같이 다양할 수 있지만 어떤 것이든 간에 실행에 옮기기 쉬워야 한다. 어렵고 복잡한 준비를 요하는 의식은 오히려 마음을 분산시킨다.

어느 정도 자리를 잡은 의식은 일종의 알람 기능을 한다. 다시 말해 어떤 활동의 시작과 재시작의 계기를 제공한다. 예컨대 매일 새벽에 일어나 자신이 만든 기도문을 외고 글을 쓰기 시작하는 작가는, 늦게 일어난 날에도 자책하거나 속상해 하지 않고 글쓰기에 몰입할 수 있다. 의식의 힘을 빌리면 큰 저항감 없이 늘 해오던 대로 펜을 다시 움직일 수 있기 때문이다. 의식이 글쓰기를 끌어당기는 역할을 하는 것이다.

기도는 가장 보편적인 의례 가운데 하나다. 기도는 특정한 주제에 몰두하며 자아를 넘어서는 존재와 나누는 대화다. 다른 의례와 마찬가지로 기도를 통해 우리는 정신을 안정시키고 마음을 모을 수 있다. 온 마음으로 집중하며 반복하는 기도는 강한 힘을 발휘한다. 흔히 기도는 절대자 혹은 신에게 소원을 비는 것으로 생각하지만 철학자 쇠렌 키르케고르Søren Kierkegaard의 말처럼 〈기도는 하느님의 마음을 바꾸지 않는다. 다만 기도하는 자의 마음을 바꿀 뿐이다〉. 이것이 기도의 본질이다.

미국의 과학자이자 정치가인 벤저민 프랭클린에게 기도는 말 그대로 생활이었다. 그는 매일 아침 일과를 시작하기 전에 기도하는 시간을 가졌고, 하루에 몇 번씩 꾸준히 기도했다. 22살부터는 〈믿음의 조항과 종교 의식Articles of Belief and Acts of Religion〉이라는 제목을 가진 자신만의 기도책을 만들어 사용했다. 그는 이 책에 기도와 찬송가, 신앙의 원칙을 담았다. 프랭클린은 평생 동안 기도책을 활용해 매일 수시로 기도했다. 그에게 있어 기도는 중요한 개인적 의례였다. 〈1백 년을 살 것처럼 일하고, 내일 죽을 것처럼 기도하라〉, 프랭클린의 말이다.

밤에 꾸는 꿈은 가르쳐 준다

나(승완)는 전환기에 몇 가지 중요한 꿈을 꾸었다. 그 가운데 하나가 1부 〈부름〉에서 소개한 〈그림자 꿈〉이다. 그림자 꿈을 꾸고 나서 6년 후인 2015년 11월, 또 한 번 의미심장한 꿈을 꾸었다. 마치 한 편의 영화처럼 흥미로운 스토리를 가진 꽤 긴 꿈이었는데 나는 이 꿈을 아주 자세히 기록해 두었다. 꿈에서 가장 강렬하게 남은 장면은 어떤 남자가 칼로 내 가슴(심장)을 찌른 것, 그 칼을 가슴에 있는 책이 막아 준 것, 꿈속에서 초심(初心)과 관련된 세 가지 깨달음을 얻은 것, 한 남자 파트너와 함께 미래에서 과거로 시간 여행을 떠나 내 아이를 구한 것이다. 나는 이 꿈을 〈초심 꿈〉이라 부른다. 꿈의 핵심 메시지가 초심과 관련이 있기 때문이다.

그림자 꿈과 초심 꿈 둘 다 중요하다는 점은 같지만 초심 꿈을 꾼 나는 그림자 꿈을 꿨을 때와 달랐다. 지난 5년 동안 분석심리학을 공부하고, 꿈에 관한 책을 읽고 꿈 일기를 써왔기 때문이다. 꿈에 귀 기울이는 태도를 가진 지금의 나라면 그림자 꿈에 그때와 다르게 대응했을 것이다. 집에 도둑이 들지 않도록 문단속을 철저히 하는 동시에 〈마음의 집〉도 살펴봤을 것이다. 왜냐하면 이것이 꿈 해석의 기본이기 때문이다. 꿈은 바깥세상이나 타인에 대한 정보를 보여 주는 경우가 있고, 꿈을 꾼 사람의 내면에 관한 소식을 전할 수도 있다.

나는 초심 꿈이 〈큰 꿈〉임을 직감했고, 최선을 다해 꿈을 분석했다. 하루 종일 이 꿈을 붙들고 늘어져 나름대로 해석하고 4쪽 분량의 꿈 일기를 작성했다. 초심 꿈은 그림자 꿈과 자연스럽게 연결되었다. 두 꿈의 공통점은 어떤 사람이 칼로 내 심장을 찌른다는 점이다. 첫 번째 꿈에서는 도둑이 잠든 나를 칼로 찌르고, 두 번째 꿈에서는 어떤 남자가 깨어 있는 나를 칼로 찌른다. 초심 꿈을 꾼 시점도 묘했다. 이 책을 함께 쓴 승오와 둘이 떠난 여행의 마지막 날에 이 꿈을 꾸었다. 어쩌면 이번 여행은 이 꿈을 꾸기 위해 떠난 것일지도 모른다는 생각이 들었다.

여행과 꿈과 깨달음이 서로 연결되어 있는 것 같았다.

당시 나는 승오와 함께 전환을 주제로 책을 쓰고 있었지만 이 일에 전념하지 못하고 있었다. 과연 내가 이 책을 쓸 수 있는지, 지금이 이 책을 쓸 때인지 알 수 없었기 때문이다. 자신감과 확신이 부족했던 것이다. 그런 내게 꿈은 알려 주었다. 〈초심으로 돌아가 가슴에 품어 온 책을 써라. 그 일이 너를 구해 줄 것이다.〉 이 꿈을 기점으로 나는 비로소 책을 쓰는 데 전력을 쏟기 시작했다.

영화 「카드로 만든 집House Of Cards」은 자폐아인 샐리가 아버지의 친구에게 질문을 던지는 것으로 시작한다. 〈사람은 왜 꿈을 꾸나요?〉 아버지의 친구는 대답한다. 〈세상을 더 잘 보기 위해서란다.〉 카를 융도 〈꿈은 감추지 않는다. 가르쳐 준다〉고 말한다. 그런데 왜 꿈은 모호하고 괴상하며 해석하기가 그토록 어려운 걸까? 그 이유는 꿈의 언어는 상징인데 상징은 다의적이고 다층적이기 때문이다. 즉, 상징은 여러 의미와 여러 차원의 뜻을 내포하고 있다.

무의식은 꿈을 통로로 자신을 표출한다. 이때 상징이 표현 방식이 된다. 꿈이 무의식의 무대라면 상징은 그 무대에 등장하고 벌어지는 모든 것이다. 어떤 방법으로 꿈을 해석하든지 간에 가장 중요한 점은 자신의 무의식을 존중하는 태도이다. 상징 연구에 반세기 이상을 보낸 융과 캠벨은 꿈은 그 상징을 이해하려고 노력하는 사람에게 그만큼 가치 있는 정보를 제공한다고 입을 모은다. 『꿈 상징 사전』의 저자 에릭 애크로이드Eric Ackroyd도 〈만약 당신이 꿈을 대수롭지 않게 여긴다면, 그 꿈의 내용은 대수롭지 않은 것이 될 것이다. 그러나 만약 당신이 꿈을 진지하게 생각한다면, 그 꿈의 내용은 진지하고 의미심장한 것이 될 수 있다〉고 말한다.

물론 많은 꿈 전문가들이 꿈 풀이를 쉽게 생각해서는 안 된다고 지적한다. 특히 꿈에 나온 상징을 하나의 의미로 정형화하는 것, 이를테면 〈돼지 = 돈〉, 〈똥 = 복〉, 〈살인 = 성취〉 등과 같이 공식화된 꿈 해석은 설득력이 없으며, 자칫 개인을 위험에 빠뜨리는 결과를 낳을 수 있다고 경고한다. 꿈 해석은 그 사람의 마음과 현재 상황, 과거의 경험 등을 고려하여 신중하게 접근해야 한다.

그렇다면 정신분석가나 꿈 전문가가 아닌 사람은 자신의 꿈을 분석할 수 없는 걸까? 그건 아니다. 가능하다. 단, 조건이 있다. 꿈을 존중하는 자세로 꾸준히 성실하게 임해야 한다. 아쉽게도 여기서 꿈을 어떻게 해석해야 하는지 자세히 말하기는 어렵다. 그래서 꿈에 대해 더 알고 싶은 독자를 위해 이 장의 맨 뒤에 추천 도서 세 권을 소개했으니 참고하기 바란다. 상세한 내용은 이들 도서를 보면 알 수 있겠지만 몇 가지 강조해 두고 싶은 점이 있다.

첫째, 꿈은 최대한 자세히 기록해야 한다. 일상에서는 사소한 것들이 꿈에서는 결정적인 역할을 하는 경우가 적지 않다. 세세히 떠올리고 반추하지 않으면 핵심 단서들을 놓치게 된다. 그러니 잠자리 주변에 노트와 펜을 두고, 꿈을 꾸면 최대한 상세하게 기록한다. 스마트폰을 활용해 음성 녹음을 해도 좋다. 실제로 기록해 보면 머릿속으로 떠올리는 것보다 훨씬 풍부하고 세밀하게 꿈을 떠올릴 수 있음을 알게 된다. 꿈을 기록할 때는 가급적 현재 시제를 사용한다. 현재 시제로 쓰면 더 생생하게 재현할 수 있다. 모든 꿈이 모호하고 괴상한 건 아니다. 더러는 메시지가 분명한 꿈도 있다. 이런 꿈은 충실히 기록만 해도 그 뜻이 자명해진다.

둘째, 꿈을 다 적고 나서는 내용을 음미하며 스스로에게 물어야 한다. 〈이 꿈이 담고 있는 의미는 무엇일까? 이 꿈이 내게 전하고자 하는 메시지는 무엇일까?〉 우리의 무의식은 꿈을 통해 내면적인 갈등과 심신의 고통의 원인을 드러낼 뿐만 아니라 내가 지니고 있는 잠재력도 알려 준다. 꿈에 등장하는 각각의 상징물이나 사건을 해석하는 과정에 충실하되, 꿈 전체가 내게 주고자 하는 메시지를 파악하는 것도 잊지 말아야 한다.

셋째, 같거나 비슷한 꿈을 반복해서 꾸는 경우 중요한 메시지를 포함하고 있을 때가 많다. 그러니 더욱 유심히 살펴봐야 한다. 유사한 꿈을 되풀이해서 꾸는 것은, 중요한 것임에도 당사자가 깨닫지 못하고 있다는 증거일 수 있다. 꿈에 반복해서 나오는 상징물이 있다면 놓치지 말아야 한다. 그런 상징은 십중팔구 결정적인 단서에 속한다. 특히 꿈에 등장하는 대부분의 상징은 이미지의 형태를 취한다. 꿈을 해석한다 함은 그 이미지 속에 담긴 의미와 메시지를 해독하는 것이다.

에릭 애크로이드는 〈꿈의 가장 중요한 기능은 무의식 세계, 즉 자아의 무의식 심층에서 현재 일어나고 있는 것을 보여 주는 것〉이며 〈꿈을 무시하는 것은 곧 자기인식의 열쇠를 거절하는 것〉이라고 강조한다. 우리의 무의식은 꿈을 통해 내가 직면한 삶의 문제를 풀 수 있는 실마리를 제공하고, 더 나은 존재가 되는 데 필요한 영감을 준다. 사람은 꿈을 통해 진정한 자기를 깨달을 수 있다.

〈꿈과 꿈의 해석에 관한 추천 도서〉

• 프레이저 보아, 『융 학파의 꿈 해석』, 박현순 외 옮김(학지사, 2004)

카를 융의 수제자이자 6만 개 이상의 꿈을 연구한 마리-루이제 폰 프란츠Marie-Louise von Franz와의 대담을 정리한 책이다. 일반인들의 실제 꿈을 분석심리학 관점에서 해석했다. 융 학파의 꿈 해석 방법과 분석심리학의 기본에 대해서도 알려 준다.

• 에릭 애크로이드, 『꿈 상징 사전』, 김병준 옮김(한국심리치료연구소, 1997)

일반인을 위해 꿈에 자주 나타나는 상징과 이미지를 풀이하고 정리한 사전이다. 상징 풀이 외에 꿈과 무의식에 관한 설명과 꿈을 해석하는 방법을 포함하고 있어 더욱 유용하다.

• 김서영, 『내 무의식의 방』(책세상, 2014)

직접 자신의 꿈을 해석하고자 하는 일반인을 위한 실천적 꿈 안내서이다. 저자의 실제 꿈 사례를 비롯해 다양한 사례를 풍부하게 제공하여 독자들도 꿈을 기록하고 분석할 수 있다는 자신감을 심어 준다.

전환 도구 7

종교

작은 나를 넘어서는 깨달음의 길

참된 종교는 인간에게 자유를 선사한다.
그러나 여기서 자유란 내가 무언가로부터 벗어나는 것이 아니라
〈나〉로부터 벗어나는 것이다.
곧, 〈나의 자유〉가 아닌 〈나로부터의 자유〉인 것이다.
전환기의 종교는 나의 이익을 바라는 것에서 벗어나
나로부터의 자유와 해방을 추구하는 것이다.
전환자는 자아가 실재가 아님을 깨닫고, 자아를 비움으로써
자기 존재의 근원에 다가선다.

모한다스 간디,
여러 종교를 탐구하며 정치적 신념을 세우다

　위대한 인물들은 대체로 어린 시절부터 특별한 모습을 보이는 경우가 많지만 모한다스 간디Mohandas Gandhi는 그렇지 않았다. 초등학교에서 간디는 구구단을 외는 것을 힘들어 했고, 수줍음이 많아 학우들과 어울리지 못했으며, 〈누가 나를 놀려 대지나 않을까 겁이 나서〉 수업만 마치면 곧장 집으로 달려오곤 했다. 몸은 약했고 자신감이 없어 남들 앞에서 이야기하는 걸 꺼려했다. 중학교 시절에는 메타브라는 친구를 따라 힌두교에서 금지한 육식을 경험하고, 도둑질을 하기도 했다.

　그런 그가 영국 유학길에 오른 것은 행운이었다. 그는 좋지 않은 성적으로 간신히 작은 대학에 들어갔지만 집에 대한 향수 때문에 1년을 채우지 못하고 돌아왔다. 그런데 걱정 끝에 조언을 얻으러 찾아간 사제로부터 〈영국에서는 변호사 자격을 얻는 게 인도보다 훨씬 쉽고 시간도 덜 걸린다〉는 정보를 얻게 되었다. 그 말에 흔들리던 간디는 변호사 자격만 취득하면 부와 명성을 누리게 되리란 기대를 안고 결국 영국으로 떠난다. 그러나 몇 년 후 변호사가 되어 인도로 돌아온 그가 직면한 문제는, 자신의 천성적인 대중 공포증 때문에 법정에 모인 사람들 앞에서 제대로 말을 할 수 없다는 것이었다. 처음으로 사건 공판정에 나섰을 때 간디는 원고 측의 증인을 반대 심문하러 일어났다가 사람들의 눈빛이 부담스러워 아무 말도 하지 못한 채 도망치듯 재판정을 떠나고 말았다. 이후 그가 변호사로서 할 수 있는 일은 소송인들의 진정서를 작성하는 것이 고작이었다. 그는 서류를 작성해 주고 받는 수수료로 근근이 살아갔다.

1893년 간디는 한 회사로부터 변호사 자리를 제안받아 남아프리카 공화국으로 가게 되었다. 간디는 회사가 끊어 준 일등칸 표를 갖고 기차에 올랐다. 기차가 나탈의 수도 마리츠버그 역에 도착했을 때, 한 승객이 들어와서 간디를 위아래로 훑어보고는 밖으로 나갔다. 잠시 후 그는 역무원 둘을 데리고 들어왔는데 역무원이 간디에게 짐칸으로 옮기라고 했다. 간디는 1등석 표를 가지고 있다며 차표를 보여 주었지만 그들은 코웃음을 치고는 경찰관을 불렀다. 경찰관은 간디를 기차 밖으로 끌어내어 짐과 함께 던져 버렸다. 간디는 다른 칸으로 가기를 거절했고, 결국 기차는 떠났다. 그는 한동한 멍하니 있다가 대합실로 가서 앉았다.

그곳은 해발 6백 미터 고지였고, 때는 지독히 추운 겨울날이었다. 외투는 짐 속에 있었는데 그 짐을 역장이 보관하고 있었다. 모멸감 때문에 정신이 없었던 간디는 역장에게 가면 또다시 모욕을 당할까 봐 그냥 앉아서 떨었다. 밤새 혹독한 추위를 온몸으로 받으며 그는 자신의 의무에 대해 생각했다. 이런 일은 간디에게만 해당되는 것이 아니라 남아프리카에 사는 인도인, 나아가 유색인 전부에게 해당되는 일이었다. 간디는 어떤 고통을 겪더라도 이 부당한 차별의 뿌리를 뽑아야 한다고 생각했다.

모한다스 간디

　다음 날 아침 다시 기차를 타고 프리토리아로 향했다. 상인들이 찰스타운 역으로 나와서 그의 이야기를 듣고는 자기네들이 당한 갖가지 수모를 이야기하며 간디를 위로했다. 그러나 요하네스버그로 이동하기 위해 역마차를 탔을 때에도 인종차별은 계속되었다. 마차의 리더는 간디를 보고 「당신의 표는 무효가 되었소」라고 했고, 간디가 권리를 주장하자 뺨을 세차게 때리며 폭행했다. 승객들의 만류로 겨우 자리를 잡았지만 마차를 타고 가는 내내 생명의 위협을 받아야 했다. 요하네스버그의 호텔에 도착했을 때에도 호텔 측은 객실이 다 찼다는 핑계로 간디의 입실을 거부했다. 이러한 일련의 경험으로 말미암아 간디는 남아프리카에 사는 인도인들의 인권을 위해 싸우기로 결심한다.

　훗날 간디는 세계적인 선교 지도자 존 R. 모트John R. Mott 박사로부터 〈일생을 통틀어 가장 창조적인 경험이 무엇이었나?〉라는 질문을 받았을 때, 이 사건이 자기 마음속에 사티아그라하의 이념을 싹트게 한 계기가 되었다고 대답했다. 온몸으로 인종차별을 경험한 그날부터 그는 이미 변하고 있었던 것이다. 무엇보다 그가 영국 유학 시절 관심을 가졌던 종교적인 물음들이 현실의 삶 속으로 밀려 들었다. 간디가 믿고 있던 절대자(혹은 진리)는 하늘에서 내려와 그를 열차 사건에 휘말리게 했다. 그는 그 절대자에 대해 자세히 알고 싶었고, 그 일이 벌어진 이유도 깨닫고 싶었다. 그리고 많은 종교를 비교해 보면 그 절대자의 존재에 대해 이해할 수 있으리라 믿었다.

간디는 다양한 종교에 심취하기 시작했다. 인종차별을 받으며 호텔에서 쫓겨 난 후 처음 묵게 된 집 주인인 베이커는 변호사인 동시에 기독교인으로서, 열렬한 전도사였다. 간디는 그가 자신을 기독교로 개종시키고 싶어한다는 것을 알면서도 그에게 〈나는 힌두교인 내 종교를 자세히 연구하고 싶고 가능한 한 다른 종교도 연구하고 싶습니다〉라고 말했고, 베이커의 소개로 기독교 기도회 모임에 나가기 시작했다. 그곳에서 젊은 퀘이커 교도인 마이클 코츠와 사귀며 대화를 나누고 그가 추천해 주는 기독교 서적들을 읽었다. 간디는 〈종교 일기장〉에 기독교에서 받은 인상을 기록하곤 했다. 그 일기장을 일주일에 한 번씩 코츠에게 주었으며, 코츠는 주의 깊게 읽고 돌려주면서 자신의 견해를 덧붙였다. 그들은 함께 산책하며 종교에 대해 오랫동안 토론을 하곤 했다.

또한 간디는 베이커와 함께 몇 년에 한 번씩 열리는 웰링턴 부흥회에 참석했다. 웰링턴 부흥회는 헌신적인 기독교인들의 집회였다. 사흘 동안 계속되는 기도회에서 간디는 사람들의 진실한 신앙을 이해하고는 감탄했다. 그러나 자신의 종교를 바꿔야 할 이유는 찾지 못했는데 오직 기독교도만 구원을 받을 수 있다는 것을 믿을 수 없었기 때문이다. 예수만이 하나님의 화신이라는 주장도 그랬다. 예수를 순교자로, 희생의 화신으로, 거룩한 스승으로 받아들일 수는 있었지만, 성육신(成肉身)한

신의 외아들이라는 것은 믿을 수 없었다. 하나님이 아들을 둘 수 있다면 우리 모두가 그의 아들이며, 예수가 하나님 자신이라면 모든 사람이 다 하나님 자신이 될 수 있다고 생각했기 때문이었다.

간디가 기독교인 친구들에게 이런 자신의 생각을 솔직히 이야기하자 그들은 경악했다. 그들은 간디에게 기독교를 전파하려고 노력했지만 그럴수록 간디는 미몽에서 깨어나는 듯했다. 무엇보다도 간디는 종교의 본질을 꿰뚫어보고자 했다. 기독교 친구들이 예수의 위대한 구속(救贖)을 받아들이고 영원한 평화를 누리라고 강조할 때 그는 되려 〈죄 자체로부터, 아니 죄라는 생각 자체로부터〉 해방되고자 했으며, 이를 이루지 못한다면 그냥 불안한 채로 살아가는 것이 낫다고 생각했다.

그는 종교의 편협함을 가장 경계했는데, 자신의 종교인 힌두교도 예외는 아니었다. 그는 힌두교의 수많은 종파와 카스트, 그리고 불가촉천민 등의 제도를 이해하지 못했다. 또한 『베다』 같은 힌두교의 경전이 신의 영감에서 나왔다고도 믿을 수 없었다. 만일 그렇다면 성경도 코란도 마찬가지일 거라고 생각했던 것이다.

나는 기독교를 가장 위대한 종교로 인정할 수 없었지만, 힌두교도 역시 그렇다고 확신한 것은 아니었다. 힌두교의 결점은 눈을 감으려 해도 감을 수 없을 만큼 분명했다. 만일 불가촉천민이 힌두교의 한 부분이라면 그것은 썩어 빠진 부분이거나 그렇지 않으면 군더더기일 것이다. 나는 무수한 종파와 계급의 존재 이유를 알 수 없다.[84]

그는 여러 종교들의 〈경쟁적〉 속성 때문에 혼란스러워했는데, 종교상의 의심과 혼란을 해결할 길이 없어서 종종 철학자 친구인 라지찬드라에게 편지를 쓰곤 했다. 주로 자아와 신의 본질에 관해 물었는데 그럴 때마다 상심하지 말고 좀 더 끈기 있게 힌두교를 깊이 연구하라는 회답을 받았다. 이를 계기로 힌두교의 여러 경전들과 관련 서적을 많이 읽게 되었다.

기독교 친구들이 간디를 개종시키려고 애를 썼듯이 이슬람교 친구들 또한 그랬다. 간디는 개종 권유를 가능한 한 있는 그대로 받아들였다. 간디는 『코란』 번역본을 사서 읽고 큰 감명을 받았으므로, 그 밖의 다른 이슬람교에 관한 책도 구해서 읽었다. 이 시기 동안 그는 기독교, 이슬람교, 유대교, 조로아스터교, 힌두교 서적을 가리지 않고 읽었는데, 이 경험은 깊은 통찰을 마음에 남겼다. 무엇보다도 간디는 독립적인 사고방식과 높은 도덕성, 그리고 진실함을 배웠다. 다른 종교에 대해서도 깊은 존경심을 품었고 배울 점은 배우고자 했으며 서로 다른 종교들 사이의 평등과 일치를 믿었다. 편협한 종교관은 더 이상 의미가 없었다.

이 모든 책들이 힌두교에 대한 존경심을 더해 주었고, 그 우수성이 내 마음속에서 자라기 시작했다. 그렇지만 그것이 나로 하여금 다른 종교에 대해 편협한 생각을 가지게 한 것은 아니었다. (……) 이와 같이 해서 나는 다른 종교에 대한 지식을 더 얻었다. 그 연구는 나를 자극하여 내 속을 살피게 해주었고 또 무엇이든지 내 마음에 감동을 준 것이면 그것을 실천에 옮기는 버릇을 길러 주었다.[85]

간디의 공부는 기독교인 친구들이 처음에 의도한 것과 다른 방향으로 나아갔지만, 간디는 다양한 종교를 탐구하도록 깨우쳐 준 그들의 은혜에 고마워했다. 그런 동료들과의 사귐 덕분에 그의 종교에 대한 관심은 늘 살아 있을 수 있었다. 종교 서적 탐독은 그가 남아공에 건너간 스물네 살부터 2년여간 집중되었다. 그는 훗날 이 경험을 돌아보며 그의 비서에게 보낸 편지에서 이렇게 썼다.

나는 나의 민족을 위해 다른 종교의 경전들을 뒤적거려 보았고, 덕분에 내 목적에 필요한 만큼은 기독교, 이슬람교, 조로아스터교, 유대교, 힌두교에 대해 익숙하다네. 이런 경전들을 읽으며 나는 그때에는 의식하지 못했지만, 이들 모든 종교에 대해 동일한 존경심을 느꼈다고 말할 수 있네. (……) 나는 경전 한 권 한 권을 공경의 정신으로 읽어 가며 그 안에 존재하는 동일한 근본적인 도덕을 찾았다네.[86]

간디가 말했듯 그의 종교 공부는 〈도덕〉으로 귀결되고 있었다. 그는 세계의 어느 종교이건 동일한 기본 도덕 원칙을 가지고 있음을 깨달았으며, 따라서 종교의 본질은 도덕에 있다고 믿었다. 예컨대 사랑과 헌신은 모든 세계 종교의 근본 원리였으며, 모든 종교가 인간에 대한 사랑과 봉사를 통해서 신에 이를 수 있음을 설파하고 있었다. 결국 명칭과 표현만 달리할 뿐 본질적인 차원에서 하나라는 결론에 도달했다.

간디는 온 우주에는 신비로운 힘이 충만한데 이 힘이야말로 영구불변의 유일한 실재라고 보았으며, 그 힘은 선을 위한 힘, 곧 도덕률이라는 확신을 가지게 되었다. 그러한 도덕률을 때로는 〈진리의 법law of truth〉 때로는 사티아satya라고 불렀는데, 이 사티아는 훗날 간디 사상의 근본 원리가 되었다.

간디가 사원이나 동굴에서의 명상, 예배 의식, 신과의 영교(靈交) 등을 통해서 신을 찾지 않고 동포들을 위한 헌신과 봉사를 통해 신을 구한 것은 이러한 종교의 본질에 대한 믿음 때문이었다. 그는 인간에 대한 봉사를 통해 신을 추구해야 하며, 믿음이 아닌 행위를 통해 진리를 추구해야 한다고 생각하기 시작했다. 사실 이런 점은 개인적인 구원과 해탈에 중점을 두는 힌두교 정신에는 상대적으로 많이 드러나지 않는 자세였다.

종교에 관한 간디의 모색은 독서에서 멈추지 않았다. 그는 종교에서 얻은 통찰을 삶에 하나하나 적용하며 실험하기 시작했다. 첫 번째 실험은 〈미각(味覺)의 통제〉였다. 힌두교도였던 그는 채식을 고집하며 이에 관한 여러 실험을 했다. 단것과 양념 섭취를 중지하고, 녹말로 된 음식을 안 먹기도 하고, 다른 때는 빵과 과일로만 살아갔다. 처음에는 우유와 달걀을 먹었는데, 이것 역시 가축의 희생임을 알고 먹지 않았다. 그는 자신이나 아내가 아파서 사경을 헤맬 때에도 의사가 권하는 우유나 고깃국을 끝내 거절했다. 미각 실험을 통해 그는 참맛은 혀에 있는 게 아니라 마음속에 있음을 알게 되었다.

그는 〈간소한 삶〉에 대한 실험도 했다. 초기에 간디는 정성을 들여 집을 꾸며 놓았지만, 이내 그 집이 자신의 분수에 맞지 않음을 깨달았다. 그래서 방 두 개를 쓰는 것을 그만두고 대신 하나만 빌렸다. 아침은 손수 만들어 먹고, 와이셔츠를 매일 빨고 풀을 먹여 스스로 다려 입었다. 그 결과 자조(自助)의 미를 이해하게 되었다. 훗날 아쉬람Ashram(영성 공동체) 설립을 위한 기본 사상이 여기에서 나온다. 여기에 더해 그는 자녀 교육에 대해서도 실험적인 자세를 견지했다. 〈노예의 쇠사슬을 끌고 정규 교육을 받느니 차라리 자유를 위하여 무지한 채로 돌을 깨는 편이 낫다〉며 세 아들을 학교에 보내지 않았던 것이다. 간디는 소박함과 봉사의 정신을 가르쳐 줄 수 있었던 자신의 교육 방식을 한 번도 후

구자라트 주 사바르마티 아쉬람에 보존된 간디의 방. 간디는 1917년부터 십여 년간 이곳에 머물렀으며, 영국으로부터 독립을 이끌어 낸 비폭력 운동을 태동시켰다.

회하지 않았다.

이렇게 다양한 실험을 하며 그는 분명한 신념을 갖게 되었으며, 신념은 또한 〈맹세〉로 이어졌다. 그는 모든 금욕을 뜻하는 브라마차르야 Brahamacharya(순결) 맹세를 했으며, 이후 아내와 잠자리를 하지 않았다. 마흔세 살에는 모든 개인 재산을 포기하는 맹세를 하기에 이른다. 이러한 분명한 결단을 통해 그는 맹세는 자유의 문을 닫는 것이 아니라 열어 주는 것임을 깨닫는다. 맹세를 거부하는 가운데 사람은 오히려 유혹에 더 얽매이게 된다는 그의 철학은 〈뱀이 나를 문다는 것을 알기 때문에 나는 뱀으로부터 도망갈 것을 맹세한다〉는 비유로 정리된다.

이렇듯 그의 삶은 한 마디로 〈종교적 진리에 대한 실험〉이라고 부를 수 있다. 자서전인 『나의 진리 실험 이야기』의 서문에서 그는 이렇게 밝힌 바 있다.

나는 정말 자서전을 쓰려는 것은 아니다. 나는 다만 수많은 진리 실험의 이야기를 해보자는 것뿐이다. 그런데 내 생애는 그러한 실험들만으로 되어 있으니, 이 이야기는 자연히 자서전의 형태를 띠게 될 것임은 사실이다.[87]

유례를 찾을 수 없는 간디의 독창적인 정치 활동은 이러한 평생의 실험이 있었기에 가능한 일이었다. 그의 전환기에 종교에 대한 관심은 종교의 보편적인 진리, 곧 도덕으로 이어졌으며 그러한 도덕관은 훗날 비폭력, 비협력 운동으로 전환되었다. 그의 행보가 훗날 정치적이며 사회적이었던 것은 이 때문이다.

그는 처음부터 세상을 바꾸려고 하지 않았다. 다만 스스로 종교적 진리를 실험했으며, 그 결과 〈모든 생명은 평등하다〉는 걸 깨달았을 뿐이다. 그가 남아공에서 교포들과 함께 모임을 시작한 것 역시 이러한 깨달음에 바탕을 두고 있었다. 그는 프리토리아에서 인도인 모임을 열고 그들에게 남아공 교포들의 상황이 어떤지 실상을 보여 주고자 했다. 이 모임에서 간디는 일생을 통틀어 첫 번째 연설을 했다. 수줍음 때문에 법정에서 도망쳐 나왔던 간디로서는 대단한 도전이었다. 그는 연설에서 남아프리카에 사는 인도인의 열악한 상황과 고통을 관계 당국과 교섭하기 위해 협의회를 조직할 것을 제의했고, 이를 위해 자신의 시간과 노력을 최대한 제공하겠다고 공약했다. 어눌한 말 실력에도 불구하고 청중들은 깊은 감명을 받았다. 간디의 삶의 방향이 바뀌는 순간이었다.

이듬해 간디는 본국의 인도국민회의를 염두에 둔 나탈 인도국민회의를 조직하여 본격적으로 사티아그라하satyagraha 운동을 전개하게 된다. 사티아satya는 진리를, 아그라하agraha는 확고함을 의미했으니 그것은 진리를 관철시키기 위한 비폭력 투쟁을 의미했다. 최초의 사티아그라하 투쟁은 1906년 아시아인 등록법을 제정한 트란스발 주에서 시작했으며, 이후 8년 동안 인두세(人頭稅)를 비롯한 여러 차별법에 반대하기 위하여 계속되었다. 특히 1913년 44세가 된 간디가 선두에 서서 행진한 나탈에서 트란스발까지의 〈사티아그라하 행진〉은 전 세계의 이목을 집중시켰다. 간디를 비롯한 4,000여 명이 체포되는 등 어려움을 겪었으나, 결국 세계적 여론의 지원을 모아 〈아시아인 구제법〉이 제정되면서 인도인에 대한 차별법은 모두 폐지되었다. 이 과정에서 간디는 세 차례나 투옥되었지만 어린 시절 겁쟁이의 모습은 더 이상 찾아볼 수 없었다. 강한 신념 앞에서 투옥은 위협이 될 수 없었고, 백인들에게 폭행을 당해도 그의 기개는 꺾이지 않았다. 이 투쟁을 계기로 간디는 전 세계에 이름이 알려지게 되었다.

1915년 남아프리카에서의 생활을 마치고 간디는 인도로 귀국했다. 22년 만에 귀국한 그는 전국을 돌아다니며 인도의 현실을 살펴본 후 남아프리카에서 함께 온 사람들과 아쉬람을 만들었다. 간디는 아쉬람을 통해 자신이 진리로 생각하는 무소유의 공동체를 만들어 나갔다. 그는 참파란에서 농민 해방 운동을 펼치고 아메다바드의 방직 노동자 파업을 지원하는 등 비폭력 저항 운동을 구체화했으며, 나중에는 영국에 대한 비협조 운동으로 전국적인 파업을 주도했다. 1922년 경찰은 간디를 체포했고, 독립 운동에 위협을 느낀 식민 정부는 신속하게 재판을 진행했다. 하지만 이 시기를 전후하여 간디는 명실공히 인도국민회의의 최고 지도자가 되었으며, 인도 국민의 정신적 등불이 되었다.

그는 우리가 흔히 볼 수 있는 정치가나 독립 운동가가 아니었다. 오히려 성자에 가까웠다. 간디는 정치에 참여하면서도 궁극적으로 종교적인 사람이었다. 그는 정치적 영향력과 권력을 원하지 않았다. 〈불평등한 시대〉에 자신이 실험을 통해 세운 신념에 따라 행동했을 따름이었다. 그는 신은 우리 각자의 내면에, 나아가 민중 속에 있다고 믿었다. 그래서 신을 찾기 위해서는 억눌린 민중과 하나가 되고, 만인에 봉사해야 한다고 확신했던 것이다. 뒤늦게 간디의 사상을 몸으로 이해한 대중은 그를 〈마하트마Mahatma(위대한 영혼)〉라고 불렀다. 간디의 〈실험하고 성찰하고 맹세하는〉 삶은 종교가 한 사람의 인생에 어떤 영향을 미칠 수 있는지, 또 한 사람이 전심전력으로 진리에 헌신할 때 무엇을 이룰 수 있는지를 보여 준다.

무하마드 알리,
믿음을 통해 불굴의 정신을 단련하다

1942년 켄터키 주의 가난한 집안에서 태어난 캐시어스 클레이 6세 Cassius Clay VI는 자존심이 강한 흑인 소년이었다. 그의 아버지 이름 역시 캐시어스 클레이였는데, 사실 이것은 켄터키에서 의미 있는 이름이었다. 흑인 노예 폐지를 강력하게 주장했던 백인 정치가의 이름을 그대로 딴 것이기 때문이다. 당시 켄터키 주는 인종차별이 유별나게 심한 지역 중 하나였다. 어려서부터 심한 차별 속에서 살았던 소년은 흑인 신분으로 세상에서 살아남는 가장 좋은 방법은 스포츠에서 성공하는 것이라고 생각하고 일찌감치 권투를 시작했다. 체육관뿐만 아니라 학교에서도 훈련에 몰두한 클레이는 열여덟 살에 이미 180승을 올린 복싱 유망주로 성장했다.

1960년 로마 올림픽에 미국 국가 대표로 참가한 클레이는 힘든 과정을 거쳐 금메달을 목에 걸었다. 이 소식은 대서 특필되었고 그는 미국의 복싱 영웅으로 급부상했다. 집에 돌아오자 고향은 축제 분위기였다. 페인트공이었던 아버지는 계단을 온통 성조기 모양으로 칠했고, 현관은 축하 꽃다발로 꾸며졌다. 아버지는 자랑스러운 아들을 위해 이웃들을 모아 놓고 미국 국가를 불렀다. 클레이는 한동안 금메달을 목에 걸고 다녔다.

그러나 영광은 금세 사그라졌다. 금메달을 따고 기쁜 나날을 보내던 어느 날 클레이는 친구와 함께 햄버거를 먹기 위해 식당에 들어섰다. 순간 그는 싸늘한 눈초리를 느끼며 움찔해야 했는데, 그 식당은 백인들이 주로 이용하는 곳이었기 때문이다. 갑자기 백인들이 욕설을 퍼붓기 시작했다. 「난 깜둥이한테는 음식 안 팔아!」 식당 주인은 대놓고 소리를 지르며 그를 내쫓았다. 클레이는 한 방 얻어맞은 듯 뒤통수를 어루만지며 고개를 숙이고 식당 문을 나섰다. 그는 미국의 영웅이었지만 인종차별은 여전히 그를 가로막고 있었던 것이다.

당시는 미국 내 인종차별이 극에 달한 시기였다. 〈흑백 분리 정책〉은 미국의 여러 주에서 공공연히 시행되었다. 흑인은 백인이 다니는 학교나 교회를 다닐 수 없었고, 백인이 운영하는 식당이나 찻집, 호텔에도 들어갈 수 없었다. 심지어 흑인이 백인에게 손을 흔들며 인사하는 것조차 범죄로 여겨졌다. 일례로 1955년 미시시피에서는 14세 흑인 소년이 백인 소녀에게 「Bye Babe」라고 인사했다는 이유로 백인 남자 둘에게 끌려가 살해되는 사건이 벌어졌지만 범인들은 처벌 없이 풀려났다. 백인들과 싸우거나 말대꾸라도 하게 되면 백인들에게 집단으로 린치를 당하는 경우도 다반사였다. 흑인들의 민권 운동에 대한 반동으로 흰 두건을 쓴 KKK단이 재등장한 것도 이 시기였다.

오랫동안 억압받아 온 흑인들은 더 이상 당하고만 있지 않았다. 미국 곳곳에서 흑인 민권 운동이 일어나고 있었다. 1955년 버스에서 백인에게 자리를 양보하지 않았다는 이유로 경찰에 체포된 흑인 여성 로자 파크스Rosa Parks 사건이 흑인 민권 운동의 기폭제가 되었다. 1963년에는

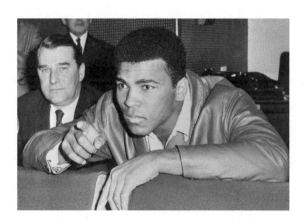

무하마드 알리

20만 명의 흑인들이 워싱턴 기념탑까지 행진을 벌였고, 군중 앞에서 감동적인 연설을 한 마틴 루서 킹Martin Luther King과 급진적인 흑인 해방 운동을 전개한 맬컴 엑스Malcolm X 등은 흑인 민권 운동의 상징이 되었다.

햄버거 가게 사건이 있은 얼마 후 클레이가 백인 불량배들에게 금메달을 뺏길 뻔한 사건이 일어난다. 불량배 두목이 그를 위협하여 금메달을 갈취하려고 했던 것이다. 난투 끝에 그들을 물리친 클레이는 오토바이를 타고 오하이오 강으로 달렸다. 그는 잠시 생각하고는 금메달을 강 속에 던져 버렸다. 금메달에 미련이 없을 정도로 그의 가슴은 울분으로 가득 차 있었던 것이다. 클레이는 흑인 차별을 없애기 위해 싸울 것을 다짐했다. 그는 나중에 지난 시절을 이렇게 회고했다.

내가 로마(올림픽)에서 가졌던 〈미국을 대표한다〉는 환상은 그때 사라졌습니다. 나는 흑인으로서 멸시받고 있는 켄터키의 고향에 와 있었

던 겁니다.[88]

나라를 대표해 올림픽에서 금메달을 획득해도 고향 동네에서 햄버거 하나 자유롭게 사 먹을 수 없었던 그가, 흑인의 위대함을 강조하며 평등함을 부르짖는 종교 단체 이슬람네이션Nation of Islam(이슬람국가연합)에 끌린 것은 어쩌면 당연한 일이었다. 방황하던 열아홉 살에 우연히 동료를 통해 이슬람 사원을 방문하게 된 클레이는 당시를 이렇게 회상했다.

제가 프로 경기를 위해 처음 마이애미 훈련을 갔을 때, 무슬림 모임에 갔었습니다. 그걸 듣자마자 제가 평생 찾던 거란 걸 알았습니다. 그 사람이 제가 깜둥이가 아니란 걸 보여 줬어요. 캐시어스 클레이가 제 이름도 아니었고, 제 언어도, 문화도, 종교도 몰랐습니다.[89]

초기에 그는 종교적 교리보다는 이슬람네이션의 흑인 해방 이념에 경도되었다. 그곳에서는 흑인이 발전할 수 없는 이유를 대대로 흑인을 비하해 온 백인 문화에 흑인들 스스로 세뇌되었기 때문이라고 가르쳤다. 흑인 차별에 대한 반발심은 그를 종교로 이끌었다. 이슬람교로 개종하기 전, 그는 1년간 이슬람교의 경전을 읽고 설교를 경청했다. 스무 살에는 이슬람에 귀의하고 스스로를 이슬람네이션의 일원으로 여겼지만, 대중에게는 이런 사실을 비밀로 부쳤다.

클레이는 특히 이슬람교의 의례와 식사 관습에 매료되었다. 또한 비슷한 이유로 훈련이나 체력 단련을 즐겼다. 두 가지 모두 신체를 잘 관리해야 하며 보상을 받기까지 인내해야 한다는 점에서 비슷했다. 더욱 중요한 점은 두 방식 모두 자신에게 삶의 의미를 찾게끔 해주었고, 바깥세상으로부터의 피난처가 되어 주었으며, 그 세계 안에서 해방감을 느낄 수 있는 방법이라는 것이었다.

클레이는 종교를 통해 점점 사람의 바른 도리를 이해하게 되었고, 여러 사람들과의 관계에서 자신의 존재와 가치관을 고민하게 되었다. 이슬람네이션은 링의 안팎에서 클레이의 인격과 선수 경력 모두에 영향을 미쳤다. 그와 그의 흑인 형제들이 세상에서 누려야 할 권리 의식을 전해 주었을 뿐만 아니라, 그가 자신의 영향력을 어떻게 활용할 수 있는지를 진지하게 생각하도록 했던 것이다.

어느 날 클레이가 이슬람네이션의 지도자 일라이저 무하마드Elijah Muhammad의 연설을 직접 듣고 싶어 사원을 방문했을 때, 그곳에서 혁명가인 맬컴 엑스를 처음으로 만났다. 당시 맬컴 엑스는 흑인의 권리를 위해 투쟁했으나 여러 면에서 마틴 루서 킹과 대조를 이루는 인물이었다. 첫 만남에서 맬컴 엑스의 사상에 매료된 클레이는 그때부터 그를 정신적 스승으로 삼고 깊은 교류를 가졌다. 맬컴은 이 젊은 권투 선수를 신중하게 지켜보며 정중하게 대했다.

맬컴은 스스로를 클레이의 〈형제brother〉라고 부르며 영적인 멘토를 자처했다. 둘은 몇 시간씩 마주앉아 흑인의 미래와 권투 선수의 역할에 대해 대화를 나눴다. 특히 맬컴은 클레이에게 뚜렷한 목적 의식과 확신을 불어넣어 주려고 했다. 맬컴은 자유를 쟁취하기 위해서는 자아를 근본적으로 재창조해야 한다고 믿었다. 클레이가 대면한 거대한 외부의 힘을 이겨낼 길은 내적인 힘을 기르는 데 있으며, 진정한 자부심은 능력에서 나오는 게 아니라 같은 흑인 민중들과의 관계 속에서 나오는 것임을 알려 주었다. 요컨대 맬컴이 클레이에게 일깨워 주고자 했던 메시지는 시대가 그에게 요구하는 역할을 담대하게 감당하고, 그 영향력을 활용하여 세상을 바꾸라는 것이었다. 클레이는 맬컴이 설교할 때면 몇 시간이고 푹 빠져서 듣곤 했으며, 한동안 클레이는 맬컴 엑스처럼 자신의 이름을 〈캐시어스 엑스Cassius X〉라고 부르기도 했다. 미국인들이 과거 흑인 노예에게 부여한 성을 사용하지 않겠다는 제스처였다.

2년 남짓한 기간 동안 이슬람교와 맬컴 엑스라는 멘토를 만나면서 클레이는 분명한 자기 주관을 가지기 시작했고, 치열한 훈련과 시합을 계속하며 자기만의 복싱 스타일도 자리를 잡아 갔다. 사람들은 특유의 독설로 상대를 자극하고 대중을 선동하는 클레이를 〈떠벌이rowdy〉라는 별명으로 부르며 속물 어릿광대로 보았지만, 사실 이 시기에 그는 고유의 철학과 가치관을 갖춘 실력파 복싱 선수로 거듭나고 있었다.

1964년 2월 25일, 마이애미 비치 컨벤션 홀에서 클레이의 첫 타이틀 도전이 이뤄졌다. 경기 전 인터뷰에서 그는 특유의 입담으로 〈나비처럼 날아서 벌처럼 쏘겠다Float like a butterfly, sting like a bee〉고 말했고, 실제 경기에서 꼭 그렇게 이겼다. 클레이는 가볍게 링 위를 춤추듯 돌아다니며 상대편인 소니 리스턴Sonny Liston의 강펀치를 피해 자신의 주먹을 꽂아 넣었다. 챔피언이 된 클레이는 하늘로 펄쩍 뛰어오르며 포효했다. 「나는 위대하다! 나는 왕이다! 세상의 왕이다!」 이로써 그는 입만 살아 있는 떠벌이가 아니라 진정한 강자임을 스스로 입증했다.

예상을 완전히 뒤엎은 이 승리는 당시 복싱계의 가장 놀라운 사건으로 꼽혔다. 충격에 빠진 권투 전문가와 도박사들은 자신들의 판단이 잘못되었음을 절감하며 망연자실했다. 그러나 승리 이후 며칠간 링 밖에서 클레이가 보여 준 행동은 세상을 또 한 번 뒤흔들어 놓았다. 시합에서 승리한 여느 선수라면 근사한 호텔에서 친구들과 함께 화려한 축하

1964년 소니 리스턴과의 타이틀 결정전 뒤, 승리한 무하마드 알리에게 사진을 찍어 주고 있는 맬컴 엑스.

파티를 벌였을 테지만, 클레이는 그 대신 자신의 훈련 캠프가 있던 흑인 빈민가로 발길을 돌렸다. 그는 자신의 멘토인 맬컴 엑스, 가수 샘 쿡 등 과 대화를 나누며 차분히 저녁을 보냈다. 다음 날 맬컴 엑스와 아침 식 사를 한 후 기자들과 만난 자리에서, 클레이는 자신이 이슬람네이션의 일원임을 처음으로 밝혔다.

나는 알라신을 믿고, 평화를 믿습니다. 나는 백인 동네로 이사할 생각 도 없고, 백인 여자와 결혼할 생각도 없어요. 열두 살 때 기독교 세례를 받긴 했지만, 그땐 뭐가 뭔지 몰랐어요. 더 이상 나는 기독교도가 아닙니 다. 내가 택한 길이 어떤 건지 알고 있고, 무엇이 진실인지도 압니다. 나 는 당신 백인들이 원하는 챔피언이 되지는 않을 겁니다. 나의 자유로운

뜻대로 될 겁니다.[90]

이것은 일종의 독립 선언이었다. 이제껏 어떤 흑인 스포츠 스타도 입
밖으로 내지 못했던 메시지를 클레이는 세상을 향해 확실하게 외친 것이
었다. 백인들의 입맛대로 움직여 주던 예전의 〈떠벌이〉는 사라지고, 그
자리에는 당당한 반항아가 서 있었다. 클레이는 챔피언 타이틀을 획득
한 후 기자들과 만난 자리에서 자신의 이름이 〈무하마드 알리Muhammad
Ali(찬양받는 사람)〉로 바뀌었음을 선언했다.

알리는 왜 백인들이 원하는 챔피언이 되지 않겠다고 말했을까? 당시
미국에는 두 가지 타입의 복서가 존재했다. 하나는 백인들에게 순종적
인 〈엉클 톰uncle Tom〉이고, 또 하나는 반항적인 〈깜둥이 자식negro〉이
었다. 복싱 산업은 돈과 권력을 가진 백인들이 좌지우지했고, 대부분의
흑인 권투 선수는 그 백인들의 영향 아래에 있었다. 흑인 선수들은 링
안과 밖에서 막후 실세인 백인들의 권위에 복종해야 경기에 뛸 수 있었
다. 상황이 이럼에도 권투는 흑인 사회에서 성공으로 올라가는 매력적
인 사다리였기에, 대부분의 흑인 복서들은 〈엉클 톰〉을 자처했다.

예컨대 엉클 톰을 대표하는 복서였던 조 루이스Joe Louis는 백인들이
원하는 것을 그대로 따랐다. 식사 예절과 발음 교정 교육을 받았고, 인
종차별적인 심판에게 항의하느니 차라리 KO패를 당하는 게 낫다고 배
웠다. 또 백인을 때려눕힌 후 절대로 웃음을 보이지 않았다. 루이스는
백인들이 원하는 흑인의 본보기로 조련되었지만 결국 빈털터리가 되어
업신여김을 받는 신세로 전락했다.

그런데 충실한 〈엉클 톰〉으로 알려져 있던 캐시어스 클레이가 무하

마드 알리라는 〈깜둥이 자식〉으로 돌변해서 자신을 드러낸 것이다. 젊은 도전자 클레이는 뱃심 좋고 뻔뻔스러우면서도 재미를 선사하는 괴짜였다. 그런데 챔피언 벨트를 차지하고 몇 시간 만에 백인들에게 위협적인 존재로 탈바꿈해서는 미국과 기독교, 그리고 백인들에게 선전 포고를 한 것이다. 알리가 백인들의 적인 일라이저 무하마드와 맬컴 엑스의 친구임을 안 이상, 복싱계는 물론이고 백인 사회가 그를 곱지 않게 여길 것은 불 보듯 뻔했다.

클레이의 기자회견이 끝난 즉시 여기저기서 적개심 가득한 반응들이 터져 나왔다. 세계 헤비급 챔피언이 미국 정체성을 거부하고 백인 사회에 적대적인 이슬람네이션의 일원이 됐다는 사실은 많은 백인들에게 모욕으로 느껴졌다. 당장에 백인 사회는 그의 새로운 이름부터 인정하지 않으려 했다. 당시 한 텔레비전 인터뷰에서 자신을 계속해서 〈캐시어스〉로 부르는 사회자를 향해 알리는 이렇게 일갈했다.

「캐시어스 당신은……」

「난 캐시어스가 아니에요! 난 백인이 아닙니다. 계속 나를 백인 이름으로 부르는데, 난 백인이 아니에요. 더는 당신들 이름으로 따라 불리기 싫습니다. 난 노예가 아니에요. 난 무하마드 알리입니다.」[91]

백인들이 중심이 된 세계권투협회WBA는 알리의 타이틀을 박탈하는 데 골몰했다. 컬럼비아 음반사는 알리가 취입한 음반이 한창 잘 팔리고 있음에도 판매 목록에서 지워 버렸다. 유명 텔레비전 토크쇼의 출연 일정도 취소되었으며, 진행 중이던 광고 계약도 모두 백지화되었다. 치사하고 부당한 처사였다.

이후 알리는 이듬해 소니 리스턴과의 재경기에서 1회 KO승을 거두고 3년 동안 모든 도전자들을 물리쳤지만, 진짜 강적은 따로 있었다. 권투 도전자들보다 훨씬 더 무시무시한 보이지 않는 적과 맞서 싸워야 했던 것이다. 미국 정부는 알리를 베트남 전쟁에 보내기 위해 그에게 징집 영장을 보냈다. 이른바 〈괘씸죄〉에 해당하는 보복이었다. 알리는 전쟁에 뛰어들 생각이 전혀 없었다. 「베트콩은 나를 깜둥이라고 무시하지 않아요. 그런데 내가 왜 베트남 사람들을 죽여야 한단 말입니까?」 알리의 말이 신문에 뜨자 전국 각지에서 증오의 편지와 협박 전화가 쏟아졌다.

1967년 알리는 징병위원회로부터 출두하라는 명령을 받았으나 거부했다. 그리고 그 대가는 너무나 혹독했다. 알리가 거부 성명을 발표하고 한 시간 만에 뉴욕 주 체육위원회가 그의 권투 면허와 챔피언 타이틀을 박탈해 버린 것이다. 여러 혐의를 씌워 법원에 기소했는데, 당시 법정에 출석한 알리가 제출한 서면 요구장에는 이렇게 적혀 있었다.

저는 제 개인적 신념에 비추어 군복무 소집을 거부하는 입장을 분명히 하고자 합니다. 저는 제 행동이 의미하는 바와, 그것이 가져올 결과에 대해 충분히 인식하고 있습니다. 제 양심에 되새겨 볼 때 저는 소집에 응하는 것이 제가 믿는 종교적 신념에 대해 진실한 행위가 아님을 깨달았습니다. (……) 저의 양심에 따른 결정에서 저는 오로지 알라신만을 최종적 심판자로 따르는 바입니다.[92]

그러나 법원은 기다렸다는 듯이 5년의 실형을 선고했다. 이로써 알리는 링에서 추방되어 황야로 내몰렸다. 3년 6개월간 계속된 이 추방 기간은 알리의 나이 스물다섯에서 스물여덟까지로, 복서로서는 신체적으로 최고의 절정기에 해당했다. 그는 그동안 경기장 밖에서 엄청난 압력에 시달려야 했다. 그야말로 시련의 연속이었다. 챔피언 자리에서 굴러떨어지고 실질적인 수입이 없어지자 주위 사람들도 하나둘 떠나기 시작했다. 알리가 텔레비전 인터뷰에서 「돈이 필요하기 때문에 복싱을 다시 하고 싶다」고 한 말을 빌미로 일라이저 무하마드는 그를 종단에서 제명하기까지 했다.

그럼에도 불구하고 알리는 신념을 꺾지 않았다. 자신의 방식으로 흑인 민권 운동을 계속해 나갔다. 전국을 돌며 흑인 거주지를 방문하고 연방 교도소의 수감자들을 면회했다. 많은 대학에서 연설했으며, 대규모 반전 시위에 참여하기도 했다. 알리는 거리낌없이 군중 속으로 들어갔다. 그는 가나, 나이지리아, 파키스탄, 터키 등 이슬람 국가를 여러 차례 방문하며 연설했는데, 한 기자가 그가 방문하는 나라에 어떤 인상을 남기려고 하냐고 묻자 「깨끗한 삶을 사는 한 무슬림으로서, 여기 미국에 수많은 형제들이 산다는 걸 알게 하고 싶다」고 말했다.

무엇보다 알리는 여느 블랙파워Black Power 인사들과 달리 자신의 신념이 〈비폭력〉임을 입증하기 위해 노력했다. 알리의 이러한 행보는 결과적으로 수천 명의 사람들이 양심적 징병 거부를 선택하는 기폭제가 되었을 뿐 아니라, 흑인 스포츠 스타들 사이에서 저항의 물결을 일으켰다.

힘든 시기를 거치는 동안 알리가 분한 감정을 내비친 적이 거의 없다는 사실은, 그의 내면이 크게 변모했음을 보여 주고 있었다. 기자들은 평온함과 단호함을 겸비한 자세로 여전히 장난기와 말장난, 초현실주의적 독백으로 일관하는 알리의 모습에 주목했다. 그는 종종 「권투가 그립지 않나요?」라는 질문을 받았는데, 그때마다 「아뇨, 권투가 나를 그리워하고 있죠」라고 대답했다.

알리가 다시 시합을 치른 것은 1970년 애틀랜타에서였다. 베트남전에 대한 미국 내의 여론이 바뀌자 대법원은 알리에게 무죄 판결을 내렸다. 그러나 수년간 온갖 비난에 시달리고 법정에 불려 다니며 권투를 하지 못하는 동안 그의 나이는 어느새 서른에 가까워지고 있었다. 복서로서 은퇴를 고민할 만한 나이에 그는 다시 글러브를 꼈다.

혹독한 훈련을 거듭하며 차츰 경기 감각을 회복하던 알리는 1971년 드디어 당시 세계 챔피언 조 프레이저Joe Frazier와 경기를 치르게 된다. 〈엉클 톰〉 부류에 속하는 프레이저는 여러모로 알리와 대비되는 선수였다. 그래서 이 시합은 서로 다른 두 가지 권투 스타일의 싸움인 동시에 두 의지의 결전으로, 전 세계가 이 경기에 주목했다. 알리는 이날 프레이저와 15라운드의 혈전 끝에 아쉽게 판정패했다. 그러자 권투 평론가를 비롯한 많은 사람들은 약속이라도 한듯 너도나도 알리를 퇴물 취급하며 깎아내리는 글을 써댔다.

그러나 알리는 프로 입문 이후의 첫 패배를 겸허하고 위엄 있는 태도로 받아들였다. 그리고 〈이렇게 끝내면 그저 떠벌이 복서에 불과하게 될 뿐〉이라며 스스로를 다독이고는 다시 훈련에 매진했다. 생애 첫 번째 패배였지만 그는 좌절하지 않았고, 3년 후 마침내 프레이저를 누르고 재기에 성공했다. 이후에도 그는 막강한 파워를 가진 혈기왕성한 26세의 조지 포먼과 맞붙어 8회에 카운터펀치를 꽂아 넣으며 WBA · WBC 통합 챔피언에 등극한다. 복싱 역사상 가장 신화적인 순간이었다. 알리가 링 밖에서 오랫동안 벌여 온 투쟁 덕분에 경기장은 일반적인 복싱 경기의 승리를 뛰어넘는 흥분과 에너지로 충전해 있었다. 그것은 알리가 지켜 온 신념과 이 신념을 공유한 사람들의 승리이기도 했다. 흑백을 불문한 전 세계 많은 사람들이 알리의 승리를 자신의 승리로 여겼으며, 자신들이 역사적 순간을 목격하고 있음을 직감했다.

무하마드 알리는 전환의 사례로 최적의 인물은 아닐지 모른다. 그는 복싱 선수로 최고의 경지에 올랐지만 그의 인생은 그렇지 않았다. 알리는 적지 않은 실수를 저질렀고 논란이 될 만한 사건에 휘말리기도 했다. 그는 이슬람네이션의 가르침에 따라 언론에서 〈모든 백인은 악마〉라는 발언을 서슴없이 할 정도로 종교적 도그마에 빠져 있기도 했으며, 세 번을 결혼하고도 혼외관계로 두 아이를 얻는 등 방탕한 생활을 하기도 했다. 아마 프로 스포츠라는 분야의 특성과 젊은 시절 스포츠 스타가 된 점도 영향을 미쳤을 것이다. 더욱이 앞에서 소개한 간디와 비교하면 알리의 부족함이 더욱 부각된다.

그가 활동한 〈이슬람네이션〉도 영성 측면에서 최적의 종교 단체는 아니었다. 이들은 여느 소수 종교 집단과 마찬가지로 조악한 종말론을 들어 자립과 청렴한 삶, 독재적인 조직 논리를 강요했으며, 〈형제애〉를 강조하며 흑인 민족주의, 흑백 분리주의를 넘어 심지어 흑인 민족국가의 설립까지 제시하는 등 편협한 종교 집단의 모습을 보였다. 무하마드 알리 역시 처음에는 흑인의 위대함과 함께 개인의 세속적 성공까지 인정해 주었기 때문에 이슬람네이션에 가담했던 것으로 보인다.

그러나 알리가 불완전한 영웅이며 건강치 못한 종교 단체와 관계를 맺었다고 해도, 종교의 본질이 그의 인격적 성숙에 미친 영향을 무시할 수는 없다. 그가 권투 세계에서 추방당한 이후 자기 자신에 대한 믿음을 잃지 않을 수 있었던 것은 그의 종교적 신념 때문이었다. 오히려 이 기간 동안 그의 자유 의지와 신념은 더욱 튼튼해졌다. 그는 고통 속에서 버티고 기다리는 법을 배웠으며 불리한 조건을 뒤엎고 이길 수 있는 힘이 자기 안에 있음을 자각했다. 일찍이 그가 이슬람교를 통해 배운 자립과 단결의 교훈 때문이었다. 비록 여러 실수를 했고, 인격적으로 완성되지도 못했지만 그의 성숙의 중심에는 종교가 있었다. 종교 생활 초기부터 그를 곁에서 지켜봐 온 동료이자 현 이슬람네이션의 수장인 루이스 파라한Louis Farrakhan은 이렇게 말한다.

초창기에 알리에게 〈모든 백인은 악마〉였죠, 맞아요. 그런데 알리는 항상 진화했습니다. 이슬람네이션의 유아기적인 좁은 시각에서부터 완전히 성장한 이슬람의 넓은 보편적 시각까지 자랐어요. 그게 알리예요.[93]

우리는 알리의 불완전성에도 불구하고 적어도 그가 링 밖에서 행한 것들, 사회적 압력에 도전해서 양심을 지키고 대의와 공동체의 이익을 위해 헌신하는 모습 등에서 그의 영적인 성숙을 엿볼 수 있다. 그는 종교를 통해 개인과 사회의 실제적인 연관 관계를 체험했고, 사회 속 존재로서 자기발견을 이루었다. 그렇게 민중에 대한 사랑과 자신에 대한 믿음이 굳게 결합된 불굴의 정신으로 사회의 부조리에 저항할 수 있었다. 서른여덟의 나이에 은퇴한 알리, 그가 링을 떠난 후에도 흑인 민권 운동에 활발하게 참여한 것은 그러한 종교적 신념의 발로였다.

종교, 열어 놓음의 길

장님들이 태어나서 처음으로 코끼리를 만지고 있다. 한 장님은 다리를 만져 보고 코끼리는 나무둥치처럼 생긴 동물이구나 한다. 또 다른 장님은 꼬리를 만져 보고 뱀처럼 생겼다고 하고, 배를 만진 장님은 바위처럼 생겼다고 한다. 나머지 장님들도 각자 특정 부위를 만지고 나름대로 해석한다. 모두가 옳은 의견이다. 각자 코끼리의 일면을 정확하게 묘사하고 있기 때문이다. 만약 이 장님들이 함께 모여 서로 자기가 알아낸 코끼리의 부분을 이야기하고, 서로의 지식을 공유하며 큰 그림을 맞추어 본다면 어렴풋이 실제 코끼리에 가까운 그림을 그릴 수 있을 것이다.

그러나 많은 종교인들은 반대로 행동한다. 첫 번째 장님은 코끼리는 나무둥치 같이 생긴 동물이니 이와 다른 의견은 거짓이라고 매도한다. 두 번째 장님도 고집스럽긴 마찬가지다. 자신의 직접적인 체험과 맞닿아 있기 때문에 더욱 확실한 진리로 여기는 것이다. 진리의 다른 측면에 대해서는 귀를 닫고, 오직 내 이론만이 진실인 양 내세우고, 이단으로 몰아붙이고 상종 못 할 부류로 여긴다. 행여 특정 종교를 지지하는 사람이 권력을 쥐기라도 하면 나라 전체가 권력자가 믿는 종교로 개종을 하고, 다른 종교를 이야기하는 사람을 위험 분자로 여겨 박해하고, 심지어는 전쟁까지 불사한다. 역사상 가장 처참했던 전쟁 중 대부분이 종교적인 이유로 시작되었음을 상기해 보라.

닫힌 종교와 열린 종교

우리는 무지 때문에 궁지에 몰리는 것이 아니다. 더 큰 문제는 〈편협한 확신〉이다. 장님이 난생처음으로 코끼리 다리를 만져 보았을 때의 감동은 대단한 것이다. 〈아, 나무처럼 생겼는데 살아서 움직이는 동물이 있구나!〉 그야말로 은혜로운 경험이다. 그러나 이 체험에 너무 빠진 나머지 그것만이 전부라는 확신에서 벗어나지 못하면 전체를 보지 못한다. 전체를 볼 수 있는 절호의 기회가 찾아와도 기회 자체를 보지 못한다. 자기 믿음에 갇혀 있는 만큼, 마음의 눈도 감겨 있기 때문이다.

더욱이 계속적인 탐구를 지속하지 않는 한 처음의 감격은 흐릿해지고 〈놀라운 은혜〉 역시 멈춘다. 결국 지켜야 할 계율과 경전만을 중시한 채 타인을 단죄하는 율법주의자 혹은 근본주의자가 되기도 한다. 종교계의 용어를 쓰기 위해 〈근본주의자〉라고 썼지만, 이들은 사실 종교의 근본과 가장 멀리 떨어져 있다. 근본주의자들은 종교의 뿌리가 아닌 표피에 극단적으로 집착하며, 모든 큰 종교가 지향하는 사랑과 자비와 반대되는 길, 즉 독선에 빠져 폭력과 테러를 자행한다.

이러한 〈닫힌 종교〉의 전형적인 사례로 광신적 테러 집단인 IS와 오사마 빈 라덴의 알 카에다Al-Qaeda를 꼽을 수 있다. 이런 종교 집단의 가장 큰 특징은 맹목성이다. 절대적 권위에 무조건 복종해야 한다고 가르치는 것이다. 자신들의 종교에서 〈믿음의 마침표〉를 찍으라고 주장하고, 이제 완전한 진리를 찾았으니 다른 것을 찾아 헤매지 말라고 강요한다. 모든 해답과 행동 원칙은 이미 주어진 그대로 절대 불변의 것이므로 이를 받아들이고 믿기만 하면 복이나 상이 따라오고, 복종하지 않으면 화나 벌이 내린다는 사실을 공식처럼 가르친다. 표면적으로는 자아의 해체를 통해 신에게 다가갈 것을 부르짖지만, 실상은 자신을 부정하고 교단의 절대적 권위에 복종할 것을 요구한다.

이와는 달리 〈열린 종교〉의 특징은 겸손과 사랑, 그리고 평화다. 닫힌 종교가 맹신과 독선의 편 가르기에 빠져 있는 동안 열린 종교는 사람의 마음을 열어 자유롭게 풀어 준다. 인간의 생각과 안목이 제한적이고 불완전한다는 사실을 겸허히 받아들이고, 열린 마음으로 진리의 구석구석을 탐구해 볼 것을 권한다. 다른 생각과 믿음을 가진 사람들을 포용하며 이들의 다양한 의견을 통합함으로써 진리의 전체를 깨우쳐 갈 것을 촉구한다. 간디가 〈진리 실험〉을 통해 유지하고자 한 것이 바로 이런 끊임없는 탐구의 자세였다. 그는 이렇게 말한다.

내가 다른 모든 종교보다 더 높게 평가하는 종교는 힌두교가 아니라 그것을 초월하는 종교다. 그것은 사람의 본성 자체를 바꾸는 종교며, 우리를 내면적 진리에 꽉 붙들어 두고 늘 정결하게 만드는 종교다.[94]

간디는 힌두교도였지만 현실의 힌두교에는 결점이 있다고 생각했고, 〈모든 종교 정신을 아우르는 종교〉를 더 높이 평가했다. 간디는 부처나 예수에 대해서도 깊은 존경심을 품고 그들로부터 배우고자 했다. 때때로 지인들에게 〈부처의 신도〉라는 냉소적인 비난을 듣기도 했는데, 그는 오히려 그것을 자랑스러워할 정도였다. 간디는 서로 다른 종교들 사이의 평등과 일치를 믿었다. 흥미로운 점은 그러한 열린 태도가 오히려 자신의 종교에 대한 존경심을 더해 주었다는 사실이다. 상대방의 안목을 존중하고 배우는 것이 결과적으로 나의 안목을 깊게 한다는 사실을 증명한 셈이다.

무하마드 알리 역시 한 인터뷰에서 이슬람교에 귀의한 이유에 대해 이렇게 말했다.

「인간은 오해와 자기도취 속에서 타인과 싸움을 벌입니다. 그러나 현실에서는 단 하나의 메시지가 있을 뿐입니다. 지혜의 메시지가 그것이지요. 이는 인간의 메시지가 아니요, 신의 메시지입니다. 내가 이슬람으로 개종한 단 하나의 이유는, 그 안에서 모든 사람이 평등하고, 올바르게 살고 신의 말씀을 믿으면 누구든 천국에 갈 수 있는 유일한 종교가 내가 듣기로 이슬람뿐이기 때문입니다.」

그때 기자가 말을 잘랐다. 「마르크스도 모든 사람이 평등하다고 말했습니다만.」 알리가 대답했다. 「나는 그 사람을 잘 모릅니다. 그는 신앙이 있는 사람이었나요?」 「아닙니다.」 「선행을 베푼 사람입니까?」 「그렇습니다. 그렇게 하길 바랐습니다.」 「그렇다면, 그는 천국에 갔을 겁니다.」[95]

진리가 곧 신이다

간디는 처음에는 〈신이 진리〉라고 말했다. 그러나 영성이 깊어질수록 그는 〈진리가 신〉임을 깨닫게 되었다고 고백한다. 이 두 가지 말 사이에는 미묘하지만 중요한 차이가 있다. 〈신이 진리〉라는 진술은 절대적인 복종과 경외의 대상인 신이 중심이다. 인간은 신이 창조한 피조물에 불과하며 그의 뜻에 따라 자신을 바쳐야 한다. 반면 〈진리가 신〉이라는 말에는 신조차 진리를 드러내기 위한 하나의 방편에 불과하다는 의미가 담겨 있다. 궁극적 실재인 진리가 그 중심에 있다. 즉 신을 믿든 안 믿든 불변하는 진리를 추구하는 것이 참된 종교라는 것이다. 무엇이 불변하는 진리인가? 참된 진리는 어떤 특성을 가지고 있는가? 비교종교학자인 오강남은 『종교란 무엇인가』에서 이를 비유적으로 설명하고 있다.

지구가 판판하여 바다에 끝이 있는 줄 알던 시대에는 멀리서 수평선 너머로 항해하다가는 낭떠러지에 떨어져 죽을 줄로 알았다. 그만큼 행동의 제약을 받았다. 그러다가 지구는 동그랗고 바다에는 낭떠러지가 없다는 것, 곧 다른 차원에서 본 지구의 〈실재〉를 발견함으로써 멀리까지도 마음 놓고 항해할 수 있는 자유를 누리게 된 것이다. 한 걸음 더 나아가 감히 지구 표면을 벗어나 하늘을 난다는 것은 불가능하다고 믿었던 제한된 사고를 떨치고 인간도 비행할 수 있으며 대기권뿐만 아니라 우주권까지에도 이를 수 있음을 발견했을 때 행동 범위는 그만큼 넓어지고 더 자유스러워진다.[96]

참된 진리는 인간에게 자유와 해방을 선사한다. 실제로 예수와 붓다, 마호메트 등 세계의 위대한 종교 지도자들이 보여 준 길은 사람들이 확실하게 믿어 왔던 것들을 재검토하며 편견을 허물어뜨림으로써 완전한 자유에 도달하는 것이었다. 획일화된 길, 이미 설명된 관념, 강렬한 체험에 안주하지 말고 부단히 새로운 차원으로 올라서도록 우리의 마음을 열어 놓는 길인 것이다.

〈신이 진리〉라고 주장하는 닫힌 종교는 종교의 참뜻을 이해하지 못하고 표면적 문자에 매달린 채 맹목적인 종교 생활을 강요한다. 반면 진리 그 자체를 최상위의 가치로 놓은 열린 종교는 그 저변의 참뜻을 깨닫고 종교가 본래 의도했던 자유와 해방을 맛보는 삶으로 인도한다.

종교의 심층, 〈자아〉로부터의 해방

그렇다면 세상의 많은 종교 중 어느 종교가 닫힌 종교이고 어느 종교가 열린 종교인가? 사실 이 질문은 잘못된 질문이며, 질문 자체가 〈닫힌 질문〉이다. 종교의 이름이나 종류에 따라 열려 있음의 정도를 구분할 수는 없으며, 실제로 하나의 종교 안에서 닫힌 종교와 열린 종교가 공존하기 때문이다. 세계 어느 종교이건 표층과 심층이 모두 존재한다.

닫힌 종교, 즉 표층 차원의 종교는 〈나의 복〉을 얻는 데 집중한다. 모든 종교 생활을 지금의 나와 내 주변인이 잘 되기 위한 수단으로 삼는다. 이것은 하느님께 열심히 빌기만 하면 복이 온다고 기대하는 기복신앙만을 가리키지 않는다. 자주 남에게 봉사하고 불우이웃을 돕지만 마음속에는 〈사람은 죽어서 이름을 남긴다〉는 동기로 자신의 명예를 드높이고자 하는 행동 역시 표층 차원의 믿음이다. 하느님의 계율을 철저하게 지키며 모범적으로 살지만, 실상은 하느님의 형벌을 피하고 그 공로로 현세와 내세에 큰 보상을 바라는 이들도 표층의 수준이긴 마찬가지다.

이와 대조적으로 마하트마 간디와 성 프란체스코 같은 위대한 스승은 스스로를 어떤 〈큰 힘의 통로〉 혹은 수단에 불과한 존재로 본다. 이들은 겸허한 태도로 자신의 선행을 감추지만, 그럴수록 더 많은 존경을 받는다. 최근 성인(聖人)의 반열에 오른 테레사 수녀는 〈나는 단지 도구에 지나지 않는다. 나는 하느님의 손에 쥐어진 몽당연필이다. 그분이 생각하시고 글을 쓰신다〉고 고백한 바 있다. 심층 차원의 종교는 〈작은 나〉에서 벗어나 〈큰 나〉로 거듭나는 것을 지향하며, 궁극적으로는 내 안의 큰 나가 곧 신성(神性)임을 깨닫도록 돕는다. 즉 스스로 〈나〉라고 믿고 있는 것이 실재(實在)가 아님을 드러냄으로써 전체에 녹아들게 하는 것이다. 여기서 오해하지 말아야 할 것은 〈작은 나〉인 에고ego가 신이 되는 것이 아니라, 에고가 사라짐으로써 신성이 저절로 드러난다는 것이다. 구름이 하늘이 되는 것이 아니라, 구름이 사라짐으로써 광활한 하늘이 드러난다. 그러므로 지금 그릇되게 생각하고 있는 〈나〉를 비우는 것이 핵심이다. 불교에서 무아(無我)로 표현되는 〈나로부터의 해방〉, 다시 말해 자아의 소멸이 종교적 삶의 기본 태도가 되어야 하는 것이다.

〈나〉를 없앤다고 해서 과연 내가 죽을까? 그렇지는 않다. 내가 사라진 텅 빈 그 자리는 새로운 존재로 채워진다. 9세기 중국의 덕산(德山)은 『금강경(金剛經)』에 통달한 스님이었다. 그는 선승이었던 용담(龍潭)을 찾아가 『금강경』을 강해했고 용담은 묵묵히 듣고만 있었다. 밤이 늦어 덕산이 쉬러 가려는데 밖이 너무 어두워 길을 찾을 수 없었다. 그는 용담에게 등불을 청했고, 용담은 등불을 전해 주었다. 덕산이 받아들고 떠나려 하자 용담이 그를 불러 세운 후 등불을 훅 불어 꺼버렸다. 망연히 어둠 속에 서 있던 덕산은 그 순간 깨달음에 이른다. 왜 그랬을까?

촛불이 꺼지자 비로소 어두움 속에서 찬연히 빛나는 별빛을 보게 된 것이다. 그는 돌연 깨우친다. 자아라는 작은 촛불을 불어 끄지 않고서는 대우주의 진리를 깨달을 수 없다. 깨달음을 뜻하는 그리스어 알레테이아aletheia의 어원이 〈촛불을 끈다〉라는 사실은 이런 맥락에서 이해할 수 있다. 〈작은 나〉는 늘 〈큰 나〉를 가리고 있다. 종교적 삶은 가까운 작은 산이 멀리 있는 큰 산을 가리지 않도록 작은 산을 가라앉히는 일이다.

대종교의 창시자들은 한결같이 표층에서 심층으로 넘어가라고 가르치고, 그 길을 구체적으로 일러 주고 있다. 예수는 제자가 되기 위해 첫 번째 해야 할 일이 〈자기 자신을 부인하는 것〉이라고 했다. 〈아무든지 나를 따라오려거든 자기를 부인하고 자기 십자가를 지고 나를 좇을 것이니라(「마태복음」 16:24)〉는 말은 일반적으로 알려진 것처럼 종교 생활에 수반되는 수모나 희생을 각오해야 한다는 것만을 의미하지 않는다. 여기에는 더 심오한 의미, 즉 보물단지 모시듯 섬기는 이 〈나〉를 스스로 부정하는 것이 종교의 기본 요건이라는 것이다. 〈내가 진실로 진실로 너희에게 이르노니 한 알의 밀이 땅에 떨어져 죽지 아니하면 한 알 그대로 있고 죽으면 많은 열매를 맺느니라(「요한복음」 12:24)〉는 말 역시 같은 의미로 해석할 수 있다.

부처 역시 우리가 〈나〉라고 믿고 있는 오온(색(色)−수(受)−상(想)−행(行)−식(識))은 가화합(假和合)의 상태로 실체 없이 비어 있음을 강조한다. 무아(無我)야말로 부처의 근본 가르침임은 잘 알려진 사실이다. 도교의 창시자인 노자(老子)는 『도덕경(道德經)』에서 자아라는 껍데기를 뚫고 그 뿌리인 도(道)로 돌아가서 참 지혜를 가질 것을 강조했으며, 이렇게 도에 주파수를 맞춘 사람은 만사가 자연스레 이뤄진다는 의미에서 무위자연(無爲自然), 즉 〈자기가 하지 않고도 저절로 된다〉고 이야기했다.

모든 심층의 종교는 자유를 향한다. 그러나 여기서 자유란 내가 무언가로부터 벗어나는 것이 아니라, 나로부터 벗어나는 것임을 이해해야 한다. 곧, 〈나의 자유〉가 아니라 〈나로부터의 자유〉가 심층의 종교가 향하는 곳이다. 껍데기 자아가 실재가 아니라는 사실을 깨닫고 이를 비움으로써 자기 존재의 근원에 다가서게 된다. 그러므로 전환기의 종교는 자신과 가족의 이익을 비는 것에서 벗어나 나로부터의 자유와 해방을 추구하는 〈열림의 방향〉으로 나아가야 한다.

자기실현, 무경계의 경지

카를 융이 창시한 분석심리학에서는 자아ego와 자기self를 구분한다. 자아는 의식의 중심이며, 자기는 의식과 무의식을 포함한 전체 마음의 중심이다. 앞의 표현을 빌리면 자아는 작은 나를, 자기는 큰 나를 의미한다. 때문에 분석심리학에는 자아실현ego-actualization이라는 말이 없다. 우리가 실현해야 할 대상은 자아가 아니라 자기, 곧 큰 나이기 때문이다.

〈자기실현self-actualization〉은 무엇을 의미할까? 우선, 융이 말하는 자기실현이란 〈인격의 성숙〉이 아니다. 물론 자기실현에 이르면 성숙한 인격을 갖게 되겠지만, 인격을 닦는 것이 자기실현에 이르는 길은 아니라는 것이다. 자기실현의 목표는 성인, 도덕적 인격자 혹은 세계의 구원자가 되는 것이 아니다. 융은 이런 것들 역시 사회에 의해 만들어진 가면, 즉 페르소나persona에 불과하며 자기실현은 오히려 그런 집단 인간의 속박에서 벗어나 자기다움을 추구하는 과정이라 말한다. 그동안 사회의 요구에 순응하는 자아에 의해 소외된 그 사람의 진정한 개성을 찾아가는 과정이다. 그래서 융은 자기실현의 과정을 〈개성화individuation〉라 불렀다.

자기실현은 철저한 〈자기인식〉의 과정이다. 즉 나의 의식 안에서 일어나는 감각, 사고, 욕망, 감정 등을 〈큰 나〉의 입장에서 살펴보는 것이다. 마음을 가라앉히고 집중하여 느껴 보면 우리의 감정, 감각, 생각, 느낌을 무대의 뒤에서 가만히 알아차리고 있는 근원적인 시선을 감지할 수 있다. 이 시선은 마치 태풍의 중심과 같아서 주변에서 사납게 몰아치는 불안과 고통의 한가운데서도 투명한 고요함을 유지한 채 그것들을 가만히 응시하고 있다. 신비가들은 이 초월적인 시선을 주시자(注視者)라 부르기도 한다.

표층의 나가 어떤 문제에 직면하든 심층의 나는 그것을 초월해서 전혀 오염되지 않은 채, 자유롭게 개방된 상태로 그런 것들을 인식할 수 있다. 오랜 시간이 걸리지만 이와 같은 〈초월적 주시〉를 발달시키는 데 성공하면 더 이상 예민하고 이기적인 에고에 매달릴 필요 없이 보다 넓은 세계로 의식이 확장된다. 몸과 마음에서 일어나는 모든 것들 역시 내가 가지고 있는 것이지, 궁극적인 〈나〉가 아님을 깨닫게 되는 것이다. 동시에 자신의 심신과의 관계가 외부의 다른 모든 대상들과의 관계와 동등해진다. 즉, 자연스럽게 나와 너, 나와 그것을 가르는 경계가 사라진다.

깨달음에 근접할수록 저 아래 근원에서는 모두가 무경계로 하나임이 명백해진다. 우리들 각자는 개별적인 파도지만 그 본질은 거대한 바다인 것과 같다. 파도가 부서지면 바다로 돌아가듯, 우리의 육체가 죽더라도 우리는 그 근원으로 돌아갈 뿐 사라지지 않는다. 조지프 캠벨은 한 강의에서 〈머리 위에는 많은 전구가 있다. 전구는 모두 떨어져 있고, 따라서 우리는 전구들이 각각 떨어져 있다고 생각할 것이다〉라고 운을 떼면서 다음과 같은 말을 남겼다.

　(우리의) 육신이 전구라면, 그리고 전구가 나가 버린다면 더 이상은 전기가 없다는 의미가 되는 것일까? 에너지의 원천은 남아 있다. 우리는 육신을 내버리고 계속 나아갈 수 있다. 우리가 바로 원천이기 때문이다.[97]

깨달음에 이른 성인들이 세상에 봉사하는 것은, 그들이 그것을 통해 인정을 받으려거나 자신을 더 사랑하기 위해서가 아니다. 세상의 모든 존재들이 궁극적으로 〈자기 자신〉임을 자각하기 때문이다. 예수의 첫번째 가르침은 〈네가 네 자신을 사랑하는 것처럼 네 이웃을 사랑하라〉가 아니라 〈네 이웃을 너의 진정한 《자기》로서 사랑하라〉는 의미이다. 불교인들의 〈자비〉 역시 같은 맥락에서 풀이할 수 있다. 간디의 말을 들어 보라.

　인간의 궁극적인 목적은 신을 실현하는 것입니다. (……) 신을 찾는 유일한 길은 그분을 그의 피조물에서 보고 그 피조물과 하나가 되는 데 있습니다. 이것은 만인에 대한 봉사에 의해서만 가능합니다.[98]

간디는 성인이 되고자 했던 것이 아니라, 다만 자기를 실현하기 위해 애썼을 뿐이다. 그의 모든 실험과 맹세는 자아를 버리고 자신을 확장하기 위한 것이었다. 〈큰 나〉의 시선을 통해 우리가 신이라고 부르는 것이 민중 속에 있음을 확인했던 것이다. 그는 〈진리의 영(靈)을 마주 대하려면 가장 하잘것없는 미물도 내 몸처럼 사랑할 수 있어야 한다. 바로 그 때문에 나의 진리에 대한 헌신이 나를 정치로 끌고 들어가게 된 것이다〉라고 고백한다.

이렇듯 종교는 개인에게 초월적 시선을 제공하고 나와 나 아닌 것의 경계를 허물어뜨림으로써 삶을 근본부터 바꾼다. 살면서 느끼는 고통이나 두려움도, 높은 곳에서 굽어보는 주시자로 머물러 있는 한 더 이상 자신을 위협하지 못한다. 나아가 작은 나를 넘어 이 모든 것이 〈나〉라는 것을 머리가 아닌 체험을 통해 느낌으로써 자신의 몸을 보살피듯 자연스럽게 주변을 보살피게 된다.

〈참 나〉를 발견하고 확장하는 법

　갓난아이는 생후 7~8개월까지 간지럼을 타지 않는다. 이것은 감각이 충분히 발달하지 못했기 때문이 아니다. 아직 자아가 충분히 발달하지 않아서 나와 타인, 즉 피아(彼我)의 경계가 없기 때문이다. 우리가 자신의 발을 긁을 때 많이 간지럽지 않은 것과 같은 이치다. 어린아이들이 벌거벗고 뛰어다녀도 부끄러움을 모르는 것도 선악의 경계나 옳고 그름의 구분에 물들지 않았기 때문이다. 아주 어렸을 적에 우리 모두는 무엇과도 하나가 되어 놀았고, 기본적인 욕구만 채워지면 마냥 행복했다.

　우리가 어린 시절의 낙원에서 쫓겨난 것은, 〈나〉와 〈너〉의 구분, 나아가 옳고 그름에 관한 상대적 경계가 생겨나면서부터다. 부모와 사회가 가지고 있는 관념과 관습이 우리에게 들어오면서부터 우리는 알몸에 대한 수치심과 함께 옷을 입기 시작했다. 그러나 이런 치장은 몸을 가리는 것에서만 그치지 않는다. 더욱 교묘한 방법은 고귀하고 가치 있다고 생각하는 진리, 정의롭고 선하다고 판단한 이념의 옷으로 자신의 정신을 치장하는 것이다. 자라면서 우리는 자신을 포장하기 위해 무수한 이념의 옷을 겹겹이 껴입는다. 각종 SNS 글을 자세히 보면 많은 사람들이 자신의 존재 가치를 이념에서 찾고, 이념으로 표현하고, 이념으로 포장하고자 열심인 것을 볼 수 있다.

때로는 자신의 열등한 측면을 이념으로 포장해 가리고, 때로는 스스로를 특정 이념과 동일시하기도 한다. 이 모두는 이분법적인 사고를 낳는다. 우리는 무수히 다양한 현상을 좋은 것과 나쁜 것으로 나눈 다음 좋은 것을 취하고 나쁜 것은 멀리 하려고 한다. 빛이 강할수록 그림자가 깊어지듯이, 선(善), 혹은 이상(理想)이라 생각하는 것을 드높이는 순간 다른 것들은 반대편의 어두운 동굴 속으로 들어간다.

이러한 이분(二分)의 사고가 발달할수록 〈나〉와 〈내가 아닌 것〉의 경계가 공고해지며 생각은 더욱 복잡해진다. 어렸을 적 나와 너의 구분조차 없이 전체가 하나였던 세계는 서서히 갈라져 〈나〉라는 자아의 벽은 두터워지고, 주변의 환경은 나 아닌 것, 별개의 것으로 멀어진다. 그럴수록 어렸을 적 맛보았던 〈하나가 되는 체험〉은 점점 요원해진다. 중요한 점은 자신의 생각에 경계선을 그음과 동시에 고통이 더해진다는 것이다. 하나의 경계선은 전투 가능성이 있는 두 개의 진영으로 나뉘기 때문이다. 〈나〉의 경계가 두꺼워질수록 내 몸, 내 이념, 나의 이상은 이질적인 외부로부터 위협받게 되고, 그 위협을 이기려는 생각과 고민이 거품처럼 부풀어 고통받게 된다. 사람이 고통받는 것은 어떤 사건 때문이라기보단 그 사건이 유발하는 〈생각의 먹구름〉 때문이다.

누군가와 다툰 사건은 이미 지나갔는데도 머릿속으로 자꾸 그 장면을 떠올려 되풀이하고, 후회하고, 화를 내며 스스로 괴로움을 증폭시키는 것이다. 그래서 부처는 〈첫 번째 화살은 맞았을지언정, 두 번째 화살은 맞지 말라〉고 했다. 생각 속에서 고통을 더 키우지 말라는 것이다.

그러나 〈생각의 먹구름〉의 더 심각한 폐해는 그 속에 있음으로써 지금, 여기에서 벌어지는 놀라운 은혜를 알아차리지 못한다는 데 있다. 생각에 빠지면 이야기를 들어도 공감할 수 없고 음식을 먹어도 깊은 맛을 느낄 수 없으며, 책을 읽어도 행간의 의미를 살필 수 없고 음악을 들어도 마음으로 듣지 못한다. 생각이 현재를 잡아먹으면 기쁨은 유보된다. 우리는 대부분의 시간을 과거를 후회하고 미래를 걱정하면서 현재에 온전히 머물지 못한 채 표류한다. 그리고 이 모든 괴로움은 〈나〉라는 경계를 두텁게 그으면서 시작된 것이다.

합일의 체험, 모든 종교의 지향점

매우 드문 일이긴 하지만 사람들은 〈나〉의 경계가 사라지고 대상과 내가 하나가 되는 체험을 하기도 한다. 장엄한 자연 앞에 섰을 때, 듣고 있는 음악이나 그리고 있는 그림에 완전히 몰입했을 때, 또는 예술 작품에 완전히 매료되어 감상할 때, 기도 중에 어떤 목소리를 듣거나 신비한 체험을 했을 때, 멋진 연인에게 첫눈에 반했을 때 등등. 뭇 존재와 하나가 되는 신비한 경험은 말로 온전히 표현하기 힘들기 때문에 종종 영성과 예술의 옷을 빌려 〈상징〉으로 표현된다.

선구적인 심리학자 매슬로는 이런 경험을 〈절정 경험〉이라고 명명했음은 앞서 설명한 바 있다. 이것은 어떤 대상, 나아가 전 우주와의 일체감, 저항할 수 없는 황홀감과 경외감, 무한한 사랑 등을 의미한다. 매슬로는 거의 모든 사람이 이런 경험을 할 수 있지만, 자기를 실현한 사람일수록 더 자주, 더 강렬하게 경험하는 경향이 있다고 설명한다. 그는 일시적인 절정 경험이 보다 안정되고 지속적인 체험으로 정착된 상태를 〈고원 경험plateau experience〉이라고 불렀다.

이런 신비한 상태는 신성, 예술혼, 삼매(三昧), 블리스, 몰입, 절대 등 여러 이름으로 불리지만 본질은 같다. 나를 넘어선 거대한 무엇과 하나가 되는 체험, 〈나〉라는 경계선이 사라지고 전체에 녹아 드는 경험인 것이다. 이런 강렬한 경험을 한 사람은 대부분 이를 잊지 못한 채 평생 그 체험을 추구하게 된다. 예술에 미친 예술가, 죽음을 무릅쓰고 험준한 산을 오르는 모험가, 하나에 천착하여 자나깨나 문제에 골몰하는 과학자, 그리고 세상의 가장 어두운 곳에서 자신을 희생하면서도 웃음 짓는 봉사자는 그렇게 탄생하는 것이다.

예를 들어 환상문학의 거장 호르헤 루이스 보르헤스Jorge Luis Borges는 젊은 시절 우연히 30년의 시간을 거슬러 올라가는 체험을 했고 이것이 그의 문학의 가장 중요한 모티브가 되었다. 근대 철학의 아버지인 르네 데카르트René Descartes는 정오가 되어서야 잠자리에서 일어났고 정독한 책이 거의 없을 정도로 게을렀지만, 명상을 즐겼고 이를 통해 지혜의 샘을 끌어올렸다. 조지프 자보르스키가 여행 중에 프랑스의 성당과 자연에서 경험한 일체감과 동시성 현상도 본질적으로 같은 체험이다.

무언가와 하나되는 체험에는 두 가지 공통점이 있다. 하나는 우리가 〈나〉로 여기는 에고가 사라졌을 때에 일어난다는 점, 또 하나는 〈나〉의 사라짐은 자기 상실을 의미하는 것이 아니라 자기의 본래성, 즉 더 큰 나의 회복을 의미한다는 점이다. 우리 내면의 무한자, 절대자, 영원자와 대면하는 것이다. 즉, 자아의 버림은 자기 상실이 아니라 자기 확대가 된다. 이것을 잘 보여 주는 사례가 바로 노벨 생리의학상을 받은 세포

유전학자 바버라 매클린톡이다.

그녀는 빵에 피는 붉은 곰팡이와 옥수수 등과 같은 연구 대상과 하나 되는 체험을 통해 〈도약 유전자〉로 알려진 이동성 유전 요소 규명을 비롯한 여러 혁신적인 성과를 이뤄 냈다. 그녀는 자신이 다른 학자들과 같은 현미경을 사용하면서도 남들이 못 보는 걸 찾아내는 비결에 대해 〈나는 세포를 관찰할 때 현미경을 타고 내려가서 세포 속으로 들어간다. 거기서 빙 둘러본다〉고 말했다.

매클린톡은 실증적인 실험과 정확한 분석을 중시하는 과학계에서 한평생을 보낸 과학자이다. 그러나 옥수수와 같은 연구 대상에 깊이 몰입하여 그것을 자신처럼 느끼고, 그것과의 하나됨을 추구하는 그녀의 특성은 과학자라기보다는 예술가나 시인에 가깝다. 그녀는 이렇게 말한다.

정말로 거기에 몰두했을 때, 나는 염색체 바깥에 있지 않았어요. 그 안에 있었어요. 그들의 시스템 속에서 그들과 함께 움직였지요. 내가 그 속에 들어가 있으니 모든 게 다 크게 보일 수밖에 없죠. 염색체 속이 어떻게 생겼는지도 훤히 보였어요. 정말로 모든 게 거기 있었어요. 나 자신도 무척이나 놀랐지요. 내가 정말로 그 속에 들어가 있는 느낌이었거든요. 그리고 그 작은 부분들이 몽땅 내 친구처럼 여겨졌어요.[99]

이외에도 매클린톡의 삶에서 자아의 사라짐과 하나됨의 체험은 빈번하게 등장한다. 어떻게 이런 일이 가능할까? 매클린톡의 다음과 같은 말 속에서 실마리를 찾을 수 있다.

지극한 마음으로 바라보고 있노라면 그들이 나의 일부가 되지요. 그러면 나 자신은 잊어버려요. 그래요, 그게 중요해요. 나 자신을 완전히 잊어버리는 거 말이에요. 거기에는 더 이상 내가 없어요.[100]

사실 이런 무경계 혹은 합일의 체험은 과학자보다는 성인과 신비가들의 입에서 나올 법한 이야기다. 〈합일의 체험〉은 모든 종교의 핵심이기 때문이다. 예컨대 성경 「요한복음」에 나오는 거듭남의 체험이나 바울이 그의 편지에서 새로운 피조물, 새 사람 등을 강조한 것이 여기에 해당한다. 불교의 경우 이 체험을 〈깨침〉, 〈각(覺)〉, 〈해탈〉 등으로 표현하고 있다. 힌두교에서는 이렇게 새로워진 상태를 〈목샤moksha〉, 즉 〈해방〉, 〈자유〉 등으로 설명한다. 뭐라 부르든 이것은 우리의 전 존재를 뒤흔드는 체험이다. 이러한 궁극적인 체험은 내면에 지울 수 없는 흔적을 남긴다. 때로는 삶과 세계를 보는 관점, 인생의 의미와 방향이 완전히 변하기도 한다.

종교는 설명이 아닌 〈체험〉의 영역

두 번째 전환기에 내(승오)가 주로 한 것은 매일 도서관에 앉아 책을 읽는 것이었다. 도서관은 내게 조지프 캠벨의 〈우드스탁 오두막〉과 같았다. 아침 아홉 시부터 저녁 여섯 시까지 읽고 싶은 책을 실컷 읽었다. 처음엔 이것저것 손이 가는 대로 읽다가 어느새 한 작가씩 붙잡고 파기 시작했다. 총 여섯 명의 저자들의 책을 가장 많이 읽었는데 제일 먼저 조지프 캠벨의 책들을 읽었고 이어서 카를 융과 헤르만 헤세의 책에 매료되었다. 마지막으로 법정 스님과 니어링 부부의 세계에 빠져들었다.

깊이 읽을수록 이들을 관통하는 공통점 하나가 눈에 띄었다. 이 인물들의 책은 궁극적으로 같은 주제를 가리키고 있었다.

신화학, 심리학, 문학, 종교, 사회학 등 직업과 분야가 서로 다름에도 불구하고 이들 모두가 〈근본 실재에 이르는 길〉에 대해 이야기하고 있었다. 용어와 표현만 다를 뿐 실상 같은 지점을 가리키고 있었던 것이다. 자아를 비우고 자신의 참 존재를 만나는 과정에 대한 통찰이 그들 사상의 근저에 자리 잡고 있었다. 캠벨은 그것을 영웅의 여정과 블리스로 설명하고 있었고, 융은 자기, 개성화, 만다라 등의 상징을 통해, 헤세는 작품마다 그 이름은 다르지만 〈압락사스Abraxas〉나 강물 같은 상징 또는 성 프란체스코, 싯다르타 같은 인물의 삶으로 표현했다. 법정 스님은 텅 빈 충만과 무소유로, 니어링 부부는 자연과의 일체감으로 이것을 드러내고 있었다.

구체적인 표현과 접근법은 달랐지만 모두가 작은 나를 넘어 〈큰 나〉를 깨달으라고 주문하고 있었다. 내 안의 목소리가 여러 작가들의 글을 빌려 〈깨달음을 얻고 타인과 나누는 삶〉을 살라고 말하고 있었다. 속삭이듯 은근히 울리지만 잊을 수 없는 목소리였다. 나는 그것이 내게 온 두 번째 소명임을 알았다. 사실, 이것은 공대를 졸업하고 교육 분야로 옮겨올 때 내가 들었던 첫 번째 목소리와 꼭 같은 문장이었다. 당시에도 〈깨달음을 얻고 타인과 나누는 삶〉이라는 내면의 목소리를 듣고 공학 분야를 떠나 삶의 지혜를 가르치는 일을 선택했던 것이다.

그런데 이번에는 처음과 그 의미가 매우 달랐다. 처음 목소리의 〈깨달음〉은 삶을 살아가는 지혜, 곧 지적인 측면에서의 각성을 의미했다. 그래서 나는 작가이자 강연가가 되었다. 그러나 두 번째의 〈깨달음〉은 달랐다. 그것은 영적인 차원에서의 깨어남, 다시 말해 〈자기실현〉을 향해 나아갈 것을 주문하고 있었다.

이후로 자연스럽게 영성과 관련된 책들을 읽기 시작했다. 켄 윌버, 데이비드 호킨스, 엘리자베스 퀴블러 로스 등의 서양의 신비가들뿐만 아니라 노자와 장자의 책, 성경과 불경 등 종교 서적과 더불어 신비주의와 선(禪)에 관한 책을 두루 읽었다. 모든 책이 빛나는 통찰로 가득했지만 동시에 이 책들은 똑같이 〈설명의 한계〉를 지적하고 있었다. 불립문자(不立文字), 즉 궁극적인 실재는 말을 넘어서는 것이기에 문자나 책으로 아는 것이 아니라 몸소 체험해야 한다는 것이었다. 나는 몇몇 명상원과 선방을 기웃거려 보았으나 구체적인 원리는 알려주지 않은 채 방법에 집중하거나, 스트레스 완화, 집중력 향상 등 실용적인 목표에 치중하고 있어서 중도에 그만두었다.

그러다가 우연한 계기로 한 분의 눈 밝은 스승을 만나고, 그분의 안내로 참선(參禪) 수행을 하게 되었다. 참선과 명상은 그 방법은 비슷해 보이지만 엄밀히 다른 접근법이었다. 일반적인 명상이 내 안에서 일어나는 생각과 감정, 감각들을 바라보아 가라앉힘으로써 마음을 평화롭게 하는 것이라면, 참선은 그 바라보는 주체가 누구이며 어디에 있는지를 단도직입적으로 묻는 것이었다. 명상이 〈관찰〉을 중시한다면 참선은 〈관찰의 주체〉를 주시한다. 비유컨대 명상이 마음의 흙탕물을 가라앉혀 맑게 하는 것이라면 참선은 흙탕물이라는 꿈 자체에서 깨어나는 것이었다.

동국대학교에서 진행하는 간화선(看話禪) 수행을 비롯하여 몇 번의 집중 수행에 참가했다. 하루 종일 앉아서 화두를 참구하는 과정에서 몇 번의 의미심장한 체험을 하게 되었다. 체험의 내용을 말로 표현하기도 어렵거니와 오해의 여지가 있어 여기에서 설명은 생략하고자 한다. 다만 그것은 분명 〈나〉라는 경계가 사라지고 전체와 하나가 되는 합일의 경험이었다. 책으로만 접해 알던 것과는 비교할 수 없는 초감각적 체험이었다. 그간 읽었던 책들에서 왜 이 체험을 문자로 표현할 수 없다고 강조했는지도 절감할 수 있었다.

그런 체험을 하면서 내 안에 새로운 시선이 생긴 것을 자각할 수 있었다. 그것은 객관적으로 〈작은 나〉를 바라보는 커다란 하나의 존재였다. 짧은 시간이었지만 전체가 되어 본 체험 때문인지 〈작은 나〉가 느끼는 온갖 것을 애쓰거나 집중하지 않아도 초연한 입장에서 알아차릴 수 있었다. 몇 달간 이 신비로운 상태가 지속되는 동안에는 짜증이 나거나 뭔가에 집착할 때 한 걸음 물러나 차분히 바라보고 놓아 버릴 수 있었으며, 그 과정이 이상하리만치 큰 노력 없이 일어났다. 두 달 남짓이 지나자 그 상태는 눈 녹듯 사라지고 다시 일상으로 돌아왔지만 그 경험 덕분에 마음이 한결 여유롭고 넉넉해졌다. 작거나 지나가는 것들에 집착하지 않게 되었으며, 성공이나 명예에 대한 욕심도 많이 줄었다.

선지식의 바른 지도와 참선 수행을 통해 나는 종교의 본질은 설명이 아닌 체험에 있음을 이해하게 되었다. 모든 종교가 공통적으로 이야기하는 〈언어의 한계〉를 공감한다면, 한 번쯤 스스로에게 체험할 수 있는 기회를 주라고 권하고 싶다. 이것이 자기 자신을 다시 보고 삶을 근본적으로 변화시키는 중요한 계기가 될 수 있기 때문이다.

나는 여전히 교회나 절에 나가지는 않으며, 가끔 하는 참선 이외에는 따로 기도도 하지 않는다. 종교의 핵심이 교단이나 경전, 계율에 있다고 보지는 않기 때문이다. 오히려 바른 가르침과 좋은 스승을 통해 만나는 직접적인 체험이 중요하다고 믿는다. 앞으로도 특정 종교를 따르기보다는 영적인 삶을 살 것이다. 그간의 공부와 개인적인 체험을 통해 건강한 영적 생활은 적어도 다음에 설명할 두 가지의 실천을 포함한다는 것을 알게 되었다.

다른 종교 공부하기

하나의 종교적 진리는 마치 코끼리의 부분만 만진 장님들처럼 제한적일 수밖에 없다. 그러므로 종교인들은 장님들이 만나서 서로의 체험을 공유하듯이 다른 종교와 소통하고 나누려는 자세가 필요하다. 타 종교에 대해 순수한 관심을 가짐으로써, 모든 종교의 중심에 있는 보편적 진리를 확인할 수 있기 때문이다. 이런 입장의 변화를 종교 철학자 존 힉John Hick은 천문학의 용어를 활용해서 설명한다. 해와 달과 모든 별들이 지구를 중심으로 돌듯 이웃 종교들이 내 종교를 중심으로 돌고 있다고 믿던 〈천동설〉의 시각을 청산하고, 지구가 다른 행성과 마찬가지로 태양을 중심으로 돌고 있는 것처럼 나의 종교를 포함한 모든 종교가 진리의 태양을 중심으로 운행하는 것을 인정하는 〈지동설〉의 시각을 견지해야 한다는 것이다. 우리가 궁극적으로 알고자 하는 것은 태양이다. 그러려면 지구뿐만 아니라 다른 행성에서 본 태양의 모습을 비교해 봐야 한다.

전환기 동안 자신에게 익숙한 종교에서 벗어나 다른 종교에 관해 배워 보자. 혹시 내 종교에 대한 배움이 아직 깊지 않은데 타 종교를 기웃거리는 것이 못내 불편하다면, 여러 종교를 비교하여 그들의 공통점과 차이를 밝혀 둔 비교종교학의 고전들을 읽어 보는 것도 좋은 방법이다. 카렌 암스트롱과 조지프 캠벨, 오강남 등의 책은 비교적 읽기 쉬우면서도 균형이 잘 잡혀 있다. 만약 비교종교학을 공부하는 것이 어렵거나 불편하다면 적어도 〈내 종교를 다른 시각에서 접근〉하는 사람들의 이야기를 읽어 보라. 예컨대 종교의 심층을 소개하는 책, 종교의 문자 중심주의를 비판하는 책, 신화학적 관점에 대한 책을 읽어 보는 것이다.

진리는 심오하면서도 보편적이다. 다양한 각도에서 입체적으로 살펴볼 때 진리는 더욱 명료해지고 믿음은 더 굳건해진다. 한 면에 초점을 맞춘 시선에서 여러 관점으로 옮겨감으로써 지금껏 당연하게 여겨 온 것을 재평가하고 재검토할 수 있다. 건강한 종교 생활의 핵심은 다양한 관점에서 두루 살펴보는 것이며, 호기심을 가지고 질문을 멈추지 않는 것이다.

예컨대 간디가 처음부터 모든 종교에 열려 있었던 것은 아니다. 그는 젊은 시절 기독교에 반감을 가지고 있었다. 학창 시절 학교 근처에서 만난 기독교 선교사들이 힌두교에 비난을 퍼붓기 일쑤였기 때문이다. 그는 그것을 견딜 수 없어 〈기독교 혐오증〉을 가졌었다고 고백했다. 그럼에도 간디가 종교 연구를 시작했을 때 가장 먼저 배우려 했던 것이 기독교였음에 주목할 필요가 있다. 그가 가장 많은 시간과 노력을 기울여 이해하려고 했던 종교 역시 기독교였다.

종교학의 창시자로 불리는 막스 뮐러Max Müller는 〈하나의 종교만 아는 사람은 아무 종교도 모르는 것〉이라고 말한다. 좋고 나쁘다는 것은 다른 것과의 비교 속에서 알게 되는 것인데, 하나만 알고서 그것이 좋은지 나쁜지 어찌 알겠냐는 것이다. 가장 위험한 것은 〈무조건 덮어 놓고 믿어야 진실한 믿음〉이라는 식의 맹신이다. 그래서 『의식혁명』의 저자 데이비드 호킨스David R. Hawkins는 〈진리 대신 종교를 숭배하는 것이 가장 명백하고 위험한 오류〉라고 강조한다. 맹신은 충실한 탐구와 실험, 수행을 가로막는다는 데 그 심각성이 있다. 은연 중에 종교적 맹목을 용인하고 맹신을 강요하는 교단이야말로 진리에서 얼마나 멀리 떨어져 있는지를 스스로 증명하고 있는 셈이다. 다른 종교에 닫혀 있는 종교인은 그만큼 진리에도 닫혀 있다. 이전에 나를 가려 왔던 작은 체험과 좁은 시야에서 벗어나 자신을 열어 놓는 것, 이것이야말로 전정한 구도의 길이다.

명상, 듣기 위한 기도

동서고금을 막론하고 모든 종교는 기도를 신앙 생활의 한 기둥으로 강조한다. 그래서 많은 종교인들은 기도로 하루를 시작하고 수시로 기도하며, 중요한 순간 역시 기도와 함께한다. 종교에 표층과 심층이 있듯이 기도에도 수준이 있다. 건강한 기도는 자신이 바라는 것들을 줄줄 말하는 것이 아닌, 내면 깊은 곳에서 울리는 신의 음성을 듣기 위한 것이다.

가장 미성숙한 기도는 〈복을 비는 것〉, 즉 신에게 올리는 일종의 청원서다. 이런 기도를 올리는 사람들은 이것이 종교가 가르치는 것과 거리가 멀다는 것을 모르는 경우가 많다. 예컨대 절에서 기도를 올리는 많은 불자들은 부처의 핵심 사상이 〈무아〉임을 머리로는 알고 있다. 그런데도 그분 앞에 나아가 〈내가〉 무엇을 원하는지 끊임없이 되뇌이고 있으니, 대단한 모순이 아닐 수 없다. 나의 복을 비는 행위는 결국 〈나〉라는 경계선을 두텁게 하며 더욱 자기중심적이 되게 한다. 오히려 종교의 본질에 역행하는 행위다.

성숙한 기도는 말하는 기도가 아닌 〈듣는 기도〉다. 나의 뜻을 비우고 신의 뜻에 주파수를 맞추는 것이다. 이런 기도는 묵상과 명상, 참선과 같은 것이다. 명상은 위대한 성인들의 삶에서 핵심적인 부분을 차지하며, 동서고금의 모든 대종교는 공통적으로 명상을 강조한다. 불교의 참선이나 위빠사나vipassanā, 유학의 정좌, 기독교의 묵상 모두 본질적으로 〈고요한 마음, 몰입, 비움〉을 강조하고 있다.

명상은 작은 나를 비워서 큰 나가 드러나도록 하는 것이다. 이것은 시시각각 밖으로 향하는 마음을 돌이켜 안으로 몰입하는 과정이므로, 자연스럽게 마음을 정화하고 육체적으로도 휴식을 주어 건강을 돌보는 효과가 있다. 그러나 스트레스 완화나 질병의 치유는 부수적인 결과물일 뿐이다. 명상의 본래 목적이 정신을 내면에 집중하여 자아에서 해방되는 것임을 잊어서는 안 된다.

명상을 다루는 책이나 프로그램은 많다. 검증된 몇 가지를 접해 보고 본인에게 가장 편안한 방법으로 시작해 보자. 다만 지나치게 형식이나 자세에 집착하거나, 명상 후 얻게 되는 이익을 강조하는 곳은 피하는 것이 좋다. 명상은 그 과정 자체로 기쁨을 주는 활동이지, 결과를 얻기 위한 숙제 같은 것이 되어서는 곤란하다.

덴마크의 철학자 키르케고르는 기도에 대해 이렇게 말했다. 〈우리가 기도할 때 처음에는 기도가 말하는 것인 줄로 생각한다. 그러나 점점 더 그윽한 경지에 이르면 결국에 가서는 기도가 듣는 것임을 깨닫게 된다.〉 성철(性徹) 스님은 자신을 찾아오는 사람에게 먼저 3천 배를 하고 오도록 했다. 그러나 거의 10시간이 걸려 3천 배를 마친 사람들 중에 스님을 만나지 않고 돌아가는 이들이 적지 않았다. 절을 하는 중에 자신이 처한 난관의 의미와 극복할 힘이 자신에게 있음을 자각한 것이다.

이것이 기도와 명상이 전환기에 삶의 목소리를 들려주는 좋은 통로
가 되는 이유다. 명상은 정신을 한곳에 집중하고 의식을 확장함으로써
작은 내가 내는 목소리(자아)를 잠재우고 삶의 이야기를 듣는 행위에
다름 아니다. 껍데기 나에서 벗어나 〈참 나〉와 하나가 됨으로써 우리는
삶이 우리에게 요구하는 것들을 분명하게 인지하고 행동할 수 있다.

전환 도구 8

스승

사람은 사람으로 바뀐다

스승과 제자의 관계에서 가장 본질적인 가르침의 원천은 스승의 존재 자체다.
배우는 시간이나 가르치는 교실 때문이 아니라
스승의 존재 자체가 제자를 배우고 성장시킨다.
위대한 스승은 제자에게 〈무엇을〉, 〈어떻게〉 전수할 것인지에 머물지 않는다.
거기서 더 나아가 제자에게 〈거울〉과 〈등대〉 역할을 한다.
거울이 되어 제자의 잠재력을 비추고,
삶의 방향을 찾는 데 필요한 등대가 된다.

워런 버핏,
자신의 영웅을 찾아 그 어깨 위에 올라서다

열한 살의 한 소년이 동네 친구에게 서른다섯 살에 백만장자가 되겠다고 선언하듯 말했다. 물론 소년의 말은 허황되게 들렸다. 더욱이 당시(1941년) 미국 경제는 불황으로 좋지 않았다. 하지만 소년의 생각은 달랐다. 얼마 전 읽은 책에서 배운 복리(複利) 개념에 따르면 적은 돈도 일정한 비율로 반복해서 늘려 나가면 큰돈으로 불릴 수 있었다.

십 년 후 소년은 스무 살 청년이 되어 네브래스카 대학을 조기 졸업했다. 그리고 같은 해 여름 하버드 경영대학원에 지원했다. 하버드가 똑똑한 자신을 놓치지 않으리라 자신했다. 그가 하버드에 지원한 이유는 간단했다. 하버드 출신이라는 배경과 훗날 써먹을 만한 인맥을 확보하기 위해서였다. 그런데 지원 면접에서 퇴짜를 맞았다. 하버드 경영대학원의 선발 원칙에 맞지 않다는 게 낙방 사유였다. 먼저 어린 나이가 문제가 되었다. 그는 고등학교와 대학교를 각각 6개월과 1년 일찍 졸업해서 평균적인 대학교 졸업생보다 두 살이 적었고, 경영대학원 지원자들에 비하면 훨씬 더 어렸다. 두 번째로 그는 하버드의 교육 방향과 어울리지 않았다. 하버드는 〈지도자〉를 육성하는 데 초점을 둔 반면에 이 젊은이의 지원 목적은 대놓고 밝히지는 않았지만 하버드라는 명성과 인맥 형성이었고 장래 희망은 투자 〈전문가〉가 되는 것이었다. 하버드의 면접관은 소년처럼 보이는 청년에게 몇 년 후에 다시 지원하면 좋겠다고 충고했다. 뽑지 않겠다는 뜻의 완곡어법이었다. 청년은 크게 실망했다.

하버드 낙방 후 그는 다른 대학원을 알아보던 중에 컬럼비아 대학의 소개 책자를 보게 되었다. 두 사람의 이름이 눈에 띄었다. 벤저민 그레이엄Benjamin Graham과 데이비드 도드David L. Dodd. 어린 시절 청년은 두 사람이 함께 쓴 『증권 분석』을 읽은 적이 있었다. 불과 몇 달 전에는 벤저민 그레이엄의 저서 『현명한 투자자』를 읽고 감명을 받기도 했다. 청년의 지인에 따르면 그는 이 책을 읽고 〈마치 신을 찾아낸 것〉처럼 열광했다. 이제 그에게 새로운 목표가 생겼다. 컬럼비아 대학으로 가서 그레이엄과 도드에게 배우고 싶었다. 특히 자신이 숭앙해 온 가치투자 Value Investing의 대가 그레이엄의 제자가 되고 싶다는 열망이 컸다.

그런데 문제가 있었다. 당시는 컬럼비아 대학원의 지원 마감일이 이미 지난 상태였다. 한 달 후면 수업이 시작될 터였다. 맥 없이 포기할 수 없었던 그는 두 사람을 존경하는 마음을 담아 지원서를 작성했다. 다행히 지원서는 경영대학원의 재무학과 학과장으로 입학 결정권을 가진 도드의 손에 들어갔다. 일반적인 지원서와 달리 사적인 내용을 담은 지원서가 효과가 있었는지 도드는 마감 시한을 넘기고 면접도 보지 않은 지원자를 합격시켰다. 합격 이유 가운데 하나는, 하버드와 달리 도드와 그레이엄의 선발 기준이 사회 지도자가 아닌 투자 전문가 양성이었다는 점이다.

이쯤되면 이 젊은이가 누구인지 감이 올 것이다. 그렇다. 세계 최고의 가치투자가 워런 버핏Warren Buffett이다. 컬럼비아 경영대학원에 입

워런 버핏

학한 버핏은 그토록 고대하던 가치투자의 거장 벤저민 그레이엄을 만났다. 과연 명불허전이었다. 그는 그레이엄의 수업에 푹 빠졌다. 스승의 『증권 분석』과 『현명한 투자자』를 외울 정도로 반복해서 읽고, 수업중에 그레이엄이 질문을 던질 때마다 거의 매번 가장 먼저 손을 들었다. 버핏은 그레이엄의 학생들 가운데 나이가 가장 적고 성격적으로 미숙한 축에 속했지만, 아는 것은 가장 많았고 스승을 향한 존경심은 무르익어 있었다. 스승을 〈숭배〉한 그는 학점을 낮게 주기로 유명한 그레이엄이 가르친 모든 과목에서 A⁺를 받았다. 이런 성적은 그레이엄이 가르친 학생 가운데 버핏이 유일했다. 그레이엄의 수제자가 된 것이다.

버핏은 스승의 책과 강의뿐만 아니라 그의 모든 것이 궁금했다. 그래서 스승을 폭넓게 연구했다. 그레이엄의 투자법과 저서, 강의 방식, 투자하는 기업, 그리고 그에 대해 찾아낼 수 있는 온갖 정보를 수집했다. 일례로 버핏은 스승에 관해 탐구하던 중에 그레이엄이 보험회사 가이코GEICO의 회장이라는 사실을 알게 되었다. 스승이 회장인 회사를 직접 보고 싶은 마음에 1951년 초 워싱턴에 위치한 가이코 본사를 찾아가서 경비가 열어 줄 때까지 문을 두드렸다. 이런 열정 덕분에 회사의 고위 임원을 만나 회사에 관한 설명을 듣고 스승에게 배운 방법으로 가이코를 분석하고 이 회사에 투자했다. 그레이엄이 가르친 많은 학생 가운데 그를 이렇게 집중적으로 연구한 사람은 아무도 없었다.

버핏은 스승에게 학교에서만 배우는 것으로 만족할 수 없었다. 스승과 함께 일하고 싶었다. 그레이엄은 동료인 제리 뉴먼Jerry Newman과 함께 투자 회사 그레이엄-뉴먼을 운영하고 있었다. 버핏은 이 회사에 들어가 스승과 함께 일하는 자신을 상상하곤 했다. 마침내 그는 경영대학원을 졸업할 즈음 그레이엄에게 스승의 회사에서 무보수로 일하고 싶다는 제안을 했다. 돈 계산에 있어서 유별날 정도로 치밀한 버핏으로서는 어느 누구에게도 하지 않을 제안이었다. 그가 얼마나 그레이엄과 일하고 싶어했는지 알 수 있는 대목이다. 하지만 스승은 유대인 채용 원칙을 들어 거절했다. 유대인인 그레이엄은 인종차별로 인해 금융권 취업이 어려운 유대인들에게 일자리를 제공하기 위해 자신의 회사에서는 유대인만 채용한다는 원칙을 가지고 있었다. 버핏은 이 원칙을 이미 알고 있었고 스승의 설명도 이해했지만 실망감이 드는 건 어쩔 수 없었다. 〈그레이엄의 스타 학생〉인 자신은 예외로 해주지 않을까 했던 기대는 수포로 돌아갔다.

1951년 버핏은 경영대학원을 졸업하고 고향 오마하로 돌아왔다. 얼마 안 있어 아버지의 주식 중개 회사에서 일자리를 얻었다. 그는 주식 중개인으로 일하며 조금씩 성과를 냈지만 초기에는 시행착오를 여러 번 겪었다. 한 번은 주식 중개 외에 개인 투자 목적으로 주유소를 매입했다가 운영에 애를 먹으며 자신의 순자산의 20퍼센트를 잃었다. 주식 중개 일에서는 버핏의 어린 나이가 발목을 잡았다. 나이가 워낙 적다 보니 고객들이 못 미더워했다. 게다가 그의 외모는 나이에 비해 더 어려 보였다. 그가 어떤 주식을 소개하면 고객들은 베테랑 주식 중개인인 그의 아버지가 이 주식을 어떻게 생각하는지부터 물었다. 버핏은 이런 상황에 어떻게 대처해야 하는지 잘 몰랐다. 출중한 지식과 투자 기술로 무장했지만 영업 기술과 인간관계 경험은 부족했던 탓이다.

버핏에게는 몇 가지 약점이 있었는데 그 가운데 하나가 부족한 소통 능력이었다. 그는 낯을 많이 가려서 사람들 앞에 나서기를 꺼렸다. 이런 단점을 극복하기 위해 데일 카네기Dale Carnegie의 커뮤니케이션 강좌를 신청했다. 수강료는 100달러로 당시로서는 꽤 비쌌다. 사실 이전에도 같은 강좌를 신청하려다가 포기한 적이 있었다. 이번에는 달랐다. 훈련에 임하는 동기가 확실했다. 주식 중개인으로 고객을 만나고, 투자 관련 강의를 하기 위해서는 커뮤니케이션 능력을 키워야 했다. 또한 마음에 두고 있던 여성과 자연스럽게 대화를 나누고 데이트도 하고 싶었다. 목표가 분명했던 버핏은 카네기 강좌에 열심히 참여했다. 강사가 시키는 대로 연습하고 또 연습했다. 훗날 그의 커뮤니케이션 능력이 많은 사람들에게 영감을 줄 정도로 좋아진 데는 카네기 강좌가 적지 않은 영향을 미쳤다. 버핏 자신도 카네기 강좌는 〈내가 여태까지 받았던 그 어떤 학위보다 중요한 학습 과정이었다〉고 말했다.

우여곡절을 겪기는 했지만 1년여의 적응기를 거치며 버핏은 능력 있는 주식 중개인으로 이름이 알려지기 시작했다. 이 무렵부터 그는 네브래스카 대학에서 일반인들을 대상으로 〈투자 원리〉 강의를 시작했는데, 어린 나이 탓에 수업 초기에는 사람들이 그를 얕잡아 보곤 했다. 그러나 이내 버핏은 다양한 실전 투자 경험과 스승에게 배운 투자 이론,

역시 스승에게 배운 강의 기법을 동원해 〈간결하고 재미있고 실속 있는 강의〉라는 평판을 얻었다. 강의 경험이 쌓일수록 강사로서의 존재감은 커지고 수강생들의 반응도 좋아졌다.

버핏은 주식 중개와 투자 강의를 하며 그레이엄의 책을 다시 정독했다. 책을 읽을수록 스승이 자신에게 얼마나 많은 영향을 미쳤는지 확인할 수 있었다. 하지만 열심히 일할수록 주식 중개인의 현실에 회의감이 커졌다. 주식 중개인은 주식을 팔아 수수료를 받는 구조였으므로 돈을 벌려면 좋은 주식을 발굴해서 소개하기보다는 어떤 주식이든 일단 많이 팔아야 했다. 그래서 고객과 이해 관계가 충돌하는 경우가 적지 않았다. 더욱이 스승에게 배운 기업의 실제 가치(내재 가치)와 장기 투자를 중시하는 투자 원칙을 실천에 옮기는 것도 요원해 보였다. 시간이 지날수록 주식 중개인이 아닌 전문 투자가가 되고 싶다는 열망이 커졌다. 자신도 스승처럼 숨겨진 보석 같은 주식을 찾아내는 일을 마음껏 해보고 싶었다. 그는 오마하에서 일하는 중간중간에 그레이엄에게 연락을 해서 함께 일하고 싶다는 의사를 계속 밝혔지만 스승은 여전히 고개를 저었다.

주식 중개인으로 일한 지 1년이 지날 무렵 버핏은 카네기 강좌를 신청할 때 세웠던 목표 하나를 이루었다. 1952년 4월 이상형으로 마음에 두고 있던 여성 수잔 톰슨과 결혼한 것이다. 다음 해 딸 수잔 앨리스 버핏이 태어났다. 동시에 업무 실적도 좋아져서 일에 대한 회의감에도 불구하고 유능한 주식 중개인으로 자리를 잡았다.

1954년 7월 드디어 고대하던 소식이 그에게 날아들었다. 그레이엄으로부터 함께 일하자는 연락이 온 것이다. 버핏은 연봉이나 근무 조건은 물어보지도 않고 바로 승낙했다. 그것도 모자라 정식 출근일보다 한

위런 버핏의 스승 벤저민 그레이엄. 그레이엄은 버핏을 가치투자의 세계로 인도하고 훌륭한 투자가의 모범을 보여 주었다.

달 먼저 출근했다. 조금이라도 빨리 존경하는 스승과 함께 일하고 싶었기 때문이다. 그는 같은 해 12월 아들이 태어나자 아들의 이름을 하워드 그레이엄 버핏이라고 지었다. 아들의 중간 이름에 스승의 이름을 넣은 것이다. 그가 스승을 얼마나 존경했는지 짐작할 수 있다. 수십 년이 흐른 후 버핏은 자신의 스승을 다음과 같이 회고했다.

> 나에게 벤저민 그레이엄은 스승이자 고용주이자 친구였다. 각각의 관계에서 한계가 없고 조건도 없는 아이디어, 시간, 마음에 대한 관대함이 있었다. 명확한 사고가 필요할 때 그만큼 좋은 상대가 없었다. 격려나 자문이 필요하면 거기에 그가 있었다.[101]

버핏은 그레이엄과 일하며 투자 이론뿐만 아니라 실무도 배웠다.『증권 분석』과『현명한 투자자』를 탐독했던 버핏이 스승으로부터 실전 가치투자법까지 전수받은 것이다. 그는 그레이엄과 일하는 동안에도 일반인들을 위한 투자 강의를 계속 진행했다. 투자 강의를 준비하면서 투자 이론과 실전 경험을 복습하고 체계적으로 정리할 수 있었다. 무엇보다 버핏은 그레이엄과 함께 일하며 높은 수익률이 예상되는 곳에 자본을 위치시키는 자본 배분 기술 등과 같은 스승의 핵심 기술을 체득했다. 또한 향후 오랫동안 그의 투자 활동의 기반이 되는 투자 원칙들, 예컨대 〈주식은 한 기업의 작은 조각을 소유할 수 있는 권리이다, 안전 마진margin of safety을 활용하라, 미스터 마켓Mr. Market은 당신의 하인이지 주인이 아니다〉 등 중요한 원칙을 세웠다.

그레이엄의 회사에서 버핏은 일반적인 투자 업무 외에도 국제 증권 및 외환 시장에 투자하는 일을 하며 식견을 넓혀 나갔다. 오래지 않아 그는 투자 잠재력을 발휘하며 눈부신 활약을 거듭했다. 스승의 수업에서 〈스타 학생〉이었던 그가 스승의 회사에서도 〈스타 직원〉이 된 것이다. 입사한 지 1년여가 지날 무렵부터 그레이엄은 그를 제자나 직원이 아닌 〈잠재적 동업자〉로 여기기 시작했다. 회사 사람들은 이구동성으로 버핏을 그레이엄의 〈황태자〉로 꼽았다. 이런 평가가 과장이 아니었음은 1956년 봄 예순두 살의 그레이엄이 투자 세계에서 은퇴하기로 결심하고 버핏에게 자신의 회사를 맡아 줄 것을 제안한 데서 확인할 수 있다. 그레이엄은 동업자인 뉴먼도 그와 함께 은퇴할 예정이어서 뉴먼의 아들과 버핏이 함께 회사를 운영해 주기를 바랐다. 공들여 키운 회사를 아무에게나 맡기는 사람은 없다. 이는 스승이 제자를 확실히 인정했음을 의미했다. 하지만 버핏은 심사숙고 끝에 스승의 제안을 거절했다. 한 가지 이유 때문이었다. 〈위대한 스승〉 그레이엄과 함께 일할 수 없다면 이 회사에서 일하는 건 의미가 없었다. 아무리 공동 경영자더라도 스승이 아닌 다른 누군가와 함께 일하고 싶지 않았다.

약 2년 동안 스승에게 배울 것은 이미 다 배운 버핏이었다. 가치투자의 이론과 실무는 물론이고 투자 조합을 운영하는 방식에 관한 영감도 받았다. 그동안 스승에게 배우는 한편으로 독학으로 자기 고유의 투자 방식에 대해서도 고민해 온 터였다. 투자가로 성장함에 따라 버핏의 투자 전략은 그레이엄과 조금씩 달라졌다. 예컨대 그레이엄은 분산 투자를 엄격하게 지키는 데 비해 버핏은 충분히 저평가된 회사라면 〈많은 달걀을 한 바구니에 담는〉 집중 투자가 분산 투자보다 수익성이 더 높을 수 있다고 봤다. 또한 그레이엄은 투자를 결정할 때 최고 경영진보다는 기업의 경영 상태를 보여 주는 수치와 통계를 주요 기준으로 삼았던 반면, 버핏은 최고 경영진의 능력을 중요하게 봤다. 투자에 있어 그레이엄이 기업에 관한 정량적 분석을 중시한 데 비해 버핏은 정량적 분석에 더해 경영진의 능력처럼 정성(定性)적 요인을 함께 고려했다. 이렇게 버핏이 자신의 투자 방식을 하나둘 만들어 간다는 건 스승을 떠날 때가 되었음을 시사했다.

1956년 버핏은 스승의 제안을 거절하고 오마하로 돌아와 자신의 첫 투자 조합 버핏 어소시에이츠Buffett Associates를 설립했다. 투자 조합을 만드는 데 그레이엄-뉴먼에서 일한 경험이 도움이 되었고, 사실 투자 조합이라는 아이디어도 그레이엄에게서 얻은 것이었다. 최초의 조합원은 7명으로 모두가 가족 또는 가까운 지인이었다. 출자금은 10만 5천 달러, 자신이 사는 집의 방 하나를 사무실로 삼았다. 이로써 버핏은 더 이상 증권을 파는 일이 아니라 사람들의 돈을 직접 맡아 운용하는 일을 하게 되었다. 드디어 주식 중개인이나 투자 회사의 직원이 아닌 자신의 투자 조합을 보유한 전문 투자가가 된 것이다. 버핏 투자 조합의 첫

해 수익률은 10퍼센트였다. 평범한 성적 같지만 당시 다우존스 산업평균지수가 같은 기간 동안 8퍼센트 떨어졌음을 감안하면 꽤 좋은 성과였다. 투자 조합의 수익이 커짐에 따라 버핏의 자산도 점점 늘어났다. 그는 수익을 조합원에게 분배하거나 딴 데 쓰지 않고 계속 재투자했다. 어릴 적 배운 복리 원칙을 주식 투자에도 적용한 것이다. 이후 버핏이 이룬 성과를 한 문장으로 요약하면 이렇다. 〈1956년 그에게 투자금으로 1만 달러를 맡긴 사람은 오늘날 세금을 떼고 4억 달러가 넘는 자산가가 되어 있을 것이다.〉

스무 살 무렵 9,800달러였던 버핏의 자산은 스물여섯 살에는 15만 달러로 증가했고, 어릴 적 목표였던 백만장자의 꿈은 1962년, 그의 나이 서른두 살에 달성했다. 원래 계획보다 3년 빨리 이룬 셈이다. 물론 그사이에 버핏의 목표는 더 거대해졌다. 백만 달러라는 돈은 이제 잘 뭉쳐지는 큰 눈뭉치가 될 터였다. 50년이 지난 후 이 눈뭉치는 세상에서 가장 큰 것이 되었고, 이 눈덩어리를 굴린 사람은 20세기 가장 탁월한 투자가가 되었다. 그리고 2006년 6월 그는 이 거대한 눈덩어리를 세상 사람들을 위해 사용하기로 결심했다. 〈눈 굴리는 사람〉에서 〈눈을 나눠 주는 사람〉으로 변신한 것이다. 빌 앤드 멜린다 게이츠 재단Bill & Melinda Gates Foundation을 중심으로 몇몇 공익 재단에 재산의 85퍼센트에 해당하는 370억 달러를 기부하기로 결정함으로써 〈나는 돈을 원하는 것이 아니다. 내가 원하는 것은 돈의 원리를 터득하는 것과 돈을 버는 재미, 그리고 돈이 불어나는 것을 지켜보는 것〉이라는 자신의 철학을 증명해 보였다.

황상,
평생의 스승과 함께 삶의 새 지평을 열다

1802년 10월 초 다산 정약용(茶山 丁若鏞)은 유배 생활 중에 마을 사람들로부터 자식들을 가르쳐 달라는 부탁을 받았다. 사학(邪學)을 접했다는 죄로 전라남도 강진으로 유배 온 지 1년이 지나는 시점이었다. 그렇지 않아도 적적했던 다산은 자신이 머물던 주막집 방에 작은 서당을 열었다.

10월 10일 한 소년이 서당을 찾아왔다. 일주일을 두고 보니 소년의 성실함과 재능이 눈에 띄었다. 다산은 소년을 따로 불러 공부에 매진할 것을 권했다. 그리고 그날 나눈 대화를 잊지 말라는 뜻으로 그 내용을 친필로 적어 주었다. 그때 소년의 나이는 열다섯, 다산의 나이는 마흔한 살이었다. 다산이 소년에게 적어 준 글은 다음과 같다.

내가 황상에게 문사를 공부하라고 권했다. 그는 쭈뼛쭈뼛하더니 부끄러운 빛으로 사양하며 이렇게 말했다. 「선생님! 제가 세 가지 병통이 있습니다. 첫째는 너무 둔하고, 둘째는 앞뒤가 꽉 막혔으며, 셋째는 답답한 것입니다.」

내가 말했다. 「배우는 사람에게 큰 병통이 세 가지 있다. 네게는 그것이 없구나. 첫째 외우는 데 민첩한 사람은 소홀한 것이 문제다. 둘째, 글 짓는 것이 날래면 글이 들떠 날리는 게 병통이지. 셋째, 깨달음이 재빠르면 거친 것이 폐단이다. 대저 둔한데도 계속 천착하는 사람은 구멍이 넓게 되고, 막혔다가 뚫리면 그 흐름이 성대해진단다. 답답한데도 꾸준히 연마하는 사람은 그 빛이 반짝반짝하게 된다. 천착은 어떻게 해야 할까? 부지런히(勤) 해야 한다. 뚫는 것은 어찌하나? 부지런히(勤) 해야 한다. 연마하는 것은 어떻게 할까? 부지런히(勤) 해야 한다. 네가 어떤 자세로 부지런히 해야 할까? 마음을 확고하게 다잡아야 한다.」[102]

다산에게서 진지하게 공부해 보라는 권유와 함께 〈부지런하고 부지런하고 부지런하라〉는 가르침을 받은 소년은 강진의 아전(衙前: 조선시대 중앙과 지방의 각 관청에 근무하던 하급 관리)이었던 황인담(黃仁聃)의 맏아들 황상(黃裳)이다. 황상은 자신의 잠재력을 알아준 스승에게 감동했다. 스승이 종이에 직접 써준 가르침을 〈삼근계(三勤戒)〉라 부르며 평생 동안 소중히 간직했다. 〈마음을 다잡아 부지런하라〉는 스승의 가르침을 돌처럼 지키고 강물이 바다를 향하듯 따랐다.

다산은 황상을 진심으로 가르쳤다. 스승은 제자의 잠재력을 알아보고 문사(文史)를 공부할 것을 권했다. 특히 시에 남다른 재능이 있음을 간파하고 시문(詩文)에 집중하도록 이끌었다. 제자가 시를 써서 제출하게 하고 손수 점검하고 조언을 해주었으며 책을 추천해 주고 초서(抄書)를 비롯해 공부하는 방법을 일러 주었다. 다산은 책의 내용 가운데 필요한 부분을 뽑아서 기록하는 초서를 공부의 바탕을 다지는 기본이자 책을 쓰는 방법으로 삼았다. 황상은 다산의 가르침에 성실로 답했다. 스승에게 배운 초서를 평생 동안 실천하여 일흔이 넘은 나이에도 초서에 몰두했다.

다산은 종종 제자의 눈높이에 맞춰 스스로 답을 찾게끔 과제를 부여했다. 가령 1805년 봄 황상에게 4월 한달 동안 매일 한 수씩 총 30수의 과부(科賦)를 지으라는 과제를 주었다. 매우 도전적인 과제였다. 과부는 과거시험을 치를 때 짓는 글로서, 부(賦)는 〈사물을 체득하고 관찰해서 감정과 사상을 아름다운 문장으로 표현하는〉 문학의 체제 가운데 하나다. 좋은 부를 짓기 위해서는 풍부한 어휘력과 이야기를 함축하는 능력, 사물을 면밀히 파악하는 안목을 겸비해야 한다. 이런 종합적 역량이 필요했기 때문에 〈부〉는 과거시험의 주요 과목이었다. 다산은 제자를 시인으로 키우는 동시에 과거시험을 통해 더 큰 세상으로 나아갈 수 있는 문을 열어 주고 싶었다. 황상은 스승의 지시대로 하루도 빼먹지 않고 매일 부를 지었다. 4월 5일과 6일에는 두 편씩 짓기도 했다. 1805년 4월이면 황상이 다산의 제자가 된 지 2년 반이 지날 무렵이다. 황상의 열정과 실력이 커져감이 이러했다.

스승은 제자에게 두보(杜甫)와 한유(韓愈), 소동파(蘇東波), 육유(陸遊) 등 네 명의 시인을 철저하게 연구하라는 식으로 구체적인 가이드라인을 제시하기도 했다. 황상은 수십 년 동안 다산의 시와 함께 네 명의 시인을 사숙(私淑)하며 자신의 시적 개성을 형성해 나갔다. 훗날 황상의 시가 다산을 비롯한 다섯 시인을 따르는 듯하면서도 독창적인 경지에 올랐다는 평가를 받은 것은 우연이 아니다.

다산은 쓸쓸한 유배지에서 만난 많은 제자들 중에서도 황상을 아들처럼 아꼈다. 날씨가 좋은 날이면 제자를 데리고 근처 풍경 좋은 곳으로 소풍을 가곤 했다. 두 사람은 마실을 나가서도 시를 지었다. 다산은 자신의 맏아들 정학연(丁學淵)이 유배지로 찾아왔을 때 황상을 불러 함께 공부하며 사귀도록 했다. 두 사람의 사귐은 다산이 세상을 떠난 후에도 이어져 나중에는 서로를 가족으로 여길 정도가 되었다. 황상이 열일곱 살 무렵 학질(瘧疾: 말라리아)에 걸려 몸이 아플 때 다산은 소식을 듣고 안부 편지를 보내고 며칠 후에는 학질이 없어지기를 바라는 마음을 담아 「절학가(截瘧歌)」를 지어 주었다. 또 황상이 평생 동안 즐겨 사용한 치원(巵園)이라는 호를 지어 주고, 황상의 아들이 태어나자 손수 이름을 지어 주며 〈네 아들은 내 손자〉라고 기뻐할 정도로 제자를 사랑했다. 황상의 아버지가 세상을 떠났을 때 추도사를 써준 사람도 다산이었다.

황상이 스승으로부터 받기만 한 것은 아니었다. 다산은 유배가 풀려 고향으로 돌아가기 직전에 제자들과 함께 서로를 잊지 말자는 뜻으로 다신계(茶神契)를 맺고, 「다신계절목(茶神契節目)」을 적었다. 이 글에서 처음 강진으로 유배 와서 매우 힘들었던 시절 곁을 지켜 준 사람으로 황상을 비롯해 네 사람을 꼽으며, 〈읍내 사람은 더불어 우환을 함께한 이들이고, 다산초당의 여러 사람들은 오히려 조금 편안해진 뒤에 서로 알게 된 이들이다. 어찌 읍내 사람과 같겠는가?〉라는 말로 각별한 마음을 표했다. 실제로 황상은 다산의 유배 초기 곁에서 번거로운 일들을 처리하는 데 도움을 주었다. 이를테면 자주 몸이 아팠던 다산을 위해 약방 심부름이나 약재 구하는 일에 정성을 다했다.

스승 곁에서 황상의 실력은 나날이 성장했다. 다산이라는 훌륭한 스승과 시라는 전문 분야, 그리고 황상의 재능과 성실함이 결합한 결실이었다. 특히 스승이 예견했듯이 시에서 큰 성취를 보였다. 그런 황상을 보며 다산은 〈제자 중에서 너를 얻은 것을 다행으로 여겨 기뻐한다〉며

작자 미상, 「다산 정약용 선생 초상」.

자랑스러워했다. 그렇다고 다산이 칭찬만 했던 것은 아니다. 제자가 공부를 게을리하면 무섭게 혼내기도 했다. 예를 들어 1805년 황상은 결혼을 하고부터 공부에 임하는 모양이 전과 같지 않았다. 성실하던 태도에 틈이 벌어지고 게으른 기색을 보였다. 다산은 편지를 보내 크게 나무랐다.

네 말씨와 외모, 행동을 보니 점점 태만해져서, 규방 가운데서 멋대로 놀며 빠져 지내느라 문학 공부는 어느새 까마득해지고 말았다. (……) 텅 비어 실지가 없으니 소견이 참으로 걱정스럽다. 내가 너를 몹시 아꼈으므로 마음속으로 슬퍼하고 탄식한 것이 오래다. 진실로 능히 마음을 일으켜 세우고 뜻을 고쳐, 내외가 따로 거처하고 마음을 오로지하여 글공부에 힘을 쏟을 수 없다면, 글이 안될 뿐 아니라 병약해져서 오래 살 수도 없을 것이다.[103]

신혼부부에게 잠자리를 따로 하라고 할 정도로 매섭게 말하고 있다. 스승의 불벼락을 맞고 깜짝 놀란 황상은 마음을 다잡고 다시 공부에 몰두했다.

다산이 황상에게 가르쳐 준 것은 공부와 시만이 아니었다. 그는 제자에게 자기답게 살아갈 수 있는 길도 알려 주었으니 바로 〈유인(幽人)〉의 삶이다. 〈어지러운 세상을 피해 조용한 곳에 숨어 사는 사람〉이라는 뜻의 유인은 오래전부터 황상의 내면에 씨앗으로 잠재해 있었다. 그는 이미 1805년 4월에 지은 「제부(霽賦)」라는 작품에서 〈내 생각은 원포(園圃: 과수원과 채소밭)로만 내달리노니 (……) 내 장차 세상 피해 숨어 살리라〉고 노래했다. 씨앗이 움트고 성장하기 위해서는 햇빛과 물이 필요한 법인데 다산이 그 역할을 해주었다.

1805년 겨울 황상은 스승에게 『주역(周易)』을 배우며 유인의 삶을 제대로 알게 되었다. 『주역』에서 이괘(履卦)에 있는 〈밟는 길이 평탄하니, 유인이라야 곧고도 길하다〉는 구절이 그의 가슴을 흔들었다. 푸른 청년의 입에서 유인이라는 단어가 계속 맴돌았다. 스승에게 유인이 어떤 사람인지, 또 유인이 사는 삶이란 구체적으로 어떤 것인지 물었다. 스승은 지극한 마음으로 묻는 제자를 위해 유인의 삶에서 중심을 차지하는 주거 공간을 어떻게 경영해야 하는지 글로 상세히 적어 주었다. 이것이 『제황상유인첩(題黃裳幽人帖)』이다. 이 글에서 다산은 유인에게

황상은 수십 년 동안 깊은 산 속에 자신만의 공간인 〈일속산방〉을 만들어 유인의 삶을 실천했다. 소치 허련, 「일속산방도」, 1853년.

걸맞는 공간의 크고 작은 부분을 그림 그리듯 생생하게 적어 주었다. 이때부터 유인의 삶은 황상의 꿈이 되었다. 그는 열여덟 살에 불과했지만 저 밖 큰 세상으로 나아가기보다는 자신이 원하는 작은 세상 하나를 스스로 창조하리라 마음먹었다. 훗날 황상은 이 꿈을 깊은 산속에 〈일속산방(一粟山房)〉을 조성해 실현했다.

1808년 봄, 스승이 강진 외곽 만덕산 기슭으로 거처를 옮길 즈음 황상의 삶에도 변화가 찾아왔다. 작년에 그의 아버지가 세상을 떠나고 집안 형편이 급격히 나빠진 것이다. 때마침 첫 아이도 태어나서 신경 써야 할 일이 한둘이 아니었다. 황상은 아버지를 대신해 많은 식구들의 생계를 책임져야 했으니, 이전처럼 스승 곁에서 공부에 전념할 수 없었다. 더욱이 다산이 다산초당으로 이주하면서 멀어진 탓에 자주 만날 수 없게 되었다.

황상은 분주한 일상 중에도 꾸준히 시를 짓고 때때로 다산초당으로 스승을 찾아갔지만 이제는 홀로 서야 했다. 스승을 처음 만났을 때 열다섯이었던 소년은 이제 스물한 살의 건장한 청년으로 성장했다. 순박하고 성실했던 소년은 독학에 필요한 마음가짐과 공부법을 습득했다. 시인이 되어 시를 쓸 수 있는 바탕을 갖추고, 사숙해야 할 네 명의 시인을 가슴에 품었으며, 〈시인〉과 함께 〈유인의 삶〉이라는 삶의 방향성도 확립했다.

황상이 스승의 가르침을 얼마나 지극하게 받들었는지 보여 주는 일화가 있다. 그가 소중히 간직해 온 「삼근계」를 적은 종이가 오랜 세월 흐르며 너덜너덜해지자, 이를 본 다산의 맏아들 정학연이 1854년에 그 글을 똑같이 다시 써주었다. 열다섯 살에 스승이 써준 글을 52년 후에 스승의 아들이 다시 작성한 것이다. 그리고 7년 뒤 황상은 「임술기(壬戌記)」라는 글을 썼다. 1802년 임술년에 스승을 처음 만나 가르침을 받고 60년이 지나 다시 임술년을 맞는 감회를 적은 글이다. 이 글에서 그는 열다섯에 받은 가르침을 〈마음에 새기고 뼈에 새겨(銘心鏤骨) 감히 잃을까 염려하였다. 그때부터 지금까지 61년 동안 독서를 그만두고 쟁기를 잡고 있을 때에도 마음에 늘 품고 있었다〉고 말했다.

황상은 스스로 〈이룬 것이 없다〉고 말하곤 했지만 사실은 그렇지 않다. 그는 스승 다산처럼 다재다능한 대학자가 되지는 못했지만 한평생 전념한 시에 있어서는 스승 못지 않은 경지에 올랐다. 실제로 다산은 많은 제자들 중에 최고의 시인으로 주저 없이 황상을 꼽았다. 혹시 이런 평가는 스승의 주관에 치우친 견해는 아닐까? 다른 사람들은 황상의 시를 어떻게 평가했을까?

황상은 관직에 나가지 않고 일생을 고향에서 은거하듯 살았지만 60세를 넘으며 그의 이름이 서울에 퍼지기 시작했다. 같은 시대를 산

명사들이 그의 독창적인 시에 주목한 것이다. 당대 최고의 지성으로 손꼽히는 추사 김정희(秋史 金正喜)는 제주도에서 유배 생활을 하던 중에 황상의 시를 접하고 그 실력을 한눈에 알아보았다. 추사는 그를 직접 만나고 싶은 마음에 유배에서 풀리자마자 강진을 찾았을 정도로 황상을 높이 평가했다. 훗날 추사는 황상의 시와 글을 모은 『치원유고(巵園遺稿)』에 서문을 써주면서 〈지금 이 세상에 이 같은 작품은 없다〉고 평했다. 시문과 글씨에 능했던 추사의 동생 김명희(金命喜)도 황상이 한 스승(다산)에게 깊이 배우고, 스승이 추천한 네 명의 시인들을 오랫동안 연구하여 마침내 어느 누구와도 비슷하지 않은 참신한 시를 쓰고 있다고 상찬했다. 한마디로 청출어람이라는 뜻이다.

다산은 1818년 유배에서 풀려 경기도 광주에 위치한 고향 집으로 돌아갔다. 이후에 두 사람은 서로 만나지 못하다가 18년이 지난 1836년에야 재회했다. 그해 2월 황상은 스승의 회혼례(回婚禮) 소식을 듣고 강진에서 열흘 넘게 걸어 스승의 집을 찾았다. 이때 스승의 나이 일흔다섯, 제자는 마흔아홉이었다. 반가운 만남도 잠시 다산의 건강이 몹시 안좋았던 까닭에 2월 22일에 열릴 예정이던 회혼연은 취소되었다. 황상은 오랜만에 만난 아픈 스승 곁을 잠시도 떠나지 않았고, 다산 역시 정신이 들 때마다 제자를 찾았다. 하지만 우환이 있는 집에 손님으로 오래 머무는 것은 예의가 아니었다. 제자는 마지막 인사가 될지도 모른다는 슬픔을 누르고 스승에게 작별 인사를 올렸다. 그런 그에게 스승은 꾸러미 하나와 종이 한 장을 건넸다. 꾸러미에는 붓과 먹, 책과 부채 등 작별 선물이 들어 있었고, 종이에는 무거운 마음으로 돌아가는 제자를 위해 스승이 직접 쓴 선물 목록이 적혀 있었다. 황상은 스승의 글을 보고 감사함과 죄송함에 울음을 삼켰다. 다산이 회혼날인 2월 22일 아침 숨을 거

됐으니 이 글은 그가 세상을 뜨기 며칠 전에 쓴 절필(絶筆)이다.

황상은 강진으로 내려가는 중에 스승의 타계 소식을 들었다. 통곡하며 걸음을 돌려 장례식 내내 자리를 지켰다. 그리고 다산이 세상을 떠나고 10년 후인 1845년 스승의 기일에 맞춰 다시 스승의 집을 찾았다. 그의 손에는 스승이 그리울 때마다 매만진, 10년 전 스승이 선물한 부채가 쥐어져 있었다. 황상은 스승의 묘에 참배하고 정학연과 정황계(丁黃契)를 맺었다. 정씨와 황씨 두 집안이 대대로 신의를 지키고 우의를 이어 나가자는 약속이었다. 이렇게 유배지에서 처음 맺은 스승과 제자의 인연은 스승이 세상을 떠난 후에도 더 넓게 지속되었다.

번개 치듯 정신을 일깨우는 사람이 있다. 삶에 새로운 지평을 열어주는 만남이 있다. 정약용과 황상의 이야기는 인생의 차원을 바꾸는 사제 관계를 보여준다. 스승은 힘든 시절에 만난 제자를 진심으로 가르쳤고, 제자는 스승의 가르침을 뼈에 새기는 각오로 평생 실천했다. 훌륭한 스승과의 만남이 제자의 인생을 바꿨다. 제자의 정성스런 삶이 오늘날 스승을 더욱 빛나게 한다.

무엇을 배우는가보다 누구에게 배우느냐가 더 중요하다

워싱턴 대학에서 진행한 대담에서 한 젊은이가 워런 버핏에게 물었다. 〈성장하면서 당신에게 가장 중요한 역할 모델이 누구였습니까? 그 사람들이 당신의 성공에 어떤 영향을 미쳤습니까?〉 버핏은 다음과 같이 답했다.

제 생각에는 역할 모델role models이란 표현보다 영웅heroes이란 호칭이 더 어울릴 것 같네요. 여러분의 영웅이 누구냐에 따라 앞으로 여러분의 삶이 어떻게 전개될지도 대강 짐작할 수 있지요. 다행히도 저는 제 가치를 늘 북돋워 주는 영웅들을 만났습니다. 삶에는 우여곡절이 있기 마련입니다. 저 역시 살아오면서 힘든 시기를 여러 차례 넘겼습니다. 하지만 훌륭한 영웅들을 둔 사람은 힘든 시기에도 올바른 길을 선택하기 마련입니다.[104]

이어서 버핏은 자기 삶에 큰 영향을 미친 영웅으로 세 명을 꼽았다. 아버지 하워드 버핏과 아내 수전 버핏, 그리고 벤저민 그레이엄. 아버지는 삶의 스승이었고 아내는 그의 깊은 아픔을 감싸 준 치유자였으며 그레이엄은 투자 스승이었다.

버핏은 예외적인 경우가 아니다. 이 책에 등장하는 많은 전환자에게도 존경하는 스승이 있었다. 조지프 자보르스키는 전환기에 물리학자 데이비드 봄과 같은 중요한 안내자를 만나 영향을 받았고, 템플 그랜딘에게는 학창 시절 그녀의 잠재력에 주목한 교사 윌리엄 칼록이 있었으며, 헨리 데이비드 소로의 20대와 30대에는 미국의 뛰어난 사상가 랠프 왈도 에머슨이 스승이자 후견인이 되어 주었다. 구본형은 스무 살에 만난 역사학자 길현모 서강대학교 명예교수를 〈내 영혼을 일으켜 세워 흥분하게 하고 나아가게〉 한 스승으로 오랫동안 존경했다. 조지프 캠벨은 카를 융을 〈영원에 근거하되 시간의 장 속에서 움직이는 사람〉으로 반평생 넘게 존경하며 융 심리학을 심도 있게 공부했다.

스승은 학자와 예술가에게만 필요한 게 아니다. 삶의 길 위에 있는 누구에게나 스승이 필요하다. 스승은 한 사람의 삶에 지대한 영향을 미칠 수 있기 때문이다. 사람은 사람에 의해 바뀌고, 사람을 통해 성숙한다. 자신의 역할 모델을 찾아서 깊이 배워야 하는 이유다.

스승의 세 가지 역할

구체적으로 왜 스승이 있어야 할까? 스승은 세 가지 역할을 한다.

먼저 스승은 지식과 기술을 가르치는 사람이다. 이것이 스승의 기본이다. 스승은 먼저 적합한 전문성을 가지고 있어야 한다. 전문성이 있는 사람은 무엇을 가르칠 것인가에 대한 자신의 콘텐츠를 가지고 있다.

동시에 스승은 자신이 가진 것을 효과적으로 전수할 줄 알아야 한다. 어떻게 가르쳐야 할지, 즉 가르치는 방법을 숙지하고 있어야 한다. 같은 내용이라도 어떻게 가르치느냐에 따라 받아들이는 무게감이 크게 다른 법이다.

버핏은 주식 투자를 눈덩이 굴리기에 비유하면서 투자의 관건은 〈잘 뭉쳐지는 눈〉과 〈진짜 긴 언덕〉을 찾아내는 것이라고 강조했다. 그에게 잘 뭉쳐지는 눈을 발견할 수 있는 기술과 진짜 긴 언덕의 중요성을 일깨워 준 스승이 벤저민 그레이엄이다. 그레이엄은 뛰어난 가치투자가이자 훌륭한 선생이어서 젊은 제자에게 투자에 필수적인 기술을 효과적으로 전수했다. 버핏은 공개 석상에서 자신의 투자 스타일 중에서 85퍼센트는 그레이엄에게 영향을 받았다고 밝힌 바 있다.

위대한 스승은 제자에게 〈무엇을〉, 〈어떻게〉 전수할 것인지에 머물지 않는다. 더 나아가 〈왜〉, 즉 일과 삶의 의미에 불을 밝힌다. 다산이 황상에게 유인의 삶을 제시하고 치원이라는 호를 내린 것과, 비핏이 그레이엄에게서 지식과 기술보다 훨씬 중요한 투자 원칙들을 배운 것을 상기해 보라. 위대한 스승은 제자에게 삶의 지혜를 전하는 사람이다.

철학자 알프레드 노스 화이트헤드Alfred North Whitehead는 〈평범한 교사는 말하고(tell), 좋은 선생은 설명하고(explain), 훌륭한 선생은 모범을 보이고(demonstrate), 위대한 스승은 영감을 준다(inspire)〉고 했다. 왜 훌륭한 선생과 위대한 스승을 가르는 기준으로 영감을 꼽았을까?

말과 설명으로 가르치는 것이 앎(知)의 영역에 속하고, 모범이 앎을 포괄하는 실천(行)을 강조한다면, 영감은 스승의 존재에서 비롯되는 힘을 의미한다. 스승과 제자의 관계에서 가장 본질적인 가르침의 원천은 스승의 존재 자체다. 배우는 시간이나 가르치는 교실 때문이 아니라 스승의 존재 자체가 제자를 배우고 성장하게 하는 것이다.

이 때문에 스승을 직접 만나지 못하더라도 제자는 스승에게 배울 수 있다. 책을 통해 사숙의 형태로 스승을 만나는 경우가 여기에 속한다. 맹자는 공자를 직접 만나지 못했지만 그의 책을 통해 스승으로 섬기고 공자의 사상을 계승하고 확장했다. 훌륭한 책이 풍기는 문자향 서권기(文字香 書卷氣), 즉 문자의 향기와 서책의 기운을 통해 제자는 스승의 존재를 느끼고 배울 수 있다. 문자향 서권기를 대표하는 텍스트가 고전이다. 현명한 이들이 한입같이 고전을 읽어야 한다고 강조하는 이유가 여기에 있다. 고전은 훌륭한 스승이 될 만한 인물이 쓴 책이다. 곧 훌륭한 스승의 책은 고전이고, 훌륭한 스승은 살아 있는 고전과 같다.

그렇다면 탁월한 스승은 제자에게 어떻게 존재 자체로서 영감을 줄까? 크게 보아 두 가지를 꼽을 수 있다. 이 두 가지는 스승의 역할이기도 한데, 은유적으로 표현하면 스승은 제자에게 〈거울〉과 〈등대〉 역할을 한다.

우선, 스승은 제자의 잠재력을 비추는 거울 역할을 한다. 누군가 말했듯이 애벌레에게서 훗날 나비가 될 것을 알려줄 만한 그 무엇도 보이지 않지만 스승은 그 보이지 않는 것을 볼 줄 안다. 스승은 제자에게 잠재력이 있음을 일깨워 준다. 사람은 자기와 같거나 비슷한 성질을 가진 사물을 잘 이해한다. 사람과 사람의 관계도 마찬가지여서 어떤 사람을 깊이 이해할 수 있는 이유는 내 안에 그 사람의 정수(精髓)가 있고 그 사람 안에서 나를 볼 수 있기 때문이다. 제자는 스승을 거울 삼아 자신의 잠재력을 발견할 수 있다.

버핏은 그레이엄의 책을 읽고 이 사람에게 비범한 뭔가가 있음을 알아차렸고, 그레이엄은 컬럼비아 대학에서 버핏을 만나고 얼마 되지 않아 그가 훌륭한 자질을 가지고 있음을 간파했다. 그레이엄은 제자에게 믿을 만한 가치투자가의 모범을 보여 주었고, 버핏은 스승을 거울 삼아 자신의 잠재력을 자각했다.

둘째, 스승은 제자가 삶의 방향을 찾는 데 필요한 불빛을 제공한다. 옛날 도보 여행자들은 밤하늘에 떠 있는 북극성으로 방향을 가늠했고, 항해자들은 북극성과 함께 등대의 도움을 받았다. 좋은 스승은 등대처럼 불을 밝혀 제자 앞에 펼쳐진 길을 스스로 발견하도록 돕는다. 버핏이 역할 모델을 〈나의 영웅〉이라 부르며 〈여러분의 영웅이 누구냐에 따라 앞으로 여러분의 삶이 어떻게 전개될지 짐작할 수 있다〉고 강조한 이유가 여기에 있다.

항구를 떠난 배 앞으로 넓디넓은 바다가 펼쳐진다. 등대는 불빛을 비롯해 형상과 음향과 전파 등 다양한 방법으로 길을 안내한다. 낯선 곳을 향해 출항한 배가 방향을 잡는 데 등대가 유용한 것처럼 버핏이 사회 생활을 시작할 때 그레이엄의 책과 가르침이 등대 역할을 해주었으며, 황상 역시 결혼을 하고 생계 활동에 매진할 때에도 시인과 유인이라는 스승의 가르침을 잊지 않았다.

거울과 등대는 둘 다 비추기와 보기와 관련이 깊다. 거울은 나를 비추고, 등대는 앞을 비춘다. 거울을 통해 나를 보고, 등대를 통해 미래를 볼 수 있다. 존경을 의미하는 영어 〈respect〉는 〈다시(re) 본다(spect)〉는 뜻이다. 어떤 사람을 스승으로 삼는 것은 존경하기 때문이다. 존경은 스승을 보고 또 다시 보는 것이다. 동시에 스승을 통해 나를 재발견하고 자기 삶을 다시 살펴보는 것이다.

훌륭한 스승과의 만남은 축복

교육학에서는 한 사람의 성장에 있어서 중요한 영향을 미치는 사람을 〈의미 있는 타인Significant Others〉이라고 부른다. 심리학자 조지 하버드 미드George H. Mead는 인간이 자아를 형성해 나아감에 있어서 가장 중요한 요인은 의미 있는 타인이라고 강조한 바 있다. 태어나는 순간부터 우리는 누군가와 관계를 맺고 상호 작용하며 자아를 형성해 나간다. 따라서 살아가면서 누구를 만나느냐가 한 사람의 삶에 지대한 영향을 미칠 수 있다. 가장 보편적이고 강력한 영향을 미치는 의미 있는 타인으로 스승을 꼽을 수 있다.

그런데 누군가에게 훌륭한 스승이라고 해서 모든 사람에게 그런 건 아니다. 같은 스승에게 배워도 제자의 성취가 확연히 다른 경우가 태반이다. 왜일까? 한 가지 이유는, 사람 사이에 인연이란 것이 있고 스승의 가르침은 준비된 학생에게 큰 효력을 발휘하기 때문이다.

일기일회(一期一會)라는 말이 있다. 〈단 한 번의 시간, 단 한 번의 인연〉을 가리키는 말이다. 스승과 제자의 만남은 일기일회다. 한 번의 만남으로 불붙고 불타오른다. 소로는 책으로 먼저 에머슨을 만나고 얼마 후에 에머슨의 집에서 직접 만났으며, 황상은 동네 서당에서 정약용과 인연을 맺었다. 캠벨과 융의 인연도 흥미롭다. 캠벨은 융을 20대 후반에 책으로 처음 접했고, 실제로 만난 것은 몇 번이 채 안 된다. 그런데도 그는 융을 40년 넘게 존경하고, 융이 쓴 모든 책을 읽고 분석심리학을 공부했으며, 예순을 넘긴 나이에 영미권에서 융과 분석심리학에 관한 뛰어난 입문서로 꼽히는 『휴대용 융 선집The Portable Jung』을 편찬했다.

이들은 첫 만남에서부터 서로에게 불붙었다. 직접 만나든, 책으로 만나든, 어떤 경로로 만나든 자기 삶에서 중요한 스승을 만날 때에는 특별한 예감이 일렁인다. 다시 말해 자신과 딱 맞는 스승을 만나기 위해서는 〈운명적 끌림〉이 있어야 한다. 이런 만남이야말로 삶을 바꾸는 일기일회다.

누가 훌륭한 스승인가? 어떻게 훌륭한 스승을 알아볼 수 있는가? 무엇보다도 실력과 인품을 겸비한 사람이 훌륭한 스승이다. 스승은 우선 자기 자신의 힘으로 꾸준히 성과를 낸 사람이어야 한다. 집안 배경이나 각종 연줄, 몇 번의 행운, 비도덕적 행위로 최고의 위치에 오른 것은 아닌지 살펴야 한다. 실력은 그 사람이 이룬 성취와 함께 성취를 이룬 과정, 그리고 오랜 수련 과정을 살펴보면 확실히 알 수 있다. 최고의 자리에서도 수련을 게을리하지 않는 사람이 훌륭한 스승이다.

인품은 그 사람의 말보다는 행동에서 잘 드러난다. 그 사람이 일을 하고 사람을 대하는 모습을 유심히 살펴보면 태도와 철학, 소명 의식 등을 읽을 수 있다. 그리고 그가 말이 앞서는 사람인지 아니면 사범(師範)인지 살펴보는 것도 방법이다. 사범은 말이나 글이 아닌 모범으로 보여준다. 한 사람을 스승으로 삼기 전에 평판이 좋은지, 인격을 신뢰할 수 있는지, 모범으로 가르치는지 점검해야 한다.

존경은 신뢰에 기반한다. 스승을 믿지 않으면 마음을 나눌 수 없고, 마음의 교감이 없으면 깊이 배울 수 없다. 스승으로 삼기 전에 그의 자질을 꼼꼼히 살펴봐야 하는 까닭이다. 탁월한 실력은 인품을 더욱 빛나게 해주고, 고결한 인격은 실력에 거부할 수 없는 기품을 형성해 준다. 실력과 인품을 겸비한 사람을 스승으로 모실 때 우리는 스스로 머리를 숙일 수 있다.

좋은 스승	나쁜 스승
배움과 가르침의 구분이 없다 가르치면서 배우고, 배우면서 가르친다. 제자 못지않게 열심히 배운다.	**오만하고 과장한다** 스스로를 포장하는 데 공들인다. 자신의 과거와 현재를 과시한다.
제자의 현재 실력보다 잠재력을 중시한다 이미 이뤄낸 성과보다 잠재력에 집중한다. 제자가 어렴풋이 알고 있는 재능을 명확히 짚어 주고 키우도록 이끈다.	**시간이 흐를수록 제자를 구속한다** 약점을 잡아서 흔드는 방식 등으로 제자가 자신에게 더 의존하게 한다. 제자의 자립을 환영하지 않는다.
삶으로 모범을 보이고 존재로 가르친다 삶으로 보여 주고 현존재로 감화한다. 제자는 스승과 함께 있는 것만으로 더 나은 사람이 된다.	**제자의 성과를 인정하지 않고 가로챈다** 훈련이라는 이유로 제자가 한 일에 정당한 보상을 하지 않는다. 제자의 성과 위에 자신의 명성을 더한다.
제자의 성공을 진심으로 기뻐한다 제자를 위해 자신의 어깨를 기꺼이 내준다. 제자가 빛날 때 스승도 빛난다고 믿는다.	**제자의 성장보다 지갑에 관심을 더 보인다** 이런저런 이유로 돈과 희생을 요구한다. 돈에 대해 투명하지 않다.

〈표 5〉 좋은 스승과 나쁜 스승의 특징

스승이라면 어떻게 했을까?

영화 「아마데우스」와 「백야」의 안무를 담당한 세계적인 안무가 겸 작가 트와일라 타프Twyla Tharp는 다음과 같이 말한다.

만약 어느 날 갑자기 힘든 일이 생기면, 〈마사 그레이엄Martha Graham 이라면 어떻게 대처했을까, 아니면 무용계의 선구자이자 안무가인 도리스 험프리Doris Humphrey라면 어떤 생각을 할까?〉라고 나에게 물을 것이다. 그들의 기억이 마치 내 것인 양 이용할 것이고, 내 앞의 난관을 타개하기 위해 그들이 한 대로 따라할 것이다.[105]

이윤기는 산문집『시간의 눈금』에서 1991년부터 5년 동안 자신뿐 아니라 가족이 〈그분 그늘에서 살았다〉며 한 사람을 여러 번 소개했다. 미시건 주립대학교 국제대학 학장을 역임한 평사(平士) 임길진이 바로 그 사람이다. 그는 평사 곁에서 배우고 익혔다면서 자신이 〈평사를 잊으면 사람이 아니다〉라며 각별한 마음을 표했다. 안타깝게도 이 〈큰별〉은 2005년 초 불의의 사고로 세상을 떠났고, 이윤기는 슬픔을 삼키며 직접 비명을 썼다. 그는 삼우제(三虞祭)에서 스승을 떠나 보내는 심경을 〈저는 앞으로 어떤 문제와 맞닥뜨릴 때마다 물을 것입니다. 평사라면 어떻게 했을 것인가?, 이렇게 물을 것입니다. 제가 이렇게 물을 때마다 그는 제가 어떻게 해야 할지 일러줄 터〉라는 말로 대신했다.

구본형은 2011년에 출간한『깊은 인생』에서 한 사람이 평범함에서 비범함으로 도약하는 7가지 요인의 하나로 스승을 꼽았다. 그가 스승을 중요하게 여긴 이유는, 그 자신이 훌륭한 스승에게 많은 영향을 받았기 때문이다. 그의 스승은 우리나라 광복 이후 1세대 서양사학자로 꼽히는 길현모이다. 다음은『깊은 인생』에서 구본형이 대학에서 처음 만난 이후부터 늘 존경한 스승을 회고하며 쓴 글이다.

내 삶의 한 모퉁이를 돌 때마다 그분은 거기 서 계셨고, 내 인생의 갈림길마다 나는 그분에게 내가 갈 길을 물어보곤 했다. 물론 직접 찾아가 물어본 것은 아니다. 갈림길과 모퉁이를 돌아설 때마다 스스로에게 물어보았다. 〈그분이라면 어떻게 했을까?〉 삶의 중요한 순간마다 나는 이 질문을 꼭 했고, 그래서 이나마 내 길을 즐기며 걷고 있는 것임을 안다. 지금도 이 질문은 계속된다.[106]

스승의 감화력은 제자로 하여금 스승과 같은 방식으로 사물을 보고, 까다로운 문제에 직면했을 때 스승과 같은 차원에서 사유하고 대처할 수 있게 한다. 〈스승이라면 어떻게 했을까?〉는 제자가 스승의 힘에 접속할 수 있는 마법의 질문이다. 그래서 우리는 스승을 〈역할 모델〉이라 부르는 것이다.

물론 스승이 내놓는 답이 모두 옳은 것은 아니다. 그렇다고 해도 스승의 감화력에서 떠오른 답은, 적어도 신뢰하고 참고할 수 있는 모델 내지는 문제 해결의 실마리가 될 수 있다. 학문에서 선학(先學)의 연구를 참조할 수 있는 것이 후학(後學)의 이점이듯, 제자는 스승의 답을 가능한 해답 가운데 하나로 탐색할 수 있다.

유능한 등반가는 안내인을 데려가는 걸 부끄러워하지 않는다. 오히려 히말라야처럼 높고 험준한 산을 등반할 때는 유능한 도우미(셰르파)의 조력이 필수적이다. 동시에 뛰어난 등반가는 등산의 주체가 자기 자신임도 잊지 않는다. 아무리 뛰어난 조력자도 자기 대신 산을 오를 수는 없다. 안내인의 조언을 받되 최종 결정은 늘 자신의 몫이고 그에 따른 책임 또한 기꺼이 져야 한다. 〈스승이라면 어떻게 했을까?〉 이 질문도 다르지 않다. 스승은 안내인이고 스승의 답은 조력자의 도움과 같다. 결정과 실천과 책임은 오롯이 제자의 몫이다.

스승에게 배우는 태도와 방법의 정석

내게(승완)는 존경하는 네 명의 스승이 있다. 변화경영 전문가 구본형, 분석심리학의 창시자 카를 융, 신화 연구가 조지프 캠벨, 그리고 맑고 향기로운 수행자 법정 스님. 나는 이들을 〈마음속 스승〉이라 부른다. 나는 마음속 스승에게 끌린다. 거의 매일 그들이 쓴 책을 읽고, 하루에도 몇 번씩 그들을 생각한다. 이렇게 스승과 나는 공명하고, 그들의 삶은 내 안에서 울려 퍼진다. 물론 네 명의 스승은 지금의 나와 비교할 수 없을 정도로 뛰어나다. 그럼에도 그들의 책을 읽고 삶을 들여다보며 낙담하지 않는다. 열등감도 들지 않는다. 오히려 읽을수록 호기심이 커지고 탐구심을 자극한다.

많고 많은 사람들 중에 이들과 감응하는 이유가 있을 것이다. 내게 없는 것을 가진 사람에게 끌리는 수도 있지만 그 반대 이유로 끌리는 경우가 더 많다. 내 안에 그 사람과 비슷한 뭔가가 있기에 끌리는 것이다. 내게 없는 것을 가진 사람은 부러움의 대상일지 모르지만, 그런 사람과 깊이 교감하는 경우는 드물다. 두 사람 간의 끌림과 울림은 존재의 어울림이기 때문이다.

스승이 꽃 피운 잠재력이 내 안에 씨앗처럼 잠재해 있는 건 아닐까? 나의 잠재력이 스승을 부르고 그에게 감응하는 건 아닐까? 나는 그렇다고 믿는다. 스승을 통해 자기 안에 잠재된 힘을 발견할 수 있다고 생각한다. 아직은 씨앗처럼 작고 안개 속 형상처럼 흐릿할지라도 말이다.

네 명의 스승 모두 전환기에 만났다. 구본형은 20대 초반 첫 전환기에 만났고, 캠벨과 융과 법정은 10년 후 찾아온 두 번째 전환기에 만났다. 내게 두 번째 전환기를 거치며 가장 의미 있는 일은 세 명의 마음속 스승과 인연을 맺은 것이다. 이 스승들에게 배우는 일은 전환기 생활의 중요한 축이었다. 그런데 세 명 모두 이미 세상을 떠난 사람들이다. 직접 만나서 배울 수 없는 것이다. 그렇다면 나는 이들에게 어떻게 배웠을까? 스승이 쓴 책을 최대한 많이 모으고 한 권씩 읽어 나갔다. 다른 작가나 연구자들이 스승에 관해 쓴 책들도 읽었다. 스승의 삶과 가르침을 글로 풀어내고, 마음속 스승들을 깊이 만나기 위해 그들이 머물렀던 공간을 찾아 여행했다.

마음속 스승에게 배운 과정, 그리고 배운 것

직접 만날 수 없는 스승에게 배우는 과정을 구체적으로 살펴보기 위해 내가 법정 스님에게 어떻게 배웠는지 예로 들어 보자. 내가 법정 스님을 스승으로 존경한 것은 2012년부터이다. 다큐멘터리 영화 「법정 스님의 의자」가 계기였다. 영화를 보며 스님의 삶에 감탄했다. 그런데 감동의 이유가 뚜렷하지 않았다. 언행일치와 단순한 삶, 그리고 무소유 사상 등이 표면적인 이유일 테지만 보다 심층적인 이유가 있는 듯했다.

그것을 알고 싶어서 스님의 책을 몇 권 읽었다. 그 과정에서 스님과 내가 연결되어 있는 듯한 느낌이 들었다. 그렇게 관심은 감동을 넘어 존경심으로 확장됐다.

본격적으로 법정 스님을 사숙하기 위해 스님이 쓴 책을 거의 전부 구했다. 40년 넘게 글을 쓴 스님은 방대한 저작을 남겼다. 스님 입적 후절판되어서 구하기 어려운 책들도 있었지만 몇 년에 걸쳐 헌책방을 샅샅이 뒤져서 거의 다 찾았다. 이렇게 모은 책이 40권이 넘는다. 여기에더해 법정 스님의 지인과 제자들이 스님에 대해 쓴 책들도 대부분 구해두었는데 이 책들만 10권이 넘는다. 이렇게 모은 책들 가운데 지금까지30권 정도를 읽었다. 그리고 두 번에 걸쳐 스님이 머물렀던 공간을 여행했다. 불일암과 미래사, 통도사와 쌍계사 등 법정 스님의 삶에서 한자리를 차지하는 장소 대부분을 답사했다. 여행 중에 종종 스님이 머문공간에서 스님의 책을 읽기도 했다. 4년 넘게 법정 스님에게 푹 빠져 스님의 책을 읽고 배운 점을 기록하고, 스님을 찾아 떠난 여행의 과정도글과 사진으로 정리해 두었다.

법정 스님을 사숙하며 정해 둔 원칙이 있다. 〈스님에 관해 30페이지분량의 논문을 쓰고 90분 강의를 할 수 있을 정도로 배운다.〉 이 정도는 해야 스님의 가르침을 조금이나마 내 것으로 소화할 수 있겠다고 생각했다. 언젠가 스님에 관한 책을 쓰고 싶다는 꿈도 가지고 있다. 다른세 명의 마음속 스승도 법정 스님을 사숙한 것처럼 공부하고 있다. 구본형과 카를 융, 그리고 조지프 캠벨이 이 책의 주요 인물로 등장하고있는 것은 우연이 아니다. 이들이 전환기를 통해 소명을 발견하고 삶의주인으로 거듭난 것이 일차적인 이유지만, 그에 앞서 내가 세 사람을마음속 스승으로 공부하지 않았다면 이들이 전환기를 거쳤다는 사실을 알지 못했을 것이다.

나의 스승들이 가진 공통점이 있다. 모두가 자기다운 삶을 살며 자신을 닮은 세상 하나를 창조했다는 점이다. 나는 스승들에게서 〈내 세상 하나를 가꿔 나가는 모범〉을 보았다. 이것이 네 명의 스승에게 배운 가장 소중한 가르침이다. 물론 나는 아직 나다운 삶이 무엇인지 모르고 여전히 시행착오를 겪으며 찾고 있다. 나와 마찬가지로 스승들도 공부하고 성찰하고 실험하며 잠재력을 하나하나 실현했다. 이 사실을 알기에 나 또한 포기하지 않는다. 오히려 더 공부하고 성찰하고 실험해야 한다고 스스로를 다잡는다. 또 하나, 나는 마음속 스승의 제자이지 노예가 아니다. 나는 이들의 복제품이 될 생각이 없다. 네 사람 모두가 자기 제자들에게 강조했다. 〈너의 길을 가라. 날마다 새로 시작하라. 너 자신이 되어 살아라.〉 나도 날마다 진정한 내가 되기 위해 노력하며 나의 길을 갈 것이다. 이것 또한 스승들에게 배운 교훈이다.

인연을 마냥 기다리지 말라

사람의 만남에는 특별한 인연이 필요하다. 그걸 알기에 많은 이들이 〈운명을 바꿀 단 한 번의 만남〉을 기다리는 것 아니겠는가. 연애 상대나 배우자, 직장 상사, 동업자, 스승에 이르기까지 우리는 〈나에게 어울리는 좋은 사람〉을 만나기를 기대하며 기다린다. 좋은 인연이란 억지로 되지 않는 것임을 우리는 알고 있다. 그래서 절묘한 인연이란 만들어지기보다는 되어지는 것이라 믿고 때로는 인복(人福)이라는 말로 통칭해 운명으로 치부하기도 한다. 하지만 인연이 운명일지언정, 그 운명을 만드는 것은 나라는 사실을 잊지 말아야 한다. 인연이 우연과 필연 가운데 어디에 속하든, 섣불리 손 놓고 기다리기만 해서는 안 된다.

제자가 준비되면 스승이 나타난다는 말이 있다. 여기서 제자가 준비할 것으로 보통은 성실함과 인내심을 꼽는다. 여기에 한 가지 더 추가할 게 있으니 바로 적극성이다. 조금 다르게 말하면 스스로 스승을 찾고 싶다는 마음이 들면 준비가 되었다고 볼 수 있다. 그럴 때는 좋은 스승이 내게 오길 기다리기보다 능동적으로 찾아나서야 한다. 이를테면 내 분야에서 감명 깊게 읽은 책의 저자나 전문가, 우연히 읽게 된 블로그의 주인, SNS에서 친구가 자주 인용하는 사람 등 〈끌림〉이 느껴지는 사람을 직접 가서 만나 보는 것이다. 막상 다녀보면 세상엔 이름이 알려지지 않은 숨은 고수들이 많다는 것을 알게 된다. 더불어 그렇게 스승을 찾아가는 과정 자체가 소중한 배움이라는 사실을 깨닫게 된다.

법정 스님과 니어링 부부의 책을 좋아한 나(승오)는 언젠가부터 시골에서 소박하게 살고 싶은 마음이 커져 귀촌을 결심하게 되었다. 어린 시절을 통영에서 자란 탓인지 나는 늘 자연을 그리워했었다. 그러나 막상 시골로 돌아가려니 아는 것이 없어 두려웠다. 내게는 〈귀촌 멘토〉가 절실했다. 각종 단체에서 운영하는 귀농·귀촌 교육을 들어 보았으나 그곳에 스승은 없는 것 같았다. 강사들은 하나같이 〈시골에서 수익을 내는 법〉을 이야기하고 있었고, 소박한 삶을 실천하고 싶어 내려가려는 내 귀에는 그 말이 들어오지 않았다. 심지어 대부분의 강사는 귀농자들이 아닌 도시에 사는 사람들이었다. 책을 뒤적여 보았으나 대부분 귀농에 대한 이야기일 뿐 〈대안적인 삶을 위한 귀촌〉에 관한 책은 많지 않았다. 나는 적잖이 실망했다.

그러다가 어느 날, 내가 그런 사람들을 찾아다니면 어떨까 하는 생각에 이르렀다. 적긴 했지만 몇몇 이름을 알고 있는 사람들이 있었다. 더불어 이들을 인터뷰하고, 그 과정을 책으로 엮어 내면 나와 비슷한 생각으로 귀촌을 하려는 사람들에게도 도움이 되겠다 싶었다. 그래서 출판사에 기획서를 보내고 지원을 받아 그들과의 만남을 계획했다. 도시에서의 취미를 시골에서 직업으로 삼고 마음껏 하며 살아가는 부부, 자녀 셋을 홈 스쿨링home schooling으로 키워 낸 부부, 자비를 들여 청년들을 위한 셰어 하우스share house를 지은 부부 등 의미 있게 삶을 꾸려 가는 사람들을 찾을 수 있었다. 나는 정성스럽게 메일을 써서 먼저 보낸 후 찾아갔다.

첫 만남부터 나는 그들의 삶에 전염되었다. 내가 책을 읽으며 머릿속에서 생각만 하고 있던 삶을 그들은 이미 행동으로 증명하고 있었다. 내가 한없이 초라하게 느껴졌다. 그들이 소개해 준 사람들 역시 만만치 않은 고수들이었다. 만남이 거듭될수록 내가 느낀 초라함은 점점 〈할 수 있겠다〉는 용기로 바뀌어 갔다. 시골에 대한 처음의 환상이 깨지고 귀촌의 목적 또한 뚜렷해졌다. 나는 무엇보다 내 아이들이 시골에서 마음껏 뛰놀게 하고 싶었다. 자연스레 홈 스쿨링을 한 부부에게 멘토가 되어 달라고 요청했고 그들은 기꺼이 허락했다. 이제 청년이 된 세 명의 자녀 역시 내 자녀들의 좋은 역할 모델이 되어 줄 것이다.

좋은 스승과의 만남이 일기일회라고 하여 막연히 기다려서는 안 된다. 소중한 인연인 만큼 적극적으로 찾아나설 줄도 알아야 한다. 그 인연을 만나기 위해 성실하게 관계를 준비해야 한다. 〈영혼의 공명〉은 정성껏 준비하는 사람의 몫이다.

제자에게 꼭 필요한 것, 참고 기다릴 줄 아는 지혜

무협 영화에는 늘 스승과 제자가 등장한다. 열의에 불타는 주인공은 위대한 스승 앞에 무릎을 꿇고 제자로 받아 달라고 애원하지만 스승은 쉽게 받아 주지 않는다. 며칠을 기다려 겨우 스승의 허락을 받지만 주인공에게 주어지는 일은 밥 짓고 빨래하고 청소하는 허드렛일이다. 시간이 흐르며 많은 제자들이 스승의 무심함에 실망하고 떠나지만 주인공은 그저 묵묵히 견딘다. 그동안 스승은 그의 자세와 태도를 관찰한다. 초심자의 성실함과 인내심을 시험하는 것이다. 그리고 어느 순간 스승은 은혜를 베풀어 그를 진정한 제자로 받아들인다.

좋은 제자는 스승이 알아주지 않을 때에는 묵묵히 할 일을 하며 때를 기다린다. 그러다가 스승이 알아보고 기회를 주면 그동안 준비해 온 것을 펼쳐 보인다. 부엌데기처럼 보잘것없는 역할이라도 정성스럽게 수행하다 보면 스승의 좋은 눈은 반드시 그것을 알아보게 되어 있다. 그러므로 스승의 큰 가르침을 얻고 싶다면 조급해하지 말고 기다려야 한다. 조급한 성미를 참지 못해 질문을 퍼붓거나 막무가내로 조르기보다는, 스승에게 더 큰 뜻이 있음을 믿고 기다려야 한다. 스승과 함께 일하기를 열망했던 버핏이 번번이 거절당했음에도 할 일을 하며 묵묵히 기다렸음을 상기해 보라.

큰 가르침일수록 큰 그릇이 필요하며, 적절한 때 역시 중요하다. 일단 스승을 선택했다면 스승을 믿고 작은 가르침을 꾸준히 실천하며 스스로를 다듬을 줄 알아야 한다. 위대한 스승은 오직 제자가 준비되었을 때, 절묘한 방식으로 자신의 핵심을 제자의 마음에 새긴다. 그때 비로소 새로운 차원이 열린다.

모범으로 가르치고 모방으로 배운다

　같은 스승에게 같은 내용을 배워도 제자마다 받아들이는 정도는 편차가 크다. 왜일까? 그 원인은 학습 내용과 교육 방법보다 제자의 태도에 있는 경우가 많다.

　스승에게 잘 배우는 가장 확실한 방법은 푹 빠지는 것이다. 일단 스승이라는 우물에 빠지면 거기에만 집중해야 한다. 언젠가 그 깊이를 넘어 훌쩍 성장할 수 있음을 믿고, 스승을 가슴에 품어 감정 이입해야 한다. 배움의 과정에서 모방은 필수적이다. 의도적으로 스승을 모방하기도 하고, 때로는 무의식적으로 따라하기도 한다. 스승은 모범(模範)으로 가르치고 제자는 모방(模倣)을 통해 배운다. 스승은 나를 비추는 거울이므로 스승을 따라하는 과정은 그저 흉내 내기가 아니라 나 자신을 훈련시키는 것과 같다.

　그러나 모방은 출발점이지 완결점이 아니다. 제자가 계속 모방에만 치중하면 자칫 스승에게 집착하게 된다. 배움의 초기에는 순종하고 모방해야 하지만, 순종이 지나쳐 맹목적 숭배가 되고 모방이 흉내 내기에 그쳐 습관적으로 스승에게 의존하게 되는 경우가 있다. 니체는 〈영원히 스승을 빛나게 하는 자가 가장 나쁜 제자〉라고 했다. 어느 시점에서 제자는 스승의 가르침에 자신의 개성과 방식을 결합해야 한다. 모방을 넘어 창조의 단계로 나아가야 하며 스스로 하나의 모범이 되어야 한다. 스승의 가르침과 나의 본성이 만나는 지점, 그곳에 나의 길이 있음을 믿고 자신의 길을 개척하기 위해 노력해야 한다. 훌륭한 스승은 제자가 자신의 길을 가기를 바라고, 훌륭한 제자는 때가 되면 그렇게 한다. 제자가 호랑이처럼 자신의 길을 갈 때 스승 또한 빛나며, 그때 스승과 더 가까워질 수 있다.

스승을 직접 만날 수 없다면 사숙하라

스승은 전환의 과정에서 가장 보편적으로 등장하는 인물이다. 실제로 스승이 전환의 발판 역할을 하는 경우가 적지 않다. 예를 들어 법정 스님에게는 효봉(曉峰)이라는 큰 스승이 있었고, 다산 정약용은 십 대 시절부터 성호 이익(星湖 李瀷)을 〈우리가 능히 천지가 크고 일월이 밝은 것을 알게 된 것은 모두 이 선생의 힘〉이라며 존경했다. 법정 스님은 세속을 떠나 출가하는 전환의 장에서 효봉 스님을 첫 스승으로 만났고, 다산은 성호 이익을 통해 다산학(茶山學)의 바탕이 되는 실학에 눈을 떴다.

스승에게 배우는 방식은 크게 두 가지로 나눌 수 있다. 사사(師事)와 사숙(私淑). 〈사사〉는 스승을 직접 만나서 가르침을 받는 것으로 일반적으로 볼 수 있는 스승과 제자의 관계이다. 버핏과 그레이엄, 황상과 정약용, 그리고 법정과 효봉의 경우가 사사에 속한다.

〈사숙〉은 스승을 직접 만나지는 못하지만 〈마음속으로 그 사람을 본받아서 도(道)나 학문을 닦는 것〉을 의미한다. 스승으로 삼고 싶은 인물이 이미 세상을 떠났거나, 너무 멀리 떨어져 있어서 만나지 못할 수 있다. 이를테면 정약용이 평생 공경한 성호 이익은 다산이 두 살 때 세상을 떠났고, 다산은 성호에게 직접 배울 수 없었다. 열여섯 살에 성호의 책을 읽고 크게 감명한 다산은 이때부터 성호를 〈백세사(百世師)〉로 평생 사숙했다.

다산은 성호의 뒤를 따르기로 마음먹고 그의 학문을 공부의 귀감으로 삼았다. 두 아들에게 자주 말하기를 〈나의 미래에 대한 큰 꿈은 대부분 성호 선생을 따라 사숙했던 데서 얻었다〉고 했다. 그는 스승 성호의 초상화를 보고 존경하는 마음을 담은 글을 쓰고, 스무 살 때는 스승이 머물던 집을 방문하고 묘소를 참배했으며, 성호의 책을 읽고 또 읽었다. 다산의 성호 사숙의 백미는 그가 뜻을 같이하는 성호의 후학들을 모아 열흘 동안 성호의 학문을 집중적으로 공부하는 성호 이익 추모 학술대회를 개최한 것이다. 이 자리에서 다산은 참가자들과 협력하여 스승이 초고 형태로 남긴 유고를 온전한 책으로 정리하기도 했다.

독서와 여행과 기록은 사숙할 때 가장 중요한 도구다. 직접 만날 수 없기에 스승의 저서와 스승에 관한 책을 읽고 자기 생각을 덧붙여 정리한다. 스승의 자취를 따라 스승이 머물렀던 공간을 답사한다. 여행은 밖으로 떠나는 것이기도 하고 안으로 떠나는 여정이기도 하다. 스승을 찾아 떠나는 여행도 다르지 않다. 스승의 삶의 궤적을 따라 그가 머문 곳에 가서 그 안에서 나를 찾아보고 내 안에서 그를 만나는 것이다. 이는 스스로를 관찰하고 자신과 대화를 나누는 성찰의 과정이기도 하다. 이렇게 배운 경험과 소감을 글로 기록하는 것이 사숙의 기본이다.

진정한 스승은 진정한 나를 만나게 한다. 제자가 스승과 자신이 일맥 상통함을 알게 되면 스스로를 존중하며 모방에서 창조의 수준으로 도약할 수 있다. 제자는 스승의 가르침을 품고 자기 길을 개척해 나가야 한다. 그럴 때 스승의 가르침은 제자를 따라 확장되고 제자를 통해 더욱 발전할 수 있다. 이것이 스승과 제자가 함께 빛나는 길이다.

전환 도구 9

공동체

사람을 키우는 살아 있는 유기체

전환자가 공동체 안에서 〈공동의 실험〉을 통해 자신의 생각을 모색하지 않았다면,
그의 생각은 단지 위대한 가설로 그치고 말았을 것이다.
전환기의 공동체는 개성은 각기 다르지만 비슷한 가치관을 가진 사람들이,
자신의 크고 작은 생각들을 끊임없이 결합하고 증폭하는 합동 실험실이었다.
고립되고 단절된 낱낱의 개인은 약하지만,
개인들이 모여 만든 공동체는 세상을 바꿀 수 있다.

벤저민 프랭클린,
작은 공동체가 위대한 미국인을 키우다

벤저민 프랭클린Benjamin Franklin은 〈미국인들의 가슴에는 프랭클린이 있다〉고 할 정도로 미국 역사에 큰 영향을 미쳤다. 1706년 1월 보스턴에서 태어난 그는 초등학교를 졸업하지 못하고 열두 살부터 친형의 인쇄소에서 수습공으로 일했다. 열일곱 살 때 형과 심하게 다투고 〈여기서는 미래가 안 보인다〉고 판단하고는 가족에게 말도 없이 고향을 떠났다. 그는 필라델피아에 도착하여 한 인쇄소에서 일자리를 구했다. 1723년 당시 필라델피아는 인구가 2천 명으로 영국의 식민지였던 미국에서 보스턴 다음으로 큰 도시였다. 이미 5년 동안 형의 인쇄소에서 일했던 프랭클린은 특유의 친화력과 성실함으로 어린 나이에도 유능한 인쇄공으로 인정받았다.

그렇다고 프랭클린의 인생이 순조롭게 흘러간 것은 아니다. 긍정적이고 사교적이었던 그는 사람들과 쉽게 친해졌지만 경솔한 언행과 성급함으로 여러 번 어려움에 처하기도 했다. 특히 믿었던 친구나 지인에게 종종 뒤통수를 맞곤 했는데 여기에는 일정한 패턴이 있었다. 한 번은 친한 친구였던 존 콜린스에게 적지 않은 돈을 빌려준 적이 있었다.

콜린스는 돈을 갚기는커녕 꼬투리를 잡아 절교를 선언하고 연락을 끊어 버렸다. 제임스 랠프라는 또 다른 친구에게도 거의 똑같은 방식으로 당했다. 랠프 역시 그에게 돈을 빌리고 결별을 선언했으며 돈은 갚지 않았다.

프랭클린의 인생을 바꾼 사건도 배신과 관련이 있다. 이 일은 처음에는 기회라는 가면을 쓰고 찾아왔다. 펜실베이니아의 총독이었던 윌리엄 키스William Keith가 그에게 인쇄소 창업을 지원해 주겠다고 제안한 것이다. 키스는 프랭클린처럼 건실한 젊은이가 운영하는 인쇄소가 필라델피아에 있어야 한다며 자신이 후원자가 되어 도와주겠다고 약속했다. 멋진 기회였다. 실력은 있지만 돈이 없던 프랭클린은 이 제안에 쏙 빠졌다. 키스는 최고 수준의 인쇄소를 창업하기 위해 기왕이면 영국으로 가서 최신 인쇄 설비를 살펴보라고 권했다. 자신이 지원해 줄 테니 아무 걱정하지 말라는 말도 덧붙였다.

1724년 11월 열여덟 살의 프랭클린은 들뜬 마음으로 서둘러 영국으로 떠났다. 성공으로 가는 탄탄대로가 펼쳐져 있는 듯했다. 그러나 키스는 프랭클린에게 했던 지원 약속을 이런저런 이유를 들며 미루었다. 나중에는 그런 약속을 한 적이 없는 것처럼 모른 척하다가 결국에는 연락마저 끊어 버렸다. 고난의 시작이었다. 프랭클린은 희망에 찬 예비 창업자에서 아는 사람 하나 없는 낯선 나라에서 오갈 데 없는 신세로 전락했다. 그는 나중에야 키스가 변덕이 심하여 약속을 지키지 않는 인간임을 알게 되었다. 사태가 이렇게 된 데는 키스의 부도덕함과 함께 제대로 알아보지 않고 뛰어든 프랭클린의 성급함도 일조했다. 하지만 후회만 하고 있을 수는 없었다. 그의 수중엔 뱃삯조차 없어 미국으로 돌아갈 수가 없었다. 일단 먹고살아야 했다.

벤저민 프랭클린

방법은 하나뿐이었다. 프랭클린은 인쇄공으로서의 능력과 사교성이라는 장점을 다시 한 번 활용하기로 했다. 일단 런던에 있는 인쇄소에 취업을 하고 〈젊고 성실하고 능력 있는 인쇄공〉으로 인정받기 위해 애썼다. 다행히 당시 영국은 호황기여서 일자리가 많았고, 덕분에 프랭클린은 금세 일을 구할 수 있었다.

영국에서 그럭저럭 생활하던 프랭클린에게 미국으로 돌아갈 수 있는 기회가 찾아왔다. 필라델피아에서 영국으로 오는 배에서 만난 명망 있는 상인이자 퀘이커 교도인 토머스 데넘Thomas Denham이 여비를 대줄 테니 함께 필라델피아로 돌아가 잡화점을 운영하자고 제안한 것이다. 데넘은 평소에 프랭클린의 민활함과 수완을 눈여겨봐 온 터였다. 1726년 7월 두 사람은 미국으로 돌아오는 배에 올랐다. 프랭클린의 나이도 어느덧 스무 살이 되었다. 배로 영국에서 미국으로 가는 데는 약 11주가 소요되었다. 프랭클린은 이 시간을 활용해 지나온 날들을 돌아보고 앞으로의 삶을 그려 보기로 했다. 우선 친구와 후원자의 배신, 그들로 인해 곤란한 상황에 처한 일들을 반성했다. 그리고 스스로 성숙한 사람이 되기로 결심하고 〈절약, 진실과 진심, 근면과 인내, 비방 금지〉를 골자로 한 〈미래 행동 계획〉을 작성했다.

필라델피아로 돌아온 프랭클린은 데넘과 같이 잡화점을 열었다. 두 사람은 숙식을 함께하며 열심히 일했고, 장사는 큰 어려움 없이 안정 궤도에 올랐다. 성공이 눈앞에 보이는 듯했다. 그러나 이번에도 성공은 그의 손을 비껴 갔다. 불운하게도 상점을 열고 얼마 안 되어 데넘이 병에 걸려 세상을 떠난 것이다. 프랭클린은 또 다시 기반을 잃었다. 결국 인쇄공보다 사회적 지위가 나은 상인이 되겠다는 희망을 접고, 영국으로 떠나기 전에 일했던 인쇄소에 관리자로 다시 들어갔다. 생계를 해결하는 게 우선이었다. 하지만 그의 마음속에는 이제 누구 밑이 아닌 자기 사업을 하고 싶다는 열망이 타오르고 있었다. 그는 더 이상 풋내기 인쇄공이 아니었다. 열두 살부터 인쇄공으로 일하며 쌓은 경험과 영국에서 선진 인쇄 기술을 익힌 실력은 필라델피아에서 최고라 할 만했다. 종잣돈만 있으면 인쇄소를 운영할 수 있는 능력은 충분했다.

프랭클린은 다시 들어간 인쇄소에서 동료 한 사람을 만났다. 동료에게는 돈이 있었고, 그에게는 실력이 있었다. 둘은 동업으로 인쇄소를 차렸다. 프랭클린은 이른 아침부터 밤 늦게까지 일했다. 〈미래 행동 계획〉에서 했던 다짐을 증명하기라도 하듯 고객과의 약속을 어기는 적이 없었다. 인쇄 품질도 근처 인쇄소 가운데 단연 최고였다. 그의 장점이었던 성실함과 사교성, 절약 습관에 한층 성숙해진 언행이 결합하면서 인쇄소는 빠르게 성장했다. 얼마 안 되어 동업자가 사정이 있어 떠나고, 그는 드디어 오랫동안 꿈꿔 온 자신의 인쇄소를 갖게 되었다.

프랭클린의 인쇄소가 빠르게 성장할 수 있었던 한 가지 비결이 있다.

영국에서 돌아온 프랭클린은 1727년 가을, 열두 명의 젊은 기술자와 자영업자들로 구성된 사적 모임을 만들었다. 흔히 〈가죽 앞치마 클럽〉이라 불린 이 모임의 공식 명칭은 〈준토Junto〉였다. 〈비밀결사〉라는 뜻을 가진 준토는 복합적인 목적을 가진 모임이었다. 프랭클린이 처음 준토를 창설한 목적은, 〈자기계발, 연구, 상호 지원, 사교〉였다. 그를 비롯한 회원들은 자신들의 직업과 사업에 도움이 되는 인맥을 형성하고 홍보를 도와주고, 때로는 서로에게 일거리를 소개해 주었다. 이와 함께 시사 문제를 토론하고 특정 주제를 공부하고 자기계발 방법을 익혔다.

열두 명의 회원 가운데 가장 신나게 활동한 사람은 프랭클린이었다. 모임을 처음 제안하고 조직을 주도했으며, 준토의 회칙과 운영에 관한 상세한 그림도 그의 손에서 나왔다. 프랭클린이 사회 지도층이 아닌 자영업자들로 준토를 만든 데는 이유가 있었다. 그는 평생 동안 자신과 같은 중산층의 정체성을 자랑스러워했다. 보통 사람의 가능성을 믿고, 그들의 지혜를 신뢰했으며, 시민들이 주도하는 민주주의를 한결같이 옹호했다. 이런 신념은 준토 설립에 밑거름이 되었고, 나중에는 영국에서 갓 독립한 미국을 새롭게 건국하는 데에도 적지 않은 영향을 미쳤다.

먼저 프랭클린은 준토를 자기계발을 위한 〈수련장〉으로 삼았다. 모임을 이끌며 리더십을 키우고, 모임에 필요한 각종 문서와 토론 발제문을 쓰면서 체계적인 글쓰기 훈련을 했다. 또한 준토 활동을 하며 의사소통 능력을 크게 향상시켰다. 평소에 말이 많았던 그는 여러 회원들과 좋은 관계를 맺는 데 수다나 강한 주장은 도움이 되지 않음을 체감했다. 그보다는 소크라테스의 대화 방식이 훨씬 유용함을 깨닫고는, 말하기에 앞서 경청하고 제안과 질문 형태로 자기 생각을 표현하고 반박이나 비판은 가급적 삼가는 대화법을 익혔다. 프랭클린은 자신의 경험을 살려서 준토 회원들이 보다 편안하게 대화할 수 있는 방법을 20여 개로 정리한 안내문을 만들어 공유하기도 했다. 나중에 이런 대화 방식은 프랭클린을 대표하는 스타일이 되었다. 준토를 이끌면서 사람 보는 눈이 생긴 그에게 이제 배신은 더 이상 트라우마가 아니었다. 오히려 준토를 통해 프랭클린은 인간관계 전문가가 되었다.

준토는 프랭클린에게 지적 호기심을 마음껏 발산하고 충족하는 〈지식 창고〉이기도 했다. 준토에서 다루는 주제는 사회, 자연과학, 철학 등 광범위했는데 그 가운데서도 실용적인 주제를 주로 다루었다. 몇 가지 예를 들면 이렇다. 〈좋은 글쓰기의 요소는 무엇인가? 왜 차가운 잔에 물방울이 맺히는가? 행복의 비결은 무엇인가?〉 준토는 매주 금요일 저녁에 모여서 특정 주제에 대해 토론을 진행했다. 사교의 목적도 있지만 점점 지적인 모임을 지향했기 때문에 회원들은 진지한 태도로 토론에 임했다. 토론의 질을 높이기 위해 모임에서 다룰 주제는 모임 일주일 전에 공지했고, 회원들은 모임 날까지 주제와 관련된 책과 자료를 읽고 참석해야 했다. 프랭클린은 자서전에서 준토가 오랫동안 〈철학과 도덕, 정치에 관한 한 우리 지역 최고의 토론장〉이었다고 자부심을 드러냈다.

프랭클린은 식견이 넓어짐에 따라 사적 이슈를 넘어 공익과 관련한 문제를 바라보기 시작했다. 준토를 사업이나 자기계발을 넘어 공익 활동을 위한 일종의 〈공동 실험실〉로 활용하기 시작한 것이다. 이 점을 잘 보여 주는 사례가 도서관 건립이다.

처음에 준토는 동네 술집에서 열리다가 얼마 후부터 전용 사무실을 마련했다. 프랭클린은 회원들의 지성을 돋구고 공동 학습을 촉진하기 위해 회원들에게 책을 기증 받아 사무실에 공동 서고를 만들었다. 당시

준토의 공동 서재에서 아이디어를 얻은 회원제 도서관 설립은 프랭클린이 준토 회원들과 협업한 첫 번째 공공 프로젝트였다. 찰스 E. 밀스, 「프랭클린의 미국 최초 회원제 도서관」, 1900년경.

만 해도 미국은 영국의 식민지였고 필라델피아에는 제대로 된 서점이 드물어서 읽고 싶은 책을 손에 넣기가 힘들었다. 전문 분야에 관한 책을 구하려면 십중팔구 영국에서 주문해야 했다. 이런 상황이었기에 준토의 공동 서재는 유용했다. 가령 토론 중에 필요한 책을 바로 찾아볼 수 있고, 평소에 접하기 힘든 책도 자유롭게 빌려 볼 수 있었다. 프랭클린은 소박하게 시작한 공동 서재가 큰 효력을 발휘하는 것을 보고 지역 차원으로 확대하면 어떨까 생각했다. 여기서 나온 아이디어가 〈회원제 도서관〉이다. 프랭클린의 주도로 이 아이디어는 준토를 거쳐 점점 진화하여 미국 최초의 회원제 도서관으로 발전했다.

프랭클린은 1731년 필라델피아 도서관 조합을 설립하고 도서관 건립을 위한 계획과 도서관 운영에 필요한 규칙 초안을 작성했다. 이 초안을 준토에서 발표하고 회원들과 토론하여 수정했다. 최종적으로 도서관을 50년 동안 유지하기로 명시하고 준토의 회원 한 사람이 공신력 있는 가입 약관을 만들었다. 프랭클린은 이 도서관에 〈공동선(共同善)을 위해 베푸는 선행은 신성하다〉는 표어를 내걸었다. 당시 미국에는 성인을 위한 오락거리가 변변치 않았기 때문에 사람들은 책과 쉽게 친해졌다. 필라델피아에 독서 열풍이 일어났고, 회원제 도서관은 크게 성공했다. 도서관 회원이 나날이 늘어나고 사람들이 기증하는 책도 점점 증가했다. 성과가 알려지면서 〈회원제 대출 도서관〉이라는 씨앗은 미국 전역으로 퍼져 나갔다. 자서전에서 프랭클린은 도서관이 미국인들의 대화 수준을 높이고 시민들의 지성을 끌어올리는 데 일조했다고 자평했다. 그와 준토의 주도로 설립된 도서관은 오늘날 근대 공공 도서관의 원형으로 평가받고 있다.

회원제 대출 도서관을 만든 것은 프랭클린의 첫 번째 공공 프로젝트였다. 그는 이 경험을 바탕으로 공익사업에 눈뜨게 되고, 본격적으로 사회적 이익을 위해 노력하게 된다. 도서관을 시작으로 준토에서 공익과 관련된 문제를 점점 자주 다루었고, 훗날 공직에서 주도적으로 추진한 많은 아이디어를 준토에서 먼저 실험했다. 특히 지역사회를 위한 다양한 공공조직을 준토 회원들에게 제안하고 그에 관한 기획서를 작성하여 공유했다. 회원들과 함께 토론하여 초안을 수정하고 실현 가능성을 실험했다. 준토라는 리트머스 시험지를 통과한 아이디어는 신문을 비롯한 언론에 발표하여 여론화하는 단계로 나아갔다. 준토 회원들의 공감을 끌어내지 못하는 아이디어는 실현 가능성이 낮다고 프랭클린은 판단했다. 다시 말해 그에게 준토는 아이디어의 가능성을 가늠할 수 있는 시험대였다.

프랭클린은 〈선한 사람들이 개인적으로 하는 일은 그들이 단결하여

할 수 있는 일에 비하면 너무나 작다〉고 생각했다. 힘을 모으면 혼자 하는 것보다 훨씬 많은 일을 할 수 있었다. 그가 준토 회원들과 공공사 업을 의욕적으로 추진한 이유다. 그는 요즘 용어를 빌리면 〈집단지성〉 의 힘을 믿었다. 가령 준토 모임에서 세금 지원을 받는 지역 방범대 창 설, 자원자로 구성된 의용 소방대 결성 등을 제안하고 회원들과 공동 작업을 통해 아이디어를 다듬어 나갔다. 실제로 이런 아이디어들은 짧 게는 5년, 길게는 수십 년에 걸쳐 하나씩 실현되었다.

준토를 설립하고 17년이 지난 1744년, 프랭클린은 〈연합 준토〉라고 할 수 있는 〈미국철학회〉 발족을 주도했다. 이 모임은 필라델피아에 본 부를 두고, 프랭클린은 간사가 되어 국내에서 활동하는 과학자와 사상 가를 끌어 모았다. 현재도 활발하게 운영 중인 미국철학회는 미국 최초 의 과학학회 가운데 하나로, 미국의 과학 발전에 시금석 역할을 한 것 으로 평가받는다.

프랑스의 정치가 겸 역사가 알렉시스 드 토크빌Alexis de Tocqueville 은 1830년대 초반 미국을 여행하고 나서 〈나이, 지위, 성격을 막론하고 모든 미국인들은 영원히 단체를 만들 것이다. 병원, 감옥, 학교가 이런 식으로 탄생했다〉고 감탄했다. 미국에서 최고로 능숙한 단체 설립 전 문가를 꼽는다면 벤저민 프랭클린만큼 적합한 인물도 없을 것이다.

프랭클린은 스물한 살 때 시작한 준토를 쉰한 살이 될 때까지 주도 적으로 운영했다. 준토는 그의 삶에서 중심적인 축이었다. 만약 그가 1757년에 필라델피아 대표로 영국으로 가지 않았다면 준토는 프랭클 린과 더 오래 함께했을 것이다. 프랭클린에 관한 방대한 평전을 쓴 월 터 아이작슨Walter Isaacson은 준토에 대해 다음과 같이 평한다.

준토는 실용적이고 근면하고 탐구적이고 명랑하고 적당히 철학적이었다. 준토는 공적 덕목, 호혜주의, 자기계발, 사회 발전, 그리고 열심히 일하는 시민은 선행을 통해 성공할 수 있다는 주장을 예찬했다. 즉 준토는 프랭클린의 공적인 버전이었다.[107]

프랭클린이 준토를 만들었기에 그가 이 모임에 큰 영향을 준 것은 당연하다. 아울러 준토도 프랭클린의 삶에 지울 수 없는 영향을 미쳤다. 프랭클린과 준토는 공명하며 서로를 형성해 나갔다. 30년간 준토 활동을 하며 프랭클린은 개인주의와 공동체주의 간에 상호보완적 조화를 지향하고, 자기계발과 집단지성을 함께 추구했다. 준토를 통해 사익과 공익 추구를 결합하여 시너지를 낼 수 있는 능력을 확보했다. 또한 방대한 지식을 축적하고 대인관계 능력과 실행력을 겸비한 리더로 성장했다. 무엇보다 준토는 프랭클린이 향후 조직하게 되는 많은 비영리 공동체의 원형이 되었다. 그는 작은 비밀 조직에 불과했던 준토 창설자에서 미국 최고의 공공단체 설립 전문가로 성장했다. 훗날 그가 미국 건국의 근간이 되는 네 개의 문서, 즉 독립 선언서와 프랑스와의 동맹 조약문, 영국과의 평화 협정서, 미국 헌법 모두에 서명한 유일한 사람이 된 것은 결코 우연이 아니다.

엘리자베스 퀴블러 로스,
죽음 세미나에서 삶의 비밀을 깨닫다

엘리자베스 퀴블러 로스Elizabeth Kübler Ross는 정신의학자이자 호스피스hospice 운동의 선구자이다. 40년 가까이 죽음에 대해 연구한 탓에 〈죽음의 여의사〉로 불리기도 한다. 그녀는 1926년 스위스 취리히의 중산층 가정에서 자신과 꼭 닮은 두 명의 동생과 함께 세 쌍둥이로 태어났다. 셋 다 똑같이 생겼고 늘 같은 옷을 입었으며 심지어 받는 선물도 같았다. 그녀는 어린 시절 내내 정체성에 혼란을 느끼며 자신이 누구인지 이해하려고 애쓰며 보냈다.

시골에서 자란 퀴블러 로스는 죽음을 가까이에서 본 적이 몇 번 있었다. 어렸을 적 병원에 입원했을 때 맞은편 침대에는 자신보다 두 살 많은 고아 소녀가 있었다. 그 아이는 늘 꾸벅꾸벅 졸았기 때문에 서로 말을 하지는 못했지만 가끔씩 눈을 통해 친근한 대화를 나누곤 했다. 어느 날 잠에서 깨어나 보니 그 아이가 그녀를 가만히 응시하며 기다리고 있었다. 「괜찮아.」 그 아이가 말했다. 「나를 기다리는 천사들이 있는 걸.」 아이는 죽음을 두려워하지 않았고 지극히 평온하게 눈을 감았다.

또 한 번은 이웃에 사는 아버지의 친구가 세상을 떠났을 때였다.

50대의 과수원 주인이었던 그는 사과나무에서 떨어지는 사고로 목뼈가 부러졌다. 의사가 치료할 수는 없었지만 다행히 즉사하지는 않았다. 그녀가 찾아갔을 때 그는 들꽃으로 가득한 방의 침대에 누워 창문으로 오랫동안 손수 가꾼 과수원을 바라보며, 가족과 친구들에게 둘러싸여 마지막 작별을 고하고 있었다. 그는 평온하게 엘리자베스의 이름을 불러 주었고 다음 날 세상을 떠났다. 자신의 집에서 가족의 사랑 안에서 〈존경과 존엄을 받으며〉 숨을 거둔 이웃 아저씨의 모습은 어린 엘리자베스의 마음에 평생 동안 기억되었다.

이런 기억들 때문이었을까. 그녀는 어릴 적부터 의사가 되기를 꿈꾸었다. 특히 책을 통해 접한 알베르트 슈바이처 박사의 영향으로 가난한 이들이 사는 마을에 가서 의사로 헌신하고 싶었다. 열일곱 살이 되자 그녀는 자신의 진로를 의사로 분명하게 정하고, 취리히 주립병원의 피부과 연구실에서 견습생으로 일을 시작했다. 당시는 2차 세계 대전이 끝나가는 시점으로 세계 곳곳이 전쟁으로 몸살을 앓고 있었다. 우연히 자신의 집에서 국제 평화 봉사 단원들을 만난 그녀는 인도주의 정신으로 전후 복구에 열정적으로 뛰어들었던 그들의 체험담에 매료되었다. 그것은 그녀가 늘 꿈꿔 왔던 인류에 대한 봉사 활동이었다. 결국 열아홉 살의 그녀는 직장에 휴가를 내고 국제 평화 봉사단에 동참했다. 봉사단의 일원으로 생전 처음으로 스위스를 떠나 프랑스와 벨기에 등 외국에서 활동했고, 나중에는 전쟁으로 가장 심각한 피해를 입은 폴란드로 넘어갔다.

폴란드에서 그녀는 전쟁이 빚은 참상을 목도했다. 많은 마을이 완전히 파괴되었고, 살아남은 사람은 노인과 여자와 아이들이 대부분이었으며, 젊은이라고는 부상당한 몇 명이 어슬렁거릴 뿐이었다. 당시 그녀

엘리자베스 퀴블러 로스

는 정식 의사가 아닌 견습생에 불과했지만 헌신적으로 사람들을 돌봤다. 부족한 약품과 형편없는 의료 기구에도 불구하고 환자들은 엄청난 의지로 놀라운 회복력을 보였다. 의과 대학에서는 접할 수 없는 실전 경험의 연속이었다. 이때 그녀가 본 환자들의 끈질긴 생명력은 그녀의 영혼에 깊은 흔적을 남겼다. 그녀는 자신의 수첩에 〈나의 목표는 생명의 의미를 밝히는 것에 있다〉고 써두었다.

봉사 활동을 마치고 취리히 대학에서 정신의학을 공부한 그녀는 미국인 의사와 결혼하면서 뉴욕으로 이주한다. 이후 뉴욕과 시카고 등지의 병원에서 죽음을 앞둔 환자들의 정신과 진료와 상담을 맡는다. 이때 그녀는 많은 의사들이 죽음과 관련된 일체의 것에 대해 언급을 피하는 모습을 보고 충격을 받는다. 의사들은 환자의 심박수와 폐기능 등 몸에만 관심을 가질 뿐 환자의 마음을 헤아리거나 정직하게 대해 주지 않았다. 암 환자가 「나는 죽습니까?」 하고 물으면 의사는 으레 「쓸데없는 소리 마시오!」라는 식으로 핀잔을 주고는 말을 돌리기 일쑤였다.

죽어가는 환자들은 공통적으로 사랑과 교류를 갈망했지만 병원 사람들, 특히 의사들은 정반대로 행동했다. 그들은 환자와 가급적 안전거리를 유지하려고 했으며 인간적인 교감과 솔직함은 찾아볼 수 없었다. 비극적이게도 최악의 상태에 있는 말기 환자들에게는 최악의 치료가 행해졌다. 간호사실에서 가장 먼 방에 갇혀서 스스로 끌 수도 없는 형광등 불빛 아래 누워 있었던 것이다. 정해진 시간 이외에는 병문안도 허락되지 않았다. 마치 죽음이 전염되기라도 하듯, 환자들은 사실상 혼자 죽어 가도록 방치되었다.

유산을 네 번 경험하고 어렵게 아들과 딸을 낳은 엘리자베스는, 죽음을 생명의 자연스런 사이클의 일부로 받아들였다. 그러나 대부분의 의사는 남자였고 그들 다수는 죽음을 실패 또는 패배로 여겼다. 그녀는 다른 의사처럼 죽어가는 환자들을 방치할 수 없었다. 그것은 전쟁으로 피폐해진 유럽의 여러 마을에서 구조 활동을 한 경험 때문이기도 했다. 그녀는 환자 곁에 앉아 손을 잡고 몇 시간 동안 환자의 이야기를 듣고 또 들었다. 이 과정에서 환자들, 특히 죽음을 앞둔 거의 모든 환자가 좋은 스승이 될 수 있음을 알게 되었다. 엘리자베스는 죽음에 직면한 환자들이 운명을 받아들이려고 고투하는 모습을 지켜보았다. 신을 비난하는 그들의 말에도 귀를 기울였다. 환자들은 〈왜 하필 나입니까?〉라고 울며 호소했다. 또한 그녀는 환자들이 자신을 괴롭히는 질환과 자신에게 무심한 듯한 신과 화해하는 말에도 귀를 기울였다. 그리고 진심을 나눌 수 있는 친구가 있다면, 죽어 가는 사람들도 결국에는 모든 것을 받아들이는 단계에 이른다는 것을 알게 되었다.

그저 귀 기울이는 것만으로 나는 모든 죽어 가는 환자는 자신의 죽음을 알고 있다는 사실을 깨닫게 되었다. 〈알려야 할까?〉라든가 〈이미 알고 있을까?〉라는 물음이 필요한 것이 아니다. 던져야 할 질문은 단 하나, 〈그 사람의 이야기를 내가 들어 줄 수 있을까?〉이다.[108]

그러던 중 그녀는 지도 교수를 대신해 강의를 하게 되었다. 당시 지도 교수인 시드니 마골린Sydney Margolin은 학생들을 단박에 휘어잡는 강의로 유명한 인기 교수였다. 그런 그의 강의를 대신하는 일은 그녀에게 적지 않은 부담이었다. 모든 의사와 환자가 공유할 수 있는 주제를 고심하던 중 불현듯 가장 적합한 주제가 머리를 스쳤다. 〈죽음〉이었다. 모든 의사와 환자는 회피하지 말고 그것에 직면해야 했다. 죽음이야말로 당시 의학에서 최고의 신비인 동시에 최대의 금기였다. 그녀는 도서관을 뒤져 보았지만 몇 개의 난해한 정신분석 논문과 종교 서적을 제외하고는 죽음에 관한 책이나 자료를 찾을 수가 없었다. 그렇게 중요한 주제에 대해 이토록 자료가 빈약하다는 걸 이해하기 힘들었다.

자료 부족으로 고민하던 중 그녀는 병원에서 열여섯 살 소녀 린다의 침대에 걸터앉아 아이와 대화를 나눴다. 백혈병으로 죽어 가던 린다는 자신의 상태와 병에 대해 솔직하고 편안하게 이야기했다. 의학적으로 모든 희망이 사라졌음에도, 린다는 자신의 입장을 배려하지 않는 부모에 대한 분노를 거침없이 표현했다. 순간 그녀는 수업에 필요한 아이디어가 떠올랐다. 이 용감한 소녀의 이야기 자체가 귀중한 교과서라는 생각을 한 것이다. 의대생들은 린다의 이야기를 귀담아들을 필요가 있었다. 그녀는 린다를 자신의 강의에 초대하며 〈장래 의사가 될 학생들에게 어머니에게는 할 수 없었던 얘기를 실컷 해보라〉고 설득했다.

열여섯 살에 죽는다는 게 어떤 건지 그들에게 가르쳐 줘. 화가 나면 화를 내도 좋아. 어떤 말을 해도 좋아. 지금의 진실한 마음을 죄다 털어놓는 거야.[109]

강의 첫날, 학생들은 퀴블러 로스의 강의에 집중하지 않았다. 그러나 〈죽음〉이라는 뜻밖의 주제 때문인지 학생들의 태도는 점차 달라지기 시작했다. 이 수업의 포인트는 역시 린다였다. 수업 중간 쉬는 시간을 마치고 퀴블러 로스가 린다를 휠체어에 태워 교실로 들어갔을 때 학생들은 잠시 술렁거렸고 일부는 불편한 듯 몸을 뒤척였다. 학생들과 대조적으로 린다는 침착했다. 퀴블러 로스는 학생들에게 질문을 요청했지만 아무도 나서지 않았다. 몇몇 학생들을 지명하여 질문하도록 했지만, 그들이 던진 질문이라고는 이제껏 린다가 만난 의사들처럼 혈구 수치와 간의 비대 정도 등 의학적인 내용뿐이었다.

한참 동안 비슷한 질문을 받던 린다가 갑자기 폭발했다. 중요한 질문을 피하는 학생들을 싸늘한 눈으로 쳐다보며 린다는, 담당 의사에게 받고 싶었던 질문들을 스스로 제시하고 대답하기 시작했다. 「열여섯에 죽는다는 건 어떤 기분이니?」, 「고등학교 졸업 댄스 파티를 꿈꿀 수 없다는 게 어떤 거야? 데이트에 나가지 못하는 건?」, 「그런 상태로 하루하루 보낼 때 무엇이 도움이 될까?」 등등. 린다는 이런 질문들로 30분간 열정적으로 자문자답했고 이내 지쳐서 병실로 돌아갔다.

린다가 떠나자 학생들은 무거운 침묵에 잠겼다. 수업 분위기는 시작할 때와는 확연히 달라져 있었다. 한동안 아무도 말을 하지 않았음에도, 모두가 큰 변화가 일어나고 있음을 감지했다. 린다의 이야기가 학생들의 마음속에 커다란 파문을 일으킨 것이다. 잠시 후 토론을 시작하자 많은 학생들이 린다에게 감동했으며 속으로 많이 울었다고 고백했다. 그리고 대부분의 학생들이 처음으로 언젠가 자신에게도 찾아올 죽음에 대해 인지하고 공포를 느꼈다고 말했다. 스스로 〈내가 린다라면 어떨까?〉 하는 생각을 하지 않을 수 없었던 것이다. 열여섯 살 소녀의 짧은 〈강의〉가 남겨 준 교훈은 얼마 후 그녀가 삶을 마친 후에도 오랫동안 학생들의 마음에서 울렸다. 이 경험은 퀴블러 로스의 삶에도 심오한 영향을 미쳤다. 죽어 가는 환자의 목소리에 귀 기울이고 사람들과 나누면 삶에 대해 아주 소중한 것을 배울 수 있다는 사실을 깨달은 것이다.

이 일을 계기로 그녀는 얼마간의 준비를 거쳐 〈죽음과 죽어감On Death and Dying〉이라는 세미나를 본격적으로 시작했다. 세미나에는 의대생을 비롯해 신학생, 간호사, 목사, 랍비, 사회복지사 등 다양한 사람들이 참여했다. 그녀는 세미나가 자신 위주로 돌아가지 않도록 세심하게 계획했다. 세미나에서 그녀의 역할은 교수나 의사가 아닌 촉매제로 한정했고, 참가한 환자와 학생들을 중심으로 세미나를 진행했다. 〈죽음과 삶〉을 주제로 환자와 직접 대화를 나누고 서로 토론하는 수업은 당시로서는 파격적인 방식이었다.

그녀는 매주 인터뷰에 참여해 줄 환자를 찾아 나섰지만 쉬운 일은 아니었다. 대부분의 의사가 환자를 이용하는 세미나를 연다며 그녀를 비난하거나 기피했기 때문이다. 그녀는 시한부 환자가 자신의 속마음을 솔직하게 표현하는 걸 금기시하는 의사들의 직업적 태도를 깨뜨려야 했다.

그럼에도 불구하고 몇몇 의사들이 그녀의 뜻을 이해하고 환자를 소개해 주었다. 의사라는 벽만 넘으면 환자를 섭외하는 데 별 어려움이 없었다. 실제로 의사가 아닌 환자에게 거절당한 경우는 단 한 번도 없었다. 퀴블러 로스는 최대한 환자 입장을 고려하여 세미나를 진행했다. 환자의 최소한의 프라이버시를 위해 환자와의 면담은 이중 거울과 오디오 시스템을 갖춘 작은 방에서 이뤄졌다. 세미나를 시작하기 전에 항상 환자에게 어떤 위험이나 손해도 없으며 대답하고 싶은 질문에만 대답하면 된다고 일러 주었다. 다행스럽게도 거의 모든 환자들은 일단 이야기를 시작하면 억눌려 있던 감정의 분출을 멈출 수 없었다. 그들은 한없이 솔직했고, 쓸데없는 이야기로 시간을 허비하는 일도 없었다. 그들은 자신에게 행해진 의료 행위에 대해 거침없이 불만을 토로했다. 한 환자는 이렇게 말했다.

> 의사의 관심은 온통 내 간의 크기뿐이에요. 이제 와서 간의 크기에 왜 신경 써야 하죠? 집에는 내가 돌봐야 할 아이가 다섯이나 있습니다. 걱정 때문에 견딜 수가 없어요. 그런데도 아이들 이야기에는 아무도 귀 기울여 주지 않아요![110]

세미나가 끝날 즈음 환자의 표정에는 평온함이 보였다. 희망을 잃고 무력감에 빠져 있던 환자들은 새롭게 주어진 〈교사의 역할〉에서 가치 있는 기쁨을 찾았다. 죽음을 목전에 두고도 인생에는 아직 의미가 있다는 것을 깨달은 것이다. 그들은 죽음에 임박하여 절감한 삶의 교훈을 사람들과 나누었고 죽기 전까지 계속 성장했다.

그것은 세미나 장을 가득 채운 사람들도 마찬가지였다. 〈죽음과 죽어감〉 세미나는 환자와의 면담이 끝나면 언제나 참가자들 간의 토론으로 이어졌다. 죽음 앞에서 서로에게 더없이 동화된 참가자들은 활발하게 토론을 벌였다. 환자들이 전해 준 강렬한 교훈에 공명한 참가자들은 다른 곳에서는 상상할 수 없을 정도로 솔직하게 이야기했다. 죽음 앞에서는 어떤 강고한 선입견과 편견도 쉬이 걷혔다. 마음을 활짝 연 토론을 통해 의사, 성직자, 사회복지사 등 의료계에서 활동하는 다양한 이들의 내면에 있던 방어벽이 무너졌고 상처가 치유되었으며, 스스로를 돌아볼 수 있게 되었다. 또한 서로를 차별하고 대립으로 이끈 장벽도 허물어졌다. 이로써 참가자들에게 세미나는 〈죽음과 죽어감〉의 의미와 함께 〈삶과 살아감〉의 의미를 공유하는 장이 되었다.

이 세미나가 참석자들에게 어떤 영향을 미쳤는지는 퀴블러 로스가 린다와 최초 인터뷰를 하고 10년 후에 출간한 『죽음 그리고 성장』에 잘 드러나 있다. 특히 책의 초반부에 여러 참석자들의 세미나 체험이 생생하게 담겨 있다. 퀴블러 로스는 세미나가 참가자들에게 미친 영향을 다음과 같이 요약한다.

그 자리에 앉아 시한부 환자들의 이야기에 귀를 기울였던 수많은 학생들 가운데 마음의 울림을 경험하지 못한 사람은 없었을 것이라 생각한다. 오래 묵은 옛 생각들이 떠올랐을 것이고, 우리가 죽음에 대해 품는 두려움은 비난받을 성질의 것이 아니라 오히려 이해받아야 할 문제라는 새로운 인식도 찾아왔을 것이다. 그 자리에 참석했던 우리 모두는 여러 모로 성장을 경험했고 무엇보다 삶에 감사할 줄 알게 되었다.[111]

지도 교수를 대신한 죽음에 관한 첫 강의를 모태로 시작한 〈죽음과 죽어감〉 세미나의 가장 큰 수혜자는 물론 퀴블러 로스 본인이었다. 그녀는 이 세미나를 통해 죽음의 의미뿐만 아니라 삶의 의미 또한 깊이 체득하게 되었다. 그녀는 일생을 바칠 만한 화두, 앞으로 평생 천착할 소명을 분명히 알게 되었다. 비로소 〈죽음학thanatology〉이라는 학문이 태동하는 순간이었다.

퀴블러 로스가 나서서 세미나를 특별히 홍보한 것은 아니지만, 차츰 사람들의 입소문을 타고 이 세미나에 대한 소식이 알려졌다. 몇 년이 흘러 이 세미나는 대학의 정식 강좌로 자리 잡았다. 얼마 뒤엔 유명 잡지 『라이프Life』에 대서 특필되면서 엄청난 주목을 받기도 했다. 그러나 수년 동안 조용히 세미나를 진행해 온 퀴블러 로스는 자만하거나 무리하게 규모를 확장하려 하지 않았다. 그녀는 다만 〈죽음에 대한 탐구가 삶의 문을 열어 주는 열쇠〉라는 자신의 철학에 충실할 뿐이었다.

그녀는 세미나 내용과 개인적 연구를 다듬어 책으로 출간함으로써 세미나에서 환자들의 절절한 고백과, 참가자들이 토론하며 공명한 메시지를 세상과 나누었다. 그녀의 책과 세미나가 주목받으면서 전국의 병원과 의과 대학에서 변화가 일어나기 시작했다. 죽음을 앞둔 이들의 목소리를 들으며 그 의미를 다시 생각하기 시작한 것이다. 죽어 가는 환자들의 이야기를 담은 책과 기사들이 폭발적으로 쏟아졌고, 영화와 다큐멘터리가 제작되었으며, 많은 신학교에서 시한부 환자를 위한 목회 활동에 관한 교육을 개설했다. 음지에서 금기시되던 죽음이 양지로 나와 비로소 공론화되기 시작한 것이다.

그녀가 집필한 스무 권의 책 중 첫 세 권은 〈죽음과 죽어감〉 세미나가 그녀의 삶에 얼마나 큰 영향을 미쳤는지 짐작할 수 있게 한다. 1969년에 출간된 첫 책 『죽음과 죽어감』은 수년간 진행한 세미나를 바탕으로 〈죽음의 5단계〉를 정리한 것이다. 이 책은 전 세계 25개국 이상의 언어로 번역될 만큼 큰 주목을 받았는데, 이 책이 학문적 타당성과

죽어가는 환자들은 언제나 퀴블러 로스에게 좋은 스승이었다. 그녀는 환자 곁에서 몇 시간이고 이야기를 듣곤 했으며, 이 경험은 훗날 호스피스 운동을 일으키는 계기가 되었다.

폭넓은 공감을 확보할 수 있었던 원동력은 세미나에 있었다. 죽음의 5단계는 세미나를 통해 진행한 말기 환자 5백여 명의 인터뷰의 소산이었던 것이다.

두 번째 책 『죽음과 임종에 관한 의문과 해답』과 세 번째 책 『죽음 그리고 성장』에서도 세미나의 직접적인 영향을 읽을 수 있다. 퀴블러 로스가 이 책들을 출간한 이유는 죽음에 관한 자료가 터무니없이 부족하다는 걸 절감했기 때문이다. 그녀는 세미나를 진행하면서 죽음을 각 문화권, 종교적·사회적 측면, 개인적 체험 등 여러 관점에서 살펴볼 때 제대로 이해할 수 있음을 느끼고 이를 책에 반영했다.

〈죽음과 죽어감〉 세미나 이후 퀴블러 로스의 죽음 연구는 점점 확장되어 그녀는 〈사후의 삶〉에 대해서도 연구하기 시작했다. 1970년대 초반까지 그녀는 2만 명에 달하는 죽음에서 돌아온 사람들을 인터뷰했다. 이로써 대부분의 임사(臨死) 체험이 매우 유사하여 체험의 진실성이 높다는 것을 밝혔으며, 죽음 이후의 경험을 다섯 단계로 정리하기도 했다. 연구 활동과 더불어 세계 최초로 의료계에 호스피스 운동을 불러일으켰다. 죽어 가는 이들과의 대화를 통해 얻은, 〈어떻게 죽느냐〉는 문제가 삶을 의미 있게 완성하는 중요한 과제이자 단계라는 깨달음을 실천에 옮긴 것이다.

퀴블러 로스는 죽음에 관해 거의 최초로 학문적 정리를 남겼을 뿐만 아니라, 삶에 대해서도 귀한 가르침을 전해 주었다. 이런 공로로 그녀는 시사 주간지 『타임Time』이 선정한 〈20세기 100대 사상가〉 가운데 한 명으로 선정되었고, 역사상 가장 많은 학술상을 받은 여성으로 기록되었다. 그러나 그녀가 지향한 삶의 본질은, 이와 같은 화려한 수식어보다 그녀가 일흔 살이 되던 해에 쓴 자서전 『생의 수레바퀴』의 첫 문장에 함축적으로 담겨 있다.

사람들은 나를 〈죽음의 여의사〉라 부른다. 30년 이상 죽음과 죽음 이후의 삶에 대해 연구해 왔기 때문에 나를 죽음의 전문가라고 믿는 것이다. 그러나 그들은 정말로 중요한 것을 놓치고 있는 것 같다. 내 연구의 가장 본질적인 핵심은 삶의 의미를 밝히는 일에 있었다.[112]

〈우리〉보다 현명한 〈나〉는 없다

우리나라의 공교육은 19세기 후반 미국에서 체계화된 방식을 바탕으로 하고 있다. 당시 미국은 산업혁명 이후 산업화가 급속도로 일어나던 시기였으므로 교육의 가장 큰 목적 역시 그에 걸맞은 산업 역군을 길러 내는 데 초점을 맞추었다. 학생들을 〈공장형 인간〉으로 교육시키는 게 중요한 현안이었던 것이다.

컨베이어 벨트로 상징되는 분업화 및 전문화에 발맞추어 교육 커리큘럼 역시 물리학, 화학, 대수학 등으로 분명하게 쪼개졌으며, 학생들은 문제를 하나하나 분해해서 푸는 능력을 극대화하도록 훈련받았다. 반면 이 조각들을 다시 묶어 종합하고 전체의 관계를 통합적으로 이해하는 능력은 당시에는 크게 중요하게 여겨지지 않았다. 그런 교육 체계를 표준으로 받아들인 우리들은 분석적, 논리적 능력에서는 뛰어났지만, 통합력과 창의력에서는 큰 성장을 보여 주지 못한 것이 사실이다.

그러나 시대는 바뀌었고 오늘날 우리는 〈통합의 시대〉 입구에 서 있다. 통합의 시대에서는, 이전 학교에서처럼 전체적인 맥락을 살피지 않고 문제를 자세하게 나누어 분석하는 데 치중하거나, 정해진 공식으로 푸는 식으로 접근해서는 뒤처질 수밖에 없다. 이것이 학교에서 높은 성적을 유지했던 우등생이 사회에서는 성공하지 못하는 이유이며, 공교육이 점점 쇠퇴하고 대안교육이나 지식 협동조합을 비롯한 각종 〈코뮌 commune〉들이 점점 발달하는 이유이기도 하다.

코뮌, 창의적 배움의 공동체

코뮌은 본래 12세기 북프랑스를 중심으로 성립된 주민 자치제에서 시작된 용어로 〈함께〉, 〈묶음〉 등을 뜻하는 〈com〉과 선물을 뜻하는 〈munis〉가 결합된 말이다. 즉, 〈선물을 주고받듯 대가 없이 베풀고 받는 방식으로 결합된 관계〉를 뜻한다. 지식과 경험이야말로 가장 부담 없이 주고받을 수 있는 선물이다. 지식과 경험은 나눈다고 줄어들지 않고 오히려 나눌수록 증폭되고 진화한다. 또한 지식은 시간이 흐르며 앞서 산 이들로부터 물려받고 축적할 수 있는 자원이며, 사람들 사이에서 분산 및 공유되는 경험이다. 그래서 요즘 코뮌은 새로운 삶을 살고자 하는 이들의 지적 공동체, 배움의 공동체를 가리킨다.

사실 공교육이 체계를 잡은 19세기 이전의 교육은 기본적으로 이런 코뮌을 바탕으로 이루어졌다. 전통적으로 동양에서 무엇이든 배우고자 하는 이는 훌륭한 스승을 찾아가서 제자가 되기를 청했으며 몇 년간의 부엌데기도 마다하지 않았다. 제자는 스승으로부터 조각난 지식들을 전수받는 것이 아니라 함께 일을 해나가면서 자연스럽게 일의 시작부터 마무리까지 통합적으로 습득해 나갔다. 특히 이런 코뮌에서 중요한 것은 구성원들 간의 관계였다. 제자는 스승의 집에 함께 기거하면서 스승의 일거수일투족을 관찰하고 익혔으며, 함께 문하생으로 있는 다른 제자들끼리 서로 배움을 주고받았다. 스승들 역시 후학을 지도하면서 더 깊은 수련을 위해 다시 스승을 찾아나서기도 했다. 그렇게 스승이면서 친구이고 제자이면서 동시에 평생의 지기가 되는 상호보완적인 〈배움의 그물망〉이 형성되었다. 칸막이 쳐진 독서실에서 각자의 공부를 하며 파편화된 지식을 습득하는 지금의 공교육 제도와는 상당히 다르다.

서양의 교육도 동양과 크게 다르지 않았다. 중세 유럽의 대학은 건물과 시설을 가지고 출발하지 않았다. 배움에 목마른 이들이 뭉쳐서 스승을 찾아내면서 시작되었다. 배울 태도가 된 사람들과 가르칠 내용이 있는 사람들의 만남이 대학의 모태가 된 것이다. 가르치는 방법 역시 잘게 나뉜 과목을 공부하는 게 아닌 큰 주제를 함께 토론하는 방식이었다. 우주를 뜻하는 영단어 〈universe〉에서 파생된 〈university〉는 〈모든 것을 가르친다〉는 의미를 품고 있다.

게다가 공교육이 초래한 심각한 폐해의 하나는 학교를 졸업하는 순간 〈이제 공부는 끝났다〉는 생각을 갖게 한다는 것이다. 「공부에 다 때가 있는 거야」라든지, 「이 나이에 무슨 공부냐」, 「젊어서 공부 못한 게 한이야」 등의 말이 모두 여기에서 나온다. 공교육은 사람들에게 〈공부는 적당한 연령대에 학교에서만 하는 것〉이라는 생각을 무의식적으로 주입한다.

조금만 생각해 보면 보다 고차원의 공부가 가장 필요한 시기는 청소년기가 아니라 사회에 나온 이후임을 알 수 있다. 왜냐하면 결혼을 하고 아이를 낳고, 직업 세계에서 일과 사람에 치이고, 부모와 주변인들이 죽음을 맞이하는 등 불확실하고 역동적인 삶이 실시간으로 펼쳐지기 때문이다. 이 험난한 파도를 지혜롭게 통과해 나가려면 사회에 나오는 때부터 진지하게 공부를 해야 한다.

이런 시기에 도움을 주고받을 수 있는 곳이 바로 배움의 공동체, 코뮌이다. 조금만 관심을 가져 보면 〈평생 학습〉이라는 기치 아래에 활동하고 있는 공동체들이 아주 많다는 사실을 알 수 있다. 특히 전국적으로 인문학 열풍이 불고 있는 지금, 제법 깊이 있는 배움을 추구하는 모임을 어렵지 않게 발견할 수 있다. 여기서 한 가지 유의할 점은 그 〈평생 학습〉이 새로운 방식의 배움이 아니라 학교가 만들어 놓은 틀을 고스란히 답습하는 것은 아닌지 면밀히 살펴야 한다는 것이다. 이건 공부의 즐거움을 되레 빼앗는 결과를 낳는다. 〈배움의 과정 자체를 즐기는가?〉가 좋은 학습 공동체의 첫 번째 기본 요건이다.

삶의 지혜를 키우고 마음을 나누는 곳

좋은 코뮌의 두 번째 요건은 〈삶의 지혜〉와 관련이 깊다. 프랭클린과 퀴블러 로스는 공동체를 통해 삶을 전환했지만 그 접근 방법은 사뭇 달랐다. 프랭클린의 준토가 구성원들 각자의 의견을 〈말하고 토론〉하기 위한 모임으로 시작했다면 죽음과 죽어감 세미나는 실제로 죽어가는 환자의 말을 〈듣기〉 위한 모임이었다. 준토가 추구한 것이 사교와 지성과 공익이었다면 죽음과 죽어감은 치유와 영성에 가깝다. 그러나 매우 다르게 보이는 이 두 코뮌을 관통하는 중요한 공통점이 있는데, 그것은 지식과 기술을 나누는 것을 넘어서 삶의 철학과 가치관을 형성하는 것을 공동체의 방향으로 삼았다는 것이다. 프랭클린은 〈긴 세월 동안 우리 클럽은 철학, 도덕, 정치에 관한 한 그 지역 최고의 토론장이자 수련장이었다〉고 자평했고, 퀴블러 로스는 세미나를 통해 〈마침내 우리는 환자와 의료진 모두를 위해 반드시 필요한, 학문 분야를 초월한 대화를 이루어 냈다〉고 자부했다.

물론 두 모임이 처음부터 고상한 목적을 지향한 것은 아니었다. 주로 상인들로 구성된 준토는 평일 저녁 동네 술집에서 주로 사업 문제나 자기계발에 대해 토의하는 가벼운 자리로 시작했다. 그러다가 토론이 깊어지면서 자연과학과 철학, 공공의 선과 사회 문제 등으로 주제를 확장해 나갔다. 죽음과 죽어감 세미나 역시 처음에는 단순히 환자의 말을 듣는 인터뷰에서 출발하여 점차 죽음의 의미와 삶의 철학을 밝히는 것으로 심화되었다. 이렇듯 많은 성공적인 코뮌들은 실용적인 관심사에서 출발하여 삶의 철학 등의 심층적인 주제로 옮겨가는 공통점을 보인다.

간디가 공동체를 통해 습득한 것 역시 삶의 가치관에 관한 것이었다. 그가 처음에 종교의 근본에 대해 배운 것은 다양한 종교 공동체를 통해서였다. 남아프리카의 교포들과의 교류도 공동체를 조직하면서부터였고, 훗날 사티아그라하 운동은 이러한 공동체적 움직임의 산물이었다. 인도로 돌아가서 아쉬람을 세우고 아이들을 가르쳤을 때도 그의 교육 초점은 지식의 습득보다는 〈인격의 훈련〉에 있었다. 참교육은 신과 진리를 알도록 도와주는 것이라 믿었던 간디는 사랑의 실천이야말로 가장 좋은 교육이라 확신했다. 아이들이 거짓말을 하는 등의 잘못을 저질렀을 때 체벌하거나 쉽게 넘어가지 않고, 그가 직접 며칠간 단식을 한 것은 그런 이유에서였다.

헨리 데이비드 소로는 랠프 왈도 에머슨과 함께 자연과 영성의 관점으로 인생을 들여다보는 〈초절주의 클럽Transcendental Club〉의 주요 구성원으로 활동했다. 에머슨을 중심으로 소설가 너대니얼 호손과 페미니즘 작가 마거릿 풀러, 시인 윌리엄 앨러리 채닝 등이 참가한 초절주의 클럽은 내향적인 소로의 삶에서 중요한 관계로 작용했다. 특히 이 모임은 그가 동양의 종교와 고전을 공부하고, 간소한 삶과 자연주의 사상을 형성하는 데 뚜렷한 영향을 미쳤다. 또한 초절주의 클럽에서 발행한 계간지 『다이얼*The Dial*』은 소로에게 시와 에세이, 여행기 등 다양한 형태의 글을 발표할 수 있는 기회를 제공했다.

좋은 공동체는 지식을 넘어서 삶의 지혜를 다룬다. 하나의 작은 지식은 구성원 각자의 경험을 공유하고 함께 실험함으로써 인생을 통찰하는 지혜로 확장될 수 있다. 나아가 공동체 안에서 〈관계 속의 나〉를 확인함으로써 자신에 대해 더 깊이 알게 된다. 나의 존재감이 확장될수록 나를 괴롭히는 문제는 흥미로운 탐구 주제 또는 스스로를 계발할 수 있는 기회로 새롭게 인식되기 마련이다. 좋은 공동체는 지혜를 모으고 자신을 발견하게 함으로써 지금 안달복달하는 문제에서 한 차원 높은 곳으로 시선을 도약시킨다.

또 하나, 우리는 공동체를 통해 심리적 동질감을 얻을 수 있다. 1부에서 밝혔듯, 전환의 모험은 필연적으로 고독을 수반한다. 이럴 때 마음이 통하는 사람들은 큰 위안인 동시에 든든한 버팀목이 되며, 때로 평생의 지기를 여기서 만날 수도 있다. 지속적인 관계에서 가장 중요한 것 가운데 하나가 가치관이기 때문이다. 공동체는 개성은 각기 다르지만 비슷한 가치관을 가진 사람들이 모인다는 점에서 〈특별한 연대〉를 가능하도록 한다. 일례로 나(승완)는 이제껏 다섯 권의 책을 공저했는데 모두 구본형 변화경영연구소에서 만난 동료들과 함께 썼다. 또한 이 책을 공저한 우리 두 저자 역시 변화경영연구소에서 처음 만나서 10년 가까이 함께 글을 쓰고 강의하며 삶을 나누고 있다.

중국 명대의 사상가 이탁오(李卓吾)는 〈친구가 될 수 없다면 진정한 스승이라 할 수 없고, 스승이 될 수 없다면 진정한 친구가 아니다〉라고 말했다. 다양한 사람들과 〈친구이자 스승〉으로 만날 때 우리는 지혜를 나누고 마음을 키우며 새로운 삶을 모색할 수 있다.

협력과 집단지성을 발휘하는 공동 실험실

배움의 즐거움과 삶의 지혜 이외에도 공동체는 소중한 것들을 개인에게 제공한다. 무엇보다도 구성원들은 공동체 안에서 자유롭게 협력하며 〈공동의 실험〉을 해볼 수 있다. 프랭클린에게 준토는 자신의 아이디어를 실험하고 심화하는 인큐베이터였다. 그가 준토에 제안한 공동 서재는 회원들의 적극적인 참여로 미국 최초의 회원제 도서관이 되었고, 다시 〈필라델피아 도서관 조합〉으로 커져 지역사회에 독서 열풍을 불러 일으켰다.

프랭클린은 인쇄업자로 자리를 잡은 1728년 도덕적으로 완전한 인간이 되겠다는 일생의 목표를 세우고 〈덕 완성 프로젝트〉에 착수했다. 그는 여러 고전과 인류의 스승을 참고하여 절제, 근면, 정의 등의 13가지 덕목을 정하고, 이를 체득하기 위한 매일의 실천 계획을 세웠다. 그리고 3년 후 이 덕목들이 습관화되자, 덕 완성 프로젝트를 곳곳으로 전파하여 세계적인 규모의 연합체를 만들고 싶었다. 그는 준토처럼 소규모의 비밀 결사를 활용하고자 했다. 민들레가 바람에 씨앗을 날려 보내듯 이 프로젝트를 위한 작은 모임을 퍼뜨리는 것이었다. 그는 준토 같은 작은 모임이 번져 나가면 커다란 〈덕의 연합체〉가 될 것이라 확신했다. 아쉽게도 이후로 수십 년간 외국에서 외교관으로 활동하는 바람에 이 목표는 실현되지 않았지만 이 방법이 충분히 효과가 있을 것이라는 그의 확신에는 변함이 없었다.

심지어 강제수용소처럼 강압적이고 예외적인 상황에서 만들어진 집단에서도 공동의 실험이 가능하다. 빅터 프랭클은 아우슈비츠에서 로고테라피의 원리와 방법론을 먼저 자기 자신에게 실험하고 다음으로 동료 수감자들에게 적용했다. 덕분에 자살을 기도하는 수감자나 낙담한 동료를 돕는 과정에서 로고테라피가 가진 효력을 확인할 수 있었다. 프랭클은 수감자들과 함께한 과정을 〈시련의 실험〉이라 불렀다. 강제수용소에서 실험이 가능하다면 자발적으로 모인 공동체는 말할 것도 없을 것이다.

공동체가 아이디어와 꿈을 모색하기 좋은 실험실인 이유는 분명하다. 우선 각자의 개성을 살려 상호 보완할 수 있고 실패하더라도 함께 반성하고 서로 응원할 수 있다. 혼자 하면 빨리 갈 수는 있지만 이내 지치고 만다. 함께하면 오래, 멀리 갈 수 있다. 또한 공동체는 실험의 과정에서 구성원 간에 실시간으로 피드백을 나눌 수 있다. 실험이 성공적인 경우 구성원들이 열성적인 전파자들이 되어 효과적으로 알릴 수 있다는 장점도 있다. 여기에 더해 공동체는 〈집단지성collective intelligence〉을 통해 훌륭한 지적 결과물을 만들 수 있다.

카를 융은 1916년 1월 지인들과 함께 〈심리학 클럽〉을 설립했다. 사교와 지식 공유를 위한 모임이었지만 다양한 주제를 다룬 준토와는 달리 정신의학에 관한 학술 연구에 집중했다. 자신이 주도적으로 설립한 모임이었음에도 융은 회장을 비롯한 어떤 공식적인 직위도 맡지 않고,

한 명의 회원으로서 세미나를 진행하는 데 공을 들였다. 이 모임을 자신의 지적 실험실로 삼고자 했던 것이다.

예를 들어 융은 심리학 클럽 초창기에 자신이 연구 중이던 〈심리유형론〉을 주제로 2년간 세미나를 진행했다. 융의 발표가 끝나면 회원들은 자유롭게 자신의 의견을 개진했다. 다양한 전문가들과의 토론을 통해 융은 심리유형론을 정교하게 다듬었으며, 전환기 이후에 출간한 첫 책 『심리학적 유형』을 집필할 수 있었다. 이렇게 심리학 클럽은 발전해 가는 융의 사상의 반향판(反響板)이었다. 이 클럽은 20년 넘게 꾸준히 운영되며 분석심리학의 뼈대를 구축하는 데 크게 공헌했다. 또한 융 연구소 설립에 관한 토론을 진행하고, 클럽 회원들이 연구소 설립을 주도하면서 취리히에 설립되는 〈융 연구소C. G. Jung Institute〉의 창립에도 큰 영향을 미쳤다.

인류 역사상 가장 창조적인 생산물들의 비밀은 기저의 〈보이지 않는 협력〉을 통해 만들어졌다는 점이다. 어떤 위대한 발명이나 발견도 혼자서 이뤄 낸 것은 없다. 가장 개인적인 성취로 보여지는 과학적 발견과 이론조차도 자세히 들여다보면 집단지성의 발로였음을 확인할 수 있다. 예컨대 진화론은 찰스 다윈의 단독 발견이 아니었다. 이전의 많은 선행 연구자들의 무수한 증거 자료가 없었다면 그의 발견은 〈위대한 가설〉로 그치고 말았을 것이다. 크고 작은 생각들이 끊임없이 연결되고 모아지는 가운데 기존의 아이디어가 재해석되고 새로운 아이디어가 탄생한다. 공동체는 보이지 않는 협력을 통해 아이디어를 결합하고 증폭시킨다. 그렇다. 〈우리〉보다 현명한 〈나〉는 없다.

함께 성장하는 공동체 만들기

각각 〈공동체〉와 〈소통〉을 뜻하는 영어 커뮤니티community와 커뮤니케이션communication은 어원이 같은데, 모두 라틴어 코뮤니스 communis에서 비롯되었다. 〈공동의 것을 함께 만들고 나눈다〉는 의미다. 두 단어가 이렇게 같은 뿌리를 갖고 있다는 사실은, 사람들의 모임과 소통이 불가분의 관계임을 시사한다. 흥미롭게도 이 코뮤니스의 〈munis〉는 선물 외에 임무라는 뜻도 내포하고 있다.

조금 더 파고들어 보자. 공감compassion과 교감communion 또한 동일한 어원에서 파생되었다. compassion의 passion은 열정만이 아니라 격노, 고난 등의 의미를 포함한다. 예컨대 〈The Passion of Christ〉는 예수의 고난을 뜻한다. 교감communion 역시 일반적인 의미보다는 더 심오하게, 경계가 사라지고 하나가 되는 차원을 가리킨다. 〈communion〉이 기독교에서 영성체를 지칭하는 것은, 예수의 살과 피를 상징하는 빵과 포도주를 함께 먹고 마심으로써 예수와 하나가 된다는 의미를 담고 있기 때문이다.

다시 말해, 공동체는 지식과 경험뿐만 아니라, 선물과 임무, 기쁨과 고난을 함께 겪으며 궁극적으로 각자의 경계를 허물고 하나됨을 지향하는 모임이라 할 수 있다. 그리고 이 공동체의 중심에는 사람들 간의 소통communication, 즉 〈대화〉가 있다. 공동체는 대화 없이 발전할 수 없으며, 대화 수준으로 공동체의 수준을 가늠할 수 있다.

대화의 네 가지 수준

그럼 공동체가 단순히 동호회나 토론회를 넘어 〈함께 성장하는 코뮌〉이 되려면 어떻게 대화해야 할까? 또한 대화 수준이 공동체의 수준이라면, 그 수준은 어떻게 나눌 수 있을까?

대화에는 적어도 네 가지의 수준이 있다. 가장 낮은 레벨의 대화는 〈확인〉이다. 상대방의 의견 가운데 자신에게 맞는 것들을 취사 선택하고, 자기 판단을 확인하며, 자신의 주장을 반복하는 것이다. 속단하거나 미리 결론을 내리고 진행하는 대화, 강요에 의한 대화, 혼자 떠들기, 광고 등이 여기에 속한다.

두 번째 수준의 대화는 〈의견 교환〉이다. 단순한 지식의 교환, 날 선 주장으로 반박하며 맞서는 데 치중한 대화다. 판매, 중간 수준의 협상, 그리고 낮은 수준의 토론이 여기에 속한다. 여기에서 참여자들이 객관적으로 듣고 중립적으로 말하기만 해도 대화의 수준은 올라간다.

세 번째 수준은 〈감정이입〉이 이뤄지는 대화다. 마음을 열고 상대의 이야기를 먼저 들으며 외부 탓을 하기 전에 먼저 스스로를 돌아볼 줄 아는 대화다. 이 수준의 특징은 열려 있음과 수용이다. 즉, 각자의 마음이 어느 정도 열려 있어서 내적 수용 공간을 갖추고 있다. 따라서 상대가 〈틀린 것〉이 아닌 나와 〈다른 것〉임을 인정하며, 상대의 의견에 비추어 자신을 돌아볼 줄 안다.

최고 수준의 대화는 〈생성〉적 대화다. 나와 너의 경계를 허물고 함께 참여하고 창조하는 대화다. 이런 대화는 자아ego가 아닌 전체eco를 중심에 두고 진행한다. 〈나와 너〉를 비우고 〈우리〉라는 전체 맥락에서 대화가 이뤄진다. 이 수준의 대화는 흔하지 않지만 한 번 체험하면 좀처럼 잊기 어려울 만큼 인상적이다. 이런 대화에서 핵심은 포섭과 설득이 아니다. 관건은 〈의미의 흐름flow of meaning〉이다. 여기서 의미는 동기, 의지, 가치, 철학, 아이디어와 영감을 포괄하는 매우 폭넓은 개념이다.

이론 물리학자면서 신비주의자였던 데이비드 봄은 저서 『창조적 대화론』에서 진정한 대화는 서로가 가진 모든 가정에 대한 이해와 공유를 지향하며, 이런 대화를 통해 이전과는 다른 의식 수준, 즉 〈참여하는 의식〉에 오를 수 있다고 강조했다. 즉 공동체의 가장 수준 높은 소통은 언어가 아닌 마음으로 감응하는 것이며, 궁극적으로 다양한 공통의 관점을 찾아내는 과정이다.

공동체의 핵심, 다양성과 토론

「만약 페인트에 화약을 넣으면 어떻게 될까?」큰 화학 기업의 엔지니어가 회의 중에 이런 질문을 했다. 사람들은 다소 당황했지만 침착하게 그의 이야기를 들어 주었다. 그는 계속 말을 이어 나갔다.

「자네들, 페인트를 칠하고 5년이나 6년쯤 지나면 어떻게 되는지 알지 않나? 페인트가 부스러지고 갈라지는데 그걸 없애려고 주걱으로 긁으려면 얼마나 힘들고 오래 걸리는가. 낡은 페인트를 제거할 수 있는 더 좋은 방법이 있어야 해. 만약 화약을 페인트에 섞는다면, 제거할 때 거기에 불을 붙이기만 하면 되잖나.」

몇몇 사람들이 곤란한 표정을 지어 보였다. 그 엔지니어의 생각은 흥미로웠지만, 한 가지 결정적 단점이 있었다. 폭발에 의한 높은 화재 위험성이 그것이었다. 그러나 몇몇 동료들은 그 생각이 담고 있는 창의적인 시선이 훌륭하다고 생각했다. 잠시 후, 한 동료가 그 엔지니어의 질문을 이렇게 바꾸어 물었다.

화학 반응을 이용하여 오래된 페인트를 제거하는 다른 방법이 있을까?

이 질문은 훌륭한 촉매제가 되었다. 정체되어 있던 회의 분위기가 이 질문 하나에 다시 살아났던 것이다. 그들은 새로운 아이디어들을 쏟아내기 시작했다. 마침내 한 사람이 그럴듯한 제안을 했다. 특정 용액에 쉽게 녹는 물질을 페인트에 첨가하자는 것이었다. 이 물질은 그 용액을 칠하기 전에는 화학 반응을 일으키지 않는 불활성 물질이다. 그러나 용액을 칠하면 두 첨가물 사이에 화학 반응이 일어나면서 페인트가 즉시 벗겨지게 된다. 회사는 이 제품을 생산하여 막대한 수익을 거뒀다. 페인트에 화약을 넣자는 다소 황당한 아이디어를 발판으로 획기적인 상품을 개발한 것이다.[113]

이 이야기의 핵심은 〈말도 안 되는〉 의견을 낸 동료를 곧바로 비판하지 않았다는 것이다. 물론 동료들이 속으로는 이렇게 생각했을 것이다. 〈화약을 넣자고? 미친 거 아냐? 불이라도 나면 어쩌려고 그래?〉 그러나 즉각적으로 비판하지 않았고, 그들은 그 황당한 생각이 품고 있는 신선한 관점에 주목하기 시작했다. 이것이야말로 코뮌의 중요한 전제다. 비판하기보다 그 의견을 〈디딤돌〉 삼아 새로운 아이디어로 건너뛰는 것이다.

데이비드 봄의 표현을 빌리면 〈대화의 목적은 사물을 분석하는 것도 논의에서 이기는 것도 의견을 교환하는 것도 아니다. 당신의 의견을 앞에 두고, 그것을 바라보는 것이다.〉 중요한 것은 의미를 공유하고 〈의미의 흐름〉을 형성하는 것이다.

그러나 실제로 많은 조직의 회의는 이와는 반대로 진행된다. 우리는 칭찬보다 비판에 능하고, 제안보다 지적에 익숙하다. 일부 사람들은 은연중에 비판의 수준을 자신의 지적 수준으로 여기기도 한다. 「현실적이지 않아」, 「그건 우리 권한 밖이야」, 「예전에도 해봤는데 안 됐어」라는 식의 대안 없는 비판은 공동체의 본질인 〈공동 실험〉을 시작조차 하지 못하게 만든다는 점에서 치명적이다. 어떤 이들은 〈비판 자체가 곧 제안〉이라고 생각하기도 하는데, 사실 비판과 제안은 엄연히 다르다. 비판은 상대의 제안이 없으면 독립적으로 존재할 수 없다는 점에서 수동적이고 반동적이다. 대안을 내는 적극성과는 별개인 것이다.

우리 사회에 만연한 비판 중심의 회의 문화는 입시 교육에 길들여진 탓이기도 하다. 사지선다형 문제에서 우리는 하나의 정답을 위해 나머지 세 개의 오답을 지우는 것을 훈련받아 왔다. 이렇게 〈틀린 것을 제거해 나가는〉 방식의 문제 풀이는, 사람들이 먼저 비판부터 하는 습관을 몸에 배게 했다. 높은 성적을 위해서는 풍부한 아이디어나 창의력이 아닌 오답을 찾아내는 능력이 필요했던 것이다. 어려서부터 길들여졌으니 어떤 제안에 대해 〈안 된다〉는 말을 먼저 하는 것은 어쩌면 당연한 결과다.

한 사람의 상상력이 가진 힘은 그가 받게 되는 비판에 반비례한다. 대안이 있으면서도 침묵하는 까닭은 비판받기 싫어서인 경우가 많기 때문이다. 공동체에서 제안보다 비판이 더 많을 때, 아이디어의 양과 질은 비판의 강도만큼 줄어들 수밖에 없다. 역사가 증명하듯 침묵하는 사람들이 다수가 될 때 그 공동체는 활력을 잃고 위기를 맞게 된다.

구성원 모두가 같은 의견이라면, 굳이 모여서 토론할 이유가 없다. 각기 다른 의견 속에서 새로운 시각을 발견하고 그것을 종합해 입체적으로 문제를 해결하는 것이 중요하다. 공동체의 핵심은 다양성이다. 공동체를 선택할 때, 또는 공동체를 만들기 위해 구성원을 모을 때 중요한 기준은 〈다양성〉, 그리고 그 다양성을 해치지 않는 〈건설적인 토론 능력〉이 되어야 한다. 이 두 가지를 확보한 공동체는 친목을 넘어 시너지synergy를 낼 수 있다.

구슬과 실, 시너지의 선행 조건

구성원의 다양성만 확보하면 시너지는 저절로 나오게 되어 있는가? 독일의 심리학자 맥시밀리언 링겔만Maximilien Ringelmann의 실험은 이를 정면으로 반박한다. 그는 집단에 속해 있는 개인의 공헌도를 측정해 보기 위해 줄다리기 실험을 실시했다. 실험에 따르면 두 명이 속한 그룹에서 한 명이 발휘하는 힘의 크기는 자기 힘의 93퍼센트였지만, 세 명이 속한 그룹에서 한 명이 발휘하는 힘의 크기는 85퍼센트로 떨어졌다. 참가자가 많아질수록 각 개인이 쏟는 힘은 점점 줄어들었다. 〈역(逆)시너지〉가 일어난 것이다. 이렇게 인원이 늘어날수록 개인의 공헌도가 낮아지는 현상을 〈링겔만 효과Ringelmann effect〉라고 부른다. 이 이론은 앞서 논의한 집단지성 이론과 정면으로 대치된다.

긍정적 시너지에 해당하는 〈집단지성〉과 부정적 시너지의 〈링겔만 효과〉, 이렇게 정반대되는 결과를 어떻게 이해해야 할까? 사실 둘을 가르는 차이는 〈구슬과 실〉로 상징되는 두 가지의 선행 조건에 달려 있다. 즉, 〈구성원 각자의 고민〉이라는 구슬이 있어야 하며, 그것을 하나로 잘 꿰어 줄 〈토론의 기술〉이라는 실이 필요하다. 두 가지가 잘 갖춰질수록 링겔만 효과는 줄어들며, 집단지성을 통한 상승 효과가 커진다.

회의를 예로 들어 보자. 어떤 회의는 앞선 페인트 사례처럼 생산적이지만, 또 어떤 회의는 하지 않은 것만 못한 회의, 즉 회의(懷疑)적인 회의(會議)에 그치고 만다. 회의의 질을 가르는 요인은 두 가지다. 첫 번째는 참가자들이 사전에 〈각자의 구슬〉을 준비해 오는가 하는 것이다. 회의 주제가 사전에 공지되고 참가자들이 미리 공부하고 고민하여 자신의 의견을 가지고 회의장에 들어오면 시너지를 낼 가능성이 높아진다. 그러나 대부분의 회의는 시작되고 나서야 구성원들이 고민을 시작한다. 심지어 무슨 주제인지조차 모른 채 회의에 참석하기도 한다. 이런 경우 활발한 의견 개진보다 자신의 준비 부족을 감추기 위한 비평과 침묵이 주를 이룬다.

그런데 아무리 참가자들이 사전에 열심히 준비하고 온다고 해도, 회의 분위기가 냉소적이거나 진행이 서툴 경우 구슬은 꿰어지지 않는다. 그래서 구슬과 함께 〈실〉이 필요하다. 회의 진행자의 리더십과 조정 능력facilitation, 구성원들 간의 신뢰, 경청, 의견 개진에 관대한 분위기 등이 실에 해당한다. 실이 부드러우면 화약을 섞은 페인트처럼 엉뚱한 의견도 좋은 디딤돌이 될 수 있다. 비실용적인 발상이 문제에 새로운 지평을 열어 주려면 무엇보다 실의 역할이 매우 중요하다.

준토는 구슬과 실이 어떻게 상승 작용을 일으키는지 보여 주는 모범적인 사례다. 준토는 논의할 주제를 사전에 공지하고, 회원들은 미리 공부하여 모임 전까지 자기 생각과 질문을 정리해 왔다. 더불어 논쟁과 토론을 구분했으며, 단순히 상대방을 이기려는 의도나 말꼬리를 잡는 식의 태도를 엄격하게 금지했다. 한동안은 이 규칙을 어기는 경우 벌금을 내기도 했다. 회원들은 토론 중에 분노나 짜증의 빈도가 늘어나면, 잠시 휴식을 가지며 토론인지 논쟁인지 점검한 후 다시 토론에 임했다. 실제로, 비판에 치중하며 토론 분위기를 위축시킨 초창기 회원 한 명은 얼마 안 가 준토에서 탈퇴해야 했다.

프랭클린은 젊은 시절 수다를 남발하고 오만한 언행으로 난처한 입장에 놓였던 자신의 경험을 바탕으로, 토론에서의 〈부드러운 화법〉의 가이드라인을 만들어 배포하기도 했다. 이런 노력 덕분에 모임이 거듭될수록 대화하는 태도가 성숙해지고 토론의 질이 높아졌다. 프랭클린은 자서전에서 〈우리 클럽이 장수할 수 있었던 것은 바로 이런 이유들 때문이었다〉고 밝혔다.

좋은 공동체는 목걸이와 같다. 탄탄한 구슬과 부드러운 실이 없으면 좋은 목걸이를 만들 수 없다. 건강한 공동체는 개인의 고유한 역량과 구성원들 간의 상호작용 모두를 중요하게 여긴다. 그래서 엄격한 기준에 따라 구성원을 가려 받으며, 일단 뽑고 나면 자유롭게 놓아두는 것이다. 반대로 한 개인에 의해 좌지우지되거나 조직의 목표라는 명분으로 개인의 개성을 짓누르는 집단은 건강한 공동체일 확률이 낮다.

살아 있는 공동체를 만드는 4가지 원칙

만약 앞에서 언급한 기준들에 비춰 보아 적절한 공동체가 없거나 자신에게 맞는 공동체를 찾기 어렵다면 스스로 공동체를 만들어 볼 것을 권한다. 전환자들의 사례를 통해 공동체를 시작하기 위한 몇 가지 원칙들을 살펴보자.

처음에는 〈소수로 시작〉하는 것이 좋다. 사공이 많으면 배가 산으로 가거나 더디게 움직인다. 규모가 커질수록 필요한 제반 시설과 제도가 늘어나 배보다 배꼽이 커지며, 긴밀한 소통이 줄어들어 링겔만 효과가 일어나기 때문이다. 가능한 한 신뢰를 쌓아 온 소수의 사람들과 작게 시작하는 것이 현명하다.

예컨대 준토의 회원들은 종종 자신들이 아끼는 지인을 참여시키고 싶어했다. 그럼에도 불구하고 프랭클린은 준토의 회원을 처음부터 끝까지 열두 명으로 유지했다. 인원이 많아지면 득보다 실이 많아진다는 것을 간파하고 있었던 것이다. 신규 회원을 추천받지 않는 대신에 준토 회원들에게 준토와 같은 회칙을 가진 클럽을 만들 수 있는 자유를 주었다. 여러 회원들이 준토와 유사한 클럽들을 창설했고, 그중 몇은 준토처럼 성공적으로 운영되었다. 물론 이들 클럽의 회원 수도 열두 명을 초과하지 않았다.

공동체 결성의 두 번째 원칙은 구성원들의 〈철학과 개성〉에 관한 것이다. 한마디로 철학과 가치관은 비슷할수록 좋으며, 개성과 배경은 다양할수록 좋다. 〈구본형 변화경영연구소〉는 초창기의 1인 기업 형태를 넘어 다양한 사람들이 모인 공동체로 성장했다. 연구소 구성원을 가리키는 〈꿈벗〉과 〈연구원〉은 독서, 글쓰기, 여행과 창조놀이(일종의 공동 실험) 등을 통해 자기변화를 추구한다는 점에서 지향점은 비슷하지만 성격과 배경은 각양각색이다. 20대부터 60대까지, 직장인부터 식당 주인, 교수, 화가, 춤꾼, 정신과 의사, 기업 대표까지 다양하다. 스승은 떠났지만 여전히 연구소는 〈어제보다 아름다워지려는 사람들을 돕는다〉는 가치 아래 함께 나아가고 있다.

세 번째 원칙은 〈밥〉을 함께 먹는 것이다. 이것은 마음의 양식을 비유한 것이 아니다. 말 그대로 음식을 함께 나눔으로써 유대감이 깊어진다. 우리가 가족을 식구(食口)라고 부르는 까닭이기도 하다. 〈가장 사적인 것이 가장 보편적인 것〉이라는 말에 비춰 보면, 식욕만큼 사적인 욕구도 없으니 식사는 보편적인 이야기를 공유할 수 있는 최고의 마당이다. 오랫만에 만난 지인에게 〈밥 한 번 먹자〉고 하는 이유다.

공동체는 〈밥심〉이 중요하다. 사람과 사람 사이를 연결해 주는 것으로 음식을 나누는 것보다 좋은 것도 없다. 우리나라의 대표적 코뮌 가운데 하나인 〈수유+너머〉를 결성한 고미숙은 『아무도 기획하지 않은 자유』에서 초창기에 멤버들에게 〈무한 밥 공세〉를 펼쳐 서로 마음을 터놓고 지냈음을 고백한 바 있다. 나중에 연구실 공간을 확장했을 때 가장 먼저 만든 것도 주방이었다. 그녀는 온갖 방면의 공부꾼들을 모으는 데 있어 〈밥은 정말로 힘이 세다!〉고 강조한다.

마지막으로 그 공동체만의 이익을 넘어선 〈공공의 목적〉이 필요하다. 그래야 친목 동호회 이상의 역할을 할 수 있다. 그러나 이 목적이 자칫 의무화되어, 구성원들이 활동 자체를 즐기지 못하게 방해해서는 곤란하다. 처음에는 가벼운 목적으로 시작한 준토가 점차 도서관 건립 등의 공공을 위한 목표를 추구했듯이, 훌륭한 공동체는 차츰 한 개인과 집단을 넘어서는 공동의 선을 추구한다는 공통점이 있다. 그리고 이러한 공공의 목적은 결국 사람들의 마음을 열어 좋은 인재들을 공동체로 끌어들인다.

퀴블러 로스는 많은 사람들이 보다 나은 삶을 살기 위해서 죽음에 관해 대화를 나눠야 한다는 마음으로 〈죽음과 죽어감〉 세미나를 시작했다. 시간이 흐르며 미국의 많은 대학과 병원과 언론들이 그녀의 뜻에 동참했다. 작은 이익을 넘어 공동의 선을 지향한 비전이 사람들을 하나로 묶어 낸 것이다.

현대 사회에서 때때로 외딴섬으로 존재하는 것처럼 보이는 우리가 함께 연대할 수 있다는 것, 그것은 삶을 바꾸는 강력한 힘이다. 고립되고 단절된 낱낱의 개인은 약하지만 개인들이 모여 만든 공동체는 엄청난 힘을 발휘한다. 공동체의 에너지 장은 사람들의 마음을 모으고 긍정적으로 바꾸며, 나아가 그런 공동체들이 강력한 연대의 물길을 이루면 세상을 바꿀 수 있다.

2부를 마치며
삶을 탐험하는 세 가지 마음가짐

삶에는 두 가지 방식이 있다. 깊이 파는 것과 넓게 파는 것. 과연 무엇이 더 현명한 방법일까? 세상의 많은 책과 선생들은 한 우물을 깊이 파라며 한 분야에서 1만 시간 또는 10년을 성실히 채우면 전문가가 될 수 있다고 조언한다. 많은 연구와 사례가 이를 뒷받침한다. 그러나 아무 곳이나 파기만 한다고 맑은 물이 쏟아져 나오는 건 아니다. 때로 거대한 바위를 만나거나 오염된 물을 만나 중단되기도 하고, 커다란 공동(空洞)을 만나 무너지기도 한다. 끊임없이 파내려 가는 하루하루가 불현듯 의미 없게 느껴지기도 한다.

그래서 우리에게는 〈시추(試錐)의 기간〉이 필요하다. 하나에 집중하기 전에 의도적으로 여기저기를 넓게 탐색해 보는 것이다. 하던 것을 멈추고 지금까지의 삶을 돌아보고 재점검하면서, 동시에 가능성을 모색하는 기간이다. 가장 자기다운 삶의 씨앗을 발견하는 시기이기도 하다. 전환기는 이 시추의 기간에 해당한다. 이때에는 어떤 마음가짐으로 삶을 대해야 할까? 일상기와 구별되는 전환기의 삶의 태도는 무엇인가? 지금까지의 연구 결과를 바탕으로 새로운 삶을 모색하는 시기에 전환자들이 공통적으로 보여 준 마음가짐을 정리해 보았다.

자신의 문제를 풀어라

〈휴머니스트 의사〉 노먼 베순Norman Bethune은 전환기를 맞기 전까지 안정적인 삶을 보냈다. 그러나 폐결핵에 걸린 후부터 그의 삶은 휘청거렸다. 당시 폐결핵은 불치병이었고 더욱이 베순은 말기였다. 그는 불치병이 수반하는 많은 부담을 덜어 주기 위해 아내에게 이혼을 요구하고 삶을 정리하러 요양소로 떠났다. 그렇다고 마냥 죽을 날을 기다리고 싶지 않았던 그는 의사로서 자신의 병을 공부하기 시작했고, 〈기흉 치료법〉이라는 선진적인 치료법을 알아냈다. 문제는 이 치료법이 임상 결과가 거의 없다는 점이었다. 그는 실패하더라도 의학자로서 기여할 수 있다고 판단하고 새로운 의학에 자신의 목숨을 걸기로 결심했다.

베순은 스스로가 피험자가 되어 자신의 몸에 여러 가지 실험을 하기 시작했다. 놀랍게도 두 달 만에 실험은 효과를 발휘하기 시작했고 그는 기적적으로 완치되었다. 죽음에서 돌아온 그는 누구보다도 폐결핵을 앓는 이들의 심정을 잘 알았기에 폐결핵 전문외과의로 새 삶을 시작했다. 이후 많은 절망적인 환자들을 살려 내면서 가난한 사람의 결핵과 부자의 결핵이 다르다는 사실을 알게 되었다. 가난한 환자들이 비싼 의료비를 감당하지 못해 완치될 수 있음에도 죽음을 맞는 것을 목격했기 때문이다. 그는 폐결핵 같은 질병을 근본적으로 고치는 길은 사회를 고치는 데서 출발한다는 믿음을 갖게 되었고, 이후 세계 여러 나라들, 특히 전쟁으로 몸살을 앓고 있는 곳을 돌며 헌신적인 구호 활동을 벌인다.

독특한 듯 보이는 이 사례는 사실 전환자들의 보편적인 패턴이다. 노먼 베순처럼 전환자들은 자신이 지금 안고 있는 문제에 천착함으로써 거듭나는 경우가 많다. 헤르만 헤세는 자신의 심리 문제를 치유하기 위해 꿈을 분석하고 그림을 그리기 시작했고, 카를 융 역시 비슷한 이유로 꿈과 무의식을 탐구했다. 템플 그랜딘은 고질적인 발작과 접촉 기피를 해결하기 위해 가축 압박기를 연구하기 시작했고, 니어링 부부는 재정적 위기를 타개하기 위해 생활비가 적게 드는 버몬트의 숲으로 들어갔으며, 구본형의 첫 책 『익숙한 것과의 결별』은 스스로 변화하지 못하는 자신의 문제를 해결하기 위해 실험하고 공부한 것을 정리한 책이다. 이처럼 전환자들은 전환기에 문제를 피해 새로운 시도를 한 것이 아니라, 오히려 문제에 직면하고 그 속으로 파고 들어감으로써 심층적인 자기인식에 이르고 삶에 새로운 지평을 열었다.

지금 내게 가장 절실한 문제를 내면으로 끌고 들어올 수 있다면 〈새로운 나〉를 발견할 수 있다. 문제를 주도적으로 풀어 나가는 과정이야말로 나를 탐색하는 최고의 방법이다. 나를 괴롭히는 〈문제Problem〉를 나를 키우는 〈과제Project〉로 삼는 것이다. 소로는 『월든』에서 윌리엄 해빙턴William Habingtoon의 시를 인용하며 어떤 지역을 탐험하는 것보다 자기 〈내부에 있는 신대륙과 신세계를〉 탐험하라고 강조했다. 그 시는 아래와 같다.

> 그대의 눈을 안으로 돌려 보라, 그러면 그대의 마음속에
> 이제껏 발견 못 하던 천 개의 지역을 찾아내리라.
> 그곳을 답사하라, 그리고
> 자기 자신이라는 우주학의 전문가가 되라.[114]

현재의 실험이 미래를 만든다

실험 없이 탄생하는 창조는 없다. 실험 없이는 어떤 잠재력도 현실화하기 어렵다. 그래서일까, 이 책에 등장하는 많은 전환자들은 자신의 전환기를 언급하며 〈실험(實驗)〉과 〈파종(播種)〉과 같은 단어를 많이 사용했다. 흥미롭게도 한자 〈實驗〉에는 〈씨, 종자[實]〉라는 뜻이 들어 있다.

간디는 자서전 제목을 〈나의 진리 실험 이야기〉라고 지었고, 소로는 월든에서 보낸 26개월을 〈원하는 삶에 대한 실험〉이자 〈삶의 파종기〉로 명명했다. 융은 『붉은 책』을 기록한 시기를 자신의 삶에서 〈가장 어려운 실험〉으로 묘사했고, 조지프 자보르스키는 전환기에 떠난 여러 번의 여행을 동시성을 탐구하고 〈삶의 흐름에 스스로를 맡겨 보는 실험〉으로 여겼다. 빅터 프랭클은 강제수용소를 자신이 연구 중인 정신요법을 검증하고 개선할 수 있는 현장 실험실로 삼았다. 벤저민 프랭클린은 그의 삶 자체가 개선을 위한 실험의 연속이었다. 준토를 통한 다양한 공익 사업 실험뿐 아니라, 그는 과학자로서 피뢰침과 이중 초점 안경, 고효율 난로 등을 수많은 실험을 통해 발명했다.

실험 정신의 요체는 이것이다. 〈실패는 없다. 실험이 있을 뿐이다.〉 전환자들은 시행착오를 능력 부족이나 비효율이 아닌 학습으로 본다. 실험의 태반은 성공하지 못한다. 그래서 〈발명의 대가〉는 〈실패의 대가〉이기도 하다. 천 번이 넘는 실험 끝에 전구를 발명한 토머스 에디슨 Thomas Alva Edison이 〈나는 천 번을 실패한 게 아니라 전구를 발명할 수 없는 천 가지 방법을 배웠다〉고 대답한 것은 유명한 일화다. 실험은 실패를 학습으로 변모시키고 성공의 본질이 무수한 학습의 결과임을 보여 준다. 이 점을 알고 있는 전환자들은 실패를 학습의 일환으로 보고 실험을 멈추지 않았다.

전환자들의 궁극적인 지향점은 진정한 나로 사는 것이었다. 자기답게 산다는 것은 자신답지 않은 것들이 무엇인지 알아내서 덜어 내고 없애는 과정이다. 내가 진짜 원하는 삶은 알기 어렵지만, 내가 원하지 않는 삶은 비교적 쉽게 알 수 있다. 진정 원하는 것을 발견하는 방법의 하나는 원치 않는 것을 하나하나 제외하고, 마음이 끌리는 방향으로 더듬더듬 나아가는 것이다. 이 과정이 실험이다. 그래서 소로는 말한다. 〈인생을 실험해 보는 것보다 사는 법을 더 잘 배울 수 있는 방법이 또 있겠는가?〉

하루 경영과 집중 활동에 초점을 맞춰라

앞으로 무엇이 다가올지 모르는 상황에서 잡은 줄의 손을 놓아야 하는 전환기는 필연적으로 혼돈의 시기일 수밖에 없다. 실제로 많은 전환자들이 심리적으로 매우 불안하고 혼란스러운 상태로 전환기를 보낸다. 그래서 연구 초기에 우리는 전환자들의 내면뿐만 아니라 일상생활 역시 충동과 무질서의 연속일 거라 예상했다. 그러나 실제 그들의 전환 모습은 오히려 정반대에 가까웠다. 대부분의 전환자들은 약속이라도 한 것처럼 내면 상황과는 반대로 매우 규칙적으로 생활했다. 질서 있는 하루 속에 심리적 위기를 극복하는 힘이 들어 있는 것마냥 그들은 하루하루를 철저하게 관리했다.

소로는 매일 새벽에 일어나 호수에서 명상하듯 멱을 감고, 오전에는 책을 읽고 농사를 지었다. 점심 식사 후에는 네 시간 동안 산책을 하고 저녁 식사 후에는 그날의 생각을 일기에 기록했다. 특히 그의 일상을 지배한 것은 산책과 일기였다. 산책을 하지 못한 날은 〈마치 고해성사가 필요한 죄라도 지은 기분이 든다〉고 토로했고, 24년간 충실하게 쓴 일기장은 그가 마흔다섯에 죽을 때 39권에 달했다. 소로 연구가들은 총 2백만 단어에 이르는 일기야말로 그가 남긴 〈가장 값진 유산〉으로 평가한다.

흥미로운 점은, 전환기 이전까지 체계적으로 하루를 보내지 않았던 인물들도 전환기에는 매일 일정한 패턴을 유지했다는 사실이다. 카를 융의 경우가 그렇다. 그는 오전에는 꿈 일기를 기록하고 편지를 쓰고 환자를 진료했으며 오후에는 진료실 근처 호숫가에서 집 짓기 놀이와 환자 진료, 밤에는 〈검은 책〉과 『붉은 책』 등의 글을 썼다. 조지프 캠벨은 잠자는 시간을 제외하고 하루를 네 등분하여 세 부분은 독서, 나머지 한 부분은 글쓰기에 할당했다. 스콧과 헬렌 니어링 부부도 전환기를 시작하며 하루를 생계를 위한 노동 네 시간, 지적 활동을 위한 네 시간, 친교를 위한 네 시간으로 재편했다. 벤저민 프랭클린은 아예 매일 아침 하루를 어떻게 보낼 것인지를 일정표를 짜서 생활했다.

하루에 질서를 부여하기 위해서 그들이 사용한 방법에 주목하자. 그들은 하루가 무너지지 않도록 단단한 기둥을 세웠다. 그 기둥이란, 가장 좋아하고 가치 있는 일을 집중적으로 하는 것이다. 구본형은 늘 새벽 네 시에 일어나 두세 시간을 글쓰기에 할애했다. 이것은 그에게 가장 소중한 시간이었으며 그 어떤 것과도 타협할 수 없는 것이었다. 캠벨은 하루 아홉 시간 이상을 독서에 쏟아 부었다. 헤세는 거의 매일 야외에서 그림 그리기에 몰두했고, 황상은 초서와 필사에 열중했다. 소로의 기둥은 산책과 일기 쓰기였고, 융에게는 집 짓기와 무의식의 기록이었다. 이런 활동들은 일상에 질서를 부여해 주었으며 나아가 삶을 근본적으로 바꿔 주었다.

　전환자들이 질서 있는 하루 경영과 집중 활동을 그토록 중시한 이유는 무엇일까? 우리 연구에 따르면 적어도 두 가지 이유가 있다. 먼저, 혼란스러운 시기일수록 질서 있는 생활을 통해 혼란을 상쇄할 수 있다. 혼란의 시기에 거듭되는 불안과 나태함은 돌이킬 수 없는 방황이나 방탕함으로 이어질 수 있다. 전환자들은 잘 짜인 하루를 보냄으로써 안정감을 가질 수 있었다. 또한 그들은 매일 무언가에 몰입함으로써 잡념을 지우고 마음을 비워 혼란을 잠재울 수 있음을 알고 있었다.

　또 다른 이유는, 결국 하루가 전환의 현장이기 때문이다. 하루를 바꾸지 못하면 전환은 없다. 자신만의 하루를 만들어 내지 못하면 자신의 세계 역시 요원한 것이다. 그래서 전환자들은 하루를 실험의 장으로 삼았으며 하루가 얼마나 긍정적이었는지를 성장의 근거로 삼았다. 하루는 삶을 닮았다. 하루가 모여 삶이 된다. 개별적인 파도가 모여 바다가 되는 것과 같다. 파도는 바다의 호흡이며, 바다가 살아 있다는 증거다. 하루와 삶의 관계도 그렇다. 시시한 하루가 모이면 삶이 시시해진다. 하루가 활기차면 삶도 그렇게 된다. 하루, 〈지금 여기〉가 유일한 삶의 현장인 것이다.

　하루하루 공들여 수행한 집중 활동이 쌓이며 어두운 마음이 밝아지고, 혼란이 몰입으로, 실패가 실험의 장으로, 깨지는 과정이 깨우침으로 바뀐다. 이 체험이 임계점을 넘으면 근본적인 변화가 일어난다. 이런 일련의 흐름이 전환의 골자다.

3부
귀환, 다시 세상으로 돌아가는 길

나의 존재 의미는 인생이 나에게 물음을 가지고 있다는 것이다.
바꾸어 말하면, 나 자신이 세계를 향해 던지는 하나의 물음이며,
나는 거기에 대한 나의 대답을 제시해야 한다.
그렇지 않으면 나는 단지 세계가 주는 대답에 의지할 뿐이다.

카를 융

거듭남을 위한 최종 관문

동서고금의 영웅신화의 주인공은 공통적으로 〈심연(深淵)〉에서 얻은 깨달음, 즉 〈보물〉을 가지고 자신이 출발했던 곳으로 돌아오는 모험을 수행해야 한다. 신화에서 이 보물은 〈지혜의 율법서, 황금 양털, 불사약, 마법의 검〉 등으로 상징된다. 그 보물이 무엇이건, 그것은 영웅이 떠나온 곳(익숙한 세상)에는 존재하지 않았던 것이라는 점에서 새롭다.

영웅이 보물을 가지고 돌아오는 길의 모습은 신화마다 다양하지만 마지막 시험을 통과해야 한다는 점은 거의 예외가 없다. 심연 단계에서 얻은 깨달음을 확실히 체득했는지, 또 주인공이 보물을 가질 자격이 있는지 최종적으로 시험하는 것이다.

가령 고대 그리스의 서사시 『오뒷세이아』의 주인공 오디세우스는 고향을 떠나 트로이 전쟁에 참전하여 승리한 뒤 온갖 풍파를 겪고 나서 고향으로 돌아온다. 그러나 그의 모험은 아직 끝나지 않았다. 자신의 공백을 틈타 아내를 차지하고 왕국을 지배하려는 무리들이 그를 없애려고 기다리고 있었기 때문이다. 수십 대 일로 싸워야 하는 이 싸움은 이제껏 갖은 시련 속에서 단련하고 깨달은 모든 것을 활용해야 승리할 수 있는 〈최종 관문〉이다.

『오뒷세이아』를 포함해 모든 영웅신화는 사람이 살아가는 데 필요한 실마리와 바른 태도를 보여 준다는 점에서 행동을 위한 프로그램이다. 신화 연구가들은 〈자기 안에 잠재된 영웅적 능력을 어떻게 끄집어 낼 것인지 지도하는 것〉이야말로 영웅신화의 기능이라고 강조한다. 전환은 잠재성을 하나하나 살려 내며 스스로를 완성하는 모험이라는 점에서 영웅신화와 통한다. 실제로 이 책에 등장하는 대부분의 전환자들은 험난한 귀환의 과정을 거치며 전환에 성공하기 위해 최종 관문을 통과해야 했다.

전환자들의 최종 관문, 대담한 프로젝트

전환의 과정을 도형으로 표현하면 둥근 원(圓)에 가깝다. 부름을 받아들이고 실험과 성찰의 탐험을 거친 후에는 자신이 처음 떠났던 지점으로 돌아와야 하기 때문이다. 전환자가 돌아온 세상의 외적 환경이나 상황은 달라지지 않았을지 모르지만 전환자 자신은 달라졌다. 보는 눈이 달라지면 보이는 것이 달라지는 것처럼 나란 존재가 달라지면 인생도 달라진다. 여기서 전환의 핵심은 양적 변화가 아닌 질적 변화이며 내적 거듭남의 정도에 따라 직업을 포함해 외적 삶도 크게 달라진다. 그런데 안팎의 차원이 달라지는 근본적인 변화는 쉬이 이뤄지지 않는다. 전환자는 먼저 귀환의 과정에서 마지막 임무를 완수해야 한다.

전환자가 귀환 과정에서 직면하는 최종 시험은 누군가가 부여한 임무처럼 외부에서 주어지는 경우가 있는가 하면 전환자 스스로 설정할

고향으로 돌아온 오디세우스에게 아내의 복수라는 중요한 과제가 주어진 것처럼, 전환자들에게는 전환의 성패를 평가할 최종 관문이 기다리고 있다. 크리스토퍼 빌헬름 에케르스베르크, 「오디세우스가 아내 페넬로페의 구혼자들에게 벌이는 복수」, 1814년.

수도 있다. 어떤 경로를 취하든 전환자들의 최종 관문에는 하나의 공통점이 있는데, 〈크고 대담한 과업Big Hairy Project〉의 형태라는 것이다. 신화의 영웅처럼 전환자들은 전환기 동안 배운 모든 지혜와 기술을 총동원하는 하나의 과업을 수행해야 하며, 이 과정 중에 새롭게 거듭난다.

　예컨대 조지프 자보르스키의 대담한 과업은 미국 전역에서 활동하는 〈아메리칸 리더십 포럼〉을 창설하는 일이었다. 빅터 프랭클의 과업은 네 곳의 강제수용소에서 겪은 체험과 자신의 로고테라피를 종합하여 새로운 심리치료법을 정립하는 것이었으며, 워런 버핏은 스승의 그늘을 떠나 자신의 투자조합을 설립하고 전문 투자가가 되는 것이었다. 헨리 데이비드 소로는 10년 동안 마음으로 품어온 첫 책 『콩코드 강과 메리맥 강에서 보낸 일주일』을 출간하는 데 집중했으며, 벤저민 프랭클린은 미국 최초의 회원제 도서관 설립에 도전했다. 구본형은 직장을 떠나 변화경영에 특화된 콘텐츠와 지식 서비스를 제공하는 1인 기업을 창업하고자 했다.

책 쓰기, 이론 정립, 창업, 공공 조직 설립 등 전환자들의 대담한 과업의 유형은 다양하지만 하나의 공통점은 지금까지 배운 모든 걸 쏟아 부어야 성공할 수 있는 매우 어려운 수준이라는 사실이다. 이를 통해 전환자들은 자신의 잠재력을 극대화하는 동시에 자기 고유의 방식으로 세상에 공헌한다. 물론 이들의 이야기가 세상에 알려지는 것은 그 시험대를 통과한 이후의 일이다.

때로는 최종 시험이 너무 거대한 탓에, 모든 걸 쏟아부어도 해결되지 않아 좌절하기도 한다. 그러나 전환자들은 이렇게 꽉 막혀서 한 걸음도 나가지 못하는 상황에서도 새로운 관점의 변화를 통해 난관을 극복하고 내적으로 완전히 새로운 사람으로 거듭나기도 한다. 이 과정을 잘 보여 주는 인물이 헤르만 헤세이다.

헤세의 최종 관문은 『데미안』을 완성하고 1년 후부터 쓰기 시작한 『싯다르타』였다. 그는 이 작품을 통해 처음으로 한 인물의 영적인 성장 과정을 집중적으로 다루고자 했다. 자신이 오랫동안 사랑한 예술과 새롭게 깨달은 심층 심리학에 더해 영성, 특히 동양 종교의 관점을 더하고자 했다. 이 소설은 크게 1부와 2부 두 부분으로 구성되어 있는데, 헤세는 인내하고 금욕하는 고행자 싯다르타를 묘사한 1부를 순조롭게 완성했다. 하지만 세상으로 돌아와서 깨달음을 완성하는 2부는 초반부터 막혀서 좀처럼 풀어 나가지 못했다.

그는 2부에서 싯다르타를 온갖 일이 벌어지는 세속의 삶을 긍정하고 마침내 깨달음을 성취하는 자로 그리려고 했다. 그러나 그 자신이 그런 경험이 없었기에 그 지점에서 한 줄도 써내려 갈 수 없었다. 당시 헤세는 홀로 고행하며 단련하는 경험은 해보았지만, 속세의 욕망에 휘둘리면서도 영적 깨달음을 되려 깊게 하는 체험은 해본 적이 거의 없었다. 물론 소설이라는 장르의 특성상 여러 책에서 읽은 내용에 상상을 더하면 못 쓸 것도 없었다. 하지만 헤세는 머리로 아는 수준이 아닌 자기 체험에서 우러나온 글을 쓰기 바랐기에, 없는 체험을 해본 것마냥 지어내고 싶지 않았다.

『데미안』을 쓸 때는 심층 심리학의 도움을 받았으나, 『싯다르타』는 심리적 접근만으로는 문제를 풀 수가 없었다. 다른 돌파구가 필요했다. 앞뒤로 꽉 막힌 상황에서 헤세는 카를 융의 상담을 받으며 평소 관심을 가져온 동양의 종교와 사상을 치열하게 공부했다. 더불어 좁은 작업실을 벗어나 사람들과의 교류를 넓히고 1차 세계 대전의 피해자들을 지원하는 활동도 시작했다. 이러한 시도는 한동안 은둔하며 작품 활동을 해온 그에게는 이례적인 일이었다. 헤세는 최종 과업에 맞추어 자신을 총체적으로 변화시키고 있었던 것이다. 이렇게 3년간의 힘겨운 과정을 거치며 『싯다르타』의 집필을 마무리할 수 있었다. 많은 문학 평론가들이 『싯다르타』를 당시까지 헤세가 쓴 소설 가운데 가장 심오하고 완성도가 높은 작품으로 평가한다.

1부의 〈고행자〉 싯다르타가 과거 헤세의 자전적 모습이라면, 2부 〈해탈〉한 싯다르타는 그가 지향하는 본보기였다. 『싯다르타』를 완성했다는 것은 그가 커다란 관문을 통과했음을, 지금까지와는 다른 인생을 시작할 준비가 되었음을 의미했다. 소설의 종반부에서 싯다르타가 친구 고빈다에게 말한 것처럼 이 세상을 있는 그대로 사랑하고, 기꺼이 이 세상의 일원으로 돌아갈 준비가 된 것이다. 헤세가 1922년 『싯다르타』를 출간하고 나서 전과 다르게 사회 활동이 왕성해지고 사랑하는 연인을 만나고 스위스 국적을 취득하기 위해 노력한 것은 우연이 아니다.

대담한 프로젝트의 3가지 특징

앞서 살펴본 대로 귀환 과정에서 전환자의 과업은 그 유형이 다양하지만, 본질적으로 몇 가지 공통점을 가지고 있다.

첫째, 대담한 프로젝트는 말 그대로 대담하다. 강한 헌신과 집념 없이는 이룰 수 없는 매우 도전적인 목표를 지향한다. 전심전력을 다해야 이룰 수 있는 과업이어야 전환자가 귀환할 준비가 되었는지, 자신의 깨달음과 보물을 온전히 내면화했는지 분명하게 확인할 수 있다.

둘째, 대담한 프로젝트는 부연 설명이 거의 필요 없을 정도로 명확하며 그 자체가 동기를 부여한다. 다시 말해 이 프로젝트는 명확할뿐더러 전환자가 가장 소중하게 여기는 가치를 함축하고 있다. 의미가 분명한 목표는 전환자의 마음을 끌어당기고, 힘을 한곳으로 모아 몰입시키는 중심점 역할을 한다. 전환자들은 이 과업에 〈회원제 도서관 설립〉, 〈새로운 심리요법 정립〉, 〈1인 기업 창업〉 등의 이름을 붙이거나 단순화함으로써 프로젝트를 완수하는 데 필요한 헌신과 투지를 강화한다.

마지막으로, 대체로 대담한 프로젝트는 한 개인을 넘어서는 대의를 지향한다. 전환자는 프로젝트를 수행할 때 자기 존재에 보다 넓은 의미가 있음을 느낀다. 유대교 랍비 힐렐Hillel은 이렇게 말했다. 〈내가 그것을 하지 않는다면 누가 그것을 하겠는가? 그렇지만 내가 나만을 위해 그것을 한다면 나는 대체 무엇이겠는가? 그리고 내가 지금 그것을 하지 않는다면 대체 언제 해야 한다는 것인가?〉 대담한 프로젝트는 힐렐

이 말한 〈그것〉과 같다. 그것은 오직 내가 할 수 있고 지금 해야 하는, 나를 넘어서는 의미를 가진 유일무이한 과업이다.

템플 그랜딘의 귀환 과정은 이러한 세 가지 특징을 오롯이 보여 준다. 그녀의 프로젝트는 사육장의 가축 압박기를 디자인하는 일에 관한 것이었다. 그녀는 자폐증을 치유하기 위해 스스로 만든 가축 압박기를 네 번 이상 개조했는데, 이 과정에서 자폐증은 완화되었고 가축에 대한 관심은 점점 커졌다. 그랜딘은 대학원에서 사육장의 가축 압박기 디자인을 석사학위 논문 주제로 잡았다.

사실 논문 작성은 그녀에게 두 가지 측면에서 매우 어려운 도전이었다. 먼저, 자폐인 그랜딘에게 많은 분량의 체계적인 논문 작성은 상당히 까다로운 일이었다. 이제까지 써본 보고서나 에세이와는 차원이 다른 과제였다. 더욱이 논문은 자신의 논리를 펼치고 다른 사람을 설득할 수 있는 글이어야 했다. 당시만 해도 타인과 관계를 맺고 공감하는 능력이 매우 부족했던 그녀에게 이것은 또 다른 도전이었다. 그랜딘은 이 모든 어려움을 극복하고 논문을 완성했다. 비결은 사육장의 가축 압박기가 그녀를 사로잡은 실체가 분명한 유일한 주제였기 때문이다. 또한 논문을 완성하지 않으면 그녀는 자폐를 넘어 저 넓은 세상으로 나아갈 수 없다는 사실을 너무나 잘 알고 있었다. 이 논문은 이후에 그녀가 쓴 가축 취급과 설비에 관한 100편 이상의 글의 출발점이 되었다.

그랜딘의 논문은 미국에서 가축 행동에 관해 최초로 나온 연구로 선구적인 가치가 있었다. 자폐증이라는 자신의 문제를 해결하기 위해 시작한 일이 개인을 넘어 동물을 이해하고 가축친화적 시설을 만드는 일로 확장되었다. 그녀는 이 관문을 넘으며 자폐인으로 태어난 자신이 누군가에게 의존하지 않고 스스로 살아가며 세상에 기여할 수 있는 존재임을 알게 되었다. 이 논문은 훗날 동물행동학 교수이자 가축 설비 설계자, 자폐증 연구가로서의 삶을 미리 보여 주는 전조였다. 그녀는 신경의학자 올리버 색스와 만난 자리에서 이렇게 말했다.

내가 죽으면 내 생각도 나와 같이 사라진다는 게 싫어요. 뭔가 해놓고 가고 싶어요. 내 삶이 의미가 있다는 걸 알고 싶어요. 나는 내 존재 중심에 있는 무언가에 대해 말하고 있는 거예요.[115]

대담한 프로젝트는 막연한 꿈이나 추상적인 철학이 아니다. 경쟁에서 이기기 위한 전략도 아니다. 그러나 대담한 프로젝트는 전환자의 열정과 사명감을 총체적으로 이끌어 내어 이 모든 것(꿈, 철학, 전략)과 역동적으로 결합한다. 이것이 대담한 프로젝트가 전환자가 준비되었는지 시험할 수 있는 최종 관문인 이유다.

귀환을 어렵게 하는 장애물들

처음 출발했던 세계로 돌아왔다고 해서 귀환에 성공한 것은 아니다. 전환자는 자신의 보물을 세상에 전해야 한다. 대개의 경우 이 과정에서 많은 어려움을 겪는다. 조지프 캠벨은 〈자기 모험을 완성하기 위해서, 귀환한 영웅은 세계의 충격을 견디어야 한다〉고 말한다. 우리는 전환자들을 연구하며 귀환에 적어도 네 가지의 장애물이 존재함을 확인할 수 있었다.

첫 번째는 주변 사람들의 반대이다. 멋진 깨달음을 가지고 돌아왔을 때 사람들이 흔쾌히 반겨 줄 것 같지만 실상은 정반대에 가깝다. 잘 모르는 사람의 무관심과 거부는 놀라운 일이 아니지만, 전환자들이 가장 먼저 부딪치는 벽은 그와 가까운 사람들의 몰이해와 비난이다.

템플 그랜딘이 가축 압박기를 주제로 논문을 쓰려고 했을 때 가장 먼저 반대한 이는 지도 교수였다. 동물의 행동과 취급 방식은 연구할 만한 학문 주제가 아니라는 게 반대 이유였다. 조지프 자보르스키가 소명을 행동으로 옮기기 위해 법률 회사를 그만두려 할 때 오래 함께한 동료들은 그를 이해하지 못하고 〈분별력을 잃은 사람〉으로 치부했다. 헤세는 『싯다르타』를 출간하고 1차 세계 대전이 끝나고 수년이 지난 후에도 독일 내에서 매국노라는 낙인을 벗지 못했고 여전히 무수한 〈증오의 편지들〉을 받아야 했다.

두 번째 장벽은 경제적 문제다. 보통 돈의 압박은 전환 과정 내내 등장하지만 특히 귀환 단계에서 어려움을 가중시킨다. 귀환은 세상으로 돌아오는 것이고, 돈은 세상을 움직이는 주요 힘이기 때문이다. 폴 고갱이 타히티의 마타이에아Mataiea 섬에서 작품에 열중하고 있을 때, 파리에 남겨 둔 작품은 한 점도 팔리지 않았고 그는 빈털터리가 되었다. 물감조차 살 수 없게 되자 그림은 엷어졌고, 이런 현실을 두고 그는 〈고통이 천재성을 고무하기도 하는 것은 사실이다. 그러나 고통이 너무 심할 때에는 천재성이 완전히 바닥이 나고 말 것이다〉라며 자조하기도 했다.

황상은 유인이라는 꿈을 바로 실천으로 옮길 수 없었다. 가난한 집안의 가장 역할을 하기 위해 유인과 동떨어진 일을 해야 했기 때문이다. 헤세의 상황도 크게 다르지 않았다. 그는 몬타뇰라에서 심신의 안정을 찾고 소설 집필도 다시 시작했지만 고국에서 버림받은 작가의 소설 판매량은 기대 이하였다. 조금이라도 돈을 벌기 위해 손수 그린 그림을 곁들인 시를 팔고, 독일에 남아 있는 집까지 처분했지만 전쟁이 끝난 뒤 살인적인 인플레이션으로 인해 헤세가 농담을 섞어 말했듯이 〈하루 식사나 해결할 수 있는 돈〉을 손에 쥐었을 뿐이었다.

세 번째 장애물은 자기 확신의 부족이다. 많은 전환자들이 자신의 깨달음과 보물에 대한 확신이 부족해서 돌아오기를 주저하곤 한다. 주변의 반대와 무관심, 경제적 압박이 확신 부족을 가중시키기도 하다. 자보르스키는 아메리칸 리더십 포럼 설립에 대한 계획을 세우고 3년 넘게 실행에 옮기지 못했다. 그는 〈미지의 세계에 대한 불안과 걱정, 기존 집단에서 배척당할 것에 대한 두려움, 위험을 감수할 용기의 결여 등으로 나는 계속해서 주어진 운명을 거부했다〉고 밝혔다.

카렌 암스트롱은 수녀원을 나온 이후에도 자주 신학에 마음이 끌렸지만 환속의 고통스런 경험으로 인해 일부러 신학에서 멀어지는 길을 택했다. 뒤늦게 신학으로 마음을 돌린 후에도 신학박사는커녕 전념했던 문학박사 학위조차 눈앞에서 놓친 자신이 종교학자가 될 자격이 있는지 자기 회의에 빠졌다. 구본형은 1인 기업을 창업하고 나서 전에 없던 특이한 버릇이 생겼다. 먼저, 불면증이 생겨서 잠 못 드는 날이 잦아졌다. 또한 창업 첫 해에는 500권이 넘는 자기계발서와 경영서를 구해서 훑어봤는데, 경쟁자들의 생각을 알아야 마음이 놓였기 때문이다. 둘 다 두려움, 달리 말하면 자신에 대한 확신 부족이 원인이었다.

마지막 장애물은 시대의 흐름과 운이다. 전환자들 중에는 시대를 너무 앞서 가서 생전에 합당한 평가를 받지 못하고 되려 외면당한 인물들이 있다. 헨리 데이비드 소로는 첫 책 『콩코드 강과 메리맥 강에서 보낸 일주일』을 출간하고 나서 수익을 얻기는커녕 손해만 봤다. 1천 부를 자비로 찍었는데 4년 동안 고작 219권이 팔렸을 뿐이다. 책이 너무 안 팔린 나머지 결국 700권 넘게 남은 책을 자신이 회수해서 집에 보관해야 했으며, 이 책의 출판 비용을 갚는 데 6년이 넘게 걸렸다. 생태문학의 걸작으로 평가받는 『월든』 역시 소로 생전에는 그만 한 가치를 인정받지 못했다.

폴 고갱 역시 마찬가지였다. 독창적인 화풍을 완성한 고갱의 그림은 인상주의 스타일과 대비되는 참신함으로 젊은 화가들의 주목을 받았지만 일반인들을 매료시키지는 못했다. 파리에 돌아온 후 그는 몇 번의 전시회를 열었지만 그림은 거의 팔리지 않았다. 그는 파리의 주류 미술계로부터 거의 주목을 받지 못했으며, 심지어 1889년 열린 파리 만국박람회의 전시에서는 참가를 거부당하기까지 했다. 고갱과 한때 서로의 작품 세계를 깊이 나누었던 빈센트 반 고흐Vincent van Gogh의 사정도 다르지 않다. 동시대의 사람들은 고흐 그림의 진가를 이해하지 못했다. 시인 에밀리 디킨슨Emily Dickinson 역시 평생 2,000편에 달하는 시를 썼지만 생전에 그녀의 능력을 알아본 소수의 사람들 말고는 그녀의 작품에 좋은 평가를 내리지 않았다.

소로와 고갱, 고흐, 디킨슨은 사후에 시대를 앞서간 예술가로 인정받았지만, 그사이 그들의 작품이 변한 것은 아니었다. 바뀐 것은 오로지 전문가들의 평가 기준과 대중의 인식이었다. 한 개인의 비범성은 단지 그들의 개인적 요인만으로는 설명할 수 없다. 시대의 흐름과 활동 분야, 사회적 환경 그리고 행운 등이 서로 맞아 떨어져야 한다.

익숙한 세계를 떠나 여러 장애물을 극복하고 다시 세상으로 돌아오는 것은 커다란 용기를 요구한다. 귀환하지 않으면 전환은 미완으로 남는다. 캠벨이 지적했듯이 〈숲에 들어가야 할 때가 있고 돌아와야 할 때〉가 있다. 그리고 그때가 언제인지는 탐험 단계를 충실히 거친 전환자 본인이 가장 잘 알고 있다. 전환자들은 온갖 어려움을 마침내 극복하고 잠재력을 실현한 존재로 돌아와 세상에 기여한다.

성공적인 귀환을 위한 원칙

여기 소설가를 꿈꾸는 젊은이가 있다. 그동안 그는 틈틈이 습작을 하며 자신이 문학에 재능이 있음을 알게 되었다. 제대로 된 소설을 쓰기 위해 퇴근 후와 주말 내내 뛰어난 소설가들의 작품을 수없이 읽고 그들의 문체와 강점을 모방했다. 훈련하다 보니 아이디어가 샘솟고 실력이 나아지는 게 보였다. 물 들어올 때 노 저으라는 말마따나 직장도 그만두고 본격적으로 하루 종일 글을 쓰고 무수한 시행착오를 겪으며 실력을 쌓아 나갔다.

청년은 많은 실험 끝에 스스로 만족할 만한 자신의 고유한 스타일과 문체를 만들어 냈다. 그리고 참신한 소재로 개성 있는 중편 소설도 한 편 완성했다. 그는 부푼 기대를 안고 여러 문학상 공모에 지원했다. 하지만 결과는 번번이 낙방이었다. 주류 문학계에서 작품의 진가를 알아보지 못한다고 판단한 그는 이번에는 출판사 수십 곳에 투고했다. 2주가 지나고 한 달이 지나도 연락 오는 출판사가 한 군데도 없었다. 지금껏 몇몇 출판사에서 형식적인 거절 메일 몇 통을 받은 게 고작이다.

귀환의 네 가지 방식

한 젊은이가 우여곡절을 거치며 스스로 가치 있다고 믿는 보물을 가져왔지만 아무도 반기지 않는다. 세상은 그의 보물을 환영하기는커녕 무관심하거나 냉엄한 평가를 내릴 뿐이다. 이런 상황에서 어떻게 할 것인가? 이때 선택할 수 있는 방안으로 네 가지를 꼽을 수 있다.

첫째는 귀환의 거부다. 세상의 무관심과 냉랭한 반응을 탓하며 자신을 받아주지 않는 세상과 멀어지는 것이다. 자신을 엉뚱한 사람으로 치부하는 세상을 피해 은둔해 버리거나 스승 밑으로 되돌아가거나 소명을 포기하는 것이다. 많은 경우, 파리에서 전시회가 실패하자 타히티로 돌아가 작품 활동에 열중한 고갱처럼 홀로 자기 세계에 머문다. 세상과 타협하기를 거부하는 것이다. 고갱이 지인에게 보낸 편지에서 그런 식의 체념과 신념을 동시에 엿볼 수 있다.

결국 나는 〈불가사의한 화가〉로 남기로 체념할 수밖에 없었습니다. 과거의 것을 그대로 답습한다면 나는 표절자가 되고 파렴치한 인간이 되어야 할 것입니다. 그러나 과거와 다른 길을 걷기 때문에 사람들에게 불쌍한 인간이라 취급받고 있습니다. 하지만 표절자가 되기보다는 불쌍한 인간이 되고 싶습니다![116]

두 번째 방식은 시류에 편승하는 것이다. 그 시대의 트렌드를 따르면서 주류에 편입하기 위해 애쓰는 것이다. 일단 돈을 벌고 인정을 받기 위해 자기 개성과 스타일을 누르고 고객이 좋아할 만한 것에 집중한다. 평론가들이 선호하는 주제와 형태로 글을 쓰거나, 유행에 민감하게 반응하며 화상(畫商)의 관심을 끌 수 있는 그림을 그리는 것이다. 자신이 전하고 싶은 이야기가 아닌 출판사가 호감을 가질 만한 글을 쓰는 작가도 여기에 해당한다. 이들은 당장은 시류에 맞추되 어느 정도 안정을 찾으면 자기 고유의 스타일을 맘껏 발휘하겠다고 생각하지만 그런 일은 좀처럼 일어나지 않는다. 요즘 같은 변화의 시대에 〈안정에의 욕망〉이 〈안정〉이 되는 경우는 드물다. 더욱이 힘겹게 일군 사회적 경력과 성취도 쉬이 무시할 수 없다. 시류에 편승하는 시간이 길어질수록 고유의 스타일 역시 희미해져 결국 다시 되돌릴 수 없게 된다.

세 번째 가능성은 자신의 보물 가운데 일부라도 대중과 나눌 수 있는 영역을 찾아내는 것이다. 보물의 본질을 훼손하지 않는 수준에서 세상의 필요에 맞추거나 가치를 전달할 수 있는 수단을 마련한다. 자신의 작품이 통할 수 있는 틈새 시장이나 매니아층을 찾아서 그곳에 집중하면서 인지도를 쌓아 나갈 수도 있다. 물론 쉬운 일은 아니다. 이렇게 하기 위해서는 인내심과 용기와 더불어 창의성이 필요하기 때문이다.

네 번째 방법은 세 번째와 유사한 방식으로, 생계를 유지할 수 있는 일과 자신의 소명을 병행하는 것이다. 이를테면 자신의 보물과 관련된 일이나 보물의 가치를 가르칠 수 있는 직업에 종사하며 기회를 노릴 수 있다. 앞의 소설가 지망생이 윤문 작가나 첨삭 지도 같은 일을 하며 계속 소설을 쓰거나, 무명 화가가 그림 선생이 되어 학생들을 가르치며 그림을 계속 그리는 것, 실력 있는 무명 가수가 보컬 트레이너로 활동하며 공개 오디션에 도전하는 식으로 꿈을 향해 전진하는 경우가 여기에 속한다. 이것은 세 번째 방식과 마찬가지로 상당한 끈기와 열정과 기개가 필요하다.

전환에 있어 귀환 단계의 본질은 〈거듭남〉과 〈통합〉이다. 거듭남이 전환자의 내면에서 일어나는 과정이라면, 통합은 자신의 내면적 변화를 세상으로 확장하는 것이다. 캠벨은 〈이 세상에 유익한 뭔가를 가지고 돌아와서 인정을 받는 것은 우리 자신 속으로 들어가는 것보다 더 어려울 수 있다〉고 말한다. 그렇다면 전환자들은 이 어려운 통합을 어떻게 해냈을까?

조지프 캠벨의 경우를 살펴보자. 그가 5년간의 독서를 마쳤을 때 우연히 사라로렌스 대학의 문학부 교수직 제안을 받게 되었다. 일주일에 3일만 강의하고 남은 시간 동안 신화를 비롯해 관심 분야를 공부할 수 있는 매력적인 제안이었다. 교수가 되고 얼마 후, 그가 가장 좋아하는 작가인 제임스 조이스의 소설 『피네간의 경야』가 출간되었다. 우드스탁의 숲에서 조이스에 심취했던 그는 『피네간의 경야』가 놀라운 내용을 담고 있다는 걸 단박에 알아봤지만, 대중들은 난해함으로 가득한 이 소설을 전혀 이해하지 못했다. 그것이 답답했던 캠벨은 이 책을 사람들이 쉽게 이해할 수 있도록 동료와 함께 해설서를 썼다.

그런데 공들여 쓴 원고를 출판해 주겠다는 곳이 하나도 없었다. 캠벨은 자비 출판이라도 하고 싶었지만 돈이 없었다. 원고를 계속 고쳐 쓸 뿐 뾰족한 수가 보이지 않았다. 그렇게 세월 따라 잊힐 것 같던 원고는 다소 의외의 사건을 통해서 세상에 알려지게 된다.

어느 날 캠벨은 우연히 보게 된 연극 「위기일발」이 『피네간의 경야』를 표절하고 있음을 알게 되었다. 이 연극은 유명한 극작가가 쓴 희곡으로 당시 브로드웨이에서 큰 인기를 끌고 있었다. 캠벨은 동료와 함께 이 연극을 비평하는 기사를 발표하여 언론과 문학평론계의 주목을 받았다. 그 과정에서 한 출판사가 캠벨이 쓴 원고에 관심을 갖게 되었고, 일면식도 없었지만 원고의 가치를 알아본 영국의 시인 겸 평론가 T. S. 엘리엇의 추천을 받아 마침내 출판 계약이 성사되었다. 이렇게 나온 『피네간의 경야 주해』는 캠벨의 첫 책이었으며 처음으로 대중에게 그의 이름을 알리는 계기가 되었다.

캠벨은 대중이 알아보지 못한다는 이유로 귀환을 거부하거나 시류에 편승하지 않았다. 대신에 자신의 깨달음의 일부를 대중들과 나누기 위해 묵묵히 글을 쓰며 기회를 기다렸다. 그리고 우연한 기회가 왔을 때 단번에 잡았다. 이것이 가능했던 이유는 그가 준비가 되어 있었기 때문이다. 이렇게 해서 캠벨은 교직 외에 또 다른 영역(책, 문학 비평)에서 통합에 성공할 수 있었다. 그리고 다른 전환자들도 캠벨과 비슷한 형태로 귀환에 성공했다.

성공적인 귀환의 기준, 〈내가 창조한 세계〉

귀환에 성공한 전환자에게는 한 가지 공통점이 있다. 자신을 닮은 의미 있는 〈세계〉 하나를 구축해서 자기답게 산다는 것이다. 굳이 〈의미 있는〉이라는 수식어를 붙인 이유는, 이 세계가 전환자 개인을 넘어서는 가치를 지니고 있기 때문이다. 귀환의 본질이 개인 차원의 거듭남과 사회적 차원의 통합임을 상기하자. 그래서 의미 있는 자기 세계를 창조한 사람을 흔히 〈일가(一家)〉를 이뤘다고 말한다. 일가라는 말에 〈한 집안(한 집에서 사는 가족)〉과 〈학문, 기술, 예술 등의 분야에서 독자적인 경지나 체계를 이룬 상태〉라는 의미가 함께 들어 있는 것은 우연이 아니다.

〈내가 창조한 세계〉는 프랭클의 로고테라피나 융의 분석심리학 같은 새로운 학파일 수도 있고, 자보르스키의 리더십 포럼과 프랭클린의 여러 공공 단체와 같은 조직일 수도 있다. 수십 년간 가꾼 황상의 일속 산방과 니어링 부부의 자연친화적 공간도 하나의 세계로 볼 수 있다. 소로가 보여준 간소한 삶의 방식과 〈시민 불복종〉 정신, 오랜 세월 니어링 부부가 실천한 〈좋은 삶과 조화로운 삶〉의 철학과 방식도 훌륭한 세계로 모자람이 없다.

새로운 분야를 창조하지 않더라도 기존의 분야를 혁신하거나 독보적인 경지에 오른 경우에도 일가를 이뤘다고 평가할 수 있다. 예컨대 구본형이 변화경영과 1인 기업에서 이룬 선구적인 작업, 성장 소설의 정점을 찍은 헤르만 헤세의 문학, 그리스 로마 신화에 관한 이윤기의 탁월한 해석, 워런 버핏의 가치투자법, 엘리자베스 퀴블러 로스가 개척한 〈죽음학〉, 폴 고갱의 신인상파 화풍 등이 여기에 속한다.

바그너Wagner의 오페라 「트리스탄과 이졸데」에는 이런 대사가 나온다. 〈이 세상에 내 세상도 하나 있어야겠다. 내 세상만 가질 수 있다면 구원을 받아도 좋고 지옥에 떨어져도 좋다.〉 전환자들은 자신의 세계, 곧 〈자기다움〉으로 충만한 하나의 공간을 만들기 위해 끊임없이 스스로를 확장해 왔다. 그러나 이 〈내 세상〉은 그저 내 마음대로 할 수 있는 물리적 장소나 분야만을 의미하지 않는다. 그것보다 훨씬 더 고차원적인 경지로서, 엄밀히 말하면 내면의 확장이다.

가장 작으면서도 가장 넓어질 수 있는 세계는 바로 한 인간 그 자체다. 개성과 인격이 곧 하나의 세계다. 동양과 서양 모두 전통적으로 사람을 별에 비유했으며, 특히 동양에서는 예로부터 인간을 소우주(小宇宙)로 보았다. 인간의 잠재력은 하나의 우주로 봐도 좋을 정도로 매우 크다는 뜻이다. 자기실현은 자신의 모든 잠재력을 남김없이 계발하여 〈전체의 자기〉가 되는 것이다. 그리하여 하나의 완성된 인격체로서 자립하는, 독창적인 〈나의 세계〉가 비로소 펼쳐지는 것이다. 전환은 자기 실현을 위한 실질적인 과정이자 집중적인 노력에 다름 아니다.

귀환을 위한 세 가지 원칙

전환자들은 어떻게 자기다운 세계를 구축했을까? 다시 말해 쉽지 않은 귀환 과정에서 어떻게 통합에 성공했을까? 우리가 연구한 바에 따르면 세 가지 원칙이 있다.

첫째, 단계적으로 접근한다. 전환자들은 한 방에 크게 터뜨리는 방식 대신 큰 목표를 여러 개의 작은 목표로 쪼개서, 작은 것부터 실행에 옮기는 방식을 취했다. 이는 높은 산을 등반할 때 먼저 바른 방향을 잡고, 베이스캠프에서 시작해 몇 곳의 경유지를 거쳐 정상에 오르는 것과 같다. 예컨대 〈개선 정신〉은 벤저민 프랭클린을 지배한 열정 가운데 하나였다. 개선은 프랭클린 삶의 주제어였다. 그는 시스템을 한 번에 뒤집어엎는 개혁보다는 조금씩 꾸준히 바꾸고 진화해 나가는 개선을 선호했다. 개선 정신은 그가 단체를 만들 때도 고스란히 적용되었다. 처음에는 준토를 결성하여 자기 자신을 개선해 나갔고, 그다음에는 준토라는 조직 자체를 업그레이드했다. 또 그다음에는 준토를 통해 자신이 살고 있는 지역 사회를 개선하는 공적 과제에 몰두했으며, 나중에는 시야를 더욱 넓혀 국가(식민지 미국) 차원에서 〈독립〉이라는 불후의 개선을 이룰 수 있는 방법까지 모색했다.

워런 버핏은 투자를 〈눈덩이 굴리기snowball〉에 비유하곤 한다. 먼저 한 움큼의 눈송이를 뭉쳐서 굴리다 보면 점차 더 많은 눈이 붙고, 신중하게 꾸준히 밀고 나가면 점점 커져 아주 커다란 눈덩이가 된다. 귀환의 과정도 눈덩이 굴리기와 같다. 버핏은 스승에게 배운 투자 전략에 자신의 경험과 독학으로 깨우친 것을 결합하여 버핏식 가치투자법을 완성해 나갔다. 또한 1956년 자기 이름을 내건 첫 투자 조합을 만든 것을 시작으로 1959년에는 6개의 투자조합을 책임졌으며, 2년 후 투자조합을 10개로 늘리는 식으로 투자 규모를 순차적으로 키워 나갔다.

둘째, 뚜렷한 〈차별적 전문성〉을 확보한다. 이것은 한 분야에 능숙한 전문성과 구별되며, 독특한 차별성과도 다른 개념이다. 자기를 닮은 세계 하나를 구축하기 위해서는 전문성이나 차별성 하나만으로는 부족하다. 독창적인 동시에 깊이 있는 전문성을 확보해야 한다. 이런 차별적 전문성을 가진 이들은 익숙한 것을 새롭게 표현하고, 낯선 것은 익숙하게 표현한다. 참신하되 괴상하지 않고, 개성과 함께 보편성도 놓치지 않는다.

많은 전환자들이 자신의 전문 분야에 새로운 분야를 접목함으로써 차별적 전문성을 확보했음은 주목할 만하다. 예를 들어 캠벨은 자신의 전문 분야인 신화에 카를 융의 분석심리학을 접목하여 분석심리학으로 신화를 들여다보고 신화를 통해 인간의 정신과 삶의 심층을 탐구하고자 했다. 카렌 암스트롱은 대학과 대학원에서 익힌 문학적 바탕에 수녀 시절의 체험과 독학으로 익힌 신학을 결합하여 일반인들과 가장 소통을 잘하는 종교학자가 되었다. 빅터 프랭클은 신경정신과 의사라는 전문성에 강제수용소 체험을 결합해 로고테라피의 완성도를 높였다. 헤세는 특유의 문학적 상상력에 심층 심리학을 더하고 나중에는 영성을 결합하여 독특한 스타일을 구축했다. 구본형은 변화경영과 인문학을 결합하여 보통의 자기계발서나 경영서에서 맛볼 수 없는 깊이를 획득했다.

커다란 혁신이 대개 두 분야의 경계에서 일어나듯, 개인의 독보적인 능력 역시 전문 분야에 새로운 분야를 통합함으로써 가능해진다. 전환기는 자신의 전문 분야 이외에 다른 분야를 익힐 수 있는 실험실을 제공하여 삶에 새로운 문을 열어 준다. 이때 귀환은 기존 분야와 새로운 분야 두 가지를 자연스럽게 통합하는 과정이 된다.

셋째, 초심(初心)을 잃지 않는다. 초심은 시작할 때의 마음으로, 지식과 기술로 가득한 전문가의 마음이 아니라 비어 있는 마음이다. 전문가는 한 분야에 능숙한 사람이기에 어떤 측면에서 보면 가능성이 적은 마음을 가지고 있다. 그래서 『선심초심(禪心初心)』의 저자 스즈키 순류(鈴木俊隆)는 〈시작하는 사람의 마음에는 많은 가능성이 있지만, 숙련된 사람의 마음에는 가능성이 아주 조금밖에 없다〉고 말한다.

귀환의 성패는 초심에 달려 있다. 전환자는 처음 시작할 때의 간절함과 〈열려 있음〉을 기억해야 한다. 초심을 잃지 않는 사람, 즉 발심자(發心者)는 늘 새롭게 깊어지며 넓어질 수 있다. 버핏에 관해 아주 치밀한 평전을 쓴 앨리스 슈뢰더Alice Schroeder는 버핏의 특성 가운데 하나로 〈청년의 마음〉을 꼽는다. 버핏은 세계 최고의 가치투자가가 된 후에도 그레이엄에게 배우던 학생 시절의 마음을 잃지 않았다. 그렇지 않았다면 부침이 심한 투자 세계에서 50년 넘게 독보적인 투자가로 롱런할 수 없었을 것이다. 니어링 부부는 자신들이 유명해져 점점 찾아오는 사람들이 많아지자 초심을 유지하기 위해 20년 넘게 가꾼 첫 농장을 버리고 새로운 곳으로 이주했다.

현대 일본 유도의 창시자 가노 지고로(嘉納治五郎)는 임종을 얼마 앞두고 제자들에게 자신이 죽으면 〈흰 띠〉를 매어 묻어 달라고 했다. 최고의 고수가 죽는 순간 초심자의 상징인 흰 띠를 원한 것을 보면 그가 평생 동안 〈흰 띠의 정신〉을 간직했음을 알 수 있다. 가노 지고로와 마찬가지로 귀환에 성공한 전환자들도 마음속에 늘 흰 띠를 매고 있는 태도를 유지했다. 이들이 귀환의 여러 장애물을 이겨 내고 반짝 스타가 아닌 수십 년 넘게 자기다움을 유지하며 최고의 위치를 고수한 비결이다.

인간은 전환기를 거치기에 위대하다

그대가 누구이든
어느 날 저녁
집 밖으로 그 익숙한 곳을 떠나 한 걸음만 나서면
바로 옆에 광대무변한 공간

라이너 마리아 릴케

한 젊은이가 현자를 찾아와 제자가 되기를 청했다. 그러자 현자가 말했다.

「자네에게 문제를 하나 낼 테니 맞춰 보게. 이 시험에 통과한다면 제자로 받아 주겠네.」

젊은이가 고개를 끄덕이자 현자는 손가락 두 개를 치켜세웠다.

「도둑 두 사람이 굴뚝에서 내려왔네. 한 사람은 얼굴이 시커먼 재투성이였고, 또 다른 남자는 깨끗했지. 둘 중 누가 얼굴을 씻었을까?」

젊은이가 자신 없는 목소리로 대답했다.

「더러운 사람 아닌가요?」

「틀렸네. 깨끗한 도둑이 얼굴을 씻었지. 단순한 논리 아닌가? 더러운 도둑은 깨끗한 도둑을 살펴보고서 자기 얼굴도 깨끗할 것이라 생각하고, 깨끗한 도둑은 더러운 도둑을 보고 자기도 더러울 거라 짐작한 거지.」

「일리가 있군요.」 젊은이가 부탁했다. 「한 번 더 기회를 주십시오.」

현자는 같은 질문을 반복했다. 그러자 젊은이가 자신 있게 대답했다. 「그건 방금 풀었던 문제 아닙니까? 당연히 얼굴이 깨끗한 도둑이죠.」

「또 틀렸네. 두 사람 모두 얼굴을 씻었었지. 깨끗한 도둑은 더러운 도둑을 보고 자신도 더러울 거라 생각해서 얼굴을 씻었네. 그러자 더러운 도둑이 그걸 보면서 〈얼굴이 깨끗한데도 씻는구나. 그럼 나도 씻어야지〉라고 생각하며 함께 씻었다네.」

「미처 그렇게 생각하지 못했습니다. 제발 딱 한 번만 더 문제를 내주십시오.」

현자는 이번에도 같은 질문을 던졌다. 세 번째로 같은 문제를 받은 젊은이는 자신이 어떤 함정에 빠졌음을 눈치 챘다. 하지만 딱히 대답을 찾을 수 없었기에 힘없이 대답했다. 「두 사람 다 씻으러 갔습니다.」

「또 틀렸네. 아무도 씻지 않았지. 더러운 도둑은 깨끗한 도둑을 보고 씻을 필요가 없다고 생각해 씻지 않았고, 깨끗한 도둑은 더러운 도둑을 보고 〈저렇게 더러운데도 씻지 않는구나〉라고 생각하고 씻지 않았지.」

이렇게 되자 젊은이는 현자의 발 아래 엎드려 두 손을 모아 애원했다. 「선생님, 제발 마지막으로 한 번만 더 기회를 주십시오.」

현자가 고개를 저으며 말했다.

「아니, 나는 자네를 제자로 받아들이지 않겠네. 자네는 아직 준비가 덜 되었네. 생각해 보게. 같은 굴뚝에서 내려왔는데 어떻게 한 사람은 얼굴이 깨끗하고 또 한 사람은 더러울 수가 있겠나? 게다가 몰래 들어온 도둑이 훔치기도 바쁠 텐데, 화장실을 들락거리며 얼굴을 씻다니? 한마디로 바보같은 질문이지. 바보같은 질문에 답하는 데 인생을 낭비해 봐야 얻는 것이라곤 바보같은 해답뿐이라네.」[117]

삶의 위기는 종종 〈바보같은 질문〉에서 비롯된다. 오랫동안 질문하며 추구하던 것의 답을 찾지 못했을 때 우리는 좌절한다. 그러나 더욱 심각한 건 그것을 성취했을 때조차 밀려드는 공허감이다. 성취의 기쁨은 며칠 혹은 몇 달이면 허공으로 흩어진다. 새로운 목표를 장착하고 밀어붙인들 공허감은 유보될 뿐 사라지지 않는다. 〈이게 삶의 전부인가?〉 하는 질문에서 쉬이 헤어나지 못하는 것이다.

뒤늦게 우리는 질문 자체가 어리석었음을 깨닫는다. 그간 삶의 본질에서 벗어난, 그저 메아리치는 공허한 질문을 붙들고 답을 찾으려 애썼던 것이다. 질문의 오류를 깨닫는 순간, 우리의 존재는 사그라지고 삶은 곤두박질한다. 이때 많은 이들은 새로운 질문을 하려 하기보단 질문 자체를 삶의 구석으로 밀어 버린다. 자포자기한 채 음주, 도박, 불륜 등에 빠지거나, 일 중독, 과도한 취미 활동, 자녀에 대한 집착 등으로 자신의 방황을 위장한다. 왜 이리 공허하단 말인가?

이런 공허감의 원인은 삶의 본질적인 질문을 하지 않았다는 데 있다. 삶의 전반기 동안 이루어야 하는 것들에 시간을 바치느라, 한 번도 그것이 진정 내가 원하는 것인지 물어보지 않았던 것이다. 지금껏 우리는 〈무엇을, 어떻게〉 이룰 것인가만 이야기하고 보다 근원적인 질문, 즉 〈나〉는 깊이 건드리지 않은 채 지내 왔다. 전환기는 그 〈나〉를 묻는 시기다. 「나는 누구인가?」, 「진정 나다운 삶이란 무엇인가?」, 「무엇으로 나의 길을 갈 것인가?」 등의 질문을 스스로에게 던지고, 탐구와 모험을 통해 그 답을 탐험해 가는 과정이다.

삶의 핵심 질문이 달라지면 삶을 바라보는 관점 역시 위로 이동한다. 전환자는 〈높은 질문〉을 통해 삶을 더 멀리, 더 넓게 조망한다. 전환 이전에는 골치 아픈 고민이었던 것이 돌아온 후에는 더 이상 고민거리가 아닌 것이다. 새로운 질문을 통해 〈문제가 더 이상 문제가 되지 않는 높은 시선〉을 갖는 것이야말로 전환기가 지향해야 할 방향성이다.

이 책을 통해 살펴본 아홉 가지 도구들은, 우리가 지금껏 외부 세계로 던져 왔던 낮은 질문들을 확인하고, 질문의 방향을 틀어 부드럽게 자신에게로 돌려주는 〈나선형의 통로〉와 같다. 이 통로를 통해 우리는 자신의 본질과 잠재력을 확인하는 동시에 한 차원 높은 시선으로 올라설 수 있다. 나선 통로를 오르며 우리는 한 걸음 나아가다가 미끄러지는 실패를 반복하게 될 것이다. 그러나 또한, 느리지만 꾸준하게 온전한 자신과 성숙을 향해 올라가게 될 것이다.

이 책의 전환자들이 처음부터 비범성을 타고난 것이 아니라, 전환기를 거쳐 도약한 것임을 우리는 여러 차례 확인해 왔다. 비범해서 전환에 성공한 것이 아니라 전환기를 충실히 거쳤기에 비범해진 것이다. 랠프 왈도 에머슨이 〈목표 때문이 아니라 전환기를 거치기에 인간은 위대하다〉고 말한 이유다.

이제 다채로운 전환의 모습을 보여 주었던 전환자들의 〈창문〉을 닫고, 우리 각자의 〈문〉을 직접 열 때이다. 이 문은 필시 고립감과 어두움, 시련이 함께하는 모험으로 이어질 것이다. 동시에 잠재력과 희열이 충만한, 가능성의 바다로 이끌 것이다. 모험 속에서 희열만을 붙잡고 따라갈 때, 그대 자신보다 더 큰 그리움으로 그대를 기다려 온 길로 들어서게 될 것이다. 이 길을 믿고 충실히 가면 어느 순간 삶이 던진 질문의 답 속에 살고 있는 자기 자신을 발견하게 될 것이다.

이 책이 그런 확신과 꿈을 주었기를 바란다. 그대가 그저 창문을 바라보는 데 그치지 않고, 직접 문을 열고 광대무변한 공간으로 한 걸음 내딛도록 영감을 점화시켰기를, 이 책을 덮는 순간 새로운 문이 활짝 열리기를.

부록

부록1

다양한 전환의 모델

많은 학자들이 인생의 중요한 단계 또는 삶의 전환에 관해 연구했다. 비슷한 듯 다른 그들의 모델을 비교·고찰하면 전환기의 큰 그림과 과정을 이해할 수 있고 실제로 전환을 해야 할 때 보다 현명하게 대처할 수 있다. 만일 그대가 삶의 중요한 기로에 서 있다면 지금부터 소개하는 모델들에 스스로를 대입하여 현재를 점검해 보기 바란다.

아널드 반 제넵의 통과의례Rite of Passage

네덜란드 출신의 민속학자 아널드 반 제넵Arnold van Gennep은 처음으로 〈통과의례〉라는 개념을 소개했다. 통과의례는 새로운 지위나 상태로의 이동처럼 한 사람의 성장 과정과 함께 행해지는 중요한 의례ritual를 말한다. 즉, 태어나서 성인이 되고 결혼을 하고, 아이를 낳고, 늙은 후 죽게 되는 인생의 몇 가지 중요한 국면에서 〈급격한 변화〉를 무사히 넘기고 새로운 역할로 자연스럽게 옮겨 가도록 돕는 의례다.

제넵은 이런 모든 의식은 분리기separation, 과도기transition, 통합기

분리기	과도기	통합기
• 이전 상태와 격리 • 〈죽음〉의 형식을 취함 • 극도의 금욕 생활	• 중립적이고 불안정한 상태 • 고독과 고립을 경험 • 카오스·태아화 상징	• 일정한 관문을 통과 • 새 지위와 정체성 획득 • 사회와 일상으로 복귀

〈표 6〉 아널드 반 제넵의 통과의례 개요

incorporation의 세 단계로 이루어진다고 보았다. 하나의 단계에서 다른 상태 또는 단계로 이동하기 위해서는 먼저 그 사람을 이전 상태와 상징적으로 격리시키는 의례를 밟게 된다. 그러나 이 격리의 상태는 아직 완전히 새로운 상태로 들어간 것은 아니므로 중간 상태에 있음을 상징하는 과도기 의례를 거치게 되고, 그 이후에 새로운 상태와 그에 걸맞는 정체성을 갖는 것을 상징하는 통합의 의례가 있게 된다.

첫 번째 단계인 〈분리〉에서는 친숙했던 사회 공간에서 떨어져 나와 상징적인 죽음의 강을 통과하게 된다. 이어서 두 번째 단계인 〈과도기〉를 맞이하는데, 이때는 아직 새로운 상태에 들어가지 않은 혼란스럽고 불안정한 시기이다. 마지막으로 의도했던 내적 변화가 이루어졌을 때 통과 의례자는 새로운 이름(역할)과 정체성을 획득하여 출발했던 곳으로 되돌아가 기존의 사회 질서에 재통합된다. 통과의례의 모든 과정을 통해 개인은 의례적으로 죽고, 다시 태어나며, 단련된 후 비로소 새로운 사회적 단계에 오른다. 종교학자 엘리아데는 이렇게 말한다.

통과의례에서 죽음을 최종적인 것으로 바라보는 의례나 신화는 어디에도 없다. 통과의례에서의 죽음은 곧 다른 존재 양식으로의 전환을 위한 필수 조건으로, 새로운 탄생에 있어 필수 불가결한 시험이다. 즉 그것

은 새로운 삶의 시작인 것이다.[118]

윌리엄 브리지스의 변환 모델Transition Model

세계적인 컨설턴트 윌리엄 브리지스William Bridges는 인생의 다양한 변화를 조망한다. 그는 결혼과 이별, 이민, 실직 등 삶에서 일어날 수 있는 많은 종류의 변화를 현명하게 대처하는 방법을 다룬다.

그는 우선 변화change와 변환transition이 다른 것임을 강조한다. 〈변화〉는 외부적·환경적인 것인데 비해 〈변환〉은 내면적·심리적이다. 그는 내면적인 변환을 무시한 채 외적인 변화에 치중하면 반드시 실패한다고 역설한다. 변환은 변화를 자기 삶과 마음으로 수용하기 위해 거쳐야만 하는 심리적 과정이기 때문이다. 변화에 관한 대부분의 문제는 변환을 제대로 인식하지 못한 채 섣불리 변화를 기대하는 데서 생긴다.

브리지스가 말하는 내면적 변환은 끝맺음endings, 중립지대neutral zone, 새로운 시작new beginning이라는 세 단계를 거치며 완성된다. 먼저 끝이 있고, 그 후에 시작이 있다. 그리고 그 중간에 매우 중요한 공허감과 상실의 시기가 있다. 여기서 중요한 점은 변환의 첫 단계가 〈끝〉이라는 사실이다. 새로운 것을 시작하기 전에 먼저 과거의 것을 훌훌

끝맺음	중립지대	새로운 시작
• 과거의 신념과 관점 포기	• 공백과 혼돈의 시기	• 내적 재편성·완성
• 5가지 〈끝〉의 징후	• 고립감, 공허감 극대화	• 미래의 싹 발견
• 과거 〈끝〉 경험 곱씹기	• 삶의 단서·신호 획득	• 출발한 곳으로 회귀

〈표 7〉 윌리엄 브리지스의 변환 모델 개요

털어 내야 한다. 이것은 사람들이 과거의 틀을 그대로 유지한 채 새로운 시작을 하려는 경향이 있음을 암시한다. 앞으로 다가올 일이 무엇인지 모르는 상태에서 지금 가진 것을 놓아 버리는 것은 매우 힘든 일이다. 이때 놓아 버려야 할 것은 직업이나 인간관계 같은 것이 아니라 집착하는 마음과 두려움, 더 이상 유효하지 않은 꿈과 믿음 같은 것이다.

변환의 두 번째 과정인 〈중립지대〉는 카오스chaos의 시기로 대변된다. 중립지대에 있는 사람은 거의가 우울함과 상실감, 공허함 등 부정적인 감정에 빠진다. 그러나 동시에 이 시기는 순수한 에너지의 초기 상태로 복귀하는 기간이기도 하다. 혼란스러운 방황과 시행착오를 거치며 자기 안의 에너지의 원천을 확인하고 힘을 모을 수 있다. 말하자면 〈창조적 방황〉의 시기인 것이다. 브리지스는 중립지대에 머무는 동안 인위적으로 통제하려 하지 말고 그저 마음에서 울리는 〈신호와 단서〉들을 알아차리기 위해 노력하라고 조언한다. 큰 어려움이 닥칠 때 우리는 뭘 해야 하는지 기술적 조언을 구하려고 하지만, 먼저 고요한 상태에서 마음의 신호에 귀 기울이는 것이 어려움을 뚫는 최선의 방법이 되는 수가 많다. 그러므로 중립지대에서는 혼자만의 시간이 반드시 필요하다.

마지막 단계인 〈새로운 시작〉은 상상했던 곳에 도착하며 끝나는 게 아니다. 오히려 끝맺음과 중립기를 거치며 새로 얻은 것을 처음 출발했던 곳으로 갖고 돌아와서 거기에 맞게 종합하고 완성하는 것이다. 변환 과정을 통해 내면은 완전히 달라졌고, 충분한 에너지도 얻었다. 그것을 가지고 처음 출발했던 상처로 얼룩진 삶의 현장에서 다시 새롭게 시작하는 것이다. 브리지스는 이렇게 강조한다.

변환은 변화를 자신의 삶 속으로 받아들이기 위해 겪어야만 하는 과정이다. 변환이 없다면 변화란 가구를 재배치하는 것에 불과하다. 변환이 일어나지 않는다면, 변화는 제대로 작동할 수 없다. 변화가 〈받아들여지지〉 않기 때문이다.[119]

조지프 캠벨의 영웅의 여정Hero's Journey

신화학자이자 『천의 얼굴을 가진 영웅』의 저자인 조지프 캠벨은 세계 각지의 영웅신화에는 하나의 원형archetype이 있다고 말한다. 다시 말해 신화 속 영웅의 이야기에는 민족과 문화, 시공을 초월하는 보편적인 상징과 일관된 패턴이 있다는 뜻이다. 그는 이 패턴을 〈영웅의 여정〉이라 불렀다.

영웅의 여정은 크게 세 부분으로 구성되는데, 출발departure-입문initiation-귀환return으로 요약할 수 있다. 영웅이 될 만한 자질을 가진 인물이 어떤 부름(소명)을 받고 몸담고 있던 보통 세상에서 미지의 세계를 향해 떠나는 〈출발〉, 시련과 시행착오로 점철된 우여곡절 끝에 자기 힘의 원천을 통찰하고 단련하는 과정인 〈입문(하강과 상승)〉, 그리고 깨달음 혹은 진귀한 보물을 가지고 다시 보통 세상으로 돌아오는 〈귀환〉으로 마무리 된다.

영웅의 여정을 한 문장으로 정리하면 〈영웅 후보자는 모험을 떠나고 모험은 영웅을 키워 낸다〉고 말할 수 있다. 다시 말해 영웅의 전제 조건은 모험이고, 모험이 영웅을 완성한다.

보다 구체적으로 살펴보면 영웅신화에는 공통적이고 필수적인 지점이 있다. 먼저, 신화에 등장하는 주인공(영웅 후보)은 평범하고 시들한

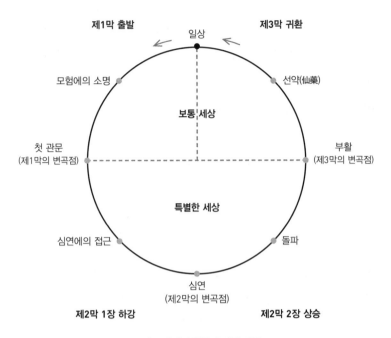

제1막 출발

제3막 귀환

일상

모험에의 소명

선약(仙藥)

보통 세상

첫 관문
(제1막의 변곡점)

부활
(제3막의 변곡점)

특별한 세상

심연에의 접근

돌파

심연
(제2막의 변곡점)

제2막 1장 하강

제2막 2장 상승

조지프 캠벨의 영웅의 여정 패턴

일상을 보낸다. 그는 영웅이 될 씨앗을 가지고 있지만 정작 자신은 그 사실을 모르고 있다. 그러던 어느 날 어떤 계시 혹은 우연한 사건을 통해 특정한 임무를 수행하거나 어딘가로 떠나라는 부름을 받는다. 이 부름은 익숙한 일상에 파묻혀 있던 주인공을 깨어나게 한다. 신화에 따라 책임과 의무, 두려움 등의 이유로 부름을 거부하기도 하는데, 계속 부름을 거부하면 익숙한 삶을 살 수 있을지 모르지만 결국 〈황무지〉와 같은 공허한 삶에 갇히거나 진정한 자기의 삶이 아닌 다른 누군가가 묘사한 세상의 일부로 머물게 된다.

마침내 부름을 받아들이고 모험을 떠난 주인공은 첫 관문과 만난다. 이 지점에서 주인공은 모험을 떠날 의지와 자격이 있는지 시험을 받는

516

다. 영웅은 이 지점에서 자기 잠재력의 일단을 맛본다. 여기까지가 영웅의 여정에서 〈출발〉에 해당한다. 출발 단계의 키워드는 부름과 각성, 분리이다.

첫 관문을 통과하면서 주인공 앞에 본격적으로 미지의 세계가 펼쳐진다. 이 세계는 모험을 떠나기 이전의 세상과 확연히 다르다. 신화에서는 이를 〈어두운 숲으로의 진입〉, 〈밤바다 항해〉 등으로 표현한다. 영웅의 여정의 두 번째 단계인 〈하강과 상승〉은 이렇게 시작하며 이 과정은 전진이 아닌 헤맴, 성과보다는 시행착오의 연속으로 채워진다.

모든 영웅신화의 주인공은 시련을 겪고 고독한 시기를 거친다. 시련은 한 번에 끝나지 않고 점점 강력한 괴물과 사투를 벌이고 험난한 장애물을 넘어야 한다. 이 과정에서 주인공은 절체절명의 위기, 즉 심연(深淵)으로 빠져든다. 여기서 영웅은 크게 실패하고 좌절하고 낙담한다. 이 지점에서 영웅은 거의 죽다 살아나거나 상징적으로 죽음을 체험한다. 흥미로운 점은 가장 밑바닥에서 결정적인 깨달음이 번쩍인다는 것이다. 캠벨에 따르면 〈우리 안의 더 깊은 힘을 찾아내는 기회는 삶이 가장 힘겹게 느껴질 때 비로소 찾아온다.〉 깨달음을 통해 주인공은 내면에서 〈자기 힘의 원천〉을 자각하고 의식(意識)의 확장을 이룬다. 또한 영웅은 이제까지의 고난들이 궁극의 깨달음을 얻기 위해 자신을 준비시키고 정화하는 과정이었음을 깨닫는다. 심연을 통과한 주인공은 상승기로 접어든다. 이후에도 여러 괴물과 장애물을 만나지만 심연에서 얻은 깨달음을 발판 삼아 거침없이 괴물을 처치하고 장애물을 돌파한다. 쾌주와 도약을 경험하고 모험의 보상을 받는다. 비로소 주인공은 자신이 영웅이 될 수 있음을 증명해 보인다.

돌파에 성공한 영웅은 이제 모험의 마지막 국면인 〈귀환〉에 이른다.

귀환의 구체적인 모습은 신화마다 다양하지만 탈주 혹은 추격전의 양상을 띠는 경우가 많다. 영웅은 귀환 과정에서 다시 한 번 큰 위기에 직면한다. 이 위기는 영웅이 얻은 깨달음과 보상을 세상으로 가져올 자격이 있는지 확인하는 최종 시험으로 볼 수 있다. 최종 시험을 통과한 영웅은 잠재력을 실현한 자로 거듭난다.

귀환은 매우 어려운 과정이지만 영웅이 힘겹게 달려 도착한 곳은 아이러니하게도 처음에 출발한 바로 그 보통 세계다. 하지만 깨달음을 몸에 심은 영웅에게 보통 세상은 더 이상 예전의 세계가 아니다. 임무를 완수한 영웅은 이제 선택해야 한다. 자신의 깨달음을 다른 사람과 나눌 것인지, 아니면 개인적으로만 간직할 것인지를. 영웅이 가져온 깨달음, 즉 선약(仙藥)이 세상의 필요와 맞는다면 그 깨달음을 사람들과 나누는 데 별 어려움을 겪지 않는다. 영웅은 존경 받고 명성을 얻는다. 하지만 〈너무 일찍 온〉 영웅은 선각자로서 현실에서 어려움을 겪게 된다. 사람들이 영웅이 가져온 보물을 받아들일 준비가 되어 있지 않기 때문이다. 이런 상황에서 현명한 영웅은 때를 기다리며 자신이 할 수 있는 일을 충실히 해나간다. 그리고 시간의 차이가 있을 뿐 그의 깨달음은 마침내 다른 이들을 감화하고 세상을 변화시킨다.

영웅의 여정은 신화에만 적용되는 것이 아니다. 인간 역시 자신의 소명을 실현하기 위해서 영웅의 여정과 같은 모험을 겪어야 한다. 『천의 얼굴을 가진 영웅』에서 캠벨은 이렇게 말한다.

영웅의 모험적인 여행은 성취하기 위한 노력이 아닌 재성취하기 위한 노력, 발견하기 위한 노력이 아닌 재발견하기 위한 노력이었던 듯하다. 영웅이 애써 찾아다니고 위기를 넘기면서 얻어낸 신적(神的)인 권능은 처음부터 영웅의 내부에 있었던 것으로 드러난다. 이런 시각에서 보면 영웅은, 우리 모두가 내장하고 있되 오직 우리가 이 존재를 발견하고 육화(肉化)시킬 때를 기다리는 신의 창조적, 구원적 이미지의 상징이다.[120]

이상에서 살펴본 세 가지 변화 모델의 공통점을 묶으면 다음과 같다.

• 초기: 자의든 타의든 기존의 세계에서 분리·이탈된다. 이때 중요한 것은 〈이끌리는 무언가〉가 있다는 것이다. 그것을 따라 새로운 세계로 진입한다.

• 중기: 시련이 거듭된다. 마음은 어두워지고 고독감과 공허함이 극대화된다. 난관과 장애물들은 사람을 정화하고 새롭게 준비시킨다.

• 후기: 자신이 처음에 출발했던 볼품없는 세계로 다시 돌아온다. 그리고 거듭난 존재로서 새 삶(역할)을 시작하거나 자신의 보물(깨달음)로 세계에 공헌한다.

전환자들의 〈전환의 창〉 모음

앞으로 소개할 18명 전환자들의 〈전환의 창〉은 다음과 같은 구조와 내용으로 구성되어 있다.

전환 도구: 해당 인물이 전환에 사용한 주 도구와 보조 도구　　　해당 인물이 나오는 본문 페이지

전환기 이전	거듭남
• 인물의 직업, 관계, 심리 등 전환기 이전의 모습 – 오른쪽의 〈거듭남〉 항목과 비교하여 인물의 내적·외적 상황을 확인할 수 있음	• 대담한 프로젝트 (인물에 따라 없을 수도 있음) – 거듭남을 위한 최종 관문, 3부 484면 참고 – 전환기에 얻은 지혜·기술을 총동원하는 과업 • 전환과 귀환을 통해 이룬 주요 업적 – 〈전환기 이전〉과 대비하여 전환자의 내적·외적 변화를 분명하게 볼 수 있음 • 전환 이후의 모습을 요약하여 제시
사건	
• 인물을 모험으로 초대하는 상징적 사건 – 전환을 촉발하는 긍정적·부정적 자극 – 주로 1부(28면)에서 설명한 〈분리〉, 〈역할 상실〉, 〈환상의 깨짐〉, 〈방향감각 상실〉로 나타남	
각성	**모색**
• 〈사건〉을 성찰하며 얻은 깨달음 – 외부의 사건을 내면에서 해석하고, 사건이 자신에게 의미하는 바를 깨닫는 시점 – 실질적인 전환점turning point에 해당함 – 인물에 따라 〈사건〉 발생 후 의미를 깨닫기(각성)까지 오랜 시간이 걸리기도 함 • 전환 기간 중에 일어나는 〈각성〉 – 〈모색〉 과정의 여러 변곡점에 해당하는 크고 작은 깨달음들	• 〈나〉를 찾기 위한 내면 탐험의 내용 – 실험과 성찰이 주요 활동, 시추(試錐)의 기간 – 책의 주제인 전환기turning period에 해당함 – 인물에 따라 〈각성〉에서 〈모색〉을 시작하기까지 오랜 시간이 걸리기도 함 – 주로 전환에 앞서 외적인 준비, 두려움을 극복하는 시간 때문임 • 전환의 도구와 구체적인 활용 방식 – 〈삶의 목소리를 듣는 통로〉로써 활용한 도구들과 나름의 도구 활용 방법

1. 주 도구가 〈독서〉인 전환자들

조지프 캠벨Joseph Campbell(1904~1987), 신화학자, 비교종교학자
전환 도구: 독서, 글쓰기, 여행   61면

전환기 이전	거듭남
• 어린 시절부터 신화에 관심을 가짐 －미국 인디언 신화와 영국 아서 왕 전설에 빠짐 • 유럽에서 박사 공부 중 중도 귀국	• 「피네간의 경야 주해」 집필, 출간 －제임스 조이스의 작품을 이해하지 못하는 대중을 위해 해설서를 씀 －「피네간의 경야」를 표절한 연극을 보고 비판 기사를 씀
사건	－ 이를 계기로 책 출간, 세간의 주목 받음 • 사라 로렌스 대학 교수로 재직하며 신화 연구
• 대학 시스템에 의문을 품고 박사학위 그만둠 • 미국의 경제 대공황 시기, 〈고학력 백수〉로 전락	• 20세기 가장 뛰어난 신화 해설가로 성장
각성	**모색 (1929~1934년)**
• 취업을 포기하고 늘 꿈꾸던 생활을 하기로 결심 －〈그동안 읽고 싶었던 책들을 마음껏 읽자〉 －허름하고 저렴한 오두막을 빌림 －직업과 의무감 없이 삶의 자유를 만끽하리라 다짐	• 5년간 우드스탁 숲에 은거, 전작 독서의 기간 －좋아하는 몇몇 저자의 책을 파내려 감 －제임스 조이스, 카를 융 등의 저서를 집중 독서 －모아 둔 돈과 재즈 밴드 연주 수입으로 생계 유지 －전작 독서로 탄탄한 지적 토대 마련 －분야가 다른 작가들 간의 의미심장한 공통점 발견 • 1931년, 1년간 미국 국토 횡단 자동차 여행 －대략적인 방향만 있고, 구체적 목적지 없음 －1년간 여행, 독서, 일기를 통해 삶의 방향성 탐색

카렌 암스트롱Karen Amstrong(1944~현재), 종교학자, 종교비평가
전환 도구: 독서, 글쓰기, 종교   71면

전환기 이전	거듭남
• 17세에 수녀원 자발적 입소, 7년 만에 환속 －혹독한 훈련에 몸도 마음도 망가짐 －수녀원도, 세상에도 속해 있지 않음을 확인 • 1967년부터 옥스퍼드에서 영문학 전공	• 대담한 프로젝트: 「좁은 문으로」 출간 －초고를 완전히 다시 쓰며 스스로를 온전히 치유 －수녀원 시절이 뜻깊은 시간이었음을 재발견 • 1992년 「신의 역사」 출간
사건	－ 집필 중의 무아 체험, 〈침묵〉과 〈합일〉의 체험 －미국 사회의 폭발적 반응, 전 세계 강연 시작
• 간질 발작이 시작, 공포스러운 환영들을 봄 • 자살 기도: 자살 동기조차 기억하지 못함	• 세계에서 가장 대중적인 종교학자로 인정받음
각성	**모색 (1976~1980년)**
• T. S. 엘리엇의 「재의 수요일」에 관한 강연 －〈나선 계단〉이라는 상징성에서 큰 위로를 얻음 －〈서러워하기보단 남은 것에서 기운을 얻으리라〉 －시에 저절로 빠져드는 경험 －문학을 통해 영적 체험을 할 수 있음을 깨달음	• 독서를 통해 자신을 넘어서는 체험을 함 －박사학위 실패 후 책 읽기가 다시 재미있어짐 －학위라는 짐을 내려놓으니 책의 이야기가 마음 깊이 들어옴 －좋은 책을 읽으며 공감과 초월 체험을 함 －과거의 상처가 치유되면서 할 말이 많아짐 • 수녀원에서의 자서전인 「좁은 문으로」 집필 －친구의 일기를 보며 수녀원 생활을 반추함 －수녀 시절이 갖는 의미를 솔직하게 기록

2. 주 도구가 〈글쓰기〉인 전환자들

구본형(1954~2013), 변화경영 전문가, 작가
전환 도구: 글쓰기, 여행, 공간   111면

전환기 이전	거듭남
• 글로벌 기업에 다니는 17년차 직장인 • 책 한 권을 쓰고 싶다는 바람을 가지고 있음	• 대담한 프로젝트: 1인 기업 창업 및 운영 - 2000년 〈구본형 변화경영연구소〉 설립 - 직장인에서 1인 기업가로 거듭남 • 새벽 글쓰기로 책을 출간하고 싶다는 꿈 실현
사건	- 첫 책 이후 3년 동안 매년 한 권의 책 출간 • 국내 최고의 변화경영 전문가로 자리매김
• 1997년 마흔세 살에 길을 잃고 방황 - 정체를 알 수 없는 불안감, 극심한 스트레스 • 난관을 뚫기 위해 지리산 단식원에 들어감	• 2002년 오랫동안 꿈꿔 온 〈마음의 집〉 마련
각성	**모색 (1997~2000년)**
• 1997년 여름, 단식원에서 새벽의 각성 - 〈일어나 글을 써라. 책을 써라〉 • 한 달간의 포도 단식을 마치고 결심 - 〈하루에 2시간은 나 자신에게 투자하겠다〉 - 〈다시는 과거로 돌아가지 않으리라〉	• 새벽 글쓰기를 자기탐구의 수단으로 삼음 - 자기 자신과 삶, 변화에 대해 기록 • 1998년 첫 책 『익숙한 것과의 결별』 출간 • 3년 동안 〈1인 기업〉 준비 - 현업에서 많은 실험, 사례 연구, 책 쓰기 시도 • 1998년부터 새로운 집을 마련할 준비 시작 - 많은 집을 방문하며 공간을 보는 안목을 키움 • 2000년 2월 퇴사 후 45일간 홀로 남도 여행

빅터 프랭클Viktor Frankl(1905~1997), 신경정신과 의사, 로고테라피 창시자
전환 도구: 글쓰기, 공동체   120면

전환기 이전	거듭남
• 뛰어난 유대계 신경정신과 의사 - 정신치료법인 로고테라피에 관한 책 집필 중 • 1942년 유대인이라는 이유로 강제수용소 수감	• 대담한 프로젝트: 로고테라피 정립 - 강제수용소 체험과 로고테라피를 종합 - 새로운 심리치료법 창시 • 〈시련의 실험〉을 통해 정신적 지평이 넓어짐
사건	- 심리치료와 수용소 심리학, 집단 정신병리학 접목 - 로고테라피로 자기 치유 및 새 삶 시작
• 1944년 10월, 아우슈비츠 수용소로 이감 - 외투 속에 숨겨 온 첫 책 원고 압수당함 - 우연히 고른 옷에서 유대교 기도문 발견	• 1946년 한 해에만 세 권의 책 출간 • 빈 종합병원 신경정신과 의사로 복귀
각성	**모색 (1944~1946년)**
• 기도문 발견을 신의 계시로 인식 - 유대인에게 중요한 기도 〈셰마 이스라엘〉 - 〈내가 썼던 대로 살고, 가르쳤던 대로 실천하라〉 는 메시지로 해석	• 수용소를 실험실 삼아 로고테라피 연구에 몰두 - 로고테라피를 자신과 수감자들에게 적용 • 첫 책 원고를 속기로 다시 씀 • 1945년 8월 오스트리아 빈으로 돌아옴 - 아내와 어머니의 사망 소식 들음 - 심각한 우울증과 자살 충동 • 자살 미루고 첫 책 『의료 사제』 집필 • 강제수용소 체험에 관한 두 번째 책 집필

3. 주 도구가 〈여행〉인 전환자들

조지프 자보르스키|Joseph Jaworski(1935~현재), 컨설턴트, 리더십 전문가
전환 도구: 여행, 독서, 글쓰기   153면

전환기 이전	거듭남
• 크게 성공한 변호사, 큰 집과 경주마 목장 소유 • 워터게이트 사건의 스타 검사였던 아버지	• 대담한 프로젝트: 〈아메리칸 리더십 포럼〉 설립 – 법률 회사 퇴사. 계획 구체화 – 안내자 데이비드 봄과의 만남 • 로열 더치 셸 그룹의 시나리오 기획팀
사건	• MIT 조직학습센터 이사
• 1975년, 아내의 외도와 이혼 통보 –「조, 우리 이혼해요. 사랑하는 사람이 있어요」 – 아내와 아들을 잃고 수개월간 방황	• 공항에서 운명처럼 만난 여성과 재혼
각성	**모색 (1976~1979년)**
• 몇 달간 서럽게 울며 감정 분출 –〈하루하루가 소중하다〉는 깨달음 • 〈앞으로는 마음 가는 대로 살겠다〉 다짐 – 독서, 여행, 사람들과 대화 시작 – 동년배들의 고민 역시 〈속박〉 때문임을 확인	• 충동적으로 떠난 7주간의 무계획 유럽 여행 – 파리: 성당에서 세상과의 일체감을 최초로 느낌 – 이탈리아: 〈마음이 이끄는 불가능한 목표〉 도전. 동경하던 F1 리키 라우다를 만남 – 칸: 우연히 만난 여성에게 심오한 영향을 미침 • 여행하며 독서와 일기 쓰기 병행 • 미국, 이집트 등 여행하며 동시성 경험 – 산족제비와의 조우. 자연과의 합일 체험 – 리더십 포럼 설립 아이디어 얻음

이윤기(1947~2010), 번역가, 소설가, 신화 전문가
전환 도구: 여행, 공간   164면

전환기 이전	거듭남
• 뛰어난 번역가, 이름이 알려지기 시작한 소설가 • 그리스 신화 관련 서적을 여러 권 집필 및 번역 – 만족스럽지 않은 외부 평가와 자기 평가 – 실제로 그리스를 가본 적 없음	• 대담한 프로젝트: 〈총천연색 신화 책〉 두 권 출간 – 2000년 6월 『이윤기의 그리스 로마 신화 1』 출간 – 9월 『벌핀치의 그리스 로마 신화』 편역 • 최고의 그리스 로마 신화 전문가로 자리 잡음 • 새 삶을 위한 공부방, 자연 친화적인 공간 마련
사건	• 〈신화를 찾아 떠난 여행〉 이후 10년간의 성과
• 1999년 1월 미국에서 일시 귀국 • 지인들과 3주간 그리스·터키 여행 떠남	– 신화 책 8권 집필, 신화 번역서 4권 개정판 출간
각성	**모색 (1999~2000년)**
• 2월 터키, 흑해를 바라보며 이아손과 아르고 원 정대 신화를 떠올림 –〈컬러 시대에 흑백 신화 책만 펴냈다〉는 반성 –〈나도 나의 흑해를 건너자! 나도 이아손처럼 나 의 금양모피를 수습해야 하지 않겠는가?〉 • 장기간의 그리스 및 유럽 여행 결심 – 21세기에 맞는 신화 책을 쓰겠다고 다짐	• 그리스·터키를 여행하며 〈신화 여행〉 준비 • 3~7월 한국과 미국에서 본격적인 여행 준비 – 여행 경비 조달, 사진 촬영 기술 습득 등 • 8~11월, 3개월여 동안 유럽 4개국 여행 – 그리스 → 프랑스 → 영국 → 이탈리아 – 신화 현장과 박물관 답사, 1만 5천 장의 사진 촬영 • 2000년 미국에서 영구 귀국, 신화 책 집필에 몰두 • 경기도 양평에 작업실 마련, 책 집필에 집중

4. 주 도구가 〈취미〉인 전환자들

폴 고갱Paul Gauguin(1848~1903), 화가
전환 도구: 취미, 공간 195면

전환기 이전	거듭남
• 증권 회사 선물 중개인으로 성공한 직장인 • 파리지앵의 고상한 취미로 미술품 수집 시작 • 주말에 이어 주중까지 몰두, 개인 작업장 마련	• 대담한 프로젝트: 〈설교가 끝난 후의 환상〉 – 〈올해 나는, 나의 모든 것, 모든 기법, 모든 스타 일을 희생시켰다〉 – 고갱 특유의 화풍 완성: 원근법 무시, 장식적인
사건	구도와 평면적 색채. 〈종합주의〉로 불림 • 파리로 돌아왔으나 주목을 받지 못함
• 1882년 프랑스 주식 대폭락, 고용 불안 • 앙데팡당 전시회의 호평과 뒤랑 뤼엘의 그림 구 입, 직장 동료 슈페네커의 전업 작가 선언 등에 자극	• 타히티의 마타이에아 섬에서 활기찬 작품 활동
각성	**모색 (1885~1888년)**
• 1883년 가족과 친구들에게 알리지 않고 사직 – 〈지금부터 나는 매일 그림만 그리겠다〉 – 화가로서 자신의 재능과 가능성 확신 – 직업란에 〈화가〉라고 적기 시작함 • 스승 피사로와 화가 전업을 의논 – 스승 역시 그의 결정에 놀람	• 신인상주의의 새로운 화풍 실험 – 경제/건강 이유 제외하고는 매일 그림에 몰두 – 광고 벽보 일 등을 하며 연명, 순탄치 않음 • 경제적 이유 등으로 화가촌 브르타뉴로 이사 – 실력을 인정받고 중심 인물로 떠오름 • 타히티 마르티니크 섬 여행 – 자신만의 미술 세계(원시성과 종합성)를 창조 – 〈예술이란 하나의 추상 작용이다〉

헤르만 헤세Hermann Hesse(1877~1962), 소설가
전환 도구: 취미, 공간, 상징 206면

전환기 이전	거듭남
• 연이은 소설의 성공으로 명성을 구가 • 조국 독일의 전쟁 도발에 비판적 글을 게재	• 대담한 프로젝트: 「싯다르타」 집필(1922년) – 처음으로 영적인 성장 과정을 집중 조명 – 삶을 긍정하는 싯다르타를 쓰지 못하고 집필 중단
사건	– 은둔 생활 접고 사람들과 교류하며 돌파구 모색 – 책 출간 이후 사회 활동 늘고, 연인을 만남
• 조국으로부터 배신자로 지탄 받음 – 모든 저서가 판매 및 출판 금지 처분 • 여러 요인으로 신경쇠약에 걸림 – 부친 사망, 부인의 정신분열증, 막내아들 발병	• 이후의 작품들은 구도적인 모습에 초점 – 「황야의 이리」, 「나르치스와 골드문트」 등
각성	**모색 (1918~1921년)**
• 카를 융 제자인 요제프 랑과 정신요법 치료 – 꿈 일기를 쓰면서 꿈이 풍성해짐 – 꿈에서 〈데미안〉이라는 인물과 극적으로 만남 • 융과 랑의 권유로 회화 시작 – 〈그림을 그리는 게 도움이 될 것〉이라 권고	• 꿈 속 체험을 바탕으로 「데미안」 집필 시작 – 단 몇 주 만에 몰입하여 집필 완료 • 그림을 그리며 진정한 해방감을 만끽 – 부담감 없이 그림을 통해 자신과 대화 – 지금까지 억압되어 있던 감정과 화해 – 대부분 밝은 풍경화, 그의 어두운 소설과 대비 • 1919년 스위스 몬테놀라 〈카사 카무치〉로 이주

5. 주 도구가 〈공간〉인 전환자들

헨리 데이비드 소로 Henry David Thoreau(1817~1862), 자연주의 사상가, 작가
전환 도구: 공간, 글쓰기, 취미, 상징, 스승, 공동체   241면

전환기 이전	거듭남
• 자신의 고향과 월든 호수를 사랑하는 청춘 • 랠프 왈도 에머슨이 잠재력을 인정한 젊은이 • 마을 사람들은 소로를 현실 도피자로 여김	• 대담한 프로젝트: 10년간 쓰고 싶어 한 첫 책 집필 - 『콩코드 강과 메리맥 강에서 보낸 일주일』 완성 (1849년 출간) • 26개월간의 실험과 성찰을 통해 얻은 성과
사건	- 자연과 삶에 대한 철학과 생활 방식 체득 - 생전에 출간된 두 권의 책 초고 집필
• 20대 초반부터 월든에서 사는 삶을 꿈꿔 옴 • 1845년 3월 친구가 편지로 월든에서 살 것을 권유	• 자연의 학생에서 자연주의 사상가로 거듭남
각성	**모색 (1845~1847년)**
• 친구의 편지를 읽고 오랜 꿈을 실천하기로 결심 - 〈내가 생각하는 이상적인 삶을 직접 살아 보자〉 - 에머슨이 월든 호숫가의 땅을 무상 임대해 줌 - 월든 숲에 작은 통나무집을 짓기 시작 • 1845년 7월 4일 미완성 상태인 통나무집에서 살기 시작	• 월든과 오두막을 성찰의 장·실험실로 삼음 - 자기성찰, 집 짓기, 경제적 자립, 자율적 노동 등 • 소로의 하루 경영: 육체·정신·영적 균형 지향 - 독서, 채마밭 가꾸기, 일기와 책 쓰기 등 • 매일 평균 4시간 산책, 자연 관찰 및 교감 • 스승 에머슨의 권유로 〈초절주의 클럽〉에 참여

스콧 니어링 Scott Nearing(1883~1983), 사회개혁가, 작가
전환 도구: 공간, 취미   251면

전환기 이전	거듭남
• 20대 펜실베이니아 대학 워튼스쿨 경제학 교수 • 30대 많은 책을 쓴 작가이자 명강연자 • 미국의 세계 대전 참전을 책을 통해 비판	• 『조화로운 삶』 집필 - 20년 귀농 경험 책으로 정리 - 전국 각지에서 사람들이 찾아옴 • 뉴잉글랜드 메인으로 다시 이주
사건	- 찾아오는 사람들로 단순한 생활 어려워 결단 - 버몬트에서 거의 아무것도 가져가지 않음
• 대학에서 해직, 책 판매금지 처분, 스파이 혐의로 기소, 신문 기고와 강연이 끊김 • 아내의 결별 선언, 두 아들을 데리고 떠남	• 실천적 자연주의자로 우뚝 섬
각성	**모색 (1932~1935년)**
• 스무 살 연하의 헬렌 니어링과의 만남 - 차츰 연인으로 발전, 맨해튼 아파트에서 동거 - 품위 잃지 않으면서 소박하게 살 방법 고민 • 서구 문명 떠나 〈자급농〉 될 것을 결심 - 단순한 생활, 조화롭게 살아갈 기회를 위해 〈손 수 집을 짓고 농사를 짓는 자급농이 될 것〉	• 뉴잉글랜드 버몬트로 이주 - 오래된 농장과 시설 매입, 수리 - 직접 돌집, 돌담 짓고 농사로 자급자족 - 단풍나무 시럽 제조로 경제 기반 마련 • 단순하고 조용한 생활을 위한 원칙 수립 - 돈을 벌지 않음, 필요 이상 농사짓지 않음, 채식 식단, 기계 의존하지 않음 등 - 육체노동 4시간, 지적 활동 4시간, 친교 4시간

6. 주 도구가 〈상징〉인 전환자들

카를 융Carl Jung(1875~1961), 정신과 의사, 분석심리학 창시자
전환 도구: 상징, 글쓰기, 취미, 공동체   287면

전환기 이전	거듭남
• 30대 중반의 유능한 정신과 의사 • 정신분석의 창시자 지그문트 프로이트를 존경	• 대담한 프로젝트: 자기 고유의 심리학 정립 – 분석심리학의 토대 마련 – 「심리학적 유형」 초고 집필 (1921년 출간) • 〈방향 상실〉로 시작해 〈창조적 숙성〉으로 마무리
사건	– 자기분석을 통해 스스로를 치유 – 〈상처 입은 자〉에서 〈영혼의 치유자〉로 변모
• 1913년 3월 프로이트와 결별 • 의미심장한 일련의 환상과 꿈 체험 – 유럽이 피에 잠기는 환상을 반복 체험 – 유럽 신화의 영웅 지크프리트를 죽이는 꿈	• 프로이트의 제자에서 정신 탐구자들의 스승이 됨
각성	**모색 (1913~1919년)**
• 프로이트와 이별 후 자기회의와 불안감에 빠짐 – 방향 상실, 우울증과 정신분열 증상 – 자신에 대해 무지함을 절감 – 개인병원 운영 외에 거의 모든 외부 활동 줄임 • 강렬한 환상과 꿈에서 얻은 깨달음 – 〈치열한 자기분석과 자기치유가 필요하다〉 – 〈프로이트 추종을 넘어 나의 심리학을 만들자〉	• 매일 자기분석을 집중적으로 시도 – 꿈과 환상을 통해 무의식과 대면 • 의도적으로 잘 짜여진 하루를 보냄 – 오전: 꿈 기록 및 분석, 편지 쓰기 등 – 오후: 환자 진료, 집 짓기 놀이 등 • 무의식 탐사 과정을 자세히 기록 – 〈검은 책〉, 「붉은 책」, 심리학 관련 논문 등 • 1916년 지인들과 함께 〈심리학 클럽〉 창설 – 자기 사상을 실험하는 장, 심리유형론 연구

템플 그랜딘Temple Grandin(1947~현재), 동물학자, 자폐증 전문가
전환 도구: 상징, 취미, 스승   297면

전환기 이전	거듭남
• 5세에 자폐증(아스퍼거 증후군) 판정 • 소리에 민감하고 쉽게 흥분하며 폭력적 성향	• 대담한 프로젝트: 가축 압박기 디자인 관련 논문 – 대학원에서 전공 변경(심리학 → 동물학) – 미국 최초의 가축 행동 연구 논문 – 1975년 동물학 석사학위 취득
사건	• 세상에 기여할 수 있는 한 사람으로 자립 • 세계적 가축 시설 설계자, 자폐증 전문가로 성장
• 중학 시절의 불행함, 신경 발작 증세 시작 • 자신을 놀리는 친구를 때려서 중학교 퇴학	
각성	**모색 (1964~1974년)**
• 교회에서 〈천국으로 가는 문〉에 대해 들음 – 우연히 〈까마귀 둥지〉라 불리는 방과 문 발견 – 안쪽 문이 새로운 세상으로 나아감을 상징한다는 걸 직감 • 이모의 농장에서 〈가축 압박기〉를 접함 – 압박기에 들어간 동물의 눈빛이 순해짐을 느낌 – 자폐증을 완화시켜 주는 도구에 관심을 가짐	• 1년간 〈까마귀 둥지〉를 자주 찾아감 – 마음이 차분해지고 여러 영감이 떠오름 – 처음 문을 연 후부터 마음 안정, 공부에 집중 • 칼록 선생이 자연과학의 문을 열어 줌 • 〈대학 기숙사 통풍문, 슈퍼마켓 유리문〉의 상징 – 새로운 노력과 새로운 분야로 나아감을 의미 – 문들을 차례로 통과하며 세상에 조금씩 적응 • 가축 압박기 총 네 차례 개조 작업 진행 – 자폐증 완화, 안정감 회복 – 자신이 동물과 같이 느낄 수 있음을 깨달음

7. 주 도구가 〈종교〉인 전환자들

모한다스 간디Mohandas Gandhi(1869~1948), 정치가, 사회개혁가
전환 도구: 종교, 독서, 공동체 335면

전환기 이전	거듭남
• 〈인도보다 쉽다〉는 말에 영국 변호사 자격 취득 • 대중 공포증으로 법정에서 변론 중 도망침. 이후 변론 대신 진정서 작성 대행 업무를 주로 함	• 대담한 프로젝트: 사티아그라하(진리파지) 운동 - 진리를 관철하기 위한 비폭력 투쟁 시작 - 8년간 인두세(人頭稅) 등의 차별법 반대 - 〈사티아그라하 행진〉 등 정치적 운동, 투옥
사건	• 인도국민회의의 최고 지도자로 선출 - 〈위대한 영혼〉으로서 인도의 정신적 등불로 추앙
• 남아공 마리츠버그 역 인종차별 • 다음 날 마차에서도 폭언과 폭행	
각성	**모색 (1893~1895년)**
• 마리츠버그 역에서의 추운 하룻밤 - 〈어떤 고통을 겪더라도 부당한 인종차별의 뿌리를 뽑아야 한다〉 • 남아공 교포 상인들의 갖은 수모 전해 들음 - 인간과 종교에 대해 물음: 자신을 인종차별 사건에 말려들게 한 절대자에 대해 알고 싶어함	• 다양한 종교 서적 탐독 - 이슬람, 기독교, 유대교, 힌두교 등의 책 탐독 - 종교의 보편적 진리는 〈도덕〉이라는 결론 도달 - 여러 종교인들의 모임 참석, 의견 교환 • 종교적 깨달음을 삶에서 실천, 맹세 - 미각의 통제, 간소한 삶 실험, 순결 서약 등 • 남아공 내 인도 교포들의 모임 주도 - 남아공의 실상 알림, 첫 대중 연설

무하마드 알리Muhammad Ali(1942~2016), 복싱 선수, 흑인 민권 운동가
전환 도구: 종교, 스승 347면

전환기 이전	거듭남
• 인종차별이 유별났던 켄터키 주에서 성장 • 열여덟 살에 180승을 올린 복싱 유망주 • 1960년 로마 올림픽 금메달. 영웅으로 금의환향	• 대담한 프로젝트: 세계 타이틀 재획득(32세) - 조 프레이저에게 패배, 평온하게 받아들임 - 3년 후 재도전, 세계 챔피언 등극 - 조지 포먼에게 승, WBA·WBC 통합챔피언 등극
사건	- 이후 11차례의 방어 성공 • 1996년 애틀랜타 올림픽 마지막 성화 봉송자
• 영웅이었음에도 햄버거 가게에서 인종차별 • 백인 갱단의 금메달 갈취 시도, 겨우 물리침	
각성	**모색 (1963~1966년)**
• 금메달을 오하이오 강에 던져 버림 - 〈내가 미국을 대표한다는 환상은 사라졌다〉 • 1962년 이슬람네이션Nation of Islam에 가입 - 흑인의 자립과 청렴한 삶 강조하는 종교 단체 - 독립한 흑인 민족국가의 설립을 비전으로 제시 - 〈듣자마자 내가 평생 찾던 것임을 알았다〉	• 이슬람네이션을 통한 종교관·가치관 정립 - 경전 공부, 설교 경청, 1년 후 이슬람교로 개종 - 종교적 교리와 더불어 흑인 해방 운동에 관심 • 맬컴 엑스와의 깊은 교류 - 뚜렷한 목적 의식, 가치관 정립 • 첫 세계 타이틀매치 승리 후 인터뷰, 독립 선언 - 〈백인들이 원하는 챔피언 되지 않을 것〉 선포 - 백인 사회의 반발, 견제, 보복 시작 • 세계 챔피언 타이틀 박탈, 복싱계에서 추방 - 정부의 베트남전 징집 요구 거부에 따른 보복

8. 주 도구가 〈스승〉인 전환자들

워런 버핏Warren Buffett(1930~현재), 가치투자가, 최고 경영자

전환 도구: 스승, 독서   389면

전환기 이전	거듭남
• 11살 때 35세에 백만장자가 되겠다는 목표 설정 • 유아적인 성격과 사교성이 부족한 스무 살 청춘	• 대담한 프로젝트: 자신의 첫 투자조합 설립 – 스승의 곁을 떠나 전문 투자가로 자립 • 주식 중개인을 거쳐 전문 투자가로 진화 – 가치투자가 버핏의 신화 시작
사건	– 가치투자가 버핏의 신화 시작 • 버핏의 자산 현황 변화
• 1950년 하버드 경영대학원 지원했다가 탈락 • 컬럼비아 대학 소개 책자에서 한 사람을 발견 – 가치투자의 대가 벤저민 그레이엄	• 버핏의 자산 현황 변화 – 1950년 9,800달러 → 1956년 15만 달러 – 1962년 〈35세 백만장자〉 목표 3년 일찍 달성
각성	**모색 (1950~1956년)**
• 〈컬럼비아로 가서 그레이엄에게 배우자〉고 결심 – 얼마 전 그레이엄의 『현명한 투자자』를 읽음 • 1950년 9월 컬럼비아 경영대학원 입학	• 그레이엄의 수제자가 됨, 최고 성적 획득 – 스승의 저서 반복 독서, 스승의 모든 것 연구 • 대학원 졸업 후 고향에서 주식 중개인으로 일함 • 1954년 그레이엄과 같은 회사에서 일함 – 2년간 스승에게 가치투자 실무를 배움 • 1956년 그레이엄이 회사를 맡아 달라고 제안 – 고심 끝에 스승의 제안 거절

황상(1788~1870), 시인, 유인

전환 도구: 스승, 글쓰기   399면

전환기 이전	거듭남
• 스스로를 둔하고 답답하게 여기는 15살 소년 • 양반 가문이 아닌 아전(衙前)의 아들	• 시인과 유인이라는 인생의 방향성 확립 • 스승은 제자들 중에 황상을 최고 시인으로 꼽음 – 시인으로 홀로 설 준비를 마침
사건	– 시인으로 홀로 설 준비를 마침 • 훗날 명사들에게 훌륭한 시인으로 인정받음
• 1802년 10월 정약용이 유배 생활 중에 서당을 개설 – 다산 정약용의 서당에서 공부 시작	• 훗날 명사들에게 훌륭한 시인으로 인정받음 • 수십 년 동안 〈일속산방〉을 꾸려 유인의 삶 실천
각성	**모색 (1802~1808년)**
• 10월 중순, 다산으로부터 가르침을 받음 – 〈부지런하고 부지런하고 부지런하라〉 – 다산이 황상에게 문사(文史)와 시 공부를 권함 • 다산의 제자가 되고 시인이라는 꿈을 가짐 – 〈스승의 가르침을 마음에 새기고 뼈에 새기자〉	• 다산에게 공부하는 태도와 공부법을 배움 – 초서(抄書)와 필사(筆寫)에 몰두, 개인 지도 • 시간이 지날수록 다산의 총애가 깊어짐 – 절학가(截瘧歌), 치원(巵園)이란 호를 지어 줌 • 스승에게 유인(幽人)에 관한 가르침을 받음 – 유인은 시인과 함께 황상의 평생의 꿈이 됨 • 다산의 권유로 4명의 시인을 모범으로 집중 연구

9. 주 도구가 〈공동체〉인 전환자들

벤저민 프랭클린Benjamin Franklin(1706~1790), 인쇄인, 공공단체 설립 전문가
전환 도구: 공동체, 글쓰기, 상징   431면

전환기 이전	거듭남
• 사교적이고 자신감 넘치는 스무 살 인쇄공 • 지인의 배신으로 여러 번 곤경에 처함	• 대담한 프로젝트: 회원제 도서관 설립 – 준토의 공동 서재에서 출발, 회원들과 협업 – 1731년 미국 최초의 회원제 도서관 개관 • 평생 삶의 토대가 되는 철학 정립
사건	
• 1724년 펜실베이니아 총독 윌리엄 키스의 배신 – 인쇄소 창업을 지원해 주기로 한 약속을 어김 – 출장 온 런던에서 오갈 데 없는 신세로 전락	• 준토 활동을 통해 뛰어난 리더로 성장 – 사적 이익과 공익을 조화시키는 능력 체득 • 인쇄공에서 작가, 공공단체 설립 전문가로 진화
각성	**모색 (1726~1730년)**
• 1726년 영국에서 미국으로 오는 배에서 각성 – 지난 삶을 반추하며 미숙한 언행을 성찰 • 새로운 인생을 위해 〈미래 행동 계획〉 수립 – 〈결심과 행동 방침을 정하자. 모든 면에서 이성 적인 인간으로 살아가자〉	• 1727년 장인과 자영업자 모임 〈준토〉 결성 – 자기계발, 상호 지원, 사교를 위한 모임 – 공익을 위한 〈실험실〉로 진화 • 1728년 인쇄소 창업 • 자신만의 기도서 제작, 매일 수시로 기도함 – 『믿음의 조항과 종교 의식』 • 〈덕 완성 프로젝트〉 기획 및 수행 • 신문과 잡지 발행 및 다양한 글쓰기 시도

엘리자베스 퀴블러 로스Elizabeth Kübler Ross(1926~2004), 정신과 의사, 호스피스 운동가
전환 도구: 공동체, 상징   441면

전환기 이전	거듭남
• 세 쌍둥이의 첫째, 어려서부터 정체성 고민 • 주변 사람들의 〈평온한 죽음〉을 몇 차례 목격	• 대담한 프로젝트: 『죽음과 죽어감』 책 출간 – 환자 500여 명과 인터뷰, 환자들의 목소리를 담음 – 〈죽음의 5단계〉 이론, 〈죽음학〉의 태동 – 25개 언어로 번역, 학문적 깊이와 폭넓은 공감
사건	– 병원과 대학, 신학교에서 죽음의 의미 재조명 • 세계 최초 호스피스hospice 운동 전개
• 2차 세계 대전 후 폴란드에서 자원봉사, 전쟁 의 참상 목도 • 유대인 수용소 벽에 수없이 그려진, 환생을 상징 하는 나비 목격	
각성	**모색 (1963~1967년)**
• 폴란드에서 환자들의 강인한 생명력 느낌 – 〈나의 목표는 생명의 의미를 밝히는 것〉 • 의사들이 죽음에 대한 언급을 피하는 것에 충격 – 대부분의 의사는 환자의 죽음을 〈실패〉로 인식 – 〈죽어가는 환자에게 필요한 것은 인간적인 교감 과 솔직함〉	• 병원의 말기 환자들과 대화 – 환자들 곁에서 손을 잡고 몇 시간 동안 경청 – 모든 환자가 좋은 스승이 될 수 있음을 확신 • 〈죽음과 죽어감〉 세미나의 시작 – 지도 교수 대신한 강의에서 죽어 가는 환자 소개 – 학생들이 감동, 환자 역시 삶의 의미를 느낌 – 이후 죽음을 주제로 환자와 학생들의 토론 기획 – 세미나가 본인 위주가 되지 않도록 디자인 – 입소문을 타고 대학의 정식 강좌로 채택

부록3
두 저자의 전환 이야기

박승오의 전환기

대학 4학년의 어느 날, 고속버스를 타고 잠이 들었다. 휴게소에 도착
해서 잠시 하차하라는 방송에 눈을 뜨려는데 눈곱이 굳어서 잘 떠지지
않았다. 손을 들어 눈을 비볐다. 그런데 손가락 끝의 느낌이 이상했다.
손끝에 눈꺼풀이 아니라 촉촉한 각막이 만져지는 것이었다. 세상이 온
통 하얗게 보였다. 아뿔싸, 눈이 떠지지 않는 것인 줄 알았는데, 눈이 보
이지 않게 된 것이었다. 그날부터 3일간 나는 실명 상태에 있었다.

부모님과 함께 여러 병원을 전전긍긍했다. 찾아간 모든 병원의 의사
들이 〈곧 시력을 잃게 될 것〉이라 판정했다. 녹내장이었는데 심각한 수
준이었던 것이다. 왜 그런 지경에 이르게 되었을까. 당시 나는 KAIST
에서 이틀에 한 번씩만 자면서 독하게 공부하고 있었다. 무리해서 밤새
공부를 하다 보니 눈이 자주 충혈이 되기에, 약국에서 스테로이드 성분
이 들어간 안약을 구해 넣은 것이 화근이었다. 무리한 공부로 혹사당한
눈이 독한 약물과 만나자 6개월 만에 완전히 망가졌던 것이다. 강도 높

은 치료로 뒤늦게 안압은 정상으로 돌아왔지만 이미 손상된 80퍼센트의 시신경은 되돌릴 길이 없었다. 나는 평생을 뿌옇고 좁은 시야로 살아가야 했다.

많이 울었다. 어쩌다 이런 불행의 주인공이 되었는지 이유라도 알고 싶었다. 그러나 그 질문에 대한 답을 얻게 된 건 3년이나 지난 후였다. 우연히 읽게 된 작가 구본형의 책은 〈가장 나다운 것이 무엇인지〉 질문하고 있었다. 그제서야 3년 전에 품었던 의문, 내가 눈을 실명해야 했던 원인을 알게 되었다. 그것은 엉뚱하게도, 두 살 터울의 형 때문이었다. 어린 시절부터 머리가 비상해 〈천재〉 소리를 듣고 자란 형에 대한 경쟁심이 문제의 발단이었다. 형을 흉내 내려고 지나치게 무리를 해왔던 것이었다. 형을 좇아 KAIST에 입학한 기쁨도 잠시, 나는 형만큼 똑똑한 친구들 사이에서 살아남기 위해 〈두 배〉 노력해야 했다. 계산이 명확했다. 친구들이 하루에 한 번 잘 때, 나는 이틀에 한 번 자면 되었던 것이다.

이후로 구본형의 책을 여러 권 구해 읽었다. 주로 직장인들을 위한 책들이었지만 대학원생이었던 내게도 울림이 깊었다. 작가를 만나고 싶어 메일을 보냈다. 〈나를 만나고 싶으면 프로그램에 참가하라〉는 짧은 답장이 돌아왔을 뿐이었다. 그럼에도 마음속 깊이 그를 만나야 한다는 목소리가 들려왔다. 조금씩 돈을 모아 프로그램에 참여하면서 그를 만났을 때, 그가 글만큼이나 깊은 인품을 지닌 사람임을 알 수 있었다. 프로그램 이후 가끔씩 만나며 알아갈수록, 그를 점점 더 존경하게 되었다. 그 마음이 전해졌는지 그 역시 나를 신뢰해 주었고, 제자로 받아들여 주었다. 그렇게 내 삶을 바꾼 스승과의 만남이 시작되었다.

나는 스승과 함께 책을 읽고 글을 썼다. 그가 권하는 책들은 대부분 두꺼운 인문서와 고전들이었다. 고작해야 얇은 자기계발서와 경영서를

〈박승오의 전환의 창〉
전환 도구: 스승, 독서, 글쓰기

전환기 이전	거듭남
• 수재였던 형을 따라 과학고, KAIST 진학 • 이틀에 한 번 자면서 무리하게 공부, 안약 사용	• 대담한 프로젝트: 「나의 방식으로 세상을 여는 법」 집필 – 아픈 경험을 되짚어 20대의 방향성 탐색에 관한 글을 쓰기 시작, 책으로 출간
사건	– 방향성 탐색 교육인 〈나침반 프로그램〉 시작 • 교육 전문가이자 작가로서 새롭게 인생을 시작
• 실명, 녹내장 판정. 〈6개월 안에 영구 실명할 것〉 • 3년간의 방황과 후회. 〈어쩌다 이렇게 되었을 까?〉 하며 나를 돌아보기 시작함	
각성	**모색 (2005~2007년)**
• 실명의 근본적인 원인 발견 – 구본형 「마흔 세 살에 다시 시작하다」 읽으며 열등감으로 형을 흉내 낸 것이 원인임을 깨달음 • 〈형과 나는 비슷한 DNA〉라는 생각이 발단 • 〈가장 나다운 것〉에 대해 질문하기 시작 – 자기 탐색과 관련된 책들을 읽기 시작 – 특히 구본형의 책을 여러 권, 여러 번 읽음	• 스승 구본형 아래에서 수학 – 구본형의 지도로 다양한 책을 읽고 글을 씀 – 연간 50여 권의 독서와 100여 편의 글쓰기 • 독서와 글쓰기를 통한 내면 탐색 – 스스로 원하는 것과 잘하는 것을 되돌아 봄 – 20대의 자서전을 쓰면서 삶의 궤적을 정리 • 삶의 방향성 발견, 직업 전환 – 〈깨달음을 얻고 타인과 나누는 인생〉 – 공학을 떠나 교육기관인 카네기 연구소 입사

기웃거리곤 했던 나로서는, 그 책들의 무게와 지루함을 견딜 수가 없었다. 특히 명확한 답을 주지 않는 책들에 대한 불만이 컸다. 그럴 때마다 스승은 〈인문학처럼 무용해 보이는 지식이 깊어질수록, 인생은 더욱 맛있어진다〉는 말로 나를 격려했다. 뒤늦게 알았지만, 그 말은 사실이었다. 스승과 함께 깊이 공부할수록 나는 삶을 긍정하며 하루를 즐겁게 사는 법을 터득하게 되었다.

또한 스승은 항상 내가 글을 통해 자신을 깊이 들여다보도록 이끌었다. 심지어 가장 힘겨운 슬럼프를 보내고 있을 때조차도 스승은 〈고통이라 할지라도 잊어야 할 것이 아니라, 기억해야 할 것으로 마음에 담아 두어라. 그것이 글 쓰는 사람들의 특별함이다〉라며 채찍질했다. 글을 통해 붙잡은 경험들은 나름의 의미를 내게 들려주었다. 그의 안내로 50페이지 분량의 자서전을 처음으로 썼을 때 나는 실명 사건을 비롯한 여러 일들이, 사실은 운명의 부름이었음을 이해하게 되었다.

그렇게 스승은 내게 거울이자 등대가 되어 나를 밝히고 길을 비추었다. 나는 〈깨달음을 얻고 타인과 나누는 삶〉이 내 인생의 방향성임을 비로소 깨달았다. 그 깨달음은 8년간 공부했던 공학 분야를 떠나 교육자로서 새로운 삶을 출발하도록 했다. 첫 책 『나는 무엇을 잘할 수 있는가』는 스승과 함께 쓴 첫 번째 책이었으며, 두 번째 책 『나의 방식으로 세상을 여는 법』은 스승의 지도 아래 썼던 20대의 자서전을, 세상의 20대들을 위한 실용서로 변환한 책이었다. 두 권의 책을 통해 나는 교육자이자 작가로서의 삶을 열 수 있었다.

홍승완의 전환기

2009년 4월 직장을 그만뒀다. 퇴사의 표면적인 이유는 번 아웃burn out이었다. 말 그대로 심신의 에너지가 바닥이 났다. 회사를 나오기 전 1년 동안 직장 생활을 하며 책 세 권을 쓴 것이 원인이었다. 이 기간은 원하는 것을 이루기 위해 내 모든 역량을 완전히 불태운 시기였다. 1년 간의 몰두로 인해 얻은 것은 성실함이었고 잃은 것은 에너지였다.

회사를 나온 내게 3가지 대안이 있었다. 휴식 후 이직, 창업, 수년 동안 학생이자 백수로 사는 것. 이 가운데 무엇을 선택하든 새로운 인생이 펼쳐질 거라 예상했다. 이 예상은 절반만 맞았다. 나는 〈인생의 봄〉이 시작되기를 바랐지만 운명은 나를 〈삶의 겨울〉로 이끌었다. 당시에 나는 설명할 수 없는 불안감과 답답함을 느꼈다. 내면이 흔들리며 무너

〈홍승완의 전환의 창〉
전환 도구: 독서, 글쓰기, 스승

전환기 이전	거듭남
• 기업교육 회사에 다니는 7년차 직장인(33세) • 자기 자신을 잘 알고 있다고 자부함	• 대담한 프로젝트: 두 권의 책 집필 －「위대한 멈춤」 공저, 지난 6년간의 공부 총정리 －「스승」(가제) 첫 단독 저서, 스승들의 가르침 정리 • 삶의 방향성 재정립: 〈내면 탐험가〉
사건	• 자기탐색 및 인문학 콘텐츠 개발 역량 확보
• 2009년 책 세 권을 함께 쓰다가 탈진, 직장 퇴사 • 도둑이 등장하는 강렬한 〈그림자〉 꿈 －꿈의 의미를 해석하지 못함	－〈내면 탐험〉, 〈단군의 후예〉, 〈인문학 아카데미〉
각성	**모색 (2010~2015년)**
• 2009년 말 내면의 위기에 직면 －무기력, 성격 변화, 〈나에 대한 고독〉 • 2010년 2월 카를 융의 자서전 독서 －분석심리학 서적 탐독하며 그림자 꿈 이해 －자기 자신을 깊이 탐구하기로 결심 －〈나 자신을 탐구하는 개인 대학원을 만들자〉	• 5년간 독서와 글쓰기를 자기탐구 수단으로 삼음 －1,000권 읽기: 인문, 예술, 평전, 자서전 －500편 글쓰기: 마음편지, 독서 칼럼, 꿈 일기 • 3명의 마음속 스승(캠벨, 융, 법정) 사숙 －스승이 쓴 책 모두 읽기, 스승 답사 여행 등 • 5년간 카를 융의 분석심리학 독학, MBTI 공부 • 나를 위한 성소 마련, 공부방 〈회심재〉

지기 시작했다. 가장 먼저 일어난 일은 성격의 급격한 변화였다. 외향적인 성격이 내향적으로 변했다. 목표를 중시하고 계획 지향적이고 현실주의자였던 기질이 사라지면서 나란 존재가 나 자신에게 낯설어졌다. 사람들에게 오해를 받고 사람이 변했다는 비난도 받았다. 나를 잘 아는 사람들 중 몇몇은 내게 〈냉담해졌다〉고 섭섭함을 표현했다. 이제껏 나 자신을 잘 알고 있다고 생각했는데 오만이었다. 변한 자기 자신에 대해 스스로에게조차 설명할 수 없음을 절감한 나는 고독해졌으며, 내면의 위기를 직감했다.

이즈음(2010년 1월) 카를 융을 만났다. 융을 통해 내가 직면한 위기를 이해할 수 있었다. 나는 삶이 내게 번 아웃을 포함해 여러 번 경고 신호를 보냈음을 알게 되었다. 2009년 여름 도둑에게 칼로 심장을 찔리는 꿈을 꾼 것도 그런 신호 중 하나였다. 당시에는 꿈의 의미를 이해할 수 없었는데 융과 분석심리학의 도움으로 꿈의 메시지를 해석할 수 있게 되었다. 그리고 이런 상황에서 필요한 것은 자기관찰과 수용임을 깨달았다. 과거와 달라진 나에 대해 섣불리 명확한 설명을 구하거나 판단을 내리는 건 현명한 태도가 아니었다.

내면의 위기는 나를 세 번째 대안, 즉 아무 직업 없이 지내는 길로 이끌었다. 기왕 이렇게 된 거 나 자신을 탐구하는 일종의 〈개인 대학원〉을 만들기로 했다. 시간이 많은 나는 다양한 도구로 나 자신을 탐험해 나갔다. 지난 5년 동안 매해 200권의 책을 읽고 100편의 글을 썼으며, 스스로를 깊이 탐험하기 위해 카를 융의 분석심리학을 독학하고 융의 심리유형론에 기반을 둔 MBTI를 공부했다. 관심 분야가 바뀌었고, 그에 따라 주로 읽는 책의 장르도 달라졌다. 여기에 맞춰 〈회심재(回心齋)〉라 이름 붙인 공부방에 앞으로 10년 동안 읽을 1,000권의 책을 마련했다. 더불어 존경하는 〈마음속 스승〉 세 명을 만났다. 조지프 캠벨, 카를 융, 그리고 법정 스님. 나는 세 스승이 쓴 책들을 모두 구해서 읽고, 일 년에 한 번 스승을 찾아가는 여행을 하며 사숙했다. 마음속 스승은 내게 자기답게 사는 삶의 모범을 보여 주고 내면 탐험의 가치를 일깨워 주었다.

이렇게 5년여의 시간을 보내며 내게 삶의 겨울이 찾아온 이유를 알게 되었다. 겨울에 나무의 본체가 드러나듯이 내면의 위기는 나 자신을 깊이 돌아보는 계기가 되었다. 힘겨운 국면에 처하자 나란 존재의 밑바닥과 어두운 측면이 뚜렷해졌다. 그것을 인정하고 살펴보는 일은 매우 힘겨운 과정이었다. 그리고 겨울이 되어서야 소나무와 잣나무가 시들지 않음을 알아차리는 것처럼, 역설적이게도 그토록 찾고자 했던 소명과 잠재력을 시련 속에서 발견할 수 있었다. 이처럼 내게 전환기는 어둠과 빛이 공존했다. 또 하나 내가 체험한 전환의 본질은 새로운 모색, 즉 자신과 삶을 대상으로 실험하고 성찰하는 것이다. 실험과 성찰은 배움의 과정이며, 스스로를 계발하는 힘과 삶의 방향성에 관한 통찰은 이 둘을 결합할 때 나온다.

전환의 시간을 거치며 나는 안팎으로 달라졌다. 먼저 다양한 독서와 글쓰기, 내면 탐험 체험을 통해 자기탐색과 인문학 콘텐츠를 개발할 수 있는 역량을 확보했다. 또한 마음속 스승들의 가르침 덕분에 한 사람이 소우주와 같음을 깨닫고 〈내면 탐험가〉로 삶의 방향성을 재정립할 수 있었다. 혼자 밥 먹는 걸 끔찍하게 여겼던 예전의 나는 사라지고 혼자 있는 시간을 반기고 홀로 떠나는 여행도 즐길 수 있게 되었다. 모든 일에는 빛과 어둠이 있음을 알았고, 그 둘을 함께 보는 것이 지혜에 가까움을 알았다. 무엇보다 삶의 신비에 마음을 열고 마음의 힘을 믿게 되었다.

주

1. 하인리히 침머, 『인도의 신화와 예술』, 조지프 캠벨 엮음, 이숙종 옮김(대원사, 1995), 272~273면

2. 조지프 캠벨, 『블리스, 내 인생의 신화를 찾아서』, 노혜숙 옮김(아니마, 2014), 28면.

3. 파커 J. 파머, 『삶이 내게 말을 걸어올 때』, 홍윤주 옮김(한문화, 2001), 99면.

4. 구본형, 『그대, 스스로를 고용하라』(김영사, 2001), 135면.

5. 가르 레이놀즈, 『프리젠테이션 젠』, 정순욱 옮김(에이콘, 2008), 71면.

6. 헨리 솔트, 『헨리 데이빗 소로우』, 윤규상 옮김(양문, 2001), 81면.

7. 조지프 자보르스키, 『리더란 무엇인가』, 강혜정 옮김(에이지21, 2010), 5~6면.

8. 조지프 캠벨, 『신화와 인생』, 다이앤 K. 오스본 엮음, 박중서 옮김(갈라파고스, 2009), 30~31면.

9. 위의 책, 89~90면.

10. 조지프 캠벨, 『블리스, 내 인생의 신화를 찾아서』, 노혜숙 옮김(아니마, 2014), 222면.

11. 조지프 캠벨, 빌 모이어스, 『신화의 힘』, 이윤기 옮김(21세기북스, 2002), 189면.

12. 조지프 캠벨, 『신화와 인생』, 다이앤 K. 오스본 엮음, 박중서 옮김(갈라파고스, 2009), 99면.

13. 조지프 캠벨, 『천의 얼굴을 가진 영웅』, 이윤기 옮김(민음사, 1999), 6면.

14. 조지프 캠벨, 『블리스, 내 인생의 신화를 찾아서』, 노혜숙 옮김(아니마, 2014), 27면.

15. 카렌 암스트롱,『마음의 진보』, 이희재 옮김(교양인, 2006), 72면.

16. 위의 책, 249면.

17. 위의 책, 309면.

18. 위의 책, 483면.

19. 위의 책, 482면.

20. 위의 책, 478면.

21. 조지프 캠벨,『블리스, 내 인생의 신화를 찾아서』, 노혜숙 옮김(아니마, 2014), 188면.

22. 앤드류 킬패트릭,『워런 버핏 평전 2』, 안진환 외 옮김(월북, 2008), 213면.

23. 찰스 핸디,『코끼리와 벼룩』, 이종인 옮김(생각의나무, 2005), 273면.

24. 피터 드러커,『프로페셔널의 조건』, 이재규 옮김(청림출판, 2001), 159면.

25. 에릭 호퍼,『길 위의 철학자』, 방대수 옮김(이다미디어, 2014), 191면.

26. 박웅현,『책은 도끼다』(북하우스, 2011), 6면.

27. 사사키 아타루,『잘라라, 기도하는 그 손을』, 송태욱 옮김(자음과모음, 2012), 299면.

28. 구본형,『세월이 젊음에게』(청림출판, 2008), 55면.

29. 구본형,『익숙한 것과의 결별』(을유문화사, 2007), 7면.

30. 구본형,『나는 이렇게 될 것이다』(김영사, 2013), 243면.

31. 구본형,『깊은 인생』(휴머니스트, 2011), 95면.

32. 구본형,『익숙한 것과의 결별』(을유문화사, 2007), 361면.

33. 빅터 프랭클,『죽음의 수용소에서』, 이시형 옮김(청아출판사, 2005), 41~42면.

34. 위의 책, 190면; 안나 S. 레드샌드,『빅터 프랭클』, 황의방 옮김(두레, 2008), 119면 참조하여 문맥에 맞춰 일부 수정.

35. 빅터 프랭클,『책에 쓰지 않은 이야기』, 박현용 옮김(책세상, 2012), 149면.

36. 빅터 프랭클,『죽음의 수용소에서』, 이시형 옮김(청아출판사, 2005), 74면.

37. 안나 S. 레드샌드,『빅터 프랭클』, 황의방 옮김(두레, 2008), 147면.

38. 카렌 암스트롱,『마음의 진보』, 이희재 옮김(교양인, 2006), 366~368면.

39. 구본형,『마흔세 살에 다시 시작하다』(휴머니스트, 2007), 4면.

40. 조지프 자보르스키,『리더란 무엇인가』, 강혜정 옮김(에이지21, 2010), 71면.

41. 헨리 데이비드 소로,『소로우의 일기』, 윤규상 옮김(도솔, 2003), 155~156면.

42. 구본형,『일상의 황홀』(을유문화사, 2004), 259면.

43. 장석주,『이토록 멋진 문장이라면』(추수밭, 2015), 11면.

44. 조지프 자보르스키, 앞의 책, 79면.

45. 위의 책, 94면.

46. 위의 책, 98면.

47. 위의 책, 142면.

48. 이윤기, 『이윤기의 그리스 로마 신화 5』(웅진지식하우스, 2010), 13면.

49. 위의 책, 14면.

50. 위의 책, 30면.

51. 위의 책, 240면.

52. 브레이크 W. 벌슨, 『융과 아프리카』, 이도희 옮김(학지사, 2014), 397~398면.

53. 구본형 변화경영연구소 엮음, 『시야, 너는 참 아름답구나!』(뮤진트리, 2009), 120~121면.

54. 김광우, 『성난 고갱과 슬픈 고흐』(미술문화, 2005), 85면.

55. 폴 고갱, 『폴 고갱, 슬픈 열대』, 박찬규 옮김(예담, 2000), 33면.

56. 위의 책, 53면.

57. 박덕흠, 『폴 고갱』(재원, 2001), 70면.

58. 폴 고갱, 『야만인의 절규』, 강주헌 옮김(창해, 2000), 94면.

59. 네이버 캐스트, 「노벨문학상 작가 열전: 헤르만 헤세」

60. 헤르만 헤세, 『잠 못 이루는 밤』, 홍성광 옮김(현대문학, 2013), 35면.

61. 위의 책, 309~310면

62. 스콧 니어링, 『스콧 니어링 자서전』, 김라합 옮김(실천문학사, 2000), 385면.

63. 카를 구스타프 융, 『카를 융, 기억 꿈 사상』, 조성기 옮김(김영사, 2007), 320~321면.

64. 헨리 데이비드 소로, 『월든』, 강승영 옮김(은행나무, 2011), 139면.

65. 위의 책, 290면.

66. 위의 책, 473면.

67. 위의 책, 477~479면.

68. 스콧 니어링, 앞의 책, 373~374면.

69. 위의 책, 393~394면.

70. 위의 책, 380~381면.

71. 헬렌 니어링, 『아름다운 삶, 사랑 그리고 마무리』, 이석태 옮김(보리, 1997), 160면.

72. 카를 구스타프 융, 앞의 책, 405면.

73. 헤르만 헤세, 『테신, 스위스의 작은 마을』, 정서웅 옮김(민음사, 2000), 8~10면.

74. 구본형, 『나는 이렇게 될 것이다』(김영사, 2013), 164~165면.

75. 카를 구스타프 융, 앞의 책, 403면.

76. 클레어 던, 『카를 융 영혼의 치유자』, 공지민 옮김(지와사랑, 2013), 15면.

77. 템플 그랜딘, 『어느 자폐인 이야기』, 박경희 옮김(김영사, 2011), 106면.

78. 위의 책, 107~108면.

79. 위의 책, 119면.

80. 위의 책, 145면.

81. 김영봉, 「시로 읽는 치원 황상과 일속산방」, 『강진고을신문』, 2016년 5월 31일.

82. 구본형, 『마흔세 살에 다시 시작하다』(휴머니스트, 2007), 153면.

83. 니코스 카잔차키스, 『영혼의 자서전』, 안정효 옮김(열린책들, 2009), 670~671면.

84. 마하트마 간디, 『간디 자서전』, 함석헌 옮김(한길사, 2002), 173면.

85. 위의 책, 240면.

86. 위의 책, 71면.

87. 위의 책, 50면.

88. 네이버 캐스트, 「인물 세계사: 무하마드 알리」

89. 빌 시겔 감독, 「더 트라이얼스 오브 무하마드 알리The Trials of Muhammad Ali」, 2013.

90. 마이크 마퀴스, 『알리, 아메리카를 쏘다』, 차익종 옮김(당대, 2003), 20~21면.

91. 영화 「더 트라이얼스 오브 무하마드 알리」.

92. 마이크 마퀴스, 앞의 책, 293면.

93. 영화 「더 트라이얼스 오브 무하마드 알리」.

94. 라가반 이예르, 『간디의 진리 실험 이야기』, 허우성 옮김(풀빛, 2007), 30면.

95. 마이크 마퀴스, 앞의 책, 386면.

96. 오강남, 『종교란 무엇인가』(김영사, 2012), 29~30면.

97. 조지프 캠벨, 『신화와 인생』, 다이앤 K. 오스본 엮음, 박중서 옮김(갈라파고스, 2009), 141면.

98. 라가반 이예르, 앞의 책, 23면.

99. 이블린 폭스 켈러, 『생명의 느낌』, 김재희 옮김(양문, 2001), 202면.

100. 위의 책, 202면.

101. 벤저민 그레이엄 외, 『현명한 투자자』, 박진곤 옮김(국일증권경제연구소,

2007), 18면.

102. 정민, 『다산 선생 지식경영법』(김영사, 2006), 482면.

103. 정민, 『다산의 재발견』(휴머니스트, 2011), 118~119면.

104. 빌 게이츠 외, 『빌 게이츠 & 워렌 버핏 성공을 말하다』, 김광수 옮김(월북, 2005), 49~50면.

105. 조엘 살츠먼, 「머리 좀 굴려 보시죠」, 김홍탁 옮김(김영사, 2007), 196면

106. 구본형, 『깊은 인생』(휴머니스트, 2011), 173면.

107. 월터 아이작슨, 『벤저민 프랭클린 인생의 발견』, 윤미나 옮김(21세기북스, 2006), 104면.

108. 엘리자베스 퀴블러 로스, 『생의 수레바퀴』, 강대은 옮김(황금부엉이, 2009), 130면.

109. 위의 책, 142면.

110. 위의 책, 162면.

111. 엘리자베스 퀴블러 로스, 『죽음 그리고 성장』, 이주혜 옮김(이레, 2010), 13면.

112. 엘리자베스 퀴블러 로스, 『생의 수레바퀴』, 강대은 옮김(황금부엉이, 2009), 8면.

113. 로저 본흐, 『생각의 혁명』, 정주연 옮김(에코리브르, 2002), 91면 내용을 각색.

114. 헨리 데이비드 소로, 『월든』, 강승영 옮김(은행나무, 2011), 472면.

115. 템플 그랜딘, 『나는 그림으로 생각한다』, 홍한별 옮김(양철북, 2005), 11면.

116. 폴 고갱, 『야만인의 절규』, 강주헌 옮김(창해, 2000), 97면.

117. 테드 코언, 『농담 따먹기에 대한 철학적 고찰』, 강현석 외 옮김(이소출판사, 2001), 150면 내용을 각색.

118. 윌리엄 브리지스, 「내 삶에 변화가 찾아올 때」, 김선희 옮김(물푸레, 2006), 179면.

119. 위의 책, 11면.

120. 조지프 캠벨, 『천의 얼굴을 가진 영웅』, 이윤기 옮김(민음사, 1999), 54면.

참고 문헌

- 가드너, 하워드, 『비범성의 발견』, 문용린 옮김, 해냄, 1999.
- _____, 『열정과 기질』, 임재서 옮김, 북스넛, 2004.
- 간디, 마하트마, 『간디 자서전』, 함석헌 옮김, 한길사, 2002.
- 게바라, 체, 『체 게바라의 모터사이클 다이어리』, 홍민표 옮김, 황매, 2004.
- 게이, 피터, 『프로이트』, 정영목 옮김, 교양인, 2011.
- 게이츠, 빌 외, 『빌 게이츠 & 워렌 버핏 성공을 말하다』, 김광수 옮김, 윌북, 2005.
- 고갱, 폴, 『고갱의 타히티 여행』, 남진현 옮김, 서해문집, 1999.
- _____, 『야만인의 절규』, 강주헌 옮김, 창해, 2000.
- _____, 『폴 고갱, 슬픈 열대』, 박찬규 옮김, 예담, 2000.
- 고미숙, 『공부의 달인 호모 쿵푸스』, 그린비, 2007.
- _____, 『아무도 기획하지 않은 자유』, 휴머니스트, 2004.
- 공자, 『새번역 논어』, 이수태 옮김, 생각의나무, 1999.
- 구본형 변화경영연구소 엮음, 『시야, 너는 참 아름답구나!』, 뮤진트리, 2009.
- 구본형, 『그대, 스스로를 고용하라』, 김영사, 2001.
- _____, 『깊은 인생』, 휴머니스트, 2011.
- _____, 『나는 이렇게 될 것이다』, 김영사, 2013.
- _____, 『낯선 곳에서의 아침』, 을유문화사, 2007.
- _____, 『떠남과 만남』, 을유문화사, 2008.
- _____, 『마흔세 살에 다시 시작하다』, 휴머니스트, 2007.
- _____, 『세월이 젊음에게』, 청림출판, 2008.

- _____, 『익숙한 것과의 결별』, 을유문화사, 2007.
- _____, 『일상의 황홀』, 을유문화사, 2004.
- 그랜딘, 템플 외, 『나의 뇌는 특별하다』, 홍한별 옮김, 양철북, 2015.
- 그랜딘, 템플, 『어느 자폐인 이야기』, 박경희 옮김, 김영사, 2011.
- 그레이엄, 벤저민 외, 『현명한 투자자』, 박진곤 옮김, 국일증권경제연구소, 2007.
- 루빈, 그레첸, 『처칠을 읽는 40가지 방법』, 윤동구 옮김, 고즈윈, 2007.
- 금인숙, 『신비주의』, 살림, 2006.
- 김광우, 『성난 고갱과 슬픈 고흐』, 미술문화, 2005.
- 김서영, 『내 무의식의 방』, 책세상, 2014.
- 김홍근, 『보르헤스 문학 전기』, 솔, 2005.
- _____, 『참선일기』, 교양인, 2005.
- 니어링, 스콧, 『그대로 갈 것인가 되돌아갈 것인가』, 이수영 옮김, 보리, 2004.
- _____, 『스콧 니어링 자서전』, 김라합 옮김, 실천문학사, 2000.
- _____, 『스콧 니어링의 희망』, 김라합 옮김, 보리, 2005.
- 니어링, 헬렌 외, 『조화로운 삶』, 류시화 옮김, 보리, 2000.
- _____, 『조화로운 삶의 지속』, 이수영 옮김, 보리, 2002.
- 니어링, 헬렌, 『아름다운 삶, 사랑 그리고 마무리』, 이석태 옮김, 보리, 1997.
- 니체, 프리드리히, 『인간적인 너무나 인간적인 II』, 이미기 옮김, 책세상, 2002.
- 던, 클레어, 『카를 융 영혼의 치유자』, 공지민 옮김, 지와사랑, 2013.
- 도모노부, 이마미치, 『단테 신곡 강의』, 이영미 옮김, 안티쿠스, 2008.
- 드러커, 피터, 『프로페셔널의 조건』, 이재규 옮김, 청림출판, 2001.
- 라콘테, 엘렌, 『헬렌 니어링, 또 다른 삶의 시작』, 황의방 옮김, 두레, 2002.
- 레너드, 조지, 『달인』, 강유원 옮김, 여름언덕, 2007.
- 레드샌드, 안나 S., 『빅터 프랑클』, 황의방 옮김, 두레, 2008.
- 루트번스타인, 로버트 외, 『생각의 탄생』, 박종성 옮김, 에코의서재, 2007.
- 르 브르통, 다비드, 『걷기예찬』, 김화영 옮김, 현대문학, 2002.
- 마퀴스, 마이크, 『알리, 아메리카를 쏘다』, 차익종 옮김, 당대, 2003.
- 메일러, 노먼, 『파이트』, 남명성 옮김, 뿔, 2008.
- 밀맨, 댄, 『평화로운 전사』, 고주미 옮김, 갤리온, 2007.
- 박덕흠, 『폴 고갱』, 재원, 2001.
- 박석무, 『다산 정약용 유배지에서 만나다』, 한길사, 2003.
- 박웅현, 『책은 도끼다』, 북하우스, 2011.

- 벌슨, 브레이크 W., 『융과 아프리카』, 이도희 옮김, 학지사, 2014.
- 벌핀치, 토머스, 『벌핀치의 그리스 로마 신화』, 이윤기 편역, 창해, 2000.
- 베어, 디어드리, 『융』, 정영목 옮김, 열린책들, 2008.
- 보아, 프라저, 『융 학파의 꿈 해석』, 박현순 외 옮김, 학지사, 2004.
- 본흐, 로저, 『생각의 혁명』, 정주연 옮김, 에코리브르, 2002.
- 볼노, 오토 프리드리히, 『인간과 공간』, 이기숙 옮김, 에코리브르, 2011.
- 봄, 데이비드, 『창조적 대화론』, 강혜정 옮김, 에이지21, 2011.
- 브리지스, 윌리엄, 『How to Live』, 이명원 옮김, 이글리오, 2008.
- _____, 『내 삶에 변화가 찾아올 때』, 김선희 옮김, 물푸레, 2006.
- 살츠먼, 조엘, 『머리 좀 굴려 보시죠!』, 김홍탁 옮김, 김영사, 2007.
- 살트마쉬, 존, 『스코트 니어링 평전』, 김종락 옮김, 보리, 2004.
- 샤머, 오토 외, 『본질에서 답을 찾아라』, 엄성수 옮김, 티핑포인트, 2014.
- 소로, 헨리 데이비드, 『구도자에게 보낸 편지』, 류시화 옮김, 오래된미래, 2005.
- _____, 『소로우의 강』, 윤규상 옮김, 갈라파고스, 2012.
- _____, 『소로우의 일기』, 윤규상 옮김, 도솔, 2003.
- _____, 『시민의 불복종』, 강승영 옮김, 이레, 1999.
- _____, 『월든』, 강승영 옮김, 은행나무, 2011.
- 소여, 키스, 『그룹 지니어스』, 이호준 옮김, 북섬, 2008.
- 순류, 스즈키, 『선심초심』, 정창영 옮김, 물병자리, 2007.
- 솔트, 헨리, 『헨리 데이빗 소로우』, 윤규상 옮김, 양문, 2001.
- 숭산, 『선의 나침반』, 현각 엮음, 허문명 옮김, 김영사, 2010.
- 슈뢰더, 앨리스, 『스노볼』, 이경식 옮김, 랜덤하우스, 2009.
- 스미스, 하몬, 『소로우와 에머슨의 대화』, 서보명 옮김, 이레, 2005.
- 스턴버그, 에스더 M., 『공간이 마음을 살린다』, 서영조 옮김, 더퀘스트, 2013.
- 신영복, 『담론』, 돌베개, 2015.
- 아이작슨, 월터, 『벤저민 프랭클린 인생의 발견』, 윤미나 옮김, 21세기북스, 2006.
- 아타루, 사사키, 『잘라라, 기도하는 그 손을』, 송태욱 옮김, 자음과모음, 2012.
- 안광복, 『철학, 역사를 만나다』, 웅진지식하우스, 2005.
- 안상헌, 『생산적 책읽기 두 번째 이야기』, 북포스, 2010.
- _____, 『통찰력을 길러주는 인문학 공부법』, 북포스, 2012.
- 안창일 외, 『심리학적인 연금술』, 시그마프레스, 2007.
- 알렌, 테드, 『닥터 노먼 베쑨』, 천희상 옮김, 실천문학사, 2001.

- 암스트롱, 카렌, 『마음의 진보』, 이희재 옮김, 교양인, 2006.
- _____, 『신을 위한 변론』, 정준형 옮김, 웅진지식하우스, 2010.
- _____, 『신화의 역사』, 이다희 옮김, 문학동네, 2005.
- _____, 『카렌 암스트롱, 자비를 말하다』, 권혁 옮김, 돋을새김, 2012.
- 애크로이드, 에릭, 『꿈 상징 사전』, 김병준 옮김, 한국심리치료연구소, 1997.
- 오강남, 『종교란 무엇인가』, 김영사, 2012.
- 윌버, 켄 『무경계』, 김철수 옮김, 정신세계사, 2012.
- 융, 카를 구스타프 외, 『인간과 상징』, 이윤기 옮김, 열린책들, 2009.
- 융, 카를 구스타프, 『Red Book』, 김세영 옮김, 부글북스, 2012.
- _____, 『카를 융, 기억 꿈 사상』, 조성기 옮김, 김영사 2007.
- _____, 『회상, 꿈 그리고 사상』, 이부영 옮김, 집문당, 2012.
- 이나리, 『열정과 결핍』, 웅진지식하우스, 2003.
- 이부영, 『분석심리학 이야기』, 집문당, 2014.
- _____, 『자기와 자기실현』, 한길사, 2002.
- 이예르, 라가반, 『간디의 진리 실험 이야기』, 허우성 옮김, 풀빛, 2007.
- 이윤기 외, 『춘아, 춘아, 옥단춘아, 네 아버지 어디 갔니?』, 민음사, 2001.
- 이윤기, 『시간의 눈금』, 열림원, 2005.
- _____, 『위대한 침묵』, 민음사, 2011.
- _____, 『이윤기가 건너는 강』, 작가정신, 2001.
- _____, 『이윤기의 그리스 로마 신화 1』, 웅진지식하우스, 2000.
- _____, 『이윤기의 그리스 로마 신화 5』, 웅진지식하우스, 2010.
- _____, 『하늘의 문』, 열린책들, 2012.
- 자보르스키, 조지프, 『리더란 무엇인가』, 강혜정 옮김, 에이지21, 2010.
- 장석주, 『이토록 멋진 문장이라면』, 추수밭, 2015.
- 장자, 『장자』, 오강남 옮김, 현암사, 1999.
- 정민, 『다산 선생 지식경영법』, 김영사, 2006.
- _____, 『다산의 재발견』, 휴머니스트, 2011.
- 정약용, 『다산 산문선』, 박석무 역주, 창비, 2013.
- 정여울, 『헤세로 가는 길』, arte, 2015.
- 정찬주, 『그대만의 꽃을 피워라』, 열림원, 2011.
- _____, 『소설 무소유』, 열림원, 2010.
- 조성택 외, 『인생 교과서 부처』, 21세기북스, 2015.

- 존슨, 앤 재닛, 『워런 버핏 이야기』, 권오열 옮김, 명진출판사, 2009.
- 칙센트미하이, 미하이, 『몰입의 즐거움』, 이희재 옮김, 해냄, 2007.
- 침머, 하인리히, 『인도의 신화와 예술』, 조지프 캠벨 엮음, 이숙종 옮김, 대원사, 1995.
- 카리에르, 장클로드, 『현자들의 거짓말』, 김장호 옮김, 영림카디널, 2007.
- 카잔차키스, 니코스, 『성자 프란체스코』, 김영신 옮김, 열린책들, 2008.
- _____, 『영혼의 자서전』, 안정효 옮김, 열린책들, 2009.
- 카헤인, 아담, 『통합의 리더십』, 류가미 옮김, 에이지21, 2008.
- 칸, 앨버트 외, 『첼리스트 카잘스, 나의 기쁨과 슬픔』, 김병화 옮김, 한길아트, 2003.
- 칼비노, 이탈로, 『왜 고전을 읽는가』, 이소연 옮김, 민음사, 2008.
- 캠벨, 조지프 외, 『신화의 힘』, 이윤기 옮김, 이끌리오, 2002.
- 캠벨, 조지프, 『블리스, 내 인생의 신화를 찾아서』, 노혜숙 옮김, 아니마, 2014.
- _____, 『신화와 인생』, 다이앤 K. 오스본 엮음, 박중서 옮김, 갈라파고스, 2009.
- _____, 『신화의 이미지』, 홍윤희 옮김, 살림, 2006.
- _____, 『천의 얼굴을 가진 영웅』, 이윤기 옮김, 민음사, 1999.
- 켈러, 이블린 폭스, 『생명의 느낌』, 김재희 옮김, 양문, 2001.
- 코언, 테드, 『농담 따먹기에 대한 철학적 고찰』, 강현석 외 옮김, 이소출판사, 2001.
- 콜린스, 짐 외, 『성공하는 기업들의 8가지 습관』, 워튼포럼 옮김, 김영사, 2002.
- 퀴블러 로스, 엘리자베스 외, 『인생 수업』, 류시화 옮김, 이레, 2006.
- _____, 『생의 수레바퀴』, 강대은 옮김, 황금부엉이, 2009.
- _____, 『죽음 그리고 성장』, 이주혜 옮김, 이레, 2010.
- 킬패트릭, 앤드류, 『워런 버핏 평전 1~2』, 안진환 외 옮김, 월북, 2008.
- 타프, 트와일라, 『천재들의 창조적 습관』, 노진선 옮김, 문예출판사, 2006.
- 토플러, 앨빈, 『제3의 물결』, 권오석 옮김, 홍신문화사, 1994.
- 틱낫한, 『틱낫한 명상』, 이현주 옮김, 불광출판사, 2013.
- 파머, 파커 J. 『삶이 내게 말을 걸어올 때』, 홍윤주 옮김, 한문화, 2001.
- 풍크, 라이너, 『내가 에리히 프롬에게 배운 것들』, 김희상 옮김, 갤리온, 2008.
- 프랭클, 빅터, 『삶의 물음에 〈예〉라고 대답하라』, 남기호 옮김, 산해, 2009.
- _____, 『죽음의 수용소에서』, 이시형 옮김, 청아출판사, 2005.

- _____, 『책에 쓰지 않은 이야기』, 박현용 옮김, 책세상, 2012.
- 프랭클린, 벤저민, 『덕의 기술』, 조지 L. 로저스 엮음, 정혜정 옮김, 21세기북스, 2004.
- _____, 『프랭클린 자서전』, 강미경 옮김, 느낌이있는책, 2007.
- 프레이더, 휴, 『나에게 보내는 편지』, 공경희 옮김, 판미동, 2010.
- 프린츠, 알로이스, 『헤르만 헤세』, 이한우 옮김, 더북, 2002.
- 한비야, 『1그램의 용기』, 푸른숲, 2015.
- _____, 『바람의 딸 걸어서 지구 세 바퀴 반 1』, 푸른숲, 2007.
- _____, 『바람의 딸, 우리 땅에 서다』, 푸른숲, 2006.
- 핸디, 찰스, 『찰스 핸디의 포트폴리오 인생』, 강혜정 옮김, 에이지21, 2008.
- _____, 『코끼리와 벼룩』, 이종인 옮김, 생각의나무, 2005.
- 헤르메스, 김, 『기적의 양피지』, 살림, 2009.
- 헤세, 헤르만, 『나무들』, 송지연 옮김, 민음사, 2000.
- _____, 『데미안』, 전영애 옮김, 민음사, 2000.
- _____, 『싯다르타』, 박병덕 옮김, 민음사, 2002.
- _____, 『아시시의 성 프란치스코』, 정성원 옮김, 열림원, 2014.
- _____, 『요양객』, 김현진 옮김, 을유문화사, 2009.
- _____, 『잠 못 이루는 밤』, 홍성광 옮김, 현대문학, 2013.
- _____, 『테신, 스위스의 작은 마을』, 정서웅 옮김, 민음사, 2000.
- _____, 『화가 헤세』, 박민수 옮김, 이레, 2005.
- _____, 『황야의 이리』, 김누리 옮김, 민음사, 2002.
- 호킨스, 데이비드, 『의식 혁명』, 백영미 옮김, 판미동, 2011.
- 호퍼, 에릭, 『길 위의 철학자』, 방대수 옮김, 이다미디어, 2014.

인터넷 사이트
- 구본형 변화경영연구소(http://www.bhgoo.com)
- 네이버 캐스트(「노벨문학상 작가 열전: 헤르만 헤세」; 「테마로 보는 미술: 원시를 꿈꾸다, 폴 고갱」; 「인물 세계사: 무하마드 알리」)

영화
- 빌 시겔 감독, 「더 트라이얼스 오브 무하마드 알리The Trials of Muhammad Ali」, 2013.
- 믹 잭슨 감독, 「템플 그랜딘Temple Grandin」, 2010.

지은이 **박승오** KAIST에서 공부하던 스물네 살에 갑작스레 시력을 잃었다. 밤샘 공부와 안약 남용 때문이었다. 뿌옇고 좁은 시야 속에서 좌절하던 그를 일으켜 세운 것은 우연히 읽은 책 한 권이었다. 그 책의 저자였던 구본형을 찾아가 제자가 되었고, 이후 함께 책을 읽고 글을 쓰며 자신을 탐색했다. 이 2년 남짓의 기간이 삶의 전환기가 되었다. 이 시기에 내면에서 울린 「깨달음을 얻고 타인과 나누라」는 삶의 목소리를 따라, 공학 분야를 떠나 삶의 지혜를 가르치는 교육자로서 다시 시작했다. LG전자, 마이다스아이티, 카네기연구소 등에서 일했으며 『인디 워커, 이제 나를 위해 일합니다』, 『지금, 꿈이 없어도 괜찮아』, 『나의 방식으로 세상을 여는 법』, 『나는 무엇을 잘할 수 있는가』 등을 공저했다.

홍승완 삶에서 두 번의 전환기를 거쳤다. 첫 전환기는 대학 시절 경제적으로 파탄 난 집안 사정이 계기가 되었다. 자기계발을 위해 스스로 〈개인 대학〉을 만들어 4년간 독학하여 삶의 방향성을 정립했다. 이후 경영 컨설팅사와 HRD 전문 기업에서 교육 전문가로 일했다. 서른네 살에 회사를 그만두면서 두 번째 전환기가 시작되었다. 5년 동안 외부 활동을 줄이고 〈회심재(回心齋)〉라고 이름 붙인 서재를 배움터 삼아 스스로를 탐구했다. 현재 인문학과 자기경영에 관한 교육 콘텐츠를 개발하며 활발한 저술과 강연을 하고 있다. 공저로 『인디 워커, 이제 나를 위해 일합니다』, 『내 인생의 첫 책 쓰기』, 『나의 방식으로 세상을 여는 법』, 『나는 무엇을 잘할 수 있는가』 등이 있다.

위대한 멈춤 삶을 바꿀 자유의 시간

발행일   2016년 12월 15일 초판 1쇄
2023년 10월 10일 초판 10쇄

지은이   박승오 · 홍승완
발행인   홍예빈 · 홍유진
발행처   주식회사 열린책들

경기도 파주시 문발로 253 파주출판도시
전화 031-955-4000 팩스 031-955-4004
홈페이지 www.openbooks.co.kr 이메일 humanity@openbooks.co.kr

Copyright (C) 박승오, 홍승완, 2016, *Printed in Korea.*
ISBN 978-89-329-1804-4 03190

이 도서의 국립중앙도서관 출판예정도서목록(CIP)은 서지정보유통지원시스템 홈페이지(http://seoji.nl.go.kr)와 국가자료공동목록시스템(http://www.nl.go.kr/kolisnet)에서 이용하실 수 있습니다.(CIP제어번호 : CIP2016027824)